中国语言资源保护工程

本书执行编委　刘　宾

中国濒危语言志
少数民族语言系列

总主编 曹志耘
主编 李大勤

四川雅江扎坝语

黄阳 著

商务印书馆
The Commercial Press

图书在版编目（CIP）数据

四川雅江扎坝语/黄阳著. --北京：商务印书馆，2024. --（中国濒危语言志）. --ISBN 978-7-100-24516-6

Ⅰ. H214

中国国家版本馆CIP数据核字第20248Y2K62号

四川雅江扎坝语

黄阳 著

出版发行：商务印书馆
地　　址：北京王府井大街36号
邮政编码：100710

印　　刷：北京雅昌艺术印刷有限公司

开　　本：787×1092 1/16　　印　　张：17¾
版　　次：2024年12月第1版　　印　　次：2024年12月北京第1次印刷
书　　号：ISBN 978-7-100-24516-6

定　　价：228.00元

雅江县木绒乡地形地貌　雅江县木绒乡 /2017.7.10/ 黄阳 摄

雅江县瓦多乡村貌　雅江县瓦多乡 /2017.7.10/ 黄阳 摄

雅江县木绒乡寺庙　雅江县木绒乡 /2018.7.11/ 黄阳 摄

拜访扎坝语母语老师张四清家人　雅江县两河口 /2017.8.16/ 呷让拉姆 摄

语法标注缩略语对照表

缩略语	英文	汉义
1sg	1st person singular	第一人称单数
2sg	2nd person singular	第二人称单数
3sg	3rd person singular	第三人称单数
1dl	1st person dual	第一人称双数
2dl	2nd person dual	第二人称双数
3dl	3rd person dual	第三人称双数
1pl	1st person plural	第一人称复数
2pl	2nd person plural	第二人称复数
3pl	3rd person plural	第三人称复数
ABL	ablative (marker)	夺格（标记）
ASSERT	assertive (marker)	断言（标记）
ATTR	attributive (marker)	定语（标记）
AUX	auxiliary	助词
BEN	benefactive (marker)	受益格（标记）
CAUS	causative (marker)	使动（标记）
CL	classifier	量词
COM	comitative (marker)	伴随格（标记）
COMPR	comparative (marker)	比较（标记）
CONJ	conjunctive (marker)	连接（标记）
COP	copula	系词
CVB	converb	副动词
DAT	dative (marker)	与格（标记）
DIM	diminutive (marker)	小称（标记）
DIR	directional (marker)	趋向（标记）
DM	discourse (marker)	话语（标记）
DU	dual	双数

续 表

缩略语	英文	汉义
EGO	egophoric (marker)	自知示证（标记）
EQU	equality (marker)	等比（标记）
EXP	experiential (marker)	经历体（标记）
EXPR	expressive	摹状词
GNO	gnomic evidential (marker)	叙实示证（标记）
HS	hearsay evidential (marker)	听说示证（标记）
HUM	humble	自谦语气（标记）
IMP	imperative (marker)	命令式（标记）
IMPV	imperfective (marker)	非完整体（标记）
INCL	inclusive	包括式（人称代词）
INDEF	indefinite (marker)	不定指（标记）
INF	infinitive (marker)	非限定（标记）
INFER	inferential (marker)	推测示证（标记）
INST	instrumental (marker)	工具格（标记）
INTER	interjection	感叹词
INTROG	interrogative	疑问式
LNK	clause linker	分句连词
LOC	locative (marker)	处所格（标记）
LVB	light verb	轻动词
MAL	malefactive (marker)	受损格（标记）
MIR	mirative evidential (marker)	意外示证（标记）
MOD	modality	情态
NEG	negative	否定
NMLZ	nominalizer (marker)	名物化（标记）
N.EGO	non-egophoric (marker)	非自知示证（标记）
PEJ	pejorative	轻蔑语气

续表

缩略语	英文	汉义
PFV	perfective aspect (marker)	完整体（标记）
PL	plural (marker)	复数（标记）
POSS	possessive	领属格
PROH	prohibitive (marker)	禁止式（标记）
PROS	prospective aspect (marker)	视点体（标记）
QUES	question (marker)	疑问句（标记）
QUOT	quotative (marker)	引述示证（标记）
RECP	reciprocal form	互动形式
REFL	reflexive pronoun	反身代词
REL	relative clause (marker)	关系化（标记）
REP	repetitive	反复体
SEM	semelfactive	瞬时体
SEN	sensory	感官示证
SEQ	sequentializer	连句成分
SUBJ	subjunctive	虚拟语气
TOP	topic (marker)	话题（标记）
VIS	visual witness	亲见示证
>	develops to	演变为……
-< >-	infix	中缀
∅	zero morphology	零形态
*	ungrammatical	不合语法

序

2022年2月16日，智利火地岛上最后一位会说Yagán语的老人，93岁的Cristina Calderón去世了。她的女儿Lidia González Calderón说："随着她的离去，我们民族文化记忆的重要组成部分也消失了。"近几十年来，在全球范围内，语言濒危现象正日趋普遍和严重，语言保护也已成为世界性的课题。

中国是一个语言资源大国，在现代化的进程中，也同样面临少数民族语言和汉语方言逐渐衰亡、传统语言文化快速流失的问题。根据我们对《中国的语言》（孙宏开、胡增益、黄行主编，商务印书馆，2007年）一书的统计，在该书收录的129种语言当中，有64种使用人口在10000人以下，有24种使用人口在1000人以下，有11种使用人口不足百人。而根据"语保工程"的调查，近几年中至少又有3种语言降入使用人口不足百人语言之列。汉语方言尽管使用人数众多，但许多小方言、方言岛也在迅速衰亡。即使是那些还在使用的大方言，其语言结构和表达功能也已大大萎缩，或多或少都变成"残缺"的语言了。

冥冥之中，我们成了见证历史的人。

然而，作为语言学工作者，绝不应该坐观潮起潮落。事实上，联合国教科文组织早在1993年就确定当年为"抢救濒危语言年"，同时启动"世界濒危语言计划"，连续发布"全球濒危语言地图"。联合国则把2019年定为"国际土著语言年"，接着又把2022—2032年确定为"国际土著语言十年"，持续倡导开展语言保护全球行动。三十多年来，国际上先后成立了上百个抢救濒危语言的机构和基金会，各种规模和形式的濒危语言抢救保护项目在世界各地以及网络上展开。我国学者在20世纪90年代已开始关注濒危语言问题，自21世纪初以来，开展了多项濒危语言方言调查研究课题，出版了一系列重要成果，例如孙宏开先生主持的"中国新发现语言研究丛书"、张振兴先生等主持的"汉语濒危方言调查研究丛书"、鲍厚星先生主持的"濒危汉语方言研究丛书（湖南卷）"等。

自2011年以来，党和政府在多个重要文件中先后做出了"科学保护各民族语言文字"、

“保护传承方言文化”、“加强少数民族语言文字和经典文献的保护和传播”、“科学保护方言和少数民族语言文字”等指示。为了全面、及时抢救保存中国语言方言资源，教育部、国家语委于2015年启动了规模宏大的“中国语言资源保护工程”，专门设立了濒危语言方言调查项目，迄今已调查106个濒危语言点和138个濒危汉语方言点。对于濒危语言方言点，除了一般调查点的基本调查内容以外，还要求对该语言或方言进行全面系统的调查，并编写濒危语言志书稿。随着工程的实施，语保工作者奔赴全国各地，帕米尔高原、喜马拉雅山区、藏彝走廊、滇缅边境、黑龙江畔、海南丛林等地都留下了他们的足迹和身影。一批批鲜活的田野调查语料、音视频数据和口头文化资源汇聚到中国语言资源库，一些从未被记录过的语言、方言在即将消亡前留下了它们的声音。

为了更好地利用这些珍贵的语言文化遗产，在教育部语言文字信息管理司的领导下，商务印书馆和中国语言资源保护研究中心组织申报了国家出版基金项目“中国濒危语言志”，并有幸获得批准。该项目计划按统一规格、以EP同步的方式编写出版50卷志书，其中少数民族语言30卷，汉语方言20卷（第一批30卷已于2019年出版，并荣获第五届中国出版政府奖图书奖提名奖）。自项目启动以来，教育部语言文字信息管理司领导高度重视，亲自指导志书的编写出版工作，各位主编、执行编委以及北京语言大学、中国传媒大学的工作人员认真负责，严格把关，付出了大量心血，商务印书馆则配备了精兵强将以确保出版水准。这套丛书可以说是政府、学术界和出版社三方紧密合作的结果。在投入这么多资源、付出这么大努力之后，我们有理由期待一套传世精品的出现。

当然，艰辛和困难一言难尽，不足和遗憾也在所难免。让我们感到欣慰的是，在这些语言方言即将隐入历史深处的时候，我们赶到了它们身边，倾听它们的声音，记录它们的风采。我们已经尽了最大的努力，让时间去检验吧。

曹志耘

2024年3月11日

目录

第一章 导论

第一节

调查点概况

一　地域概况

本书所研究的扎坝语的主要调查地点设在四川省甘孜藏族自治州雅江县木绒乡沙学村。

雅江县地处川藏高原东南部，区内海拔高度在4 100—4 900m，相对高差800m，地势一般坡度15—35°，属高山深切割的山地地貌。县区山势陡峭，谷深坡陡，沟谷多呈“U”字形。雅江当地自然气候恶劣，气温昼夜变化大，空气稀薄，最低温度-23.9℃，最高温度23℃，年均气温11℃。矿区及附近为当地夏季游牧区，区域内牧民全是藏族游牧民，人烟稀少，属沟底、草甸地带。全区内无耕地占用和居民拆迁。

木绒乡下辖安桂、木绒、沙托、沙学、新卫、俄倭、亚多、瓦孜8个村民委员会。康熙四十年（1701年）作为世袭封地随明正土司一起划归的下扎坝莫藏石土百户，清末改土归流后属道孚县管辖。民国三十四年（1945年）隶属乾宁县三区；1978年撤销乾宁县制，最终被划归为雅江县扎麦区。1983年实行政社分设，扎麦区以北辖区始被定名为木绒乡。

木绒乡位于县城东北部庆大河下游的高山峡谷地带，东与康定市相连，南接呷拉镇，西与瓦多乡接壤，北与道孚县毗邻，总面积551.1平方千米，经纬度分别是101.128 217 7°、30.391 102 4°。周边山体高大，山势陡峻，悬崖峭壁，河流深切，周围最高山脊海拔4 722米，位于最低位置的庆大河口海拔2 630米。在海拔4 000米以上的平面上，草原连绵，草场分布在庆大河两岸的山坡上，是发展畜牧业的基地。新中国成立前因长期受到自然条件的制约，加之没有公路，沙学村一带交通极其不便，农业生产处于较为落后的状态（雅江县志 2009）。

二 历史来源及风俗习惯

社会历史 扎坝的历史可以追溯到上古时期。根据格勒（1988：412）的考察，从春秋战国到两汉时期，雅砻江流域的主要居民是“笮”人。“笮”本为“牦牛羌”，经过几千年的演变，今天变成了“扎坝”人或“笮”人。“扎坝”人分布在雅砻江流域，雅砻江也因此得名“扎曲”。长久以来，九龙、雅江、道孚、新龙、理塘、甘孜、石渠等雅砻江沿线区域都有讲扎坝语的“扎”群体分布，他们的宗教信仰、生产生活、文化内涵等都跟周围康巴藏族文化相同，因此在民族识别时被划为藏族。目前，虽然无法确定“笮”人就是“扎坝”人的祖先，但从当前扎坝区所保留的民族文化和习俗看，扎坝很有可能是《唐会要》《唐书》等史籍中所记载的东女国之后裔（林俊华 2005）。

家庭婚姻 从社会和家庭结构上看，扎坝人的婚姻和家庭管理严格以女性为中心。绝大多数扎坝人的家庭都以母系血缘为主线构成，在这些家庭中母亲是家庭的核心人物，是绝对的权威，是子女的养育者，也是家庭劳动的主要承担者。男子在家庭中的角色仅仅是自己姐妹子女的养育者。扎坝被称为“全世界第二个母系社会走婚习俗区域”（林俊华 2005）（另一走婚区域为四川泸沽湖）、“人类社会进化的活化石”。独特的地理位置和人文环境孕育出了这一独特的习俗。当然，新中国成立后，在雅江境内的下扎坝区内，走婚（爬房子）习俗已有明显减少的趋势。目前，这一习俗仅仅保留在靠近道孚境内上扎坝区的村落中（焦虎三 2006）。另外，扎坝人的家庭以三世或四世同堂的情况居多。总体上看，雅江区内扎坝家庭大多是一妻多夫制，但妻子的不同丈夫必须有类似亲兄弟那样的血缘关系；道孚区内扎坝家庭中一妻多夫和一夫多妻的家庭都较常见，不同丈夫间或不同妻子间也都必须是血亲。但某些偏远的家庭中一夫一妻制并不普遍。

饮食 食臭猪肉是扎坝大峡谷居民中独具特色的传统习惯。主人通常将猪喂肥后用绳索套颈勒死，在腹部切一小口去其内脏，然后以干豌豆粒和圆根块填充腹部并缝合，再用黄泥糊严切口和七窍，再埋入草木灰中。半年之后，各家各户将草木灰涂抹的猪肉悬挂在厨房一角，让其进一步腐熟变黄。臭猪肉如臭豆腐一般，闻着臭但吃着香，肉质细嫩，入口即化，是居家待客的最高规格食品（涂薇、李天社 2003）。因此，扎坝人大多只是在过节期间食用，或有贵客拜访时才以臭猪肉款待，以示主人的热情与好客。

建筑 据林俊华（2006）考察，扎坝民居是一种碉与房的组合，一般在5层左右，有的甚至更高。墙体完全用石头片砌成，房高约20米。虽然这类建筑在当地也称为“碉楼”，但与其他藏族的碉房却有较大区别。其他地区的碉楼实际是一种类似碉的房，而扎坝人则将碉和房组合在一起，几乎每家人的房屋都是既有碉也有房。墙体较高的碉楼目前主要见于道孚境内的上扎坝区，而雅江境内的下扎坝区房屋多为2—3层，房屋布局和屋内装饰绘画跟周边其他藏族房屋也没太大区别。

服饰 扎坝人穿戴与周边其他藏族居民大致相似，色调搭配多以黑色为基调，主要以羊毛纺线为质料，先织成毛毡子后再缝制成各种衣物。男性身穿宽大的右开襟长袍，腰间系带，式样与藏袍无太大差异（林俊华 2006）。女性的穿着最具扎坝特色，腰部系多彩腰带，配以珊瑚、玛瑙、红松石等装饰。女性的额头、两侧发髻、后脑勺、头顶分别佩戴藏银打造的圆盘，圆盘中间镶嵌红松石。头顶和后脑勺佩戴的圆盘大小相同，发髻侧和额头佩戴的圆盘大小相同。圆盘具有象征意义：头顶处圆盘象征太阳，后脑勺处圆盘象征月亮。

宗教信仰 扎坝人多信奉苯教、黄教等，有的家庭信奉民间原始教派。早期扎坝区内同时信仰黄教及红教。根据赵留芳（1938），“扎坝共有寺庙七所，上查俄底一所，曰第冗寺，约有僧四十余人，为黄教；竹里有寺，曰生格寺，为红教；中查亚卓有寺一，曰度果寺，为黄教；下查有寺二，曰卡掩寺，为黄教；曰亚都寺，为红教”。扎坝人多在房屋墙壁上绘制白色公牛头图腾，以达成辟邪目的，且房屋屋顶经常插经幡或白色玛尼旗，以保平安。

歌舞娱乐 玛尼锅庄是扎坝文化中极具特色的舞蹈形式。扎坝人一般在特殊祭祀、节日庆典时都会表演玛尼锅庄以祈祷五谷丰登。该锅庄舞节奏明快、跌宕起伏，由多人围成一圈共同表演。神秘的玛尼锅庄具体源于何时目前还无从考证。相传远古时期，有一高僧把“六字真言”编成优美的曲调，在人群聚居之处，按一定的步法走村串户地吟唱跳舞。全舞共分为38段，旋律优美。人们惊叹于这优美的曲调和高僧的舞步，也都跟着学。这样，一传十，十传百，人人都唱起来、跳起来，以至“唵嘛呢叭咪吽”的声音响彻云霄。后来，玛尼锅庄也成了扎坝地区独特的民间舞蹈。

因受康巴文化影响较深，扎坝区已不存在用扎坝语谱写的歌曲。当前扎坝区歌词都统一使用藏语。不仅如此，就算举行祭祀、丧葬等仪式也统一使用藏语。当然，藏族著名英雄史诗《格萨尔王传》在扎坝区内流传并不广泛。真正在当地流行的却是民间故事 $a^{33}k^hu^{55}t\tilde{e}^{55}pa^{33}$ “阿叩登巴”。目前在瓦多、木绒等乡，只有一些老人，特别是民间老艺人和当地寺庙高僧才能使用扎坝语讲述《阿叩登巴》的故事。《阿叩登巴》是扎坝语使用地区广为流传的民间故事，不同村落都有各自的版本。抢救扎坝语民间故事的任务迫在眉睫。

第二节

扎坝语系属

一　发生学关系

扎坝人自称为ndʐa̢55pɪ33，他称为ndʐa̢55pa33。“坝”对应藏语中的“人”，扎坝即为扎人的意思。格勒（1988）认为扎坝在藏语中有“制陶人”的意思，因而这一称名应与制陶有关。但通过多年来与瓦多乡和木绒乡扎坝人的实地交谈，我们发现，当地扎坝人并不太认同这一说法，且大多扎坝人都认为他们应该是木雅岗的原始居民。

扎坝语属于汉藏语系藏缅语族（东北藏缅语族）羌语支，其基本词汇和语法结构跟羌语支其他语言最为接近（黄布凡 1991：64—97；孙宏开 2013：152）。Matisoff（2003：348）将汉藏语系分为汉语支和藏缅语支，藏缅语支可继续分为喜马拉雅语支、羌语支、彝缅纳语支、克伦语支等七个语支。具体如图 1-1 所示：

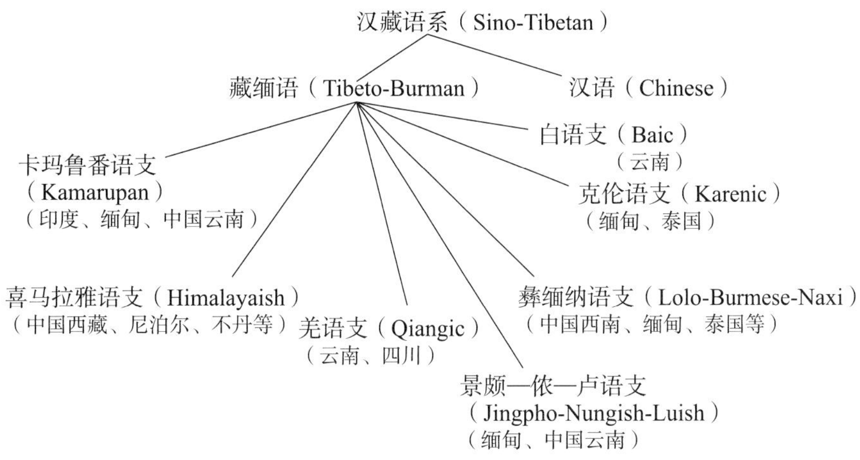

图 1-1　汉藏语系语言发生学关系图（Matisoff 2003）

孙宏开（2016：4）进一步对藏缅语族羌语支语言进行了细分，认为羌语支内部还可以分为南支、中支和北支。扎坝语应属于中支羌语组的一种语言，与同属于中支的羌语和却域语关系比较密切。如图1-2所示：

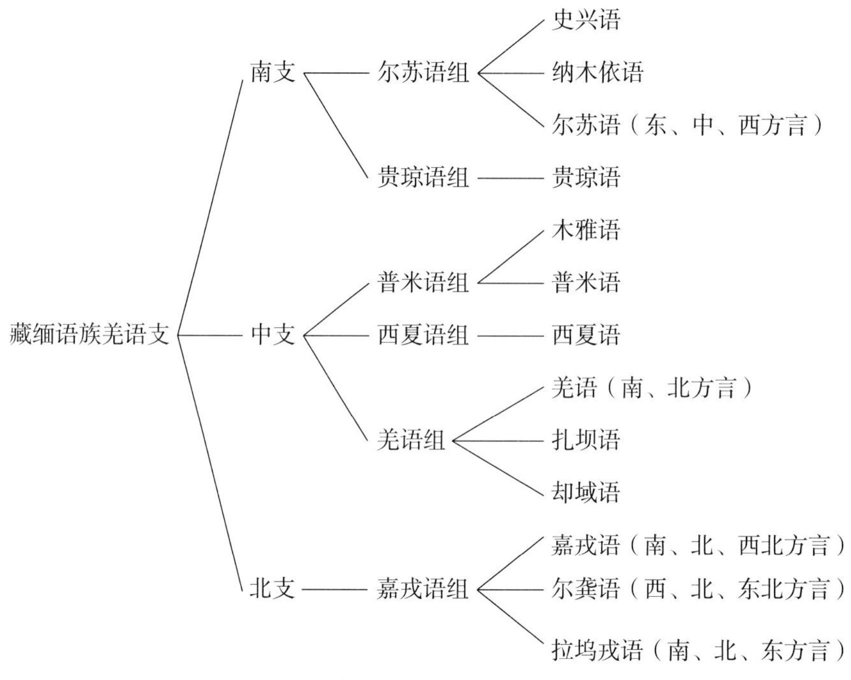

图 1–2　羌语支语言（孙宏开 2016）

从语言结构上看，扎坝语与同属羌语支的羌语、却域语、木雅语、普米语比较接近。通过为期三年多的实地调查，我们发现扎坝语同时具有羌语支中支和北支语言的特点。例如，扎坝语复辅音丰富，某些复辅音的演变路径跟周边却域语类似；单元音朝复合元音裂变的情况呈上升趋势，且复元音发展情况跟周边的嘉戎语组语言不同，反而有些近似于木雅语。此外，一部分民族固有词跟尔龚语、木雅语、史兴语、普米语等周边羌语支语言同源程度较高（孙宏开 2016：231—554），藏汉平行借词情况普遍（龚群虎 2007：48）。语法结构上跟羌语、木雅语、却域语类似，跟嘉戎语组语言的语法结构差别稍大。扎坝人所居住的地理位置较为独特（刚刚处于羌语支南支和北支语言的中间地带），扎坝语的语言结构兼具羌语支中支和北支语言的某些特点也就不难理解。总之，不管是从音系结构、词汇还是形态句法结构来看，它都保留了某些原始藏缅语的语言特色（黄布凡 1990）。

二　方言差异

龚群虎（2007：11）认为，扎坝语内部分为上扎坝（北部方言）和下扎坝（南部方言）两个方言区。上扎坝方言区分布于道孚境内，下扎坝方言区主要分布在雅江境内。上扎坝地区又称作“扎兑”，下扎坝地区称作“扎麦”。扎坝地区以前是乾宁县辖区，1978年取消县制后“扎兑”便划入道孚县内，改称“扎坝”；扎麦则划入雅江，仍称“扎麦”。黄布凡（1991）也提到扎坝语可分为北部“扎德”方言（Dratɛ）及南部“扎麦”（Drame）方言，并认为扎坝语跟周边的尔龚语和却域语有相似之处，但不能互相通话。在考察上扎坝和下扎坝区域中间地带扎坝语的基本词及语言结构特征后，我们认为，扎坝语还可进一步分出中扎坝方言区。沿鲜水河从雅江县瓦多乡一直到达道孚县的下拖乡都是中扎坝方言区，包括交吾、拖比两个行政村。

扎坝语的上扎坝方言总共有五个乡使用，分别是仲尼镇、红顶乡、扎拖乡、亚卓镇、下拖乡。说中扎坝方言的又有两个乡村级单位，分别是道孚县下拖乡拖比村、雅江县瓦多乡交吾村。说下扎坝方言的共有两个乡，即瓦多乡和木绒乡。表1–1是扎坝语各方言使用的具体区域及使用人口。

表1–1 扎坝语的方言分区以及各方言使用情况①

	乡	村	人口
上扎坝	仲尼镇	亚中、麻中、扎然、格孜、折多、贡拖、教学7个村委会	970
	红顶乡	红顶、地入、俄估、向秋4个村委会	752
	扎拖乡	波罗塘、一地瓦孜、洛古、扎贡、扎拖5个村委会	1 114
	亚卓镇	各布、莫洛、呷拉坎、卡六、乌拉、亚马子、盘龙、容须卡8个村委会	1 501
	下拖乡	下瓦然、上瓦然、容须、麦里、左古、一无6个村委会	699
中扎坝	下拖乡	拖比村1个村委会	100
	瓦多乡	交吾村1个村委会	300
下扎坝	瓦多乡	杜米、白龙、学优、吾知、中古、德米6个村委会	1 265
	木绒乡	安桂、木绒、沙学、沙托、新卫5个村委会	1 547

根据本项目组前期社会语言学调查而绘制的图1–3详细地展示了川西扎坝语的使用区域和使用范围：

① 因人口每年都在变动，统计数据势必存在细微变化。数据统计截止日期是2020年。数据来源为道孚县扎坝区各村委会民政办、雅江瓦多乡政府、雅江木绒乡政府，以及《雅江县志》（雅江县志编委会 2009）、《道孚县志》（道孚县志编委会 1998）。

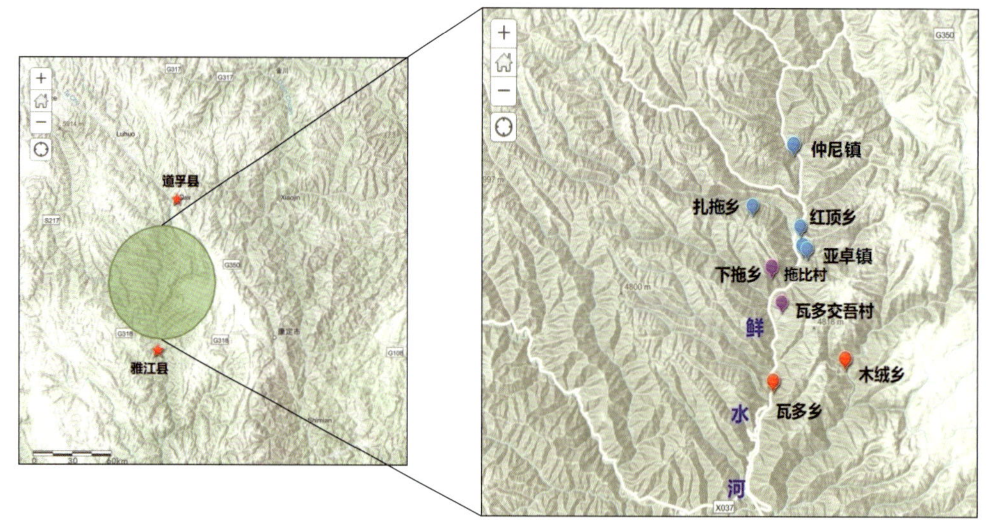

图 1-3　扎坝语的使用区域[①]

学界以往大多采用行政区域标准对扎坝语的内部方言进行分区。道孚境内使用的扎坝语均为上扎坝方言，雅江境内使用的扎坝语都属下扎坝方言。近年来，中国语言资源保护工程“扎坝语”项目团队通过调查发现，这些区域内原住居民所操扎坝语兼具上扎坝和下扎坝语的语言特征，且在音系和形态句法上都有一些创新，因而，建议将之划定为中扎坝区域。扎坝语方言分区及其在羌语支中的发生学关系如图 1-4：

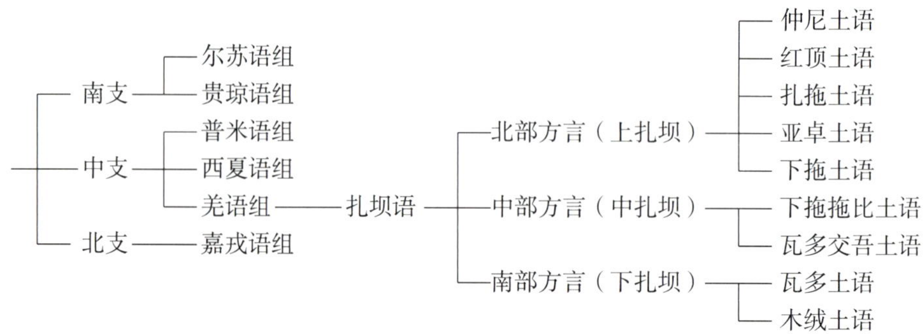

图 1-4　扎坝语的方言分区

南部、中部扎坝语两个方言区的差别不大，相互沟通几乎没太大的问题。北部方言跟另两个方言区的扎坝语之间差异较大，往往存在或多或少的沟通障碍。扎坝语北部方言的某些基本词跟扎坝语南部和中部方言完全不同。各方言区具体语言差异主要表现在音系、词汇使用、语法特征、同一方言土语的个人变体四个方面。

① 图 1-3 中，蓝色代表北部方言区，紫色代表中部方言区，红色代表南部方言区。

（一）音系结构

扎坝语北部方言受藏语康方言影响较大，在音系结构上较中部和南部方言更为复杂。北部方言中硬腭辅音ç、cç以及清化鼻音m̥、n̥、ɳ̊、ŋ̊相对完整，有送气擦音s^{h}、$ɕ^{h}$，复辅音数量较南部和中部方言更加丰富多样（黄布凡 1990）。南部方言目前还未发现有硬腭辅音ç和cç的情况，但其土语中大多都有龈后—腭前的ɕ和tɕ。清化鼻音在南部方言和中部方言中脱落严重：瓦多乡清化鼻音几乎消失；木绒乡还存有少量的清化鼻音m̥、n̥，但都属残留的条件变体，更多时候都不使用清化鼻音。

南部方言浊音清化现象较北部方言更为普遍。某些词语在北部方言中读作浊音，但在南部方言中已经变为清音①。不同方言点清浊对立上也存在差别。同为南部方言的木绒、瓦多两地，某些词在清浊对立上也有不同。例如：

北部方言$ndo^{33}di^{55}$草木灰 —— 南部方言$tʊ^{55}di^{33}$

北部方言$gɪ^{33}mbɪ^{55}$寺庙 —— 南部方言$gue^{33}np^{h}e^{53}$

北部方言$ɟjɛ^{33}wu^{55}$连鬓胡 —— 南部方言$dʑe^{33}s^{h}u^{55}ʐa^{33}$

从复辅音数量看，扎坝语各方言点内部辅音不平衡。北部方言复辅音保留较好，数量较多；南部方言瓦多土语的复辅音数量比木绒土语更多，中部方言中复辅音脱落普遍。例如，南部方言的$ptsa^{24}$"鸡"在中部方言交吾土语中读作tse^{55}，南部方言的$mnɔ^{24}$"马"在中部方言交吾土语中读作$mɔ^{24}$。中部方言拖比村由于靠近北部方言区的亚卓、扎拖等地，更好地保留了某些北部方言所具有的硬腭音ç、$ç^{h}$及复辅音ɣl、vɟ，但总的来说其复辅音类型明显比北部方言少，且大多跟南部方言中的复辅音类似。

南部方言的复元音较北部方言和中部方言更为丰富，也许主要由于地域上靠近雅江城区的原因，跟倒话的接触有关。不同方言区同一词语的元音差别较大。中部方言拖比村有较为丰富的鼻化元音，而该类情况却很少见于南部方言的瓦多、木绒以及中部方言的交吾等地。例如：

下拖拖比土语$k^{h}ə^{55}lẽ$烟雾 —— 瓦多交吾土语$k^{h}ə^{55}vlɪ^{52}$

下拖拖比土语$ndi^{33}p^{h}õ^{55}$灰尘 —— 瓦多交吾土语$ndi^{33}pə^{55}$

下拖拖比土语$tə^{33}ç^{h}ã^{53}$死 —— 瓦多交吾土语$tə^{33}ç^{h}a^{55}$

扎坝语各方言内部声调差别较大。虽然大致可以根据"调域"（音高重音）确定实际读音，但在同一调域中，不同方言点的实际调值不同。由于特殊的地理位置和长期的语言混

① 扎坝语北部方言的词汇材料选自黄布凡（1992）。操北部方言的某些母语者认为北部方言中有许多词语比南部方言发音略低，发音更重，发音时声音浑浊。由此可见，母语人的语感也说明整个北部方言浊音数量较南部方言更加丰富。

用，方言间的接触情况也较为突出（Shirai 2018）。例如：瓦孜村地处瓦多乡和普巴绒乡中间，有部分村民只讲扎坝语南部方言，还有一部分村民讲却域话，但大多都能讲两种语言。瓦孜村村民所操扎坝语跟木绒、瓦多等乡的标准扎坝语南部方言相比也略有不同，主要体现在：瓦孜扎坝语将木绒或瓦多乡扎坝语的不送气辅音读成送气；瓦孜扎坝语中单元音裂化现象呈上升趋势，送气擦音明显减少，复辅音数量减少，央元音高化情况增多，声调同木绒、瓦多等地方言相比差别更大。

（二）词汇使用

北部方言中的藏语借词较多，南部方言中汉语四川方言借词较多。以南部方言瓦多土语为例：3 000常用词调查模板中实际调查所得词语约2 400个，其中约5.6%为汉语四川方言借词。扎坝语中某些如瓜果、器具、行政名称等较新的、原本不具有的词汇概念表达，在南部方言中大多直接借用汉语四川方言而非借自藏语。使用南部方言较为集中的木绒乡、瓦多乡居民所使用的扎坝语差别不大，但木绒扎坝区离使用藏语牧区话的甘孜州八美镇较近，因此该乡的扎坝语中所使用的藏语借词也稍微多于一山之隔的瓦多乡。某些相同概念的词语在南北方言区中存在差异。例如：

北部方言ʒe^{13}qa^{55}stsue^{55}山谷 —— 南部方言tsʰɔ^{55}tsʰɔ^{53}

北部方言ʒe^{13}岩石 —— 南部方言ndzə^{33}mu^{53}

北部方言ptsʰu^{55}湖 —— 南部方言tə^{55}tʰe^{33}nkʊ^{33}lə^{33}

北部方言ɬe^{33}vʑʌ^{55}月亮 —— 南部方言ɬe^{55}ȵə^{33}mtsʰʊ^{33}

北部方言ko^{55}ʂte^{55}背部 —— 南部方言gu^{33}ptsʰɿ^{53}

（三）语法特征

扎坝语各方言在语法结构方面的差别远小于语音和词汇结构的差别。但由于不同方言区所处的生活环境不同，某些语法形式也有一定的差异。例如，南部方言趋向前缀kə^{55}、ŋə^{55}分别表示"左边"和"右边"，而北部方言则表示"右边"和"左边"。造成此差别的原因是南部方言区主要按照居住地附近雅砻江或鲜水河自西向东流向而确定方向，但北部方言则是依照居住地附近鲜水河自东向西流向确定方向。在地理位置上，两条大河呈交叉流向，因此方向相反，这造成扎坝语不同方言中趋向前缀使用上的差异。同样，南部方言"倒茶"的动作使用"向下"的趋向前缀，而北部方言却使用"向上"的趋向前缀。

北部方言的方位名词ta^{55}"上面"同时具有连词功能，能够连接表示顺承、条件、让步关系的小句（Shirai 2012）。南部方言中与之对应的tʰa^{33}"上面"除了作方位名词外，还能充当顺承关系连词，有些类似ȵi^{33}"然后"，但tʰa^{33}不能连接条件、让步关系小句。南部方言表示"在……周围"的方位格标记tɕʊ^{33}有时候还能同时标记时间先后顺序（类似于汉语的"……之后"），而北部方言中的tɕʊ^{33}目前还没发现有此用法。

（四）同一方言土语的个人变体

即使是同一方言区，由于土语点不同，发音人的年龄、性别、双语或多语能力不同，也会导致同一个词出现方言变体或个人变体形式。南部方言瓦多乡中古、吾知村有复辅音mɳ，但在其他土语点或者这两个村落中的年轻一代都将mɳ读作mn，如mɳo̥^{24}“马”——mnɔ^{24}、mɳḁ^{55}“松土”——mna^{55}、mɳe̥^{55}“动物叫”——mne^{55}、so^{55}mɳə̥^{55}“上坟”——sə^{55}mnɛ^{53}。

木绒乡的复辅音fç在瓦多乡常读作单辅音的送气擦音çʰ。木绒乡和瓦多乡某些词语中塞音和塞擦音存在送气与否的差别。例如，木绒乡不送气的ʂ̥tsə^{55}tʂa^{53}“痰”在瓦多乡读送气的ʂ̥tsə^{55}tʂʰa^{53}“痰”，ŋə^{55}ptʃe^{53}“摆放”在瓦多乡读送气的ŋə^{55}ptʃʰe^{53}“摆放”。同一方言区的不同土语点还能依靠元音交替变化构成新词。例如ndzɿ̥^{53}在南部方言木绒沙学村的意思是“木料、圆木”，而南部方言瓦多乡各土语点中相似意义用两个词表达：ndzɿ̥^{53}“木料”、ndzə̥˞^{53}“圆木”。该情况目前只见于木绒沙学村。

除此之外，虽然处在同一个行政区内，不同土语群所讲扎坝语也有一些细微差别。例如，南部方言区的瓦多乡有杜米、白龙、学优、交吾、吾知、中古六个村，其中的白龙村、学优村、交吾村村民所讲扎坝语几乎相同；吾知村和中古村在鲜水河的对岸，两地使用的扎坝语口音相同，而与其他村落所讲扎坝语有细微差别。杜米村的女性所讲扎坝语在重音、声调、元音长短等方面都跟南部方言区其他村落存在差别。为何这些差异只体现在女性群体中，这个谜底有待今后人类学、语言学调查做进一步研究来揭开。

三　语言环境

本书所涉项目的调查点木绒乡沙学村地处雅江县以北。在甘孜藏族自治州内，由于地处318国道沿线这一特殊的地理位置，加之雅砻江流域丰富的水利资源，雅江算是较早有大量汉人踏足的区域。群山大江、不太便利的乡村交通造就了雅江境内复杂的多语言使用情况，同一语言即便在大江两岸或邻近的村社中都会出现各种各样的变异形式。除了藏语康方言和汉语四川方言外，木绒乡周边区域还使用却域语、白孜话、木雅语、雅江倒话、普通话等①。由此扎坝语也就不可避免地处于一个多语环绕的区域之中。图1–5简要地罗列了雅江境内一些语言的分布情况。

---

① 却域语分布在雅砻江边，使用区域主要从新龙县尤拉西乡至雅江县河口镇本达宗。他们的支系在雅江县东邻的康定市塔公，理塘县内的绒坝乡、哈依乡、呷柯乡也有少许分布。雅江境内的却域语主要通行于普巴绒乡、团结乡，雅江县城内，也有少许片区讲却域语。白孜话是雅江当地一种地脚话，通行于雅江二号营地附近的白孜村、鸡窝大队以及二号营地对面河岸呷拉镇（除西地村、昆地村之外）的其他村落，使用人口约3 000人。白孜话应该是却域语的方言变体，但与普巴绒却域语略有差别。

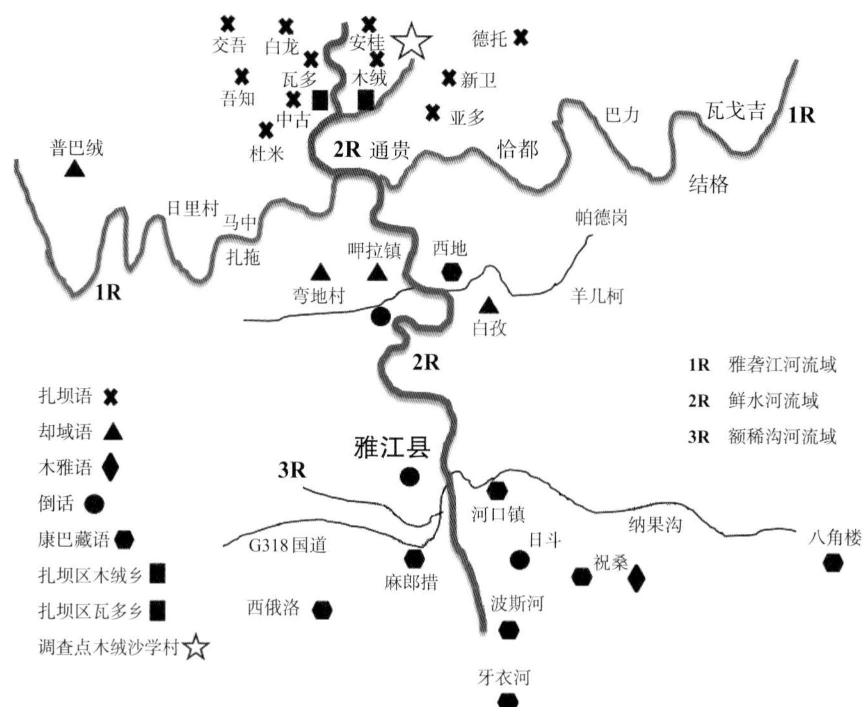

图 1-5 雅江县境内语言分布示意图①

事实上，在社会高速发展的今天，主要使用扎坝语的雅江县木绒乡和瓦多乡，尽管地处雅江境内较为贫困的地带，也不可避免地受到周边先进文化的影响并从中汲取发展的养料，在提高自身经济能力和生活水平的过程中，也不时以各种方式从周边语言中借用这样那样的成分。而且这种借用是有阶梯性的。图1–6是扎坝语受周边语言影响的语言环境示意图。

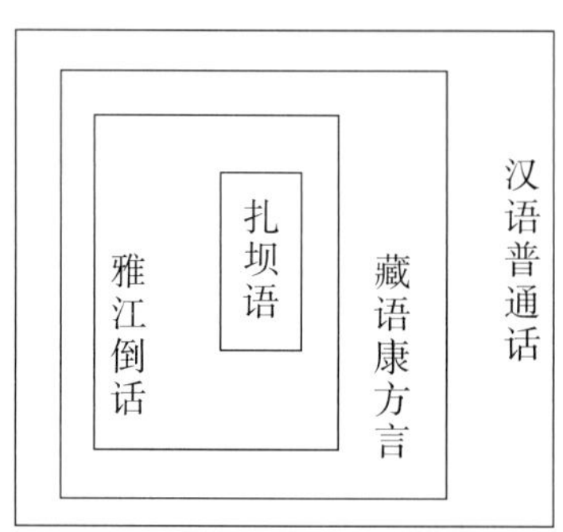

图 1-6 扎坝语语言环境示意图

① 本语言分布示意图是作者根据实际调查以及与多名当地人讨论所勾画出的雅江区内大致语言分布情况。以雅江县为中心，示意图的语言点使用情况细化到以乡和村为单位，便于今后进行更加系统、全面的考察。不同乡村之间虽讲同一种语言，但相互之间还是存在差别。其中通贵、恰都、瓦戈吉、结格等村落由于作者并未前往调查，因此目前无法标出当地语言的具体使用情况，有待今后完善。

如上图所示，由于地理条件因素，扎坝语处在被其他语言重重包围的状态中。在周边语言中与扎坝语关系最为密切的是雅江倒话。作为一种汉语和藏语深度融合的克里奥尔语（Creole），倒话当前已经被雅江县城的儿童作为母语加以习得。目前，其使用呈辐射型，即以雅江县城为中心，辐射到县城周边的某些村镇。距离雅江县城较远的村落中讲其他语言的村民由于长期到县城经商、走亲访友、就学、婚嫁等，跟讲雅江倒话的群体交流日益频繁。他们除了自己的母语外，也会在某些场合主要使用倒话来沟通。从当前的社会语言学调查结果来看，大多南部方言区内的扎坝人都能讲一口较为流利的倒话。

倒话的外围是藏语康方言。由于历史和地理条件等方面因素的影响，雅江现在已经成为当地藏族的主要居住区，相应地，藏语也成为当地的另一种强势语言。当然，讲藏语的藏族群体大多也能讲雅江倒话，但母语为扎坝语的群体其藏语能力却并没有我们最初估计的那么好：若他们所居住区域周边村落主要是讲藏语康方言的，他们的藏语能力就相对好一些（如木绒乡）；若居住区域周边村落并非是主要讲藏语康方言的，或是住处离雅江县城较近的，他们的藏语能力就普遍不算太好。此外，还有很多扎坝人除了母语扎坝语外，还能讲一口流利的汉语四川方言（如瓦多乡、下拖乡、交吾乡某些村民）。

普通话在当地更多是以电视节目、媒体宣传、学校教育等方式输入的。当前由于“村村通”工作的开展，很多偏远村落都能接收到电视节目信号。因此，扎坝人日常生活中就有更多的机会接触到普通话类节目，就连很多中老年一代日常收看的电视节目也以普通话居多。因此，他们中很多人都能够大致听懂普通话，但能讲普通话的群体主要还是受过正规学校教育的年轻人。总体情况是，越靠近雅江县城，当地居民的普通话能力越强。这也跟近些年大量涌入经商、旅游及支援修建当地水电站的汉人，尤其是北方人口的大量增多有关。语言接触体现在生活的点点滴滴中。跟讲其他羌语支语言的川西群体相比，扎坝人的母语意识还是较为强烈的。虽然处在其他语言的包围中，但在日常生活里，扎坝人还是更多选择使用扎坝语；大多家庭的成人在和孩童沟通时，也都倾向于使用自己的母语。外部因素的影响加快了语言的变异和发展，但就扎坝人自身来看，对母语的保护和传承工作目前还能得到正常、有效的开展。这也为今后对扎坝语的进一步保护和研究奠定了良好的基础。

第三节

扎坝语濒危状况

一　濒危程度

据联合国教科文组织[1]和世界少数民族语言网站报道，扎坝语目前已是一种濒危语言，濒危等级为6b，属严重濒危型语言（severely endangered）[2]。Bradley（2007）也认为川西扎坝语目前已处于潜在的濒危状态。

联合国教科文组织曾提出了九项标准判定一种语言是否已经进入濒危状态：①代与代之间的语言传递情况；②语言使用者的绝对数目；③该语言的使用者在总人口中的比例；④该语言使用领域的趋向；⑤该语言对新语域和媒体的反应情况；⑥语言和识字教育的资料状况；⑦政府及机构的语言态度和政策；⑧社区成员对他们自己的语言的态度；⑨文献数量和质量（范俊军2006；李锦芳2015）。根据以上标准我们发现扎坝语当前的代际传递呈递减趋势：除了长期居住在乡间的年轻人扎坝语运用较为熟练外，很多在外的扎坝人常常有“开口忘词”的情况，若不做特别提醒，他们很难熟练说出某些扎坝语的基本词。

根据孙宏开、胡增益、黄行《中国的语言》（2007：1000），扎坝语在20世纪90年代的使用人数约7 700人。通过近些年对上扎坝和下扎坝各村委会人口统计来看，扎坝区人口约11 000人，而使用扎坝语的人口大约9 000人。我们可以通过表1–2的统计了解扎坝当前的语言活力状况：

---

① 此文件和有关会议、宣言请见教科文组织网站：http://www.unesco.org/culture。

② 联合国教科文组织把濒危语言的等级分别界定为：消失型（extinct）、极度濒危型（critically endangered）、严重濒危型（severely endangered）、濒危型（definitely endangered）、脆弱型（vulnerable）、安全型（safe）。

表1–2 雅江扎坝地区语言使用情况及濒危程度指标[①]

地区	扎坝语	藏语	汉语	濒危指标	语言使用情况	被试人数（人）
杜米村	+	(+)	+	代际传递中等，使用人口缩减，使用较多，使用域较广泛	40岁以上扎坝母语者能流利使用，但40岁以下群体忘词特别普遍。有时候表达还不流利。汉语能力普遍较高，上过藏文班的年轻人藏语能力较强	8
白龙村	+	(+)	+	代际传递中等，使用较多，使用域特别广泛	扎坝语和汉语能力都很强，但藏语能力不强，40岁以下群体母语忘词情况普遍	6
学优村、吾知村	+	+	+	代际传递较强，使用较多，使用域特别广泛	扎坝语和汉语能力都很强，但藏语能力不强，40岁以下群体母语忘词情况普遍	14
中古村	+	(+)	+	代际传递较强，使用较多，使用域特别广泛	扎坝语和汉语能力都很强，但藏语能力不强	8
德米村、安桂村	+	(+)	(+)	代际传递很强，使用较多，使用域特别广泛	扎坝语能力很强，有的母语者藏语能力比汉语强，汉语能力不太好，40岁以下群体母语忘词情况普遍	9
木绒村、沙学村、沙托村、新卫村、亚多村、德托村	+	(+)	(+)	代际传递很强，使用较多，使用域特别广泛	扎坝语能力很强，藏语和汉语能力都不太好	42

（一）家庭间的代际传递

家庭间的代际传递主要考察某一濒危语言是否仍然作为日常生活所使用的强势语言渗

① (+)代表一般是年轻一代使用该语言的情况较多，而老年人大多不使用该语言。有时候某些老人跟使用相关语言的群体接触（经济交流、宗教活动），也使用该语言，但日常生活中老人几乎不使用该语言。“濒危指标”主要参考范俊军（2006）有关联合国教科文组织《语言活力与语言濒危》的研究评述。

入到家庭中。借助代际传递的安全判定指标①，我们考察了沙学村、木绒村、学优村、吾知村的10多个家庭，调研走访被试者近30人。研究发现，当前雅江扎坝语在家庭代际传递中属于"确有危险型"（3分），即"多为父辈和上一代人使用"。下面挑选典型案例加以介绍。

张四清，男，生于1966年，藏族，母语为扎坝语；文盲，几乎不认识藏文或汉字。早年长期在外奔波，跟雅江当地汉人接触较多，因此能流利使用雅江当地的"倒话"。张四清家中兄弟都能熟练地使用扎坝语，但张四清侄儿一辈的年轻人说扎坝语的能力明显比长辈差一些，主要体现在：忘词严重、无法有效表达某些意义，取而代之的是直接使用汉语四川方言。

让布，男，生于1987年，藏族，母语为瓦多扎坝语；早年在成都西南民族大学攻读藏汉翻译硕士，藏语和汉语能力特别强。在日常生活中，让布只有跟扎坝人交流时才灵活使用扎坝语。若遇到其他非扎坝母语者，一般使用普通话交流（说藏语的情况都很少）。让布跟父母、弟弟及自己的妻子、孩子一起居住。父亲是土生土长的扎坝人，操一口流利的扎坝语；母亲从雅江周边八角楼区嫁到了扎坝区，扎坝语不太熟练。让布跟母亲交流时使用藏语的情况比扎坝语多。让布家的孩子能听懂扎坝语，但由于在雅江城里就读，汉语四川方言能力较强。

尼玛吉，女，生于1995年，藏族，母语为扎坝语。尼玛吉的爷爷是20世纪末村里的干部，熟知当地人文地理知识，在扎坝当地属于"文化人"群体。尼玛吉由于长期跟爷爷生活在一起，扎坝语特别熟练，还能同时操扎坝语瓦多和木绒方言。家中有些亲戚住在道孚境内扎坝区，因此尼玛吉对扎坝语北部方言也较为熟悉。但跟尼玛吉情况相反，尼玛吉的表姐仁则翁姆扎坝语的能力明显比尼玛吉低。其主要的原因是：仁则翁姆是瓦多当地小学教师，长期在课堂上使用普通话交流，就算课后也很少使用扎坝语跟学生交流（小学课程中有藏—汉双语课，藏语也纳入了瓦多当地小学教育中）。仁则翁姆一般住在雅江城里，同时也没尼玛吉那样优越的语言环境（爷爷每天都会用扎坝语跟尼玛吉交流）。在项目调查期间，我们发现仁则翁姆忘词的情况远远多于尼玛吉。

（二）社区人员的语言态度

语言态度同样是影响代际传递的主要因素。在扎坝人的家庭中，有些孩子有较强的母语自豪感，所以他们的扎坝语母语能力反而要比年龄大的哥哥姐姐好很多。例如，尼玛吉同村邻居男孩在我们调查时只有10岁左右，但一口流利的扎坝语完全超过了周围其他同龄

① 代际传递安全指标主要分为：安全型（5分），各年龄段都使用；不安全型（4分），所有儿童在有限场合使用，部分儿童在所有场合使用；确有危险型（3分），多为父辈和上一代人使用；危险型（2分），限于祖父母辈及更上辈人使用；极度危险型（1分），极少曾祖辈人使用；灭绝型（0分），在世者不使用。（范俊军 2006）

小孩。比较有趣的是，他目前只能讲木绒扎坝语，不太懂藏语，也几乎不能使用汉语四川方言沟通交流。当问及一些民族特色词时，尼玛吉50多岁的母亲有时还有些摸不着头脑，他却能迅速反应、给出答案。在调查过程中，我们发现他对扎坝人的语言和文化始终保持高度热情和自豪感。

相反，被调查人尼玛泽仁（中部方言下拖乡拖比村人）虽然已经37岁，但其使用的扎坝语也偶尔会出现“拗口”的情况。尼玛泽仁在拖比村当司机，由于长期跟周围的非扎坝人接触，他目前所操扎坝语中混合了很多周边其他语言的词汇。有时候尼玛泽仁还会觉得自己所说扎坝语中某些表达有些太“土”，因而极力使用汉语四川方言或者倒话去取代。

总的来看，目前使用扎坝语的人口接近10 000人左右。不过，扎坝语也仅仅是在扎坝人的日常生活中加以使用，且其使用场合也是极为有限。目前，扎坝人对外统一使用汉语四川方言和康巴藏语（少数能讲藏语的扎坝群体）。此外，扎坝区内并没有使用扎坝语的儿童读物或识字材料，也几乎没有记录扎坝语口头传说、歌谣等语料的传世文献。扎坝区当地学校多为藏汉双语授课，课堂上自然也不可能以扎坝语作为授课语言。所以，扎坝语当前仅仅属于一种在家庭内部使用，且使用语域特别有限的语言。它正在经历语言代际传递的衰退过程，已是一种典型的濒危语言。

二　口头文化传承

调查点的口头文化目前也处于濒危状态。以南部方言区口头文化传承情况为例，虽然在民族识别上扎坝人被定义为藏族，但是流行于德格一代，且脍炙人口的藏族史诗《格萨尔王传》在南部方言区几乎无人会讲述，哪怕是寺庙僧侣和乡间老者也不会讲《格萨尔王传》的故事。史诗性口传文本在南部方言区的流传范围也极其有限，取而代之的是民间神话故事和各种趣味故事。常见的民间神话故事有《猴神》《治山鬼》，而最为常见的趣味故事有《阿叩登巴》以及《狼来了》《勇敢的动物》等。

口传歌谣《玛尼锅庄》最具扎坝特色，是扎坝文化中独具代表性的艺术瑰宝。跳锅庄时所吟唱的《玛尼锅庄》，歌词虽大致为藏语，但其中夹杂有很多梵语和早期藏语的某些信息。目前《玛尼锅庄》已经属于扎坝人的濒危文化遗产，能记住其中具体内容的老一辈艺人已所剩无几。为不使扎坝人的这一文化瑰宝迅速消失，我们附带从当前仅有的几位老艺人处收集了《玛尼锅庄》歌词全文，用藏语撰写整理，配合国际音标转写，歌词原文见文后语料部分。希望我们的这一工作能对今后的相关研究有所帮助①。

---

①《玛尼锅庄》歌词我们是从扎坝母语者昂往尼扎先生处获得的，并得到讲者的授权将其公布。整理工作由本项目团队完成。

第四节

扎坝语研究概况

1970年代后期以来，扎坝语的濒危状况开始引起学界的重视，对扎坝语调查的逐步展开也在不断地为藏缅语研究提供重要的语言材料。不管是历史比较、共时类型分析还是民俗文化分析，扎坝语都具有举足轻重的语言学和人类学价值。本节主要简述一下扎坝语近几十年来的研究概况。

孙宏开《六江流域的民族语言及其系属分类》（1983）是国内较早对六江流域新发现民族语言进行介绍的文章。文中详细地介绍了川西走廊某些以往未被报道过的民族语言。其中专列一小节介绍扎坝语的音系结构、词汇特点，以及常见语法结构形式。该文的发表在学界引起了极大反响，也为后来研究扎坝语的语言特征打下了坚实的基础。另外，该文还第一次从发生学关系的角度把扎坝语判定为藏缅语族羌语支语言。

陆绍尊（1985）从音系结构、构词法和单句结构入手对扎坝语进行了简略描述。但由于调查的局限及对扎坝语的判定标准存在问题，作者所描述的语言并非扎坝语，而是现在通行于扎坝语南部方言区一带的却域语或却域语方言（白孜话）。

黄布凡（1991）从语音、词汇、语法三个方面对扎拖乡的扎坝语进行了细致描写。作者根据相关发音特征，共归纳出53个单辅音、71个复辅音、18个单元音及33个复元音；其中塞音、擦音有清浊的对立，浊音都不送气，有清化鼻音；复辅音主要由前置辅音m、n、p、b、f、v、ʂ、ʐ和其他辅音构成，只有一个三合辅音；元音较该区周围所讲康巴藏语更为丰富，有鼻化元音，但几乎只见于汉借词；声调有高平、中平、低升三个基本调，变调情况普遍，单音节词或多音节词的末尾音节常念成高降调或低降调。作者还对扎坝语的词汇、语法情况做了简要的介绍，指出扎坝语在民族生活、文化方面的藏语借词丰富，叠音、加缀等构词形式丰富；语法上具有人称、数的变化，动词有趋向、人称、体、语气、式、态、自主和不自主等语法范畴；格形态丰富，通常使用形态标记或内部屈折手段表达各种语法范畴。

龚群虎的《扎坝语研究》(2007)是较为全面研究扎坝语南部方言瓦多话的专著。作者在前人的基础上对雅江县境内扎坝语的音系结构进行了详细的梳理，并记录了几千个常用词。特别值得称道的是，该书对某些语法现象的分析、解释较以往研究都更为深入。书中还专列章节讨论扎坝语在藏缅语族中的地位，认为扎坝语跟羌语支及彝语支语言的相似程度远大于藏语。此外，通过羌语支语言内部的比较，作者进一步推测扎坝语处于羌语支南支和北支的中间阶段，因而很难确定其在羌语支内部的系属地位。该书最后附有长篇语料六则，为研究扎坝语整体的语言面貌提供了一定的参考。

黄阳、吴福祥(2018)对扎坝语中的五个动词趋向前缀进行了细致描写，并对其语法功能的演变路径做了拟测。作者认为，扎坝语源于方位名词的五个趋向前缀除了表达动作趋向功能外，已进一步语法化为完整体、瞬间体、状态变化、命令式、断言式等标记。文章还通过比较羌语支内部不同语言得出这样一个看法：趋向前缀在羌语支语言中的语法化方向具有一致性，而这一共享的语法化模式是羌语支语言平行创新的结果。

黄阳(2020)就扎坝语中三个名物化标记ji^{33}、ze^{33}、mbə^{33}zə̩^{33}展开了深入的探讨，认为ji^{33}和ze^{33}的主要功能是附加在动词之上以派生出同根的名词，mbə^{33}zə̩^{33}主要用以在形容词以及具有形容词性质的动词基础上派生出同根的名词。文章认为，粘附式标记mbə^{33}zə̩^{33}源于原始藏缅语的名物化标记pa/ba与扎坝语领属标记zə̩^{33}的词汇化，它能添加在名词成分之后充当有定标记、受事格标记。文章最后还通过跟周边藏缅语比较，提出扎坝语的名物化标记严格符合“名物化—关系化叠置”的多功能模式，而这一语法特征常见于周围其他汉藏语中。

21世纪以来，扎坝语中众多的语言现象也引起了国外学者的关注。日本学者白井聪子(Satoko Shirai)是目前学界较为系统研究扎坝语形态句法的学者。她分别就示证范畴(Shirai 2007)、存在动词的有生性(Shirai 2008)、动词趋向前缀(Shirai 2009)、体范畴和多样化的存在动词结构(Shirai 2010)、多功能的方位名词(Shirai 2012)、小句连词(Shirai 2018)等形态句法特征做了较为深入的描写和分析，并尝试通过跟周边某些羌语支语言的对比在更深层次挖掘扎坝语的语法特征。

除了语言学领域，人类学、社会学、民族学、历史学等领域的学者在相关研究中也会附带论及扎坝人的风俗习惯、扎坝语的语言特征及其历史来源。任乃强(1930)较早对扎坝区地理环境、气候、民风民俗、教育、税收等进行系统调查。作者按不同板块分别整理了1949年以前扎坝区的文史资料，为后世研究提供了宝贵的参考资料。文章提到，在对扎坝早期归属地“泰宁”进行人类学调查时，其本人就已经注意到扎坝及周边区域流行汉语、西康官话、牛厂话和扎坝土话四种语言。其中扎坝土话主要在雅江三区通行，但别处讲康巴藏语的藏族人到此无法理解该语言。格勒（1988）专设章节讨论过川西康区“扎坝”一名的由来以及扎坝语的归属等问题。袁晓文（2017）基于人类学和民族文化采风的视角以图录的形式对川西南藏族的民风民俗、地理环境、建筑风格、寺庙、人物日常服饰等进行了考察，并专列一章通过拍摄的图片对道孚境内上扎坝区亚卓镇、仲尼镇等地的扎坝生活场景进行介绍，以便读者能够从图片中一窥扎坝区内独具特色的生活场景。

第五节

调查说明

一 调查过程

本次调查历时三年。2016年7月初，根据“中国语言资源保护工程·民族语言调查·四川雅江扎坝语”课题组的计划安排，项目组成员第一次赴甘孜州康定县和雅江县对扎坝语进行了基于3 000词表的词汇调查，并在对音系进行简单梳理的基础上历经一个月的努力完成了工程的前期摄录工作。2016年8月至9月，调查组完成了扎坝语100短句、10则故事及部分谚语、歌谣和口头文化等长篇语料的调查摄录工作。2016年11月，调查组再次进入川西藏区，对先前调查的词语、长篇语料进行核对，对不符合标准的音频、视频文件进行补录。2017年5月、6月、10月、11月，2018年2月、3月，以及2019年7月、8月，项目组负责人居住在雅江县木绒乡、瓦多乡扎坝地区，驻扎当地对扎坝语进行了多次补充调查，并准备专著的撰写。

调查工作分两部分。第一部分，由项目负责人和2名摄录人员及2名助理完成（1人为康巴藏语母语者、1人为木雅语母语者），主要负责前期摄录及音频与视频材料的剪辑、编辑和后期处理、语料库建设等工作。第二部分负责后期濒危语言志的撰写工作，除项目负责人外，还有1名雅江县木绒乡下扎坝语母语者及1名康巴藏语母语者随同作为调查助理。整个调查团队成员多为青年学者，平均年龄在30岁左右，其中有一半成员为川西民族语言母语者。负责人母语为汉语四川方言，在调查过程中全程使用汉语四川方言跟调查对象进行交流，有效避免了以往单一依靠普通话对译带来的模糊性或太过书面化的沟通方式。此外，调查团队成员的语言背景呈现出多样化特点，这也有助于在调查过程中有效地甄别被调查对象所讲扎坝语的特征，明确哪些特征是扎坝语特有的，哪些是周边的康巴藏语、木雅语或汉语四川方言所共有的。这些都为今后展开相关语言接触和语言演变研究奠定了坚实的基础。

二　发音人概况

张四清，项目主要发音人；男，生于1966年3月20日，藏族，四川雅江县木绒乡沙学村人[①]；无正式职业，现在在雅江县雅砻江电站工地看管建筑材料。发音人现在居住在雅江县城郊二号营地附近的白孜村。母语为扎坝语，10岁起一直居住在雅江县木绒乡（扎坝语南部方言区），17岁以后在白孜村安家。张四清是小学文化，但由于常年在建筑工地工作，汉语四川方言表达无太大障碍（有时会夹杂一些雅江倒话的表达）。由于多年四处奔波做工，发音人懂得多种当地语言或方言，除了日常表达所使用的扎坝语以外，还能熟练地使用康巴藏语、白孜话、汉语四川方言及雅江倒话，能听懂却域语，但无法使用却域语交流。

让布，发音协助人；男，生于1987年12月6日，藏族，四川雅江县瓦多乡人，西南民族大学硕士，现为雅江县瓦多乡村委干部。让布的母语为扎坝语南部方言瓦多话，能讲汉语四川方言、普通话和流利的康巴藏语。此外，让布在语言志撰写阶段主要的工作是负责语料的转写。

尼玛吉，发音人兼转写、翻译协助人；女，生于1995年12月25日，藏族，四川雅江县木绒乡安桂村人，毕业于西南民族大学，现为雅江县文化局工作人员。尼玛吉的母语为扎坝语南部方言木绒话，对木绒、瓦多区内的扎坝语以及道孚境内的扎坝语北部方言都较为熟悉。尼玛吉会讲康巴藏语、汉语四川方言和普通话。此外，她还能说一点日常交际用的英语。

---

① 为保证隐私权，有关发音人的具体信息均已取得各母语老师的正式行文授权。

第二章 语音

第一节

元辅音系统

一　辅音音位系统

扎坝语共有109个辅音，其中单辅音45个，复辅音59个。辅音按照发音部位分为8类，按照发音方法可分为6类。单辅音的发音特征按照发音部位和发音方法大致如表2–1所示。

表2–1　扎坝语的单辅音

发音方法 \ 发音部位			双唇	唇齿	龈音	卷舌	龈后	龈后–腭前	硬腭	软腭
塞音	清	不送气	p		t					k
		送气	p^h		t^h					k^h
	浊		b		d					g
擦音	清	不送气		f	s	ʂ	ʃ	ɕ		x
		送气			s^h	$ʂ^h$		$ɕ^h$		
	浊			v	z	ʐ	ʒ	ʑ		ɣ
塞擦音	清	不送气			ts	tʂ	tʃ	tɕ		
		送气			ts^h	$tʂ^h$	$tʃ^h$	$tɕ^h$		
	浊				dz	dʐ		dʑ		

续 表

发音方法 \ 发音部位		双唇	唇齿	龈音	卷舌	龈后	龈后－腭前	硬腭	软腭
鼻音	清	m̥		n̥					
	浊	m		n			ȵ		ŋ
边音	响			l					
	擦			ɬ					
近音	浊	w						j	

（一）单辅音说明

由于受前元音的影响，龈后—腭前的tɕ、tɕ^{h}、ɕ有时近似于硬腭音c、c^{h}、ç，但仅仅是个人变体（多见于藏语基础好的扎坝人），不构成音位对立。卷舌音ʂ、ʐ在某些词中的音值接近龈后的ʃ、ʒ。老年人读边音l时摩擦程度明显高于年轻人，听感上近似于边擦音ɮ，如la^{53}“工钱”——ɮa^{53}；中青年一代会以复辅音代之，如la^{53}“工钱”——vla^{53}。ʐ和r为自由变读，词尾位置的ʐ一律有变读为r的趋势。处于词尾音节的擦音ʐ跟开口呼相拼时有些近似拍闪音ɾ但不及r的颤抖程度，如po^{55}ɾɛ^{33}“有小孩”、ndze^{55}ɾɛ^{53}“瘦”。由于该情况属语流音变形式，因此不特别罗列r、ɾ音位。

龈后-腭前的tɕ、tɕ^{h}、ɕ在老年人中发音略微靠后，有点近似腭音cç、cç^{h}、ç，但两者在南部方言中不构成对立，藏语基础好的多读成腭音一组。塞擦音ts有些接近比较软的擦音s，这充分说明前者有向后者演变的倾向。

送气擦音s^{h}、ʂ^{h}、ɕ^{h}近似于同部位的送气塞擦音，但发音时舌尖并无堵塞的动作。南部方言区藏语基础好的村民容易发出送气擦音。清化鼻音m̥、n̥在南部方言中处于脱落状态，3 000词中目前只录得几例，年轻一代扎坝人使用清化鼻音的情况明显少于老年人。

发边擦音ɬ时舌尖中部轻微摩擦，向同部位的送气塞音t^{h}靠拢。ɬ的实际音值应该是清边近音l̥，为跟国内记音习惯保持一致，使用边擦音ɬ。舌根音k向小舌音q后移，如kə^{55}vlə^{53}“换”＞qə^{55}vlə^{53}、kə^{55}tʂʊ^{33}“染”＞qə^{55}tʂʊ^{33}。但两者并不构成对立，且只出现在以kə^{55}为趋向前缀的动词中，应属于音位变体形式。

软腭浊擦音ɣ出现几率很小，一般只跟开口呼相拼。若不是特别强调或重读，在实际语流中有脱落的迹象。部分汉语四川方言借词有ŋ韵尾，如ɕaŋ^{55}tɕo^{53}“香蕉”、ts^{h}aŋ^{55}k^{h}u^{33}“仓库”等。由于是直接借音成分，且全部出现在汉语四川方言借词中，为不影响音系结构，不将其处理为独立的音位。

（二）单辅音举例

单辅音	例词	汉义	例词	汉义
p	pu^{24}	膝盖	jɛ^{33}pə^{53}	石头
p^{h}	p^{h}e^{53}	冰	di^{33}p^{h}ə^{53}	雾
b	tʂɿ^{55}bu^{33}	铃铛	be^{33}tə^{53}	坛子
m	mə^{24}	蘑菇	mʊ^{55}tə^{55}ptʂ^{h}e^{33}	虹
m̥	m̥ɪ^{53}	后鞧	tə^{55}m̥ua^{53}	忘记
w	we^{53}	差点	ʐʅ^{55}wu^{33}	山上
f	fe^{53}	粉	ȵə^{55}fa^{53}	扛
v	va^{33}	猪	vɛ^{24}	霜
ts	tsa^{24}	斧子	tsu^{55}ku^{53}	现在
ts^{h}	ts^{h}ɛ^{24}	素菜	ts^{h}ə^{55}pe^{53}	以后
dz	dzo^{53}	县	dzɿ^{24}ʐɛ^{33}	密
s	sɪ^{24}	肝	so^{55}ʑi^{53}	放牛
s^{h}	s^{h}ɛ^{53}	女阴	s^{h}ue^{53}	人
z	zɪ^{24}	女人	zə^{55}tue^{33}	猴子
t	tə^{24}	水	te^{55}nbə^{33}	云
t^{h}	t^{h}ɪ^{24}	扣肉	ta^{55}wɔ^{55}t^{h}a^{33}	年底
d	di^{24}	灰尘	de^{55}ku^{55}tu^{33}	短裤
n	ne^{24}	柳树	va^{55}no^{55}ntɕ^{h}e^{33}	猪下水
n̥	mui^{55}n̥e^{53}	姊妹	ə^{55}n̥a^{33}n̥a^{33}	吸
ɬ	ɬa^{53}	仙	ɬe^{55}ȵə^{33}mts^{h}ʊ^{33}	月亮
l	lɪ^{24}	包子	ʂkʊ^{55}lɪ^{53}	台风
tʂ	tʂuɛ^{53}	砖	tʂʅ^{24}a^{33}t^{h}o^{53}	削
tʂ^{h}	tʂ^{h}ə^{24}	脚	ze^{33}tʂ^{h}e^{53}	春天
dʐ	dʐa^{55}pa^{33}	和尚	dʐʅ^{33}ma^{55}ɬa^{33}	观音
ʂ	ʂu^{24}	松明	ʂə^{33}pə^{53}	鸽子
ʂ^{h}	ʂ^{h}u^{24}	火把	ʂ^{h}a^{24}	筷子
ʐ	ʐɪ^{24}	布	ʐe^{55}pɪ^{33}	梅花
tʃ	tʃi^{24}	骡	tʃə^{55}htsi^{53}	凳子
tʃ^{h}	tʃ^{h}ə^{24}	拉屎	tʃ^{h}ə^{53}	桩子
ʃ	ʃə^{55}	认识	ʃe^{55}t^{h}ə^{53}	半夜

ʒ	ʒo^{33}lɪ^{53}	打工	ʒɪ^{24}gua^{33}	荒地
tɕ	tɕi^{24}	茶叶	tɕa^{55}kʰo^{53}	厕所
tɕʰ	tɕʰɔ^{53}	泥	tɕʰɛ^{24}	羊
dʑ	dʑye^{24}	鱼	dʑɛ^{33}lɛ^{53}	路
ȵ	ȵə^{24}	火	ȵa^{55}tə^{33}	溪
ɕ	ɕi^{24}	牙齿	ɕe^{55}tə^{53}	江
ɕʰ	ɕʰa^{24}	虱子	ɕʰə^{33}tu^{53}	瓶子
ʑ	ʑi^{24}	厘	ʑɔ^{53}	木勺子
j	jɪ^{53}	穿针	ja^{33}xɔ^{53}	火柴
k	ku^{24}	一起	kə^{55}na^{53}	阴
kʰ	kʰe^{53}	中午	kʰə^{55}lɪ^{53}	烟
ɣ	ɣa^{33}ga^{53}	谢谢	kʰu^{33}kʰu^{55}ɣo^{24}	再见
g	gue^{24}	枕头	tə^{55}gɪ^{33}	河岸
ŋ	ŋua^{53}	往	ʂtui^{55}ŋʊ^{53}	右边
x	xɔ^{24}	再	xʊ^{33}sɿ^{53}	香菜

复辅音分别以p、b、f、v、ʂ、m、n作为前置辅音构成。扎坝语南部方言一共有59个复辅音，只有二合而无三合复辅音。见表2–2所示：

表2–2　扎坝语的复辅音

p	pt、ptʰ、pts、ptsʰ、ptʂ、ptʂʰ、ptɕ、ptɕʰ
b	bd、bdz、bdʑ
f	fs、fsʰ、fɕ
v	vz、vʑ、vʒ、vl
ʂ	ʂt、ʂts、ʂtʂ、ʂtɕ、ʂtʃ、ʂk
n	np、npʰ、nt、ntʰ、nts、ntsʰ、ntʂ、ntʂʰ、ntɕ、ntɕʰ、ntʃ、ntʃʰ、nk、nkʰ、nd、ndz、ndʐ、ndʑ、ng
m	mp、mpʰ、mt、mtʰ、mts、mtsʰ、mtɕ、mtɕʰ、mtʂ、mtʂʰ、mb、md、mdz、mdʐ、mn、mȵ

除了上述前置辅音外，雅江扎坝语还有一个非音位性的送气辅音h也可作为前置辅音构成hp、ht、hk、hts、htɕ。

（三）复辅音说明

鼻冠音的组合几乎是同部位的。例如，ndʐ、ndʑ、ng的音值实际应该为ɳdʐ、ȵdʑ、ŋg，但为了音系归纳方便，统一处理成鼻冠音。

复辅音ʂ弱化现象十分严重，特别是在自然语流中多弱化为喉部的h。复辅音脱落情况比较普遍，特别是以ʂ、p为前置辅音的复辅音在双音节或多音节词中经常脱落，只在单字调中偶尔保留，且属于个人变体形式。熟悉藏语和汉语四川方言的扎坝人几乎很难保留ʂ前置复辅音，年轻一代ʂ前置复辅音丢失的情况也很常见。p复辅音在多音词的非词首音节中也容易脱落，如mi^{33}nts^{h}ɿ^{55}na^{55}tsa^{33}“鸡眼”（ptsa^{24}“鸡”＞tsa^{33}）。

前送气音h一般只出现在清塞音和塞擦音之前，发音短促、气流很轻，应该是ʂ辅音弱化的结果。若不特别强调，发音人一般会有自然省略该发声态的倾向。单音词中很少出现前送气音h，但在多音词的第二个音节之前常常能从听感上识别出前送气音h。

复辅音中第一个辅音若是鼻音或唇齿擦音，该辅音在发音时会有延宕。在塞音前延宕相对较短且往往在叠音的第一个音节里脱落，如nts^{h}ɪ^{33}nts^{h}ɪ^{55}“发抖”＞ts^{h}ɪ^{33}nts^{h}ɪ^{55}。

（四）复辅音举例

复辅音	例词	汉义	例词	汉义
pt	tə^{55}pti^{53}	脔	la^{55}pte^{33}	拐杖
pt^{h}	pt^{h}ə^{55}tɕɔ^{53}	冠	ʃi^{55}zo^{55}kə^{33}pt^{h}ia^{33}	剐蹭
pts	ptsa^{24}	鸡	ptse^{53}	桥
pts^{h}	pts^{h}ɪ^{53}	盘羊	sə^{55}pts^{h}e^{33}	跳蚤
ptʂ	ptʂu^{53}	牦牛	ŋə^{55}ptʂa^{53}	松
ptʂ^{h}	lə^{55}ptʂ^{h}e^{33}	柏树	ptʂ^{h}ə^{24}	酒
ptɕ	ptɕi^{53}	酒曲	nɛ^{33}mɛ^{55}kə^{55}ptɕye^{53}	菩萨
ptɕ^{h}	ptɕ^{h}e^{33}mɪ^{53}	父母	pɪ^{55}ptɕ^{h}ɪ^{33}	青蛙
bd	bdu^{55}bda^{53}	打铁工具	a^{55}bdo^{53}	埋
bdz	bdze^{33}	说过了		
bdʑ	bdʑa^{53}	汉族	bdʑi^{24}	岩羊
fs	fsɿ^{55}ʑɪ^{33}	磨刀石	ŋə^{55}fsi^{33}	挑选
fs^{h}	fs^{h}e^{55}	西藏羊	fs^{h}a^{33}zɛ^{53}	锯子
fɕ	gue^{55}fɕə^{33}	桃子	ne^{55}fɕɪ^{53}	手绢
vz	a^{55}vza^{53}	醉	ɕ^{h}e^{33}vzɪ^{53}	木匠
vʑ	vʑɪ^{24}	种子	nɛ^{55}vʑe^{33}	心痛
vʒ	vʒɪ^{24}	雪	va^{55}vʒi^{53}	种猪
vl	vla^{53}	工钱	vle^{55}	结实
ʂt	ʂta^{53}	记号	ʂtui^{55}zɛ^{53}	直的

ʂts	ʂtsʊ^{53}	冰雹	ʂtsɿ^{24}	黏土
ʂtʂ	ʂtʂɪ^{53}	箍	ʂtʂə^{53}	胆
ʂtɕ	ʂtɕo^{53}	瓢	ʂtɕo^{24}	装索（套捕猎物方式）
ʂtʃ	ʂtʃɪ^{53}	星星	ʂtʃy^{55}vɛ^{33}	小麦面
ʂk	ʂkʊ^{55}lɪ^{53}	台风	ʂkui^{33}di^{53}	线团
np	gue^{55}npe^{53}	寺庙	nde^{33}npa^{55}zɛ^{33}	老实
np^{h}	zʅ^{55}np^{h}i^{33}	傻子	a^{55}np^{h}ɛ^{53}	吐
nt	te^{55}nta^{33}	事情	pa^{55}nti^{33}ɕ^{h}ʊ^{33}mo^{53}	鸡枞菌
nt^{h}	na^{55}nt^{h}e^{33}	胡同	mdʐa^{55}nt^{h}u^{53}	稀饭
nts	ɲə^{33}ntsɿ^{53}	日食	tə^{55}ntse^{53}	脱臼
nts^{h}	pe^{55}nts^{h}a^{53}	辣椒	pə^{55}ptse^{33}nts^{h}o^{33}	窝
ntʂ	tɕ^{h}i^{55}ntʂe^{33}	犁架	a^{55}ntʂə^{53}	滤
ntʂ^{h}	de^{55}ntʂ^{h}ə^{53}	裤腿	tʂ^{h}o^{55}ntʂ^{h}o^{53}	鹅
ntɕ	mnə^{33}ntɕə^{53}	骑马	ts^{h}e^{33}ntɕi^{55}ŋə^{55}tɛ^{33}	涝
ntɕ^{h}	kə^{55}ntɕ^{h}u^{33}	相貌	va^{55}no^{55}ntɕ^{h}e^{33}	猪下水
ntʃ	ka^{33}ntʃə^{55}zə^{33}	脚蹼	de^{33}ntʃi^{55}	锅盔
ntʃ^{h}	ɕi^{24}ntʃ^{h}ə^{33}	牙垢	mdzɛ^{24}a^{55}ntʃ^{h}ə^{33}	淘米
nk	na^{55}nke^{53}	在……前	ja^{55}nke^{53}	胳膊
nk^{h}	po^{55}nk^{h}ɛ^{53}	围裙	a^{55}nk^{h}a^{53}	蒸
nd	ndo^{53}	胸脯	ndu^{24}	厨房
ndz	ndze^{55}zɛ^{33}	痒	a^{55}ndza^{33}la^{33}	嚼
ndʐ	ndʐi^{53}	木头	ndʐʅ^{53}	木料
ndʑ	ndʑe^{24}	镰刀	ndʑa^{55}	彩云
ng	nge^{24}	门	ngui^{24}zɛ^{33}	平
mp	lu^{55}mpa^{33}	山谷	tʂu^{55}mpa^{33}	村庄
mp^{h}	va^{33}mp^{h}e^{53}	公猪	a^{55}mp^{h}ua^{33}	失败
mb	mbe^{53}	堆	ga^{33}za^{55}mbi^{33}	蜘蛛
md	mdi^{24}zɛ^{33}	打算	mdo^{55}du^{55}ndʑu^{55}	变
mts	ts^{h}ɛ^{33}mtse^{55}ʒə^{55}	串门	ptɕa^{55}k^{h}a^{53}kə^{55}mtsua^{53}	丰富
mts^{h}	ɲa^{33}mts^{h}a^{53}	时候	ts^{h}o^{33}mts^{h}o^{53}	流氓
mtʂ	ə^{55}mtʂo^{53}	牛反刍	tɛ^{55}mtʂe^{53}	步
mtʂ^{h}	to^{55}mtʂ^{h}ua^{55}	一千	ɲe^{55}mtʂ^{h}ə^{33}mue^{33}	变魔术

mtɕ　　ɬa^{33}mtɕe^{55}　　拜　　kə^{55}mtɕʊ^{33}　　捆
mtɕ^{h}　　te^{55}mtɕ^{h}e^{33}　　富人　　ne^{33}mtɕ^{h}i^{55}ʐɛ^{33}　　乖
mt　　tso^{55}mtu^{53}　　蹲　　ka^{33}mta^{53}　　彗星
mt^{h}　　a^{55}mt^{h}ə^{53}　　踩　　mt^{h}e^{55}mt^{h}e^{55}ʐɛ^{33}　　亲的
mn　　mno^{53}　　豇豆　　mnɔ^{24}　　马
mȵ　　mȵa^{55}mȵa^{33}　　撒娇　　mȵi^{24}ʐɛ^{33}　　甜的
mdz　　mdze^{55}htɪ^{53}　　床单　　mdzʅ^{55}vʒɪ^{33}　　甜荞麦
mdʐ　　mdʐɛ^{53}　　米饭　　mdʐə^{33}lʊ^{53}　　辰
hp　　tə^{55}hpu^{33}　　挪　　pə^{55}jʊ^{33}hpe^{53}　　蜂王
ht　　ta^{33}htu^{53}　　根　　kə^{55}mi^{55}htɪ^{33}　　房间
hk　　zo^{55}hka^{53}　　碉楼　　po^{55}ʐo^{55}hkue^{53}　　蚁蛋
hts　　tʃə^{55}htsi^{53}　　凳子　　a^{55}htsu^{33}tsu^{33}　　栽种
htɕ　　tɕa^{33}htɕu^{53}　　肚脐　　kə^{55}htɕɛ^{53}　　保佑

二　元音音位系统

扎坝语共有单元音12个、复元音8个、鼻化元音8个（其中包括鼻化单元音6个、鼻化复元音2个）。单元音如表2–3所示。

表2–3　扎坝语的单元音

	前		央	后	
	不圆唇	圆唇	不圆唇	圆唇	ʅ
高	i	y		u	
	ɪ			ʊ	
半高	e			o	
中			ə		
半低	ɛ			ɔ	
低	a				

复元音和鼻化元音如表2–4所示。

表2–4 扎坝语的复元音和鼻化元音

ia	ei	ui		
ya	ye			
ua	ue	uɛ		
ã	ẽ	ɛ̃	ĩ	õ
ỹ	iã		uã	

（一）元音音位说明

元音i跟舌尖辅音相拼时读作ɿ，跟卷舌辅音相拼时读作ʅ，为简化音系，本书将ʅ都统一处理为ɿ。元音ɪ发音时近似于舌位略略升高的i̧e。元音a的实际音值接近ᴀ。

作为单元音的ɛ在实际音值中相当于ø为简化音系，合并入ɛ。且ɛ有靠后的倾向，在某些词中更接近ɜ，如nɛ⁵³“锅烟子”＞nɜ⁵³。央元音ə有下拉的倾向，听感上容易向iɐ靠齐，如n̥ə²⁴“和”＞n̥iɐ²⁴。

元音ʊ的音值介于ʊ和uə之间。由于该类情况属于个人变体，本书统一将其处理为ʊ，如zʊ²⁴“肛门”＞zuə²⁴、ʂʊ²⁴“露水”＞ʂuə²⁴。央元音ə有向后拉的趋势，一般出现在多音词中。有时候ə在听感上接近后高的ʊ或ɯ，但并无绝对对立，只跟发音人个人变体或不同方言点发音特色有关，如lə⁵⁵pə³³“身”＞lə⁵⁵pʊ³³a⁵⁵ntʃʰə³³“洗澡”。

由于低调（24）在单音词中常变为曲折调（242），进而使单元音略带有元音复杂化的趋向，元音末尾处一般都有ə出现，如tʂo²⁴“草”＞tʂoə²⁴²。

复元音uɛ、uã只出现在汉语四川方言借词中。扎坝语元音合音现象普遍。由于合音以及单元音裂变，造成南部方言中复元音数量明显增加。由单元音变成复元音还可表达不同的语法意义。例如：完整体标记ʂtɪ³³和wu³³常常跟非自知示证标记a³³合音成ʂtia³³和wua³³，用来表达“说话人通过推测，仅仅陈述过去发生过的某一事件，但自己并未主动参与到这些事件中”。句末疑问语气词a³³也能跟自知示证标记gɪ³³合音成gia³³，表达“说话人一方面询问过去发生事件的真实和可靠性，另一方面强调自己对相关事件的主观认识”。

鼻化元音出现在两种情况中。一是在汉语四川方言和藏语借词中出现。二是受周围鼻音影响而使非鼻化元音变成鼻化元音，如a⁵⁵ntsʰə³³“填”＞ã⁵⁵ntsʰə³³、ə⁵⁵na³³na³³＞ə⁵⁵nã³³na³³。

（二）元音举例

元音	例词	汉义	例词	汉义
ɿ	sɿ²⁴	蓑衣	sʰa²⁴tʂɿ³³	树皮
i	ptsi²⁴	青稞	vi²⁴	替

y	ʂtɕy^{55}ntʰu^{33}	馒头	tə^{55}fɕy^{33}fɕy^{33}	涮
ɪ	mɪ^{53}	母亲	jɪ^{24}	房子
e	ʐe^{53}	缝衣针	de^{53}	裤子
ɛ	vɛ^{24}	霜	mɛ^{53}	竹子
ə	ʂʰə^{24}	露	kʰə^{24}	狗
a	sʰa^{24}	柴火	wa^{53}	瓦
o	tʂo^{24}	草	sʰo^{55}nɛ^{53}	明年
ɔ	tɕʰɔ^{53}	泥	ʂo^{55}kɔ^{55}	黄鼠狼
ʊ	zʊ^{53}	肛门	kʊ^{24}	阴茎
u	ndu^{24}	厨房	ʂtsu^{53}	旋
ĩ	tɕʰĩ^{55}tsʰɛ^{33}	青菜	ʂu^{55}ji^{55}tɕi^{33}	收音机
ỹ	tɕʰỹ^{33}tsɿ^{53}	裙子		
ẽ	sẽ^{53}	省	sẽ^{55}tɕo^{53}	姜
ɛ̃	tɕy^{55}tsɿ^{33}kɛ̃^{33}	柑子	tʰɛ̃^{55}xua^{55}kõ^{33}ʐɛ^{33}	工人
ã	jã^{33}tɕã^{53}	肥皂	fã^{55}tɕʰɪ^{33}	西红柿
õ	tõ^{55}kua^{53}	冬瓜	kʰõ^{55}ɕĩ^{55}tsʰɛ^{33}	空心菜
ei	tsʰei^{33}ʐo^{53}	渣滓	pei^{55}pei^{53}	杯子
ia	a^{55}nia^{33}	淋	n̥ə^{24}tə^{55}ʂtia^{53}	失水
iã	tiã^{24}sɿ^{33}	电视	miã^{33}se^{53}	棉絮
ya	ma^{55}fɕya^{53}	凤凰	ə^{55}tʂya^{33}	干枯
ye	dʐye^{53}	金鱼	ʂtɕye^{24}a^{55}mʊ^{53}	揉
ui	ŋui^{55}ŋʊ^{53}	南	tsʰui^{55}tsʰui^{55}ʐɛ^{33}	肥
ue	gue^{24}	枕头	sʰue^{53}	人
uɛ	tʂue^{53}	砖	puɛ^{55}kə^{55}ntɕʰo^{33}	烧香
ua	ŋua^{53}	往	zo^{33}kua^{53}	背篓
uã	suã^{24}pʰɛ^{33}	算盘	tʂʰuã^{55}tsɿ^{33}	火铲

三　声调

扎坝语中只有高、中、低三组声调具有绝对对立的调值，其他声调都属于变调形式。这跟周边的嘉戎、木雅、却域语类似。扎坝语声调的高低仅仅在于调域（register）高低的不同，并未进入语素中区别意义的层次。其声调发展不完善，也不稳定，变调情况比较普遍。单音词大多读作55和33调。单音词或多音词第一个音节大多读成24调。例如：

ʂʰə^{24} “露”、vʒɪ^{24} “雪”。

另外，扎坝语的声调高低、拱度是以词为单位标记，并非标记在单一一个单音节上，是典型的词基声调类型①。扎坝语的声调列举如下②：

表2–5 扎坝语的声调

调值	词语	汉义	词语	汉义
55（53）	lɪ^{55}	肥料	kʰə^{55}	里面
33	pə^{55}lɪ^{33}	欠	ndʐɪ̃^{55}kʰə^{33}	厨房
24	lɪ^{24}	包子	kʰə^{24}	狗

55和24调在单音词或多音词末尾音节时常变读为53调，如ptsi$^{55\sim53}$ “蜂蜜”、mɛ$^{55\sim53}$ “竹子”、sʰa^{55}tɕʰa$^{55\sim53}$ “天地”、kʰa^{55}tsʰa$^{55\sim53}$ “空心菜”、ȵə^{55}ʂə^{24}ɕʰi^{53}ndə$^{24\sim53}$ “昼长”、tsu^{55}tsu^{55}we$^{24\sim53}$“刚刚”。24调有向曲折242调发展的趋势③，调值变化时常使元音末尾带上央元音ə，如sʰa$^{24\sim242}$ “柴火”、ngɛ$^{24\sim242}$ “柜子”。单音节词中55调不稳定，有向53调变化的趋势，如zʊ$^{55\sim53}$ “肛门”、ʂtɕo$^{55\sim53}$ “臼”。多音词的最后一个音节由于受前后调域的影响其55调常变读为53调，如ʂtɕa^{33}ntsɛ^{53} “钉子”、ku^{55}to^{33}tɕe^{55}ʐɛ^{53} “贵”。

自然语流中，55调和55调结合时，后一音节多变为中平的33调，如vla^{55}ŋue$^{55\sim33}$ “本钱”、ə^{55}tʃʰə$^{55\sim33}$ “称”。24调和24调结合时，后一音节多变为低降的31调，如mdi^{24}ʐɛ$^{33\sim31}$ “打算”、pe^{24}tɕi$^{33\sim31}$ “应该”。33调在合成词、虚词以及句末时大多变为低降调④。因此，在扎坝语中除了55、33、24三个本调外，其他声调都是变调。55调可变为53和33调，24调可变为242和31调，33调可变为31调。

① 词基声调类型（word-based tonal system）跟音节声调类型（syllabic tonal system）不同。在多音节词中词基声调是仅仅在一个音节上标记具有高低拱度的声调类型，而不需标记每个音节的高低拱度类型。词基声调代表了整个词语的声调类型，这类声调标记形式常见于安多藏语、嘉戎语等周边其他藏缅语（Sun 1997）。

② 为符合国内民族语言研究的习惯，本书将扎坝语的每个音节上都标了调值，且书中词汇、话语材料中所标记的声调主要依据连续变调的实际读音来标调。扎坝语的声调类型跟汉语相比存在较大差异，它并不是典型的声调语言。该语言仅仅以词为单位来标记音高变化，这种声调标记方法跟川西许多藏语方言相似。

③ 在单字调中，由24调向242调发展的情况目前只多见于本项目调查点木绒乡沙学村。在南部方言其他土语点中很少见到24调向曲折的242调发展的趋势。

④ 黄布凡（2007）、孙宏开（2016）等对川西扎坝语、木雅语、拉坞戎语等羌语支语言低降调的标调采用只标调域的方式。本书按照以往学者的做法处理调值不稳定的低降调，但还是采用5度法。

四　音节

扎坝语没有辅音韵尾。虽然某些来自汉语四川方言的借词中出现了阳声韵尾ŋ，但仅存于借词中，并不影响我们对整个音系结构的归纳。每个音节都有区别意义的音高重音类型，但由于受语流音变的影响，声调高低有时并非特别固定。词汇系统中以单音节、双音节的词居多，也会出现四音节或五音节，但该类情况应该属于意合构词中的短语类型，并不一定就是词。表2–6是对音节结构类型的列举（V代表元音、C代表辅音、T代表音高重音的声调）。

表2–6　扎坝语的音节类型

音节结构	词语	汉义	词语	汉义
V^T	$a^{55}mi^{33}$	外祖父	$ə^{55}zu^{33}$	拿
CV^T	$tʃi^{24}$	骡子	$vɛ^{24}$	霜
CVV^T	gue^{24}	枕头	$ŋua^{53}$	往
CCV^T	vle^{55}	结实	$ʂtʃɪ^{53}$	星星
$CCVV^T$	$tə^{55}ndia^{33}$	死	$ma^{55}fɕya^{53}$	凤凰

多音节词中后一音节的鼻冠音常常跟前一音节的元音发生同化，因而在听感上前一音节的元音往往带有鼻音韵尾的成分。不过，从实际调查中发现，扎坝语应属于不带鼻音韵尾的语言，音节切分应按照$tɛ^{55}$-$nta^{33}tɛ^{33}ji^{53}$的方式而不是$tɛn^{55}$-$ta^{33}tɛ^{33}ji^{53}$的方式进行。音节切分的依据主要根据母语者的语感，即：在分别提取出tɛ——tɛn、nta——ta两种情况后去询问发音人，此时发音人只接受tɛ-nta的切分方式，排斥tɛn-ta的切分方式，且认为tɛ才具有实在意义，而tɛn不具实在意义。总之，虽然在非母语人的听感上后一音节的双唇鼻冠音更像是前一音节的鼻音，但母语人却能有效区分两类音节切分方式的差异。

前面提到扎坝语是词基声调类型的语言，每个词语有固定的音高重音，而无固定的声调，因此起区别意义作用的其实为声音的“高—低”而非具体的声调调值。音高重音跟音节存在一定的配合规律，大多是单音节的音高重音可以说就是该音节本身；双音节的重音可落在第一个音节或第二个音节；三音节的音高重音大多在第一个或第二个音节；四音节或以上音节的音高重音也大多在第一个或第二个音节，以此类推。音节跟音高重音之间的关系如表2–7所示（其中，σ表示音节数量，σ́表示重音音节，σ̆和σ̂表示具有高低拱调的重音音节）。

表2–7 扎坝语的音节跟音高重音之间的关系

音高重音（声调）	音节数量	例词
类型一	σ́	ge^{55} “老鹰”、ptʂ̧ʊ^{55} “钟”
	σ́σ	te^{55}nbə^{33} “云”、mo^{55}gu^{33} “雨”
	σ́σσ	mo^{55}ps^{h}o^{33}ps^{h}o^{33} “闪电”、ɬe^{55}ȵə^{33}mts^{h}ʊ^{33} “月亮”
类型二	σ̆	vʒɪ^{24} “雪”、ʂ̧^{h}ə^{24} “露”
	σσ́	ptsɛ^{33}tə^{55} “端午”、ʒɪ^{33}pe^{55} “下”
	σσ́σ	lɛ^{33}xua^{55}pe^{33} “莲花白”、ga^{33}ʐ̧a^{55}mbi^{33} “蜘蛛”
类型三	σ̂	p^{h}e^{53} “冰”、ʂ̧tʂ̧ʊ^{53} “冰雹”
	σσ̂	lu^{55}t^{h}e^{53} “风”、di^{55}p^{h}ə^{53} “雾”
	σσσ̂	ts^{h}ɛ^{55}ə^{55}ʂ̧tʂ̧ɛ^{53} “夹”、s^{h}a^{55}tə^{55}ptʂ̧ia^{53} “咽气”
类型四	σ̆σ	du^{24}ɬa^{33} “灶神”、və^{24}ji^{33} “客人”
	σ̆σσ	zʅ^{24}vzʅ^{33}ʐ̧ɛ^{33} “方的”、zə^{24}wo^{33}t^{h}ə^{33} “上半年”

第二节

音变

一　构词音变

（一）元音和谐

跟羌语支其他语言相比，扎坝语中元音和谐现象并不特别明显，且就算同属南部方言区，不同方言点中元音和谐现象各自的表现情况也不完全相同。调查点沙学村扎坝语的元音和谐情况略多于瓦多乡学优村、白龙村等地，主要见于词头和词根语素之间的元音和谐。另外，表示趋向的前缀常常和词根语素的元音保持和谐。例如，kə > kʊ：tʂ̩ʊ^{24}kʊ^{33}ʂ̩u^{53} “喂草”、tə^{33}tɕa^{55}kʊ^{55}mo^{33} “烧开水”。

有时候发音部位相近的元音由于上拉和下拉也会发生和谐。例如：

jʊ > jo　　jʊ^{55}mi^{53}曾祖父 > jo^{33}pə^{53}曾祖母

ts^{h}e > ts^{h}o > ts^{h}ɛ　　ts^{h}e^{55}tɛ^{55}ji^{33}十一 > ts^{h}o^{55}na^{55}ji^{33}十二 > ts^{h}ɛ^{55}ŋue^{55}ji^{33}十五

不但如此，在扎坝语中辅音送气与否也会影响到元音的和谐情况。下面例子中动词“喝”的辅音是送气塞擦音ts^{h}，与之相配的趋向前缀元音为央元音ə；动词“吃”的辅音是不送气塞擦音ts，与之相配的趋向前缀元音为高元音ʊ。例如：

s^{h}o^{55}tse^{55}kʊ^{55}tsu^{53}　吃午饭　　za^{33}ma^{55}kʊ^{55}tsu^{53}　吃饭

ptʂ̩^{h}ʅ^{24}kə^{55}ts^{h}u^{33}　喝酒　　tɕe^{55}kə^{55}ts^{h}u^{33}　喝茶

（二）弱化与脱落

多音节词中，词首的清塞音或塞擦音p、k、t、tɕ、ts之前常带有前送气辅音h，发音短促而略带停顿，应当是复辅音中前置辅音ʂ正处于脱落状态的表现①。另，复辅音中前置辅音ʂ、h在某些年轻扎坝人所使用扎坝语中有时属于自由变体：单音节或多音节词的词首音节重读时多出现ʂ，但在多音节和长篇语料中ʂ弱化，此时能看出ʂ ＞ h变化的趋势。汪峰（2006）在讨论白语送气擦音来源时也认为，藏缅语中存在着Cv, s- ＞ ʰs ＞ sʰ的演变规律，即复辅音s-变为前送气音h-，进而漂移为后接送气擦音成分。扎坝语跟汪文所述情况有一些类似。例如：

ŋue^{33}vzɿ^{55}**ʂ**tʂə^{24}熊胆 → ŋue^{33}vzɿ^{55}**h**tʂə^{24}

zo^{55}**ʂ**ka^{53}碉楼 → zo^{55}**h**ka^{53}

pə^{55}jʊ^{33}**ʂ**pe^{53}蜂王 → pə^{55}jʊ^{33}**h**pe^{53}

ə^{55}**ʂ**tɕo^{53}旋转 → ə^{55}**h**tɕo^{53}

辅音脱落情况也较为常见。例如，舌根音x作为双音节词的词首音节时，在自然语流中会弱化，如表达命令的否定词"别"在扎坝语中就有xa^{33}ɡi^{53}、a^{33}ɡi^{53}两读的情况。再如，塞音复辅音p也有脱落的情况，如ptsa^{24}"鸡"中复辅音在mi^{33}ntsʰɿ^{55}na^{55}tsa^{33}"鸡眼"中已脱落。

（三）增音

以塞音、塞擦音开头的音节容易发生增音：它们之前常常会再增加一个鼻音。这类增音现象在扎坝语的双音节词和三音节词中特别常见②。例如：

hka^{55}tɕi^{53}额头 + tɕʰɛ^{24}羊 → hka^{55}tɕi^{53}**n**tɕʰɛ^{24}羊头

de^{55}裤子 + tʂʰə^{53}腿部 → de^{55}**n**tʂʰə^{53}裤腿

va^{33}猪 + pʰe^{53}公的 → va^{33}**m**pʰe^{53}公猪

ɡa^{55}ʐa^{33}蜘蛛 + pə^{55}pi^{33}虫 → ɡa^{55}ʐa^{33}**n**pi^{33}蜘蛛

mi^{55}ke^{33}五花肉 + tʰɪ^{33}肉 → mi^{55}ke^{33}**n**tʰɪ^{33}五花肉

tʰɪ^{24}肉 + zə^{55}tue^{33}猴子 → zə^{55}tue^{33}**n**tʰɪ^{33}猴子的肉

某些动词词根有时可单独使用，也可添加趋向前缀。当添加上趋向前缀时，动词词根

---

① 黄布凡（1990）所调查的扎坝语北部方言也将某些跟塞音、塞擦音、擦音组合的x-（对应于此处的h-）归纳为复辅音的一部分。当前的南部方言中音节首位喉门音h-脱落情况特别严重，在单音节词中较难发现h-，有时仅仅在自然语流中隐约能够听到首位h-。因此首位的h-目前只能算是一种自由变体形式。中年，特别是老年扎坝人大多不接受该辅音弱化形式，词首清塞音或塞擦音之前一般只出现辅音ʂ，若替换为h，发音人并不接受。藏语基础较差的年轻扎坝人大多情况下也不接受将双音节词中的复辅音ʂ替换为前送气辅音h，并认为两者在某些词中具有最小对立。因此，本书仅根据具体发音人的发音习惯，将ʂ ＞ h定义为自由变体，相关音变情况还需今后跨方言调查研究。但在音位处理时，还是将两者处理为不同音位。

② 该类情况同样见于木雅语沙德方言。

有可能会发生增音现象，主要是在动词词根上增加鼻冠音。例如：

tɕʰi^{55}看 → kə^{55}**n**tɕʰi^{33}朝左看

kʰa^{53}煎 → a^{33}**n**kʰa^{53}煎

tʰu^{33}炖 → tʰɪ^{24}a^{55}**n**tʰu^{33}炖肉

二　构形音变

构形中的语音变化主要是依靠改变声调、变单元音为复元音、元音圆唇化、清浊对立、变调等手段改变词性或表达某种形态句法功能。该类音变策略目前在扎坝语中并不能产，且使用场合极为有限。根据我们的分析，这主要分为以下两类情况：

（一）元音圆唇化主要表达命令

在表达命令时变动词词根的高元音 i、y、ɪ、ʅ、e 为后高圆唇的 u。该类音变策略是扎坝语表达命令式的重要手段。详情请见第五章“命令式标记”。此处仅略举几例以示一斑：

ə^{55}ʂtɕi^{53}　站　→　ə^{55}ʂtɕu^{53}　（你必须）站！

ə^{55}dʑi^{33}　坐　→　ə^{55}dʑu^{33}　（你必须）坐！

ə^{55}hki^{53}　背　→　ə^{55}hku^{53}　（你必须）背！

ŋə^{55}fsi^{33}　挑　→　ŋə^{55}fsu^{33}　（你必须）挑！

（二）送气与不送气对立主要表达致使

扎坝语可依靠动词内部屈折变化表达致使，这主要体现为变不送气的动词词根辅音为送气辅音。若动词词根原本为浊辅音，需将其变为相应的清声送气形式，偶尔还会变成与其发音部位相近辅音的送气形式来表达致使意义。某些动词的元音偶尔也会发生交替。详情请见第五章对“致使范畴”的介绍。这里仅略举几例以示一斑：

a^{55}tsʅ^{55}塌掉 → a^{55}tʂʰʅ^{55}使其塌掉

tə^{55}tɕe^{33}tɕe^{33}破掉 → tə^{55}tɕʰo^{33}tɕʰo^{33}使其破掉

tə^{55}pi^{33}tɕi^{33}坏掉 → ə^{55}pʰɛ^{33}tɕʰɛ^{33}使其坏掉

tə^{55}də^{33}折断 → tə^{55}tʰə^{33}使其折断

三　元音裂变

元音裂变主要是单元音变为复元音，从而构成完全不同的新词。当前在扎坝语中元音裂变总体并不丰富，由元音裂变构成新词的例子还不太多。由于调查能力有限，目前仅发现一例：ɕʰe^{24}“田” > ɕʰye^{24}“海”。

四 唇音复辅音化

某些动词词根已经跟趋向前缀词汇化为双音节动词，两者难以切分。在表达动作的完整体意义和亲眼所见动作行为发生的示证功能时可不必添加专用的体标记和示证标记，直接变动词词根的单辅音为复辅音。例如：

kə^{55}ʐə^{33} 写 → kə^{55}**v**ʐə^{33} 亲眼看到已经写了

kə^{55}tsu^{53} 吃 → kə^{55}**p**tsu^{33} 亲眼看到已经吃了

kə^{55}t^{h}e^{33} 喝 → kə^{55}**p**t^{h}e^{33} 亲眼看到已经喝了

a^{55}tu^{33} 斟 → a^{55}**p**tu^{33} 亲眼看到已经斟了（酒）

tə^{55}ts^{h}e^{53} 挡 → tə^{55}**p**ts^{h}e^{33} 亲眼看到已经挡住了

kə^{55}tu^{53} 放 → kə^{55}**p**tu^{33} 亲眼看到已经放下了

a^{55}do^{53} 埋 → a^{55}**b**do^{53} 亲眼看到已经埋了

kə^{55}s^{h}ɛ^{33} 杀 → kə^{55}**p**ts^{h}i^{33} 亲眼看到已经杀了

或是将词根的复辅音变成以双唇音开头的复辅音。例如：

kə^{55}ntɕ^{h}u^{33} 看 → kə^{55}**m**tɕ^{h}u^{33} 已经亲眼看到了

tə^{55}hta^{53} 抓 → tə^{55}**p**ta^{33} 亲眼看到已经抓了

有时候还能使用词根元音交替的方法，改变元音使元音高化，或是变动词词根的低元音、央元音为高元音 i，以此表达完整体和亲见示证的语法意义。例如：

kə^{55}pɛ^{33} 盯 → kə^{55}p**i**^{33} 已经亲自盯着看了

a^{55}və^{53} 倒 → a^{55}v**i**^{33} 已经亲眼看见倒掉了

a^{55}bdʑo^{53} 扔 → a^{55}bdʑ**i**^{53} 已经亲眼看见扔掉了

第三节

拼写符号

对于某些没有文字系统的语言来说，为其创立拼写符号有利于母语者记录相关语料，也能帮助母语者学习母语。民族语言拼写符号的创立应以该语言的实际读音为准，在符号创立上可采用单一符号或多个附加符号叠加的原则。从拼写符号本身看所创立的拼写符号系统应尽可能体现该语言的文化内涵及美学意蕴。扎坝语在读音结构上和藏语有些类似，且民族识别上也属于藏族，因此在拼写符号创立上我们首先考虑借用藏语的威利（Wylie）转写方案。某些独具扎坝语特色的语音结构则借用其他语言文字系统的拼写符号，同时在相关部分做特殊的解释说明。

一　辅音

表2-8　扎坝语辅音拼写符号表

扎坝语字母		音标	例词	扎坝语字母		音标	例词
大写	小写			大写	小写		
P	p	p	pu膝盖	PH	ph	p^h	phe冰
B	b	b	bëlii推刨	M	m	m	më蘑菇
MH	mh	m̥	mhii后鞧	W	w	w	we差点
F	f	f	fe粉	V	v	v	va猪
TS	ts	ts	tsa斧子	TSH	tsh	ts^h	tshė素菜
DZ	dz	dz	dzo县	S	s	s	sii肝
SH	sh	s^h	shė女阴	Z	z	z	zii女人

续 表

扎坝语字母		音标	例词	扎坝语字母		音标	例词
大写	小写			大写	小写		
T	t	t	të水	TH	th	tʰ	thii扣肉
D	d	d	di灰尘	N	n	n	ne柳树
NH	nh	n̥	muinhe姊妹	LH	lh	ɬ	lha仙
L	l	l	lii包子	RZ	rz	ʐ	rzii布
TR	tr	tʂ	truė砖	TRH	trh	tʂʰ	trhë脚
ZZR	zzr	dʐ	zzrapa和尚	SR	sr	ʂ	sru松明
SHR	shr	ʂ̥ʰ	shru火把	CH	ch	tʃʰ	chë拉屎
C	c	tʃ	ci骡	Ź	ź	ʒ	źolii打工
Ś	ś	ʃ	śë认识	Q	q	tɕʰ	qö泥
J	j	tɕ	ji茶叶	NY	ny	ȵ	nyë火
JJ	jj	dʑ	jjüe鱼	XH	xh	ɕʰ	xha虱子
X	x	ɕ	xi牙齿	Y	y	j	yii穿针
Ż	ż	ʑ	żi厘	KH	kh	kʰ	khe中午
K	k	k	ku一起	G	g	g	gue枕头
Ḥ	ḥ	ɣ	ḥaga谢谢	H	h	x	hö再
NG	ng	ŋ	ngua往	PTH	pth	ptʰ	pthëjö冠
PT	pt	pt	təpti肏	PTSH	ptsh	ptsʰ	ptshii盘羊
PTS	pts	pts	ptsa鸡	PTHR	pthr	ptʂʰ	lëpthre柏树
PZR	pzr	ptʂ	pzru牦牛	PQ	pq	ptɕʰ	pqemii父母
PX	px	ptɕ	pxi酒曲	BDZ	bdz	bdz	bdze说了
BD	bd	bd	bdubda工具	FS	fs	fs	fsïżii磨刀石
BJJ	bjj	bdʑ	bjja汉族	FX	fx	fɕ	guefxë桃子
FSH	fsh	fsʰ	fshe西藏羊	VŻ	vż	vʑ	vżii种子
VZ	vz	vz	avza醉	VL	vl	vl	vla工钱
VZ	vź	vʒ	vźii雪	SRTS	srts	ʂts	srtső冰雹
SRT	srt	ʂt	srta记号	SRK	srk	ʂk	srkőlii台风
SRJ	srj	ʂtɕ	srjo瓢	SRC	src	ʂtʃ	srcii星星

续 表

扎坝语字母		音标	例词	扎坝语字母		音标	例词
大写	小写			大写	小写		
SRZR	srzr	ʂtʂ	srzrii 箍	HT	ht	ht	tahtu 根
HP	hp	hp	təhpu 挪	HTS	hts	hts	cëhtsi 凳子
HK	hk	hk	zohka 碉楼	NP	np	np	guenpe 寺庙
HJ	hj	htɕ	jahju 肚脐	NT	nt	nt	tenta 事情
NPH	nph	np^h	zïnphi 傻子	NTS	nts	nts	nyëntsï 日食
NTH	nth	nt^h	nanthe 胡同	NZR	nzr	ntʂ	qi^{55}nzre 犁架
NTSH	ntsh	nts^h	pentsha 辣椒	NJ	nj	ntɕ	mnönjë 骑马
NTHR	nthr	ntʂ^h	denthrë 裤腿	NCH	nch	ntʃ^h	anchë 讨饭
NQ	nq	ntɕ^h	kënqu 相貌	NKH	nkh	nk^h	ponkhë 围裙
NC	nc	ntʃ	denci 锅盔	NDZ	ndz	ndz	ndzerzė 痒
NK	nk	nk	ënka 捡	NJJ	njj	ndʑ	njje 镰刀
ND	nd	nd	ndo 胸脯	MP	mp	mp	lumpa 山谷
NZZR	nzzr	ndʐ	nzzri 木头	MT	mt	mt	tsomtu 蹲
ṄĠ	ṅġ	ng	ṅġe 门	MTS	mts	mts	kəmtso 集合
MPH	mph	mp^h	vamphe 公猪	MJ	mj	mtɕ	kəmjő 捆
MTH	mth	mt^h	amthë 踩	MZR	mzr	mtʂ	əmzro 反刍
MTSH	mtsh	mts^h	nyamtsha 时候	MB	mb	mb	mbe 堆
MQ	mq	mtɕ^h	temqe 富人	MDZ	mdz	mdz	mdzehtii 床单
MTHR	mthr	mtʂ^h	tomthrua 一千	MN	mn	mn	mno 豇豆
MD	md	md	mdirzė 打算	MNY	mny	mȵ	mnyamnya 撒娇
MZZR	mzzr	mdʐ	mzzrė 米饭				

某些跟藏文拼读相同或相似的音，采用藏文的拼写符号。主要参考孔江平等《藏语方言调查表》(2011)、Nicolas Tournadre 等 *Manual of Standard Tibetan* (2003)、《汉语拼音方案》等所拟定的拼写符号。若还存在未记录符号，则根据实际读音由作者自己创立。

拼写符号所用拉丁字母主要使用常见字母，若单一字母无法表达实际音值，就借用其他附加符号，如上加、下加符号及重叠拉丁字母等。复辅音拼写规则按照单辅音拼合原则创立，某些复辅音跟单复音形式上一致就采用添加上、下加符号的方法来修改符号。

二　元音

表2–9　扎坝语元音拼写符号表

扎坝语字母		音标	例词	扎坝语字母		音标	例词
大写	小写			大写	小写		
I	i	i	ptsi 青稞	II	ii	ɪ	mii 母亲
E	e	e	ževkovi 缝衣针	Ė	ė	ɛ	vė 霜
A	a	a	sha 柴火	Ü	ü	y	srjünthu 馒头
Ë	ë	ə	shrë 露	Ő	ő	ʊ	ző 肛门
U	u	u	ndu 厨房	O	o	o	tro 草
Ö	ö	ɔ	qö 泥	Ï	ï	ʅ	sï 蓑衣
IN	in	ĩ	qintshė 青菜	EN	en	ẽ	sen 省份
AN	an	ã	yanjan 肥皂	ON	on	õ	tonkua 冬瓜
EI	ei	ei	tsheirzo 渣滓	IA	ia	ia	ania 淋
IAN	ian	iã	tiansï 电视	ÜE	üe	ye	jjüe 金鱼
ÜA	üa	ya	mafxüa 凤凰	UE	ue	ue	gue 枕头
UI	ui	ui	nguingő 南	UAN	uan	uã	suanphė 算盘
UA	ua	ua	ngua 往				

元音部分主要采用上、下加符号创立拼写符号，跟某些仅使用拉丁字母作为拼写符号的很多西方语言类似。复元音部分主要参考《汉语拼音方案》的拼写符号制定，某些在《汉语拼音方案》中没有的符号则使用上加符号。

三　声调

在声调创立上可借助藏语的情况，以音高重音为基础将各个调值分别归入不同调域之中。扎坝语是声调发展不太完善的语言，变调情况十分普遍。采用调域标写方法能从一定程度上避免由于不稳定的变调问题对实际语言记录产生的影响。我们为扎坝语声调制定的拼写符号如表2–10所示。

表 2-10　扎坝语的声调拼写符号[①]

调值	调形	声调符号
55（53）	高平（降）	σ́；σ̂
24	低升	σ̆
33	中平	σ

① 声调符号的标调形式参照国际相关研究中的通用标调方法。本书采用的声调符号与汉语及其方言研究中使用的声调符号不同，读者可参考Yip（2007：229—235）的相关介绍。

第三章 词汇

基本词或文化词最能体现一个民族的文化内涵及民族认知策略。本章首先介绍扎坝语词汇基本特点，而后从词汇构成、来源以及民俗文化词等方面展开有所侧重的描写分析。

第一节

词汇特点

一　双音节词占优势

扎坝语的双音节词占绝对优势。除了200个左右单音节词外，所调查的3 000多词中大部分为双音节词，其占比约为71%。双音节词的来源主要跟扎坝语的音步要求有关。名词性成分大多是双音节的。由于具有专用的数标记，不管是名词还是代词，在表达具体数范畴时都需要添加特定标记，从而增加了音节数量。数词也大多为双音节的：基数词在单独列举时需要加上通用量词ji^{53}“个”，结果也增加了音节数。动词词根毫无例外都需添加表示趋向的前缀，动词性成分在音节数量上变为双音节或多音节。

龚群虎（2007：29—31）统计了扎坝语的100基本词，发现单音节词仅占47%。扎坝语在韵律上优先实现双音节音步形式。这种倾向性主要体现在以下几个方面：

（一）动词以双音节居多

扎坝语中大多数动词词根都需前加一个表示空间位移的趋向前缀（ə^{55}、a^{55}、kə^{55}、ŋə^{55}、tə^{55}），从而使单音节变为双音节（龚群虎 2007：31），如a^{55}bdʑa^{53}“丢”、ə^{55}nga^{53}“捡”、ŋə^{55}fa^{53}“挑”、tə^{55}hpu^{33}“挪”、kə^{55}we^{53}“拴”等。有时候甚而还会先重叠动词词根再添加趋向前缀构成三音节的动词，如kə^{55}mne^{33}mne^{33}“闻”、ə^{55}n̥a^{33}n̥a^{33}“吸”、kə^{55}tɕʰa^{33}tɕʰa^{33}“收拾”。由此可见，动词的主要构词手段使双音节或多音节占优势。在我们统计的478个动词中，有354个动词都带趋向前缀，约占74.1%，这些动词在音节数量上都毫无例外表现为双音节或多音节。

（二）形容词以双音节居多

形容词几乎都是双音节重叠式，如nu^{33}nu^{53}“软”、ʑu^{33}ʑu^{53}“穷”、na^{33}na^{53}“黑”、mn̥ɹ^{55}

mn̥ɹ^{53}“鲜”、ptsi^{33}ptsi^{55}“薄”等；单音节形容词很少见到。某些形容词即便不是依靠叠音方式构成，在音节上也倾向于采用双音节，如lɛ^{33}di^{53}“容易”、se^{55}ʂpi^{53}“新的”、vʒa^{55}ʑi^{53}“年轻”、dʑə^{55}pu^{33}“富的”、n̥e^{33}mɪ^{53}“旧的”等。某些可以充当谓语的形容词不能以单音节形式出现，同样需要添加趋向前缀，如tə^{55}n̥ya^{33}“错的”、kə^{55}tʂe^{55}“暖和”、ə^{55}tʂya^{33}“干了的”等。由此可见，“双音节音步”在形容词中属于强制性的构词规则。

（三）副词以双音节居多

常见的表达程度、范围、状态、时间、频率、情态、语气等的副词，都毫无例外采用双音节或多音节形式，如nbe^{33}lɪ^{53}“都”、ta^{55}ta^{55}“刚好”、tsu^{55}ku^{53}“才”、tse^{33}n̥o^{53}“就”、ʐe^{55}mʊ^{33}“经常”、tɕʰi^{55}ta^{53}“反正”、tsʰe^{55}gɪ^{33}“故意”、tʰa^{55}ptɕʰa^{53}“随便”等。单音节副词大多借自藏语康方言或汉语四川方言，如jo^{24}“又”、tsɪ^{53}“还”、xɔ^{24}“再”、jɛ^{53}“也”等。因此，双音节化同样广泛见于扎坝语的副词中。

二　词的意合性

当本族群中有些概念缺乏对应的固有词但又不得不表达的时候，扎坝人多使用意合法将多个词语叠加，从而构成一个个多音节的合成词。这里主要有以下三种情况值得注意。

（一）意义的范畴化

范畴化体现了扎坝人对客观事物的认识以及对日常生产生活中与之密切相关事物的分类形式。例如，马是古代汉族先民的重要生活帮手，因此在古代汉语中有关马的词语极其丰富，如馰“额白色的马”、骧“后右蹄白色的马”、騴“后左蹄白色的马”、骙“前蹄全白的马”、騚“四蹄全白的马”、驓“膝下白色的马”、騋“屁股毛色白的马”等。扎坝语的情况与之类似，有时同一大类事物之下还有许多下位范畴的词语。以下根据田野调查中所收集的部分词语做一统计。例如：

牛　　a^{55}tu^{55}“一般公牛”、ptʂu^{55}“公牦牛”、tɕʰi^{24}“公耕牛”
　　ji^{33}mi^{55}“一般母黄牛”、ʐʅ^{55}“母牦牛”、zʊ^{55}“短尾巴的母牦牛”、
　　a^{55}ju^{55}ma^{33}“没牛角的母牛”

耳环　　lʊ^{55}ntʰə^{55}“藏式耳环”、a^{55}lu^{55}“长条耳环”

风　　lu^{55}tʰi^{55}“大风”、vli^{55}“小风”、ʂtse^{55}kʊ^{55}li^{33}“龙卷风”

嘴唇　　nɛ^{55}pə^{53}“上唇”、nɛ^{55}mɛ^{53}“下唇”

奶　　nə^{55}nə^{55}“人奶”、n̥i^{24}“动物的奶”

碗　　tɕʰo^{33}lo^{55}“人的碗”、kɔ^{55}lo^{55}“动物的碗”

毛　　mnə^{33}tsʰe^{55}“人的毛”、sʰu^{24}“动物的毛”

饭　　za^{33}ma^{55}“人的食物”、tʰɪ^{55}“动物的食物”

衣服　　$kɛ^{33}mə^{55}$ “常人穿的衣服”、$fɕɛ^{33}nt^{h}ɛ^{55}$ “僧袍”、$zɛ^{55}$ “袈裟”

帽子　　$wʊ^{24}$ “常人的帽子”、$fsɿ^{55}jɛ^{55}$ “僧人的帽子”

锅　　$pts^{h}a^{33}la^{55}$ “大锅”、$zo^{55}nk^{h}ua^{33}$ “大蒸锅”

屎　　$tʃ^{h}ə^{24}$ “人的屎”、$lɪ^{55}$ “动物的屎”

除了将上位范畴细分为若干下位范畴外，扎坝语还可用同一上位范畴对应汉语中的若干下位范畴，而不区分词义。有时还可使用同一词语表达相近的意义。例如：

$dʑye^{24}$ 鱼　　“鲤鱼”“鳙鱼”“鲫鱼”“甲鱼”

$pɪ^{55}ptɕ^{h}ɪ^{33}$ 青蛙　　“癞蛤蟆”“牛蛙”

$pə^{55}ptʂi^{33}$ 蛇　　“毒蛇”“蟒蛇”“水蛇”“眼镜蛇”“菜花蛇”“竹叶青蛇”

$pts^{h}a^{33}la^{53}$ 锅　　“饭锅”“菜锅”

$s^{h}a^{33}pa^{55}la^{33}$ 板子　　“墙板”“楼板”“木板”

$ma^{33}na^{53}$ 食用油　　“菜籽油”“芝麻油”“花生油”

$ts^{h}a^{33}wu^{53}$ 孙子　　“侄子”“外甥”“外孙”

$ts^{h}a^{33}mo^{53}$ 孙女　　“外甥女”“外孙女”

$a^{55}tɕe^{53}$ 哥哥　　“姐姐”“嫂子”

$jaŋ^{33}tʂ^{h}uã^{53}$ 铁锹　　“铲子”

$ə^{55}ptʂ^{h}u^{53}$ 挖地　　“锄地” 动作方向相似，作用对象的行为很难区分

ndu^{24} 厨房　　“灶” 部分—整体使用同一词语

$me^{33}to^{53}$ 花　　“花蕾” 部分—整体使用同一词语

由此可见，在扎坝语中词语的范畴化朝着两个方向发展：上位范畴对应多个下位范畴，多个下位范畴之间不做区分同时对应一个上位范畴。依靠以上策略，某些意义在扎坝语中似乎很难划分出不同的下位范畴，而这也是认知策略的模糊性在扎坝语中的具体表现。

（二）造词的理据性

龚群虎（2007：33—34）认为“理据义造词”是扎坝语造词的重要特点，而这也使得扎坝语的很多词语呈现双音节或多音节的形式。我们对扎坝语常用词的考察验证了龚群虎的这一观点。事实上，当前扎坝语中大量的多音节词都倾向于采用“理据义造词”的方法。对于很多在汉语或周边藏语中有而扎坝语中没有的概念，扎坝人要么直接借用，要么就采用“理据义造词法”造词，以便尽可能准确地“翻译”目标语言的概念，从而使得同类概念在扎坝语中的表达形式复杂多样，最终丰富了扎坝语的词汇数量。除了龚群虎（2007）列举的25个依靠理据义构成的词语外，我们在这里可再列举一些由理据义构成的新词。例如：

词形	内部结构	汉义
tə^{55}tʰe^{33}nkʊ^{33}lə^{33}	tə^{55}tʰe^{33}积水 + nkʊ^{33}lə^{33}凹陷	湖
sʰa^{55}tsʰi^{33}ŋə^{33}tɛ^{33}	sʰa^{55}tsʰi^{33}天旱 + ŋə^{33}tɛ^{33}来	发旱灾
mɛ^{55}je^{33}tə^{55}tə^{33}	mɛ^{55}竹子 + je^{33}tə^{55}tə^{33}小的	笋子
pə^{33}dʑə^{55}ŋə^{55}ʂtɕɪ^{33}	pə^{33}dʑə^{55}孩子 + ŋə^{55}ʂtɕɪ^{33}生	分娩
pə^{33}dʑə^{53}zə̥^{33}dʑɛ^{53}	pə^{33}dʑə^{53}儿子 + zə̥^{33}的 + dʑɛ^{53}媳妇	儿媳
tɕu^{55}tɛ^{33}ji^{33}ɕi^{33}zɛ̥^{53}	tɕu^{55}洞 + tɛ^{33}ji^{33}一个 + ɕi^{33}zɛ̥^{53}有	窟窿
bdʑa^{55}xu^{55}tɕi^{53}	bdʑa^{55}汉族 + xu^{55}tɕi^{53}碳	煤炭
ta^{55}wɔ^{55}tʰa^{33}	ta^{55}wɔ^{55}一年 + tʰa^{33}后面	年底
kə^{55}mn̥a^{33}la^{33}tʰa^{33}	kə^{55}mn̥a^{33}la^{33}天黑 + tʰa^{33}后	傍晚
ʂtʂʅ^{55}ŋe^{33}mne^{55}	ʂtʂʅ^{55}汗水 + ŋe^{33}厉害 + mne^{55}闻	狐臭
pə^{33}dʑə^{55}tə^{55}ɬe^{55}tu^{24}wa^{33}	pə^{33}dʑə^{55}孩子 + tə^{55}ɬe^{55}一个月 + tu^{24}wa^{33}过了	满月
dʑɛ^{33}lɛ^{55}nkʰa^{55}vzḁ^{33}	dʑɛ^{33}lɛ^{55}路 + nkʰa^{55}vzḁ^{33}分叉	岔路

（三）词义理解的意合性

意合型主要用来翻译类似汉语中的复合词，以表达相关义项。扎坝语的意合型造词从结构上看更像汉语中的短语，但表达的却是词汇意义。这类造词方法一方面弥补了扎坝语中有限的词语数量，另一方面也是新事物、新概念进入扎坝语中的体现。例如：

词形	内部结构	汉义
dʑɛ^{55}kə^{55}npʰu^{33}	dʑɛ^{55}媳妇 + kə^{55}npʰu^{33}讨要	说媒
na^{55}ŋgʊ^{55}pə^{55}jo^{33}	na^{55}ŋgʊ^{55}农历十五日 + pə^{55}jo^{33}欢送	元宵节
pi^{55}tsʊ^{55}tɛ^{33}ji^{33}	pi^{55}tsʊ^{55}壮硕 + tɛ^{33}ji^{33}一个	勇敢的
pə^{33}dʑə^{55}kə^{55}ɕi^{33}a^{33}mpʰə^{55} ty^{55}zɛ̥^{33}	pə^{33}dʑə^{55}kə^{55}ɕi^{33}有孩子 + a^{33}mpʰə^{55} + ty^{55}zɛ̥^{33}出生	害喜
a^{55}tɕe^{33}zə̥^{33}sʰue^{53}	a^{55}tɕe^{33}zə̥^{33}姐姐的 + sʰue^{53}男人	姐夫
ta^{55}wa^{55}dzi^{33}zɛ^{53}tɕʰi^{55}te^{55} ŋə^{33}ʂtia^{33}	ta^{55}wa^{55}dzi^{33}zɛ^{53}农作物 + tɕʰi^{55}te^{55}长 + ŋə^{33}ʂtia^{33}来了	年成

依靠多音节意合法构成的新词在扎坝语中占有相当大的比重。事实上这也跟被调查人的文化水平有关。某些年龄稍长的母语人文化水平较低，在遇到某些生僻词时，他们倾向于使用该方法造词，从而表达具体含义。而某些年轻人文化程度较高，能够更好地理解所调查语言中相关词语表达的意义，能较为清楚地回忆起自己母语中的相关词语。因此，选取年长人作为调查对象虽则能较为完整地反映扎坝语的面貌，但在某些细节方面也往往出现不尽如人意的地方：年长发音人概念理解混淆，词语表达不准确，无法回忆精准的表达

方式。以下分别列举以多音节意合法构成的词语。例如：

词形	内部结构		
tə^{55}tʰe^{33}nkʊ^{33}lə^{33}tɕe^{55}tɕe^{53} 池塘	tə^{55}tʰe^{33}nkʊ^{33}lə^{33} 湖	+	tɕe^{55}tɕe^{53} 小的
tɕu^{55}tε^{33}ji^{33}ɕi^{33}ʐε^{53} 窟窿	tɕu^{55}tε^{33}ji^{33} 一个洞	+	ɕi^{33}ʐε^{53} 有
mo^{55}ʂʈʂui^{33}ʂʈʂui^{33}tɪ^{33} 干尸	mo^{55} 遗体	+	ʂʈʂui^{33}ʂʈʂui^{33}tɪ^{33} 烘干的
ku^{55}o^{33}tsʰe^{55}ntsʰe^{55}tɪ^{33}ʐε^{33} 便宜	ku^{55}tu^{33} 东西	+	tsʰe^{55}ntsʰe^{55}tɪ^{33}ʐε^{33} 小的

第二节

构词法

构词法是研究词的内部形态变化的。扎坝语的前缀和后缀十分丰富，另有少数几个中缀，但没有环缀（circumfix）。扎坝语的单音词比较有限，在调查的3 000词中，单音词仅有200个左右。扎坝语形态变化丰富，构成新词的方法多样，多采用复合手段构成新词，某些词根还可添加粘附性的前缀、后缀等。

一　语素分布

从语素分布看，由于扎坝语是典型的（主-宾-动）语序的语言，词的核心成分多后置，修饰成分置于核心之前。并列分布构词的情况在扎坝语中也很少见。语素从出现位置看可分为定位语素和不定位语素。定位语素一般不可单独使用，多表现为词缀；不定位语素多表现为词根形式，可以单独使用，而且还可跟别的语素构成新词。

扎坝语中表示动词趋向的a^{55}、ə^{55}、kə^{55}、tə^{55}都不能单独使用，它们是定位的；表示名词亲属称谓的a^{55}，名词小称的zɿ^{33}，双数和复数的nɛ^{33}、zə̧^{33}，表示名物化的语素ze^{33}、ji^{33}、mbə^{33}zə̧^{33}都必须加在词根语素之后；表示形容词程度的ʂti^{24}、ʂto^{55}几乎不能脱离形容词单独使用，必须加在词根语素之前。

扎坝语中有些语素的位置比较固定，有些语素的位置较为灵活。以下“羊”“荞”“刀”“肉”的位置比较固定，而“花”“烟”的位置比较灵活。例如：

语素举例	扎坝语词语	语素的分布	汉语中的位置
羊	gu^{55}fs^{h}e^{53}公羊	gu^{55}羊在前	羊在后
	gu^{55}fs^{h}u^{33}羊毛	gu^{55}羊在前	羊在前
荞	ptʂe^{55}wu^{33}荞麦	ptʂe^{55}荞在前	荞在前

	ptʂe^{55}na^{33} 苦荞	ptʂe^{55} 荞在前	荞在后
刀	nbə^{33}zɿ^{55}t^{h}o^{55}t^{h}o^{53} 尖刀	nbə^{33}zɿ^{55} 刀在前	刀在后
	nbə^{33}zɿ^{53}ɕ^{h}i^{24} 刀面	nbə^{33}zɿ^{55} 刀在前	刀在前
肉	t^{h}ɪ^{55}na^{33} 瘦肉	t^{h}ɪ^{55} 肉在前	肉在后
	t^{h}ɪ^{55}tʂɿ^{33} 肉皮	t^{h}ɪ^{55} 肉在前	肉在前
花	gue^{55}fɕi^{33}me^{33}to^{33} 桃花	me^{33}to^{33} 花在后	花在后
	me^{55}to^{33}vʒə^{24} 花蕊	me^{33}to^{33} 花在前	花在前
烟	tu^{55}wa^{33}di^{24} 烟头	tu^{33} 烟在前	烟在前
	tʃ^{h}ə^{55}nt^{h}e^{55}tu^{33}ʐa^{33} 水烟筒	tu^{33} 烟在后	烟在后

由此可见，扎坝语的词内语素不但可分为定位语素和不定位语素，而且还具有一类特有的“准定位”语素，它往往类似于汉语中的定位语素。

二　复合法构词

从词汇内部结构看，扎坝语复合词有四种类型，即联合型、偏正型、宾动型、主谓型。此外，扎坝语中还有一些词涉及重叠、状貌型等的构词手段。下面一并介绍。

（一）联合型

扎坝语偶尔能将意思相同、相近、相反或相似的两个语素直接排列在一起构成联合型词语，更常见的是在它们之间添加连词nə^{33}“和”。汉语中的某些双音联合型复合词到扎坝语中却变成单音节词语。即便是以双音节表示，两个语素之间也并无必然关系，或者说两者不能拆开来单独加以理解。从这个意义上说，联合型构词法在扎坝语中并不能产。

以下将汉语中的联合型复合词与扎坝语中的对应表达式做一比较。例如：

汉语联合型复合词	**扎坝语对应形式**	**说明**
锣鼓	ka^{33}ŋa^{53} 锣鼓	ka^{33} 锣 + ŋa^{53} 鼓
花草	me^{33}to^{55}nə^{33}ȵə^{33}ȵa^{33} 花和草	多音节之间加连词
声音	ʂkɛ^{53} 声音	单音节，与汉语不一致
心肠	nɛ^{24} 心肠	单音节，与汉语不一致
休息	ə^{55}ȵi^{33} 休息	ə^{55} 趋向 + ȵi^{33} 休息，与汉语不一致
买卖	ts^{h}u^{55}tʂ^{h}e^{53} 买卖	ts^{h}u^{55} 买 + tʂ^{h}e^{53} 卖
远近	tʂɪ^{33}tʂɪ^{55}nə^{33}ȵə^{55}ʐu^{55} 远近	多音节之间加连词
早晚	s^{h}o^{55}k^{h}e^{53}nə^{33}ʃe^{55}tʂ^{h}e^{53} 早和晚	多音节之间加连词

（二）偏正型

汉语中的“状 + 中”式的词在扎坝语中要么是通过添加连词的多个动词来表达，要么是单独对应着一个不可切分的动词形式。

“定 + 中”偏正型都将修饰语放在核心名词之前，中间不需添加任何语法标记。例如：

词语	内部结构
po^{55}wa^{33}jɪ^{24} 木板房子	po^{55}wa^{33} 木板 + jɪ^{24} 房子
tʂo^{55}və^{33} 草棚	tʂo^{55} 草 + və^{33} 棚子
zo^{55}nk^{h}ua^{33}k^{h}ɛ^{33}lɪ^{53} 锅盖	zo^{55}nk^{h}ua^{33} 锅 + k^{h}ɛ^{33}lɪ^{53} 盖子
je^{33}pə^{55}do^{33} 石墙	je^{33}pə^{55} 石头 + do^{33} 墙
s^{h}a^{55}gɛ^{33} 木箱	s^{h}a^{55} 木制品 + gɛ^{33} 箱
ɕ^{h}e^{33}tu^{55}k^{h}a^{33}lɪ^{33} 瓶塞	ɕ^{h}e^{33}tu^{55} 瓶子 + k^{h}a^{33}lɪ^{33} 塞子

（三）宾动型

宾动型复合词是由动词性语素跟充任宾语的体词性语素构成。扎坝语宾动型复合词中宾语一律放在动词之前；若动词前有趋向前缀，趋向前缀置于宾语跟动词词根之间，呈“宾语 + 趋向前缀 + 动词词根”这样的语序。例如：

词语	内部结构
ɕ^{h}i^{24}a^{55}ntʃ^{h}ə^{33} 刷牙	ɕ^{h}i^{24} 牙 + a^{55}ntʃ^{h}ə^{33} 刷
tʂʅ^{24}a^{55}t^{h}ə^{33} 剥皮	tʂʅ^{24} 皮 + a^{55}t^{h}ə^{33} 剥开
tə^{24}ə^{55}mtɕ^{h}ə^{33} 浇水	tə^{24} 水 + ə^{55}mtɕ^{h}ə^{33} 浇
me^{33}to^{55}a^{33}s^{h}a^{53} 绣花	me^{33}to^{55} 花 + a^{33}s^{h}a^{53} 刺绣
lə^{55}pʊ^{33}a^{55}ntʃ^{h}ə^{33} 洗澡	lə^{55}pə^{33} 身体 + a^{55}ntʃ^{h}ə^{33} 洗
ts^{h}ɛ^{55}a^{55}t^{h}ɛ^{55}t^{h}ɛ^{33} 切菜	ts^{h}ɛ^{55} 菜 + a^{55}t^{h}ɛ^{55}t^{h}ɛ^{33} 切
ptʂ^{h}ə^{24}kə^{55}nt^{h}u^{33} 酿酒	ptʂ^{h}ə^{24} 酒 + kə^{55}nt^{h}u^{33} 酿
tɕo^{55}tsa^{55}kə^{55}pte^{53} 叉腰	tɕo^{55}tsa^{55} 腰 + kə^{55}pte^{53} 叉开

（四）主谓型

主谓型词语在扎坝语中主要按照主语素在前、谓语素在后的语序排列，但这部分词语数量极其有限。另外，汉语中的某些主谓型复合词在扎坝语中使用单音词表达。常见的主谓型复合词也是由名词性成分后接带有趋向前缀的动词构成。例如：

词语	内部结构
ndə^{55}ŋə^{55}tɛ^{33} 地震	ndə^{55} 地震 + ŋə^{55}tɛ^{33} 来
ȵə^{55}me^{55}ɬɛ^{33} 日出	ȵə^{55}me^{55} 太阳 + ɬɛ^{33} 升起
ȵa^{55}ȵi^{33}ȵi^{55}ȵi^{55} 脸红	ȵa^{55}ȵi^{33} 脸红 + ȵi^{55}ȵi^{55} 红的
lə^{55}pə^{55}tə^{55}pi^{33}tɕia^{33} 体瘫	lə^{55}pə^{55} 身体 + tə^{55}pi^{33}tɕia^{33} 瘫痪
mʊ^{55}gu^{33}ə^{55}ps^{h}ia^{33} 天亮	mʊ^{55}gu^{33} 天 + ə^{55}ps^{h}ia^{33} 亮了

ȵə^{55}me^{55}a^{55}tʰia^{33} 日落	ȵə^{55}me^{55} 太阳 + a^{55}tʰia^{33} 落山
gu^{33}ȵi^{33} 头痛	gu^{33} 头 + ȵi^{33} 疼痛
ʃə^{55}ʐə^{55}kə^{55}tə^{33} 骨折	ʃə^{55}ʐə^{55} 骨头 + kə^{55}tə^{33} 折断

三　重叠法构词

重叠是汉语中一种较为能产的构词方法，且语素重叠后多表达数量多、动作尝试性等额外的语义范畴。扎坝语的重叠型构词是强制性的，即某些复合词必须重叠词的某一音节，且重叠后在扎坝语中并不表达额外的语法意义，仅仅是受该语言双音节音步构词的强制需要。例如：

词语	**内部结构**
tə^{55}bdʐə^{33}bdʐə^{33} 涂改	tə^{55} 无定方 + bdʐə^{33}bdʐə^{33} 涂
a^{55}ɕo^{33}ɕo^{33} 摸	a^{55} 向下 + ɕo^{33}ɕo^{33} 摸
kə^{55}ze^{33}ze^{33} 小心的	kə^{55} 向左 + ze^{33}ze^{33} 小心
tʂui^{33}tʂui^{53} 烘	双音节
vle^{55}vle^{55} 耐用的	双音节
ptʂʰa^{55}ptʂʰa^{55}vla^{33}vla^{33} 花的	四音节

较为特殊的是某些在语义上具有相互关系的动词也可采用重叠形式构成新词。例如：

动词	**内部结构（相互关系）**
bdue^{55}bdue^{53} 打架	bdue^{55} 打 + bdue^{55} 打
mȵa^{55}mȵa^{53} 捉迷藏	mȵa^{55} 隐藏 + mȵa^{33} 隐藏
ʃə^{55}ʃə^{33} 认识	ʃə^{55} 知道 + ʃə^{33} 知道
pɔ^{55}pɔ^{33} 亲嘴	pɔ^{55} 亲吻 + pɔ^{33} 亲吻

四　状貌法构词

状貌法构词是通过对客观事物的动作方式、颜色、声音、气味进行描绘从而达到形神兼备的表达效果。例如：

za^{33}ma^{55}mi^{33}mi^{55} 饭香喷喷的	sʰue^{55}tsʰui^{55}tsʰui^{55} 胖乎乎的
ȵa^{55}ȵi^{33}ptʂʰɪ^{55}ptʂʰɪ^{55} 脸白森森的	va^{55}ʑi^{53}gi^{55}gi^{55} 猪油臭烘烘的
tə^{24}tɕe^{55}tɕe^{55} 水汪汪的	sʰue^{55}dze^{55}dze^{55} 瘦叽叽的
tsʰu^{55}po^{55}lo^{33} 圆滚滚	ȵo^{55}ku^{55}ku^{33} 绿油油
mtɕe^{55}ma^{55}ma^{33} 静悄悄	na^{33}ko^{55}ko^{33} 黑乎乎
ŋo^{33}hti^{55}hti^{33} 空荡荡	ȵi^{55}to^{55}to^{33} 红彤彤

值得注意的是扎坝语很难表达“叽叽喳喳叫、咕噜咕噜转、滴答滴答响、啪啦啪啦炸”等方式，取而代之的是直接使用动词。

除以上合成构词法外，加缀型构词也是较为常见的一类派生构词法。例如，名词添加“数、小称、亲属称谓”等词缀 -nɛ^{33}“双数”、-zə̧^{33}“复数”、-zɿ^{53}“小称”、a^{55}-“亲属称谓”，形容词添加“程度、级”前缀 ʂ̧ti^{24}-“更加”、ʂ̧to^{55}-“最”等从而表达相应的功能。加缀型跟不同词类的屈折形态变化有关。

第三节

词汇的构成

一　同源词与固有词

除了一大批民族特色词以外，扎坝语里有一些源于原始藏缅语的同源词。黄布凡（1992）记录了中国境内藏缅语中1 822个常用词并对其进行了比较，从中得到的扎坝语与其他藏缅语的同源词大约36%。孙宏开（2016）更为详尽地比较了羌语支诸语言中的400同源词，从中也能进一步窥探扎坝语跟其他亲属语言的同源词类型，为挖掘藏缅语的原始形式、展开历史比较及构拟、考察扎坝语的存古现象提供了丰富的材料。

扎坝语的固有词在名词、动词、代词、形容词、副词中均有分布，其中有的跟周边的藏缅语同源，有的是扎坝语所特有的。表3–1简要列举了扎坝语的一些固有词。

表3–1　扎坝语的固有词

太阳	ɳ̥ə^{55}me^{53}	月亮	ɬe^{55}ɳ̥ə^{33}mts^{h}ʊ^{33}
星星	ʂtʃɪ^{53}	云	te^{55}nbə^{33}
雷	mo^{55}tʂʊ^{33}	风	lu^{55}t^{h}e^{53}
雪	vʒɪ^{24}	冰	p^{h}e^{53}
露	ʂ^{h}ə^{24}	虹	mʊ^{55}tə^{55}ptʂ^{h}e^{33}
树	s^{h}a^{33}pu^{53}	木头	ndzɿ^{53}
松树	t^{h}o^{33}pu^{53}	猴子	zə^{55}tue^{33}
鸟儿	pə^{55}ptse^{33}	马	mnɔ^{24}

续表

猪	va^{33}	羊	tɕ^{h}ε^{24}
兔子	se^{33}pə^{55}ta^{33}	蜜蜂	ptsi^{55}pə^{33}jʊ^{33}
房子	jɪ^{24}	厨房	ndu^{24}
厕所	tɕa^{55}k^{h}o^{53}	大门	nge^{24}
床	ȵe^{55}tʂ^{h}ə^{33}	衣服	kε^{55}mə^{33}
袖子	ndʑa^{33}ja^{53}	帽子	wʊ^{24}ts^{h}ə^{33}
头	gu^{33}pə^{55}lə^{33}	辫子	pe^{55}t^{h}i^{33}
旋	ʂtsu^{53}	额头	t^{h}o^{55}pa^{55}ɬa^{33}
眼睛	ȵa^{53}	耳朵	ȵə^{55}ʐə^{33}
男人	s^{h}ue^{53}	女人	zɪ^{24}
朋友	tɕo^{33}tɕo^{53}	师傅	la^{55}ɕ^{h}e^{33}
说媒	dʑε^{55}kə^{55}np^{h}u^{33}	拜堂	k^{h}ε^{55}tε^{33}a^{55}du^{33}
大	tɕe^{55}tɕe^{55}	小	je^{33}tə^{55}tə^{33}
粗	vε^{33}vε^{55}	细	tɕ^{h}ye^{55}tɕ^{h}ye^{33}
平	bdε^{55}bdε^{53}	瘦	dze^{55}dze^{53}
我	ŋa^{33}	你	nu^{53}
他	tʊ^{55}ʐə^{53}	大家	nbə^{33}lɪ^{53}
很	ʂto^{24}	刚刚	tsu^{55}ku^{53}

二　借词

扎坝语受周边其他语言影响较深，因而在祭祀、节庆、婚丧、礼俗等民俗文化生活及社会称谓等领域中存在大量的借词，尤其以藏语借词居多。近些年来，由于汉族文化对康区少数民族的影响，扎坝语也从汉语四川方言中借入一些词语。从程度看，扎坝语南部方言受汉语四川方言的影响远大于藏语康方言。这点跟周边道孚境内的尔龚语有些不同，类似尔龚语这样的语言目前受藏语影响略高于汉语四川方言。

倒话、汉语四川方言对扎坝语的影响已经蔓延到方方面面[①]。凡是本民族中没有的概念都倾向于从倒话或汉语四川方言中借入。雅江城区是倒话的大本营（阿错 2004），而倒话主要也是一种汉语四川方言和当地藏语方言的深度混合语。经常“进县城”的扎坝人更容易从倒话中借入大量的词汇成分。尤其值得注意的是，在表达格助词、体助词、连词、语气词的使用上，扎坝语和当地倒话表现出了高度的一致。

表3–2、3–3分别例示了扎坝语3 000词汇中常见的藏语和汉语四川方言借词。

表3–2　扎坝语3 000词中常见的藏语借词

词义	扎坝语	藏语	
		威利转写	藏文
天	nɛ^{53}	gnam	གནམ།
光	wo^{24}	'od	འོད།
葱	hku^{24}	sgog	སྒོག།
田	ɕ^{h}e^{24}	zhing	ཞིང་།
大门	nge^{24}	sgo	སྒོ།
一百	dʐɪ^{53}	bʐgya	བརྒྱ།
铜	zo^{53}	zangs	ཟངས།
地	s^{h}a^{53}	sa	ས།
旋	ʂtsu^{53}	gtsug	གཙུག།
柜子	ngɛ^{24}	sgam	སྒམ།
工钱	vla^{53}	gla	གླ།
官	pe^{53}	dpon	དཔོན།
龙	ndʐu^{53}	'bʐug	འབྲུག།

① 扎坝语从倒话中借入了一批表示新兴概念的词语。例如：扎坝语tɔ^{53}“刀”——倒话tɔ^{1}、扎坝语tiã^{33}xua^{53}“电话”——倒话tiɛ̃^{4}xua^{3}、扎坝语tʂuɛ^{53}“砖”——倒话tʂuɛ̃^{1}、扎坝语tiã^{33}ɕã^{53}“电线”——倒话tiɛ̃^{4}ɕia^{4}、扎坝语tʂ^{h}ẽ^{24}p^{h}ɛ̃^{33}“秤盘”——倒话tʂ^{h}ẽ^{4}p^{h}ɛ̃^{2}、扎坝语tʂ^{h}ʅ^{33}tsʅ^{53}“尺子”——倒话tʂ^{h}ʅ^{2}tsʅ等（倒话词语选自阿错《倒话研究》）。由于项目组还未对雅江城区倒话进行调查，因此未能从语音、词汇、语法结构借用、语义复制等问题全面观察扎坝语跟倒话之间的语言接触情况。但根据笔者跟当地扎坝人的交谈，发现他们每当遇到表达不畅时，喜欢使用倒话替代扎坝语进行交流。年龄大的扎坝人所操扎坝语中也会按照倒话的结构借入某些表达式，如：kə^{55}-jɔ^{33}-ʂtia^{33}-**tɕye**^{55}-tʂə^{55}-zɛ^{33}。

DIR-养-PFV:N.EGO-**IMPV:在**-IMPV-GNO（把孩子一起养起**在**→一起养孩子）。

续 表

词义	扎坝语	藏语	
		威利转写	藏文
仙	ɬa^{53}	lha	ལྷ།
药	me^{53}	sman	སྨན།
肥料	lɪ^{53}	lud	ལུད།
水獭	sa^{53}	sʐam	སྲམ།
长矛	mdu^{53}	mdung	མདུང་།
笔	pi^{24}	piʐ	པིར།
利息	ʂtɕe^{53}	skyed	སྐྱེད།
盘子	di^{53}	sdeʐ	སྡེར།
汉族	bdʑa^{53}	ʐgya	རྒྱ།
门	nge^{24}	sgo	སྒོ།
敌人	ndʐa^{53}	dgʐa	དགྲ།
棉布	ʐɪ^{24}	ʐas	རས།
箱	gɛ^{24}	sgam	སྒམ།
印章	tʰi^{53}	thel	ཐེལ།
狐狸	wa^{24}	wa	ཝ།
伤	mi^{24}	ʐma	རྨ།

由此可见，不仅是借词，就连“语法概念复制”这类深层次接触的情况在扎坝语中也存在。

表3–3　扎坝语3 000词中常见的汉语四川方言借词①

词义	扎坝语	汉语四川方言
砖	tʂuɛ^{53}	tsuan^{55}

① 藏语及汉语四川方言记音按照作者母语以自省方式记录。汉语四川方言音系结构参照杨时逢（1984：476）所列达州音系。因作者的母语为汉语四川达州方言，采用该地音系，作者自省能力较强。音系特征上，汉语达州方言音系跟重庆方言音系比较接近，都属汉语四川方言成渝片。雅江等地四川西片区所使用汉语四川方言也属于汉语四川方言成渝片方言点（黄雪贞 1986），因此可跟成渝片其他方言点材料进行比较。甘孜州当地藏族居民所讲汉语四川方言属于康藏小片的地域变体，在读音上跟成渝片的汉语四川方言存在少许差别。

续表

词义	扎坝语	汉语四川方言
瓦	wa^{53}	wa^{31}
磁铁	tsʰɿ^{55}tʰe^{33}	tsʰɿ^{31}tʰie^{31}
水果	ʂue^{55}gɔ^{53}	sue^{31}ko^{31}
苹果	pʰĩ^{33}gɔ^{53}	pʰin^{31}ko^{31}
柿子	si^{33}tsi^{53}	sɿ^{13}tsɿ^{42}
玉米	ji^{55}mɪ^{53}	y^{13}mi^{42}
黄豆	xuã^{24}tu^{53}	xuaŋ^{31}təu^{13}
大白菜	pe^{33}tsʰe^{53}	ta^{13}pe^{31}tsʰai^{13}
莲花白	lɛ^{33}xua^{55}pe^{33}	lian^{31}xua^{55}pe^{31}
芹菜	tɕʰẽ^{55}tsʰɛ^{33}	tɕʰin^{31}tsʰai^{13}
莴笋	wo^{55}se^{53}	wo^{55}suən^{42}
姜	sẽ^{55}tɕo^{53}	sə^{55}tɕiaŋ^{55}
茄子	tɕʰɪ^{33}tsɿ^{53}	tɕʰie^{31}tsɿ^{42}
西红柿	fã^{55}tɕʰɪ^{33}	fan^{55}tɕʰie^{31}
萝卜	lə^{33}pə^{53}	lo^{31}pu^{13}
马铃薯	ja^{33}ju^{53}	iaŋ^{31}jy^{13}
被子	pʰu^{55}gue^{53}	pʰu^{55}kai^{13}
棉絮	miã^{33}se^{53}	mian^{31}sui^{13}
桌子	tʂo^{33}tsɿ^{53}	tso^{31}tsɿ^{42}
抽屉	tʂʰu^{55}tʂʰu^{53}	tsʰəu^{55}tʰi^{31}
案子	tʂʰa^{33}ɕi^{53}	tsʰa^{31}tɕi^{55}
椅子	ji^{55}tsɿ^{33}	i^{42}tsɿ^{42}
菜刀	tsʰe^{33}tɔ^{53}	tsʰai^{13}tau^{55}
筷子	kʰue^{33}tsɿ^{53}	kʰuai^{13}tsɿ^{42}
火柴	ja^{33}xɔ^{53}	iaŋ^{31}xo^{42}
脸盆	pʰã^{33}tsɿ^{53}	pʰən^{31}tsɿ^{42}
肥皂	jã^{33}tɕã^{53}	iaŋ^{31}tɕan^{42}
蜡烛	la^{33}tʂu^{53}	la^{31}tsu^{31}

续 表

词义	扎坝语	汉语四川方言
衬衫	tsʰɛ^{33}ji^{53}	tsʰən^{13}san^{55}
毛衣	mo^{33}ji^{53}	mau^{31}i^{55}
袜子	va^{33}tsɿ^{53}	wa^{31}tsɿ^{42}
菜	tsʰɛ^{24}	tsʰai^{13}
豆腐	tu^{33}fu^{53}	təu^{13}fu^{42}
酱油	tɕa^{24}jʊ^{33}	tɕiaŋ^{13}iəu^{31}
舅妈	tɕu^{24}mu^{33}	tɕiəu^{13}ma^{55}
簸箕	tʂə^{55}tɕi^{53}	tsʰue^{31}tɕiɚ^{13}
臼	ʂtɕo^{53}	tɕiəu^{13}
钳子	tɕʰã^{33}tsi^{53}	tɕʰan^{31}tsɿ^{42}
螺丝刀	kɛ^{55}tɔ^{53}	kai^{55}tau^{55}
旅馆	li^{55}kue^{53}	ly^{55}kuanɚ^{42}
算盘	suã^{24}pʰɛ^{33}	suan^{13}pʰan^{31}
教室	tɕɔ^{33}ʂʅ^{53}	tɕiau^{13}sɿ^{31}
考试	kʰə^{55}ʂʅ^{33}	kʰau^{31}sɿ^{13}
书包	po^{55}po^{53}	pau^{55}pau^{55}
本子	pẽ^{55}tsɿ^{53}	pən^{42}tsɿ^{42}
圆珠笔	jã^{33}tsɿ^{55}pi^{33}	iuan^{31}tsu^{55}pi^{31}
毛笔	mo^{33}pi^{53}	mau^{31}pi^{31}
毽子	tɕã^{24}dzɿ^{33}tue^{53}	tɕian^{13}tsɿ^{42}
又	jo^{24}	iəu^{13}
公路	ma^{55}lu^{33}	ma^{31}lu^{13}
汽油	tɕʰi^{24}jʊ^{33}	tɕʰi^{13}iəu^{31}
油漆	tɕʰi^{24}	tɕʰi^{31}
西瓜	ɕi^{55}kua^{53}	ɕi^{55}kua^{55}
葡萄	pʰu^{33}tʰʊ^{53}	pʰu^{31}tʰau^{31}
香蕉	ɕaŋ^{55}tɕɔ^{53}	ɕiaŋ^{55}tɕiau^{55}
柑子	tɕy^{55}tsɿ^{33}kɛ̃^{33}	tɕy^{31}tsɿ^{42}kanɚ^{55}

续表

词义	扎坝语	汉语四川方言
葵花子	kua^{55}tsɿ^{53}	kʰui^{31}kua^{55}tsɿ^{42}
玉米苞	ji^{33}mi^{55}po^{55}po^{33}	y^{13}mi^{42}pau^{55}pau^{55}
玉米秆	ji^{33}mi^{55}kã^{55}kã^{33}	y^{13}mi^{42}kan^{42}kan^{42}
豆芽	tu^{24}ja^{33}	təu^{13}iaɚ^{31}
冬瓜	tõ^{55}kua^{53}	toŋ^{55}kua^{55}
青菜	tɕʰĩ^{55}tsʰɛ^{33}	tɕʰin^{55}tsʰai^{13}
菜花	xua^{55}tsʰɛ^{33}	xua^{55}tsʰai^{13}
空心菜	kʰõ^{55}ɕĩ^{55}tsʰɛ^{33}	kʰoŋ^{55}tɕʰin^{55}tsʰai^{13}
萝卜缨子	lə^{33}pu^{55}jɪ^{33}jɪ^{53}	lue^{31}pu^{13}in^{55}in^{55}
大熊猫	ɕõ^{33}moɹ^{53}	ɕioŋ^{31}mau^{55}
虮子	sɿ^{55}tsɿ^{33}	se^{31}tsɿ^{42}
乌龟	wu^{55}kue^{53}	wu^{55}kue^{55}
哈巴狗	xa^{33}pa^{53}	xa^{31}pʰa^{31}kua^{31}
仓库	tsʰaŋ^{55}kʰu^{33}	tsʰaŋ^{55}kʰu^{13}
衣柜	jɪ^{55}kue^{33}	i^{55}kue^{13}
饭桌	tʂo^{33}tsɿ^{33}	tso^{31}tsɿ^{42}
电视	tiã^{24}sɿ^{33}	tien^{13}sɿ^{13}
冰箱	pi^{55}ɕa^{53}	pin^{55}ɕiaŋ^{55}
洗衣机	ɕi^{55}ji^{55}tɕi^{33}	ɕi^{42}i^{55}tɕi^{55}
电灯	tiã^{33}tẽ^{53}	tien^{13}tən^{55}
灯泡	pʰʊ^{24}tsɿ^{33}	pʰau^{55}tsɿ^{31}
电线	tiã^{33}ɕã^{53}	tien^{13}ɕien^{13}
开关	kʰɛ^{55}kuɛ^{53}	kʰai^{55}kuan^{55}
油灯	mɛ^{24}ju^{33}tɛ^{55}go^{55}lo^{33}	mei^{31}iəu^{31}tən^{55}
电池	tiã^{33}tʂʰɿ^{53}	tien^{13}tsʰɿ^{31}
盆	pʰã^{33}tsɿ^{53}	pʰan^{31}tsɿ^{42}
锅铲	ko^{55}tʂʰuã^{33}tsɿ^{33}	ko^{55}tsʰuan^{42}tsɿ^{42}
刷子	ʂua^{33}tsɿ^{53}	sua^{31}tsɿ^{42}

续表

词义	扎坝语	汉语四川方言
砧板	tsʰɛ^{33}pɛ^{53}	tsʰai^{13}pan^{42}
杯子	pei^{55}tsɿ^{53}	pei^{55}tsɿ^{42}
笼屉	tʂẽ^{55}lo^{33}	tsən^{55}loŋ^{31}
尺子	tʂʰɿ^{33}tsɿ^{53}	tsʰɿ^{31}tsɿ^{42}
炮	ta^{33}pʰo^{53}	ta^{13}pʰau^{13}
烟丝	jã^{55}sɿ^{53}	ien^{55}sɿ^{55}
洗衣粉	ɕi^{55}ji^{55}fe^{33}	ɕi^{42}i^{55}fən^{42}
老虎钳	tɕʰã^{55}tsɿ^{33}	tɕʰan^{31}tsɿ^{42}
棉被	pʰu^{33}kue^{53}	pʰu^{55}kai^{13}
被里	miã^{33}se^{53}	mien^{31}sui^{13}
水池	ʂui^{55}tsʰɿ^{33}	sui^{42}tsʰɿ^{31}
炭火盆	xo^{55}pʰe^{33}	xo^{42}pʰənɚ^{31}
拖拉机	tʰo^{55}la^{55}tɕi^{53}	tʰo^{55}la^{55}tɕi^{55}
收音机	ʂu^{55}jĩ^{55}tɕi^{33}	səu^{55}in^{55}tɕi^{55}
手机	ʂu^{55}tɕi^{53}	səu^{42}tɕi^{55}
裙子	tɕʰỹ^{33}tsɿ^{53}	tɕʰyn^{31}tsɿ^{42}
内裤	jɔ^{33}kʰu^{53}	iau^{31}kʰu^{13}ɚ^{31}
皮鞋	pʰi^{55}xɛ^{33}	pʰi^{31}xai^{31}
粉	fe^{53}	fən^{42}
腊肉	la^{33}ʐu^{53}	la^{31}ʐua^{13}
粉条	fẽ^{55}tʰɔ^{33}	fən^{42}tʰiau^{31}
月饼	jy^{33}pi^{53}	y^{31}pin^{42}
素菜	tsʰɛ^{24}	tsʰai^{13}
咸菜	pʰɔ^{24}tsʰɛ^{33}	pʰau^{13}tsʰai^{13}
豆腐干	tu^{24}fu^{33}kɛ̃^{33}	təu^{13}fu^{42}kan^{55}
白糖	pe^{24}tʰa^{33}	pe^{31}tʰaŋ^{31}
凉粉	liã^{33}fẽ^{53}	liaŋ^{31}fən^{42}
裁判	tsʰɛ^{33}pʰɛ^{55}jɛ^{33}	tsʰai^{31}pʰan^{13}iuan^{31}

续 表

词义	扎坝语	汉语四川方言
铁锹	jaŋ^{33}tʂʰuɛ̃^{53}	iaŋ^{31}tsʰuən^{42}
撮箕	tsʰo^{33}tɕi^{53}	tsʰo^{31}tɕiɚ^{13}
筐	kʰuaŋ^{55}kʰuã^{53}	kʰuaŋ^{55}kʰuaŋ^{55}
秤盘	tʂʰẽ^{24}pʰɛ̃^{33}	tsʰən^{13}pʰan^{31}
火车	xo^{55}tʂʰe^{53}	xo^{42}tsʰe^{55}
汽车	tɕʰi^{33}tʂʰe^{53}	tɕʰi^{13}tsʰe^{55}
邮局	jʊ^{33}tiã^{55}tɕy^{33}	iəu^{31}tɕy^{31}
电话	tiã^{33}xua^{53}	tien^{13}xua^{13}
机器	tɕi^{55}tɕʰi^{33}	tɕi^{55}tɕʰi^{13}
政府	tʂẽ^{33}fu^{53}	tsən^{13}fu^{42}
乡政府	ɕaŋ^{55}tʂe^{33}fu^{53}	ɕiaŋ^{55}tsən^{13}fu^{42}
省	sẽ^{53}	sən^{42}
黑板	xe^{33}pɛ^{53}	xe^{31}pan^{31}
粉笔	fẽ^{55}pi^{33}	fən^{42}pi^{31}
笔	pi^{24}	pi^{31}
小学	ɕɔ^{55}ɕo^{33}	ɕiau^{42}ɕo^{31}
中学	tʂõ^{55}ɕo^{33}	tsoŋ^{55}ɕo^{31}
毕业	pi^{24}ȵe^{33}	pi^{31}ie^{31}
喇叭	la^{55}pa^{53}	la^{42}pa^{55}
墨水	me^{33}ʂue^{53}	mie^{31}sui^{42}
劳改	lʊ^{33}kɛ^{53}	lau^{31}kai^{42}

由上表可知，扎坝语中来自汉语四川方言的借词明显多于来自周边藏语的借词。藏语中哪类词语更易借入扎坝语，这在目前尚无规律可循。不过，我们也可以清晰地发现，在汉语四川方言中表示新事物、新概念的词语更容易被借入到扎坝语中。从借入方式上看，藏语借词一般是全盘借入而轻易不做调整改变。汉语借词大多全盘借入，但有少数汉语借词采用合璧词的方式借入一部分语素，然后跟扎坝语自己的语素一同构成新词，如tɕã^{24}dzɿ^{33}tue^{53}“毽子”、mɛ^{24}ju^{33}tɛ^{55}go^{55}lo^{33}“油灯”。藏语借词跟当前周围康巴藏语中相应词语读音差别不大。有的汉语四川方言借词借入层次明显更早，如jã^{33}tɕã^{53}“肥皂”，借自

“洋碱”；$ja^{33}xɔ^{53}$“火柴”，借自“洋火”。

不管是藏语借词还是汉语四川方言借词，借入后都需要按照扎坝语的音系结构做相应的调整。因此，大多借词都出现鼻音韵尾弱化成为鼻化元音、复元音简化为单元音等现象。总的来看，目前南部方言受汉语四川方言的影响远远大于北部方言。近些年随着汉族人的加速涌入，汉语四川方言已渗透到扎坝人生活的方方面面。能听懂汉语四川方言的扎坝人数量远高于听得懂藏语的扎坝人数量。以前居住地周边有讲藏语或在学校系统学习过藏语的扎坝人能熟练使用藏语，但除此之外，其他扎坝人如今几乎都不懂藏语了。可这样一来，在跟雅江当地操藏语、却域语（或却域语白孜方言）、木雅语的人交流时，他们就只能使用汉语四川方言了。

第四节

民俗文化词

扎坝语中的民俗文化词大多跟扎坝人日常生活息息相关。有建筑方面的，也有生活用品、饮食、宗教用具方面的。下面以图片加以展示，并配文字说明加以介绍。

一　建筑

（一）$ta^{33}gu^{53}$“门脊梁”

$ta^{33}gu^{53}$“门脊梁”，即“房梁”，是藏族房屋的一部分。扎坝民居建筑的内部结构主要以梁、柱承重，是木承重结构的核心区。扎坝民居一般都需在门脊梁上画上几何对称图形，许多门脊梁均以精工雕凿。图形的复杂程度跟屋主人家经济条件有关。

图 1　门脊梁　雅江县木绒乡 /2017.7.12/ 黄阳 摄

（二）pe^{55}ma^{55}mts^{h}o^{55}ʂtsa^{53} “门脊凸雕”

扎坝民居门脊上采用专用雕刻，称作pe^{55}ma^{55}mts^{h}o^{55}ʂtsa^{53} “门脊凸雕”。图2门脊雕刻的是凹凸、规则的正方体。

图2　门脊凸雕　雅江县木绒乡 /2017.7.12/ 黄阳 摄

（三）pa^{55}s^{h}a^{33}pa^{55}nge^{33} “门框白面”

门框上规则的四个正方形白色装饰。这也是扎坝藏族民居的彩绘特色之一。白色正方形的数量也稍有讲究，多以双数为主，且不同正方形之间间距相等，以此提高美感。

图3　门框白面　雅江县木绒乡 /2017.7.12/ 黄阳 摄

（四）ji^{24}“房屋”

扎坝人的ji^{24}“房屋”外形属于碉楼式造型，基本由石头和木材建造而成。底层一般养殖牲畜，二楼是生活区，三楼多为祭祀区域。富裕人家三楼还可设计成客房或主卧。顶楼大多属于祭祀区，是较为私密的空间，客人一般不允许到顶楼参观。房屋外侧都需要藏族画师作画点缀。作画时间较长，多则3个月，少则1个月。

图4 房屋 雅江县木绒乡 /2017.7.12/ 黄阳 摄

二 家庭用具

（一）ȵə^{55}ko^{33}lo^{33}“烤火盆”

扎坝人的烤火盆造型独特，且功能多样。除烤火外，还用来加热炊具。该器皿四周开孔，便于热气散发，同时方便清理里面烧完的火炭。ȵə^{55}是“火”的意思，ko^{33}lo^{33}义为“器皿”。

图5 烤火盆 雅江县木绒乡 /2017.7.12/ 黄阳 摄

（二）ŋa^{55}mba^{33}“面食砧板”

主要在做面食时使用。该类砧板不仅由一个面板构成，还需配上两个支架，便于使用 ŋa^{55}ntʂa^{33}di^{33}li^{33}“擀面杖”。扎坝人的饮食习惯跟周边汉族略有不同。他们虽以米为主食，但日常生活中不可或缺的食物是青稞面或麦子面。扎坝人常自己在家做馍馍、包子、饼等面食。

图 6　面食砧板　雅江县木绒乡 /2017.7.12/ 黄阳 摄

（三）tɕo^{55}sui^{55}ndu^{24}“洗锅刷”

类似四川汉族人家中常用的丝瓜络，主要用来清洗锅内的油渍等残留物。扎坝人不种植丝瓜，因此他们的洗锅刷多使用就地取材的树枝，用铁丝扭在一起即可。旧时铁丝缺乏，他们就用麻绳将小树枝捆绑在一起作为洗锅刷。

图 7　洗锅刷　雅江县木绒乡 /2017.7.12/ 黄阳 摄

（四）ʂtɕo[53] “水瓢”

扎坝人对厨房用具较为讲究，很多家庭都会将某些厨房用具整齐陈列在橱柜上。厨房用具一方面在厨房使用，另一方面也能当作装饰品。ʂtɕo[53] “水瓢”由黄铜、锡或其他合金铸造而成，除了可用来舀水，还能用来盛酥油茶。

图 8　水瓢　雅江县木绒乡 /2017.7.12/ 黄阳 摄

（五）ɕʰɪ[55]wo[55]zo[33] “灶台盖子”

主要用来遮盖灶台放柴火的区域。灶台一般使用雕刻装饰，主要以黄铜打造，造型独具藏族特色。这类灶台现在多是机器批量生产，多在雅江街上购买。

图 9　灶台盖子　雅江县木绒乡 /2017.7.12/ 黄阳 摄

三　农具

（一）$ts^{h}i^{33}lu^{53}$ “犁”

$ts^{h}i^{33}lu^{53}$ “犁”造型简陋，中空，需套在牲口背上，且中间半凹槽处需紧套绳索。松土时，将细小一头的木桩插入地里，同时用脚踩踏木桩两侧的杠杆。这类犁地工具在农区较为常见。

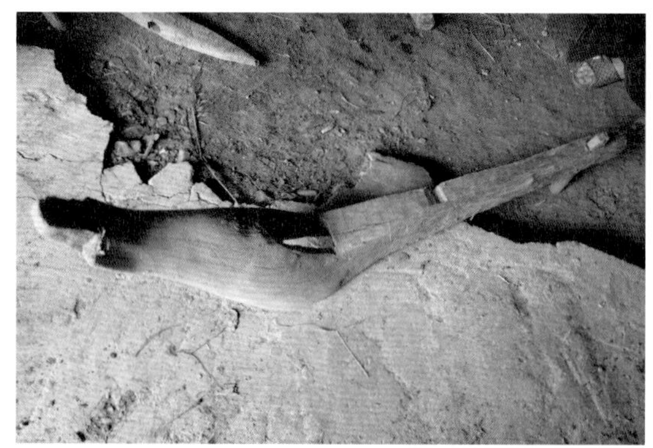

图 10　犁　雅江县木绒乡 /2017.7.12/ 黄阳 摄

（二）$ga^{33}mdʑo^{53}$ “铲地杵”

是古时候扎坝民居中较常见且比较古老的劳动器具，中间需要插入一个木棍或铁棍，用来铲松土壤。它可配合 $ts^{h}ɿ^{55}hpa^{33}$ “犁”一起使用，还可在中间开孔处组装一根木棒当作人工铲地耙使用。由于受汉族工业化进程影响，现在这种木制铲地杵在扎坝家庭中并不常见，取而代之的是铁制铲地工具。

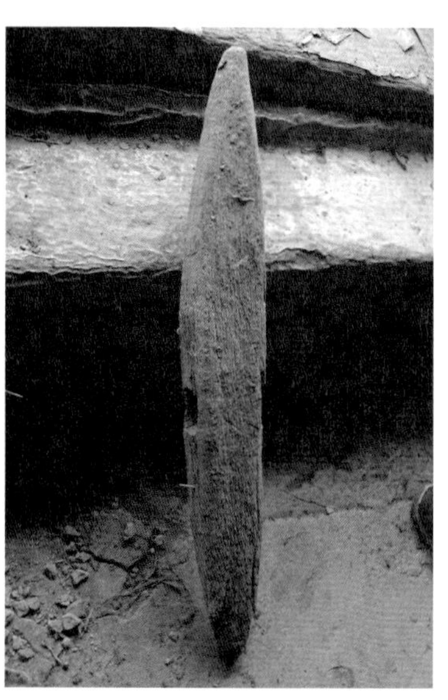

图 11　铲地杵　雅江县木绒乡 /2017.7.12/ 黄阳 摄

（三）di^{24} “石碗”

木绒乡的扎坝家庭目前还保留着使用石器工具的习惯。很多家庭都使用一种石头打造的di^{24} “石碗”。这种碗不仅用于祭祀，就算日常生活中也会使用。由于碗体本身太重，因此一般不用来盛饭，多用来盛放某些农具的小配件。

图12 石碗 雅江县木绒乡/2017.7.12/黄阳 摄

四 特色饮食

（一）va^{33}ʑi^{55} “臭猪油”

扎坝区目前很少能见到臭猪油，但有些人家也保留了一些年代久远的臭猪油。扎坝区臭猪油多称为va^{33}ʑi^{55}。图13中的臭猪油已经有20年历史。臭猪油是财富的象征，早年扎坝地区家庭条件普遍不好，逢年过节才能吃一点儿肉，才能使用猪油。家中储存臭猪油足以证明家庭的财富地位。将一般的猪油制作成臭猪油也方便保存，避免了食物变质。

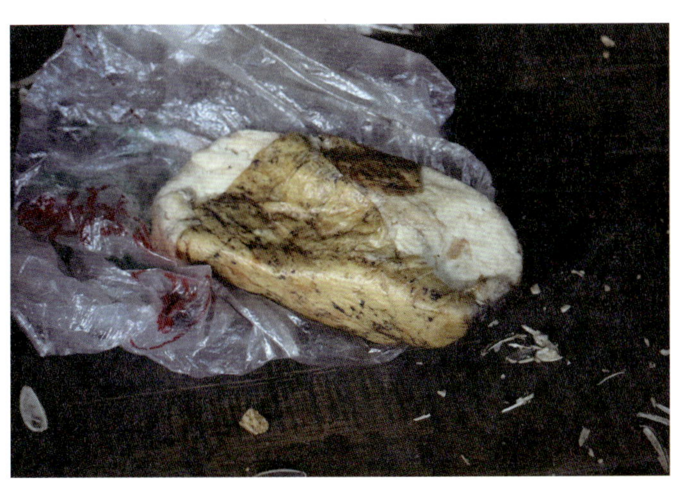

图13 臭猪油 雅江县木绒乡/2017.7.12/黄阳 摄

（二）va^{55}ko^{55}ȵe^{33}mɪ^{53} “臭猪肉”

作为扎坝饮食文化中最具代表性的食物，va^{55}ko^{55}ȵe^{33}mɪ^{53}在扎坝人的生活中扮演了重要的角色。跟臭猪油不同，制作臭猪肉时一般先将猪肉悬挂于房梁上，待发霉、变质、变臭后再继续烘干，然后一直悬挂在阴凉处。需要食用时直接用刀切割一块烹煮即可。臭猪肉臭味浓烈，但下锅后添加土豆、素菜、酱汁等辅料，别有一番风味。在某些祭祀中，扎坝人还会将臭猪肉或臭火腿置于祭台上，足见其珍贵。

图 14　臭猪肉　雅江县木绒乡 /2017.7.12/ 黄阳 摄

五　模具和刻板

（一）pɛ^{55}k^{h}o^{53} “布擦模具”

pɛ^{55}k^{h}o^{53} “布擦模具”是一种雕刻精美的藏式法器，同时可用来制作“擦擦”（复制的泥塔）。由于扎坝人对藏传佛教的虔诚信仰，家庭中大多都有该类宗教用具模型。

图 15　布擦模具　雅江县木绒乡 /2017.7.12/ 黄阳 摄

（二）pɛ^{55}ɕĩ^{55} “玛尼经石板”

玛尼经石板主要是将经文雕刻在石头上，以便存于家中，扎坝语叫作pɛ^{55}ɕĩ^{55}。由于扎坝人是虔诚的藏传佛教信徒，因此有关佛教的器物成了家中的主要装饰。玛尼经石板呈黑色，在黑色石板上刻“六字真言”。石头大多就地取材。扎坝人从山上选取表面光滑、品相不错的石板作为雕刻模板，这些雕刻模版也可直接被堆放在石头旁供宗教活动时使用。

图16　玛尼经石板　雅江县木绒乡/2017.7.12/黄阳 摄

（三）ma^{33}ȵe^{55}pɛ^{33}ɕĩ^{33} “玛尼木条”

跟玛尼经石板一样，玛尼木条上主要雕刻玛尼经文。图中的玛尼木条上用梵文和藏文刻着佛教经文。玛尼木边框需要涂上黑色的涂料，它在扎坝语中称作ma^{33}ȵe^{55}pɛ^{33}ɕĩ^{33}。玛尼木条并无玛尼经石板那么笨重，体积较小，方便摆放在家中的任何位置。玛尼木条有时还可当作刻板使用。

图17　玛尼木条　雅江县木绒乡/2017.7.12/黄阳 摄

六　祭祀用具

（一）zə^{55}ʐə^{33}ʐo^{55}ʐʅ^{33} “五色石”

五色石也是祭祀用的，扎坝语中称作 zə^{55}ʐə^{33}ʐo^{55}ʐʅ^{33}。祭祀时一般挑选各色鹅卵石、绿松石等放于小器皿中。事实上，如今的中青年扎坝人都不清楚图中五色石用扎坝语如何表达。只有上了岁数，且有深厚文化修养的扎坝人才知道。

图 18　五色石　雅江县木绒乡 /2017.7.12/ 黄阳 摄

（二）lo^{55}pəɹ^{53} “海螺”

祭祀用的海螺一般用在藏传佛教祭祀中。海螺上面用麻线拴套，正面开孔可作吹奏用具。经济条件较好的家庭还会使用珠宝或黄金装饰海螺。

图 19　海螺　雅江县木绒乡 /2017.7.12/ 黄阳 摄

（三）$me^{33}to^{55}me^{33}lə^{55}$ “酥油花”

酥油花是将酥油加热后做成各式花的形状，然后添加朱砂、绿松石粉末等各种矿物质上色，从而使花瓣具有不同的色彩。逢年过节时，很多大型场合上都会制作酥油花。将酥油花摆放在祭台上从而增强神秘、庄重的氛围。

图 20　酥油花　雅江县木绒乡 /2017.7.12/ 黄阳 摄

第四章 分类词表

本章第一、二两节收录《中国语言资源调查手册·民族语言（藏缅语族）》"调查表"中"叁 词汇"的词条（原表1 200词），标记"（无）"的词条不收录。第一节为通用词，是语保工程调查中汉语方言与少数民族语言共有的调查词表。第二节为扩展词（原表1 800词），是专家学者根据各个语族的实际情况制定的调查词表。这两节皆分为以下14类：

一 天文地理	六 服饰饮食	十一 动作行为
二 时间方位	七 身体医疗	十二 性质状态
三 植物	八 婚丧信仰	十三 数量
四 动物	九 人品称谓	十四 代副介连词
五 房舍器具	十 农工商文	

本章共记录了《中国语言资源调查手册·民族语言(藏缅语族)》3 000词表中的2 000多个词条。以上14类词语都配有音视频文件，读者可在语宝平台检索该词表配套的多媒体文档。

扎坝语中有大量祭祀、农耕劳作、服饰穿戴、建筑格局、自然风光等相关的词汇，语保手册之外的词都收录在第三节其他词部分。

第一节

《中国语言资源调查手册·民族语言（藏缅语族）》通用词

一　天文地理

太阳~下山了 ȵə^{55}me^{53}

月亮~出来了 ɬe^{55}ȵə^{33}mtsʰʊ^{33}

星星 ʂtʃɪ^{53}

云 te^{55}nbə^{33}

风 lu^{55}tʰe^{53}

台风 ʂkʊ^{55}lɪ^{53}

闪电名词 mo^{55}psʰo^{33}psʰo^{33}

雷 mo^{55}tʂʊ^{33}

雨 mo^{55}gu^{33}

下雨 mo^{55}gu^{33}a^{55}ptɛ^{53}

淋衣服被雨~湿了 a^{55}nia^{33}

晒~粮食 ŋə^{55}kʰʊ^{33}

雪 vʒɪ^{24}

冰 pʰe^{53}

冰雹 ʂtʂʊ^{53}

霜 vɛ^{24}

雾 di^{33}pʰə^{53}

露 ʂʰə^{24}

虹统称 mʊ^{55}tə^{55}ptʂʰe^{33}

日食 ȵə^{33}ntsɿ^{53}

月食 nda^{55}ntsɿ^{53}

天气 mʊ^{55}gu^{33}

晴天~ mʊ^{55}gu^{33}ə^{55}ptsʰia^{33}

阴天~ kə^{55}na^{53}

旱天~ sʰa^{55}tsʰi^{33}ŋə^{33}tɛ^{33}

涝天~ tɕʰe^{33}ntɕi^{55}ŋə^{55}tɛ^{33}

天亮 mʊ^{55}gu^{33}ə^{55}psʰia^{33}

水田 tə^{55}ʑe^{33}

旱地 kə^{55}vʑe^{53}

田埂 hkə^{55}du^{33}

路野外的 dʑɛ^{33}lɛ^{53}

山~上 zʅ^{55}wu^{33}

山谷 lu^{55}mpa^{33}

江大的河 ɕe^{55}tə^{53}

溪小的河 ȵa^{55}tə^{33}

水沟儿较小的水道 tə^{55}ʒɪ^{33}

湖 tə^{55}t^{h}e^{33}nkʊ^{33}lə^{33}

池塘 tə^{55}t^{h}e^{33}nkʊ^{33}lə^{33}tɕe^{55}tɕe^{53}

水坑儿 vʐɛ^{55}hkɪ^{53}

洪水 tə^{55}na^{33}

淹 a^{55}do^{53}

河岸 tə^{55}gɪ^{33}

坝 tə^{55}kə^{55}ts^{h}e^{53}

地震 ndə^{55}ŋə^{55}tɛ^{33}

窟窿小的 tɕu^{55}tɛ^{33}ji^{33}ɕi^{33}ʐɛ^{53}

缝儿统称 a^{55}ptʂa^{53}

石头统称 jɛ^{33}pə^{53}

土统称 di^{24}

泥湿的 tɕ^{h}ɔ^{53}

水泥旧称 bdʑa^{55}di^{53}

沙子 ptsi^{55}ma^{33}

砖 tʂuɛ^{53}

瓦 wa^{53}

煤 bdʑa^{55}xu^{55}tɕi^{53}

煤油 ma^{55}n̥a^{53}

炭木炭 xu^{55}tɕi^{53}

灰 ndu^{33}di^{53}

灰尘 di^{24}

火 ɳə^{24}

烟烧火形成的 k^{h}ə^{55}lɪ^{53}

失火 ɳə^{24}tə^{55}ʂtia^{53}

水 tə^{24}

凉水 tə^{33}ve^{53}

热水 tə^{33}lu^{53}

开水喝的 tə^{33}ʂtɕa^{53}

磁铁 ts^{h}ɿ^{55}t^{h}e^{33}

二　时间方位

时候 ɳa^{33}mts^{h}a^{53}

什么时候 tɕ^{h}e^{55}tɛ^{33}ɳa^{33}mts^{h}a^{53}

现在 tsu^{55}ku^{53}

以前 we^{55}te^{33}

以后 ts^{h}ə^{55}pe^{53}

一辈子 mi^{55}ts^{h}e^{33}tɛ^{55}ji^{53}

今年 ts^{h}ɛ^{55}nɛ^{33}

明年 s^{h}o^{55}nɛ^{53}

后年 ʑɪ^{55}nɛ^{53}

去年 jɪ^{55}ze^{53}

前年 jɪ^{55}ʐə^{33}ze^{33}

往年 wo^{55}wu^{53}

年初 lʊ^{55}s^{h}e^{55}hpi^{53}

年底 ta^{55}wɔ^{55}t^{h}a^{33}

今天 a^{55}nə^{53}

明天 s^{h}o^{33}nə^{53}

后天 dʑa^{55}s^{h}o^{53}

大后天 ʑe^{33}s^{h}o^{53}

昨天 je^{33}nə^{53}

前天 je^{55}nə^{33}ɳə^{33}

大前天 je^{55}ngə^{33}nə^{33}ɳə^{33}

整天 a^{33}nə^{55}tɛ^{55}ɳə^{53}

每天 ɳə^{33}ɳə^{53}

早晨 s^{h}o^{55}k^{h}e^{53}

上午 nə^{55}ʑʊ^{33}

中午 k^{h}e^{53}

下午 a^{55}mi^{55}ɕ^{h}i^{33}

傍晚 kə^{55}mɳa^{33}la^{33}t^{h}a^{33}

白天 ɳə^{33}tʂ^{h}e^{53}

夜晚 ʃe^{55}tʂ^{h}e^{53}

半夜 ʃe55tʰə53

正月 ta55dʑa53

大年初一 lʊ55sɛ33ɬe55ptʂʰue33tɛ55ji53

地方 sʰa55tɕʰa53

什么地方 tɕʰə55tɛ55sʰa33tɕʰa33

家里 jɪ55kʰə53

城里 mdʑa55tʂu55kʰə33

乡下 sʰa55kʰu55kʰə33

上面从～滚下来 tʰa55pe53

下面 ʒɪ33pe53

左边 ɕe55ŋʊ53

右边 ʂtui55ŋʊ53

中间排队排在～ ɕi55pe53

前面排队排在～ ŋue55pe53

后面排队排在～ tsʰə55pe53

末尾排队排在～ ʂti24tsʰə33pe53

对面 tsʰu55wə33

面前 ne55nge53

背后 ngə55nu33

里面躲在～ kʰə55pe53

外面衣服晒在～ nu33pe53

旁边 na33ŋʊ53

上碗在桌子～ tʰa55pe53

下凳子在桌子～ ʒɪ33pe55

边儿桌子的～ na33ŋʊ53

角儿桌子的～ zʅ55we33

上去 ə55ʑu53

下去 a55ʑi53

进去 kʰə55pe53ji53

出来 nu33pe55a55ji53

出去 a55ʑu53

回来 kə55ji33

起来 ə55ʂtɕe53

三　植物

树 sʰa33pu53

木头 ndʐi53

松树 tʰo33pu53

柏树 lə24ptʂʰe33

柳树 ne24

竹子 mɛ53

笋 mɛ55je33tə55tə33

叶子 pa33la53

花 me33to53

花蕾花骨朵儿 me33to53

梅花 ʐe55pɪ33

草 tʂo24

藤 ŋa55ʐə33

刺名词 tʃʰɛ33ntʃʰə53

水果 ʂue55gɔ53

苹果 pʰĩ33gɔ53

桃子 gue55fɕə33

柿子 si33tsi53

核桃 ta33ga53

秋木耳 lʊ55də33ɳə55ʐə33

蘑菇野生的 mə24

香菇 mə24

稻子 mdʐɛ55pu53

稻谷指籽实（脱粒后是大米） mdʐɛ53

稻草脱粒后的 mdʐɛ55pu53

小麦 ptsi53

谷子 ndʐə53

玉米 ji55mɪ53

油菜 ma33n̥a55pu33

芝麻ȵi^{33}ma^{55}me^{33}to^{33}

蚕豆a^{55}ɬa^{53}

豌豆mno^{53}

花生xua^{55}sɿ^{53}

黄豆xuã^{24}tu^{53}

豇豆长条形的mno^{53}

大白菜pe^{33}tsʰe^{53}

包心菜lɛ^{33}xua^{55}pe^{33}

芹菜tɕʰẽ^{55}tsʰɛ^{33}

莴笋wo^{55}se^{53}

香菜xʊ^{33}sɿ^{53}

葱hku^{24}

蒜hku^{33}pʰə^{53}

姜sẽ^{55}tɕo^{53}

洋葱hku^{24}

辣椒统称pe^{55}ntsʰa^{53}

茄子统称tɕʰɪ^{33}tsɿ^{53}

西红柿统称fã^{55}tɕʰɪ^{33}

萝卜统称lə^{33}pə^{53}

胡萝卜lə^{33}pə^{55}ȵi^{55}ȵi^{53}

红薯统称bdʑa^{55}ja^{33}ju^{53}

马铃薯ja^{33}ju^{53}

四　动物

老虎ʑe^{55}mɪ^{55}tɕʰe^{33}ji^{33}

猴子zə^{55}tue^{33}

蛇统称pə^{55}ptʃɪ^{33}

老鼠家里的ʐa^{55}pʰa^{33}

蝙蝠ʑe^{55}bɪ^{53}

鸟儿飞鸟，统称pə^{55}ptse^{33}

麻雀ȵə^{33}tʂʰe^{55}pə^{55}ptse^{33}

喜鹊tɕe^{55}kɛ^{55}tʂʰa^{33}mu^{33}

乌鸦kʰa^{55}ji^{33}

鸽子ʂə^{33}pə^{53}

翅膀鸟的，统称mdʐɪ^{55}ŋə^{33}dɛ^{33}

爪子鸟的，统称ʑa^{33}tse^{53}

尾巴ȵə^{55}pə^{55}ti^{33}

窝鸟的pə^{55}ptse^{33}ntsʰo^{33}

虫子统称pə^{55}pi^{33}

蝴蝶统称pʰo^{55}pe^{53}

蜜蜂统称ptsi^{55}pə^{33}jʊ^{33}

蜂蜜统称ptsi^{53}

知了统称sʰa^{55}tsʰi^{33}pə^{55}jʊ^{33}

蚂蚁po^{55}ʐo^{53}

蚯蚓sʰa^{55}lɪ^{55}pə^{55}pi^{33}

蚕tɕʰə^{33}ze^{55}pə^{55}pi^{33}

蜘蛛ga^{33}ʐa^{55}mbi^{33}

蚊子统称pə^{55}jʊ^{33}

苍蝇统称tʰe^{33}pə^{55}jʊ^{33}

跳蚤咬人的sə^{55}ptsʰe^{33}

虱子ɕʰa^{24}

鱼dʑye^{24}

鲤鱼dʑye^{24}

鳙鱼胖头鱼dʑye^{24}

鲫鱼dʑye^{24}

甲鱼dʑye^{24}

鳞鱼的dʑye^{55}tʂʅ^{33}

螃蟹dʑye^{55}dʑe^{55}mə^{33}ja^{33}

青蛙pɪ^{55}ptɕʰɪ^{33}

癞蛤蟆pɪ^{55}ptɕʰɪ^{33}

马mnɔ^{24}

驴ku^{55}ʐu^{53}

骡tʃi^{24}

牛gue^{33}jɪ^{53}

公牛统称 gue^{33}mp^{h}e^{53}

母牛统称 gue^{33}me^{53}

放牛 so^{55}ʑi^{53}

羊 tɕ^{h}ɛ^{24}

猪 va^{33}

种猪 va^{55}vʒi^{53}

公猪 va^{33}mp^{h}e^{53}

母猪 va^{33}me^{53}

猪崽 va^{33}tsɿ^{55}zɿ^{33}

猪圈 va^{33}mɔ^{53}

养猪 va^{55}ŋʊ^{55}ʂu^{53}

猫 a^{55}ȵa^{53}

公猫 lə^{33}mp^{h}e^{53}

母猫 lə^{33}me^{53}

狗 k^{h}ə^{24}

公狗 k^{h}ə^{33}mp^{h}e^{53}

母狗 k^{h}ə^{33}me^{53}

叫狗～ k^{h}ə^{55}mdɛ^{24}ʐɛ^{33}

兔子 se^{33}pə^{55}ta^{33}

鸡 ptsa^{24}

公鸡成年的，未阉的 p^{h}u^{33}ptsa^{53}

母鸡已下过蛋的 mu^{33}ptsa^{53}

叫公鸡～（即打鸣儿）ptsa^{24}ts^{h}u^{55}ʐɛ^{33}

下 ptsa^{55}gui^{33}due^{33}tʂə^{33}ʐɛ^{33}

孵 ptsa^{55}gui^{33}kʊ^{55}mʊ^{53}

鸭 tʃ^{h}ə^{55}ptsa^{53}

鹅 tʂ^{h}o^{55}ntʂ^{h}o^{53}

阉～公的猪 va^{55}a^{33}ʂtɕy^{53}

阉～母的猪 va^{55}a^{33}ʂtɕy^{53}

喂 va^{55}ŋə^{55}ʂu^{53}

杀猪 va^{55}kə^{55}s^{h}ɛ^{33}

杀～鱼 dʑye^{24}kə^{55}s^{h}ɛ^{33}

五　房舍器具

村庄 tʂu^{55}mpa^{33}

胡同 na^{55}nt^{h}e^{33}

街道 kɛ^{55}ʂa^{33}a^{55}ʑi^{53}

盖房子 jɪ^{24}a^{55}p^{h}e^{33}

房子 jɪ^{24}

屋子 tʂo^{55}nk^{h}ʊ^{33}

茅房 tʂo^{55}mə^{33}

厨房 ndu^{24}

灶 ndu^{24}

锅 pts^{h}a^{33}la^{53}

饭锅 pts^{h}a^{33}la^{53}

菜锅 pts^{h}a^{33}la^{53}

厕所旧式的，统称 tɕa^{55}k^{h}o^{53}

柱子 ze^{55}du^{33}

大门 nge^{24}

门槛儿 nge^{24}ʂtsi^{33}

窗旧式的 nge^{55}zɿ^{33}

梯子 sə^{55}hki^{53}

扫帚 ʐa^{55}ʐa^{55}ndzu^{33}

扫地 tə^{55}ʐa^{33}ʐa^{33}

垃圾 və^{55}le^{33}və^{33}le^{33}

家具 jɪ^{55}k^{h}ə^{55}ptɕa^{55}k^{h}a^{53}

东西我的～ ptɕa^{55}k^{h}a^{53}

床 ȵe^{55}tʂ^{h}ə^{33}

枕头 gue^{24}

被子 p^{h}u^{55}gue^{53}

棉絮 miã^{33}se^{53}

床单 mdze^{55}htɪ^{53}

褥子 ji^{55}ȵa^{33}

桌子 tʂo^{33}tsɿ^{53}

柜子 ngɛ^{24}

抽屉桌子的～ tʂ̧^{h}u^{55}tʂ̧^{h}u^{53}

案子长条形的～ tʂ̧^{h}a^{33}ɕi^{53}

椅子 ji^{55}tsɿ^{33}

凳子 tʃə^{55}htsi^{53}

菜刀 ts^{h}e^{33}tɔ^{53}

瓢舀水的～ ʂ̧tɕo^{53}

缸 wu^{55}me^{33}

坛子装酒的～ be^{33}tə^{53}

瓶子装酒的～ ɕ^{h}ə^{33}tu^{53}

盖子杯子的～ k^{h}ɛ^{33}lɪ^{53}

碗 tɕ^{h}o^{33}lo^{53}

筷子 k^{h}ue^{33}tsɿ^{53}

汤匙 ʐ̧ʊ^{53}

柴火 s^{h}a^{24}

火柴 ja^{33}xɔ^{53}

锁 k^{h}u^{33}me^{53}

钥匙 k^{h}ʊ^{24}

暖水瓶 tə^{33}tɕa^{55}go^{33}lo^{33}

脸盆 p^{h}ã^{33}tsɿ^{53}

洗脸水 tɕ^{h}ə^{55}de^{55}tə^{24}

毛巾洗脸用 pa^{55}ʐ̧e^{53}

手绢 ne^{55}fɕɪ^{53}

肥皂 jã^{33}tɕã^{53}

梳子 gu^{33}za^{53}

缝衣针 ʐ̧e^{53}

剪子 tsã^{33}tɔ^{53}

蜡烛 la^{33}tʂ̧u^{53}

手电筒 tiã^{33}pɔ^{53}

雨伞 ɕ^{h}o^{33}du^{53}

自行车 ʂ̧tɕa^{33}ʂ̧ta^{55}nk^{h}o^{33}lu^{53}

六　服饰饮食

衣服 kɛ^{55}mə^{33}

穿～衣服 kɛ^{55}mə^{24}ku^{53}

脱～衣服 kɛ^{55}mə^{33}tə^{55}t^{h}ɛ^{33}

系～鞋带 zɿ^{33}hki^{55}kə^{55}mdʐ̧o^{33}

衬衫 ts^{h}ɛ^{33}ji^{53}

毛衣 mo^{33}ji^{53}

棉衣 ə^{55}pʊ^{53}

袖子 ndʐ̧a^{33}ja^{53}

口袋衣服上的～ tu^{55}k^{h}u^{33}

裤子 de^{53}

短裤 de^{55}ku^{55}tu^{33}

裤腿 de^{55}ntʂ̧^{h}ə^{53}

帽子 wʊ^{24}ts^{h}ə^{33}

鞋子 zɿ^{55}ts^{h}ə^{33}

袜子 va^{33}tsɿ^{53}

围巾 de^{55}hki^{53}

围裙 po^{55}nk^{h}ɛ^{53}

尿布 tɕa^{55}hte^{53}

扣子 ts^{h}u^{33}mts^{h}u^{53}

扣～扣子 ts^{h}u^{33}mts^{h}u^{55}kə^{55}tə^{33}

戒指 la^{33}t^{h}ə^{53}

手镯 la^{55}s^{h}ə^{33}

理发 gu^{24}tə^{55}s^{h}ə^{53}

梳头 gu^{24}a^{55}za^{53}

米饭 mdʐ̧ɛ^{53}

稀饭 mdʐ̧ɛ^{55}nt^{h}u^{53}

面粉 ptsa^{55}tʂ̧ɿ^{53}

面条 pə^{55}tɛ^{53}

面儿玉米～，辣椒～ ji^{33}mi^{55}ʂ̧tɕy^{55}vɛ^{33}

馒头 ʂ̧tɕy^{55}nt^{h}u^{33}

包子 lɪ^{24}

饺子 pue^{55}tsɿ^{53}

馄饨 tʂ^{h}ɔ^{55}ʂu^{53}

馅儿 nu^{33}mts^{h}e^{53}

菜吃饭时吃的，统称 ts^{h}ɛ^{24}

干菜统称 ts^{h}ɛ^{24}tʂue^{33}tʂue^{53}

豆腐 tu^{33}fu^{53}

猪血当菜的 va^{55}ɕ^{h}ə^{53}

猪蹄当菜的 va^{55}ntʂ^{h}ə^{53}

猪舌头当菜的 va^{55}di^{53}

猪肝当菜的 va^{55}sɪ^{53}

下水猪牛羊的内脏 va^{55}no^{55}ntɕ^{h}e^{33}

鸡蛋 ptsa^{55}hkue^{33}

猪油 va^{55}ʑi^{53}

酱油 tɕa^{24}jʊ^{33}

盐 ts^{h}ə^{24}

香烟 tu^{55}wa^{33}

旱烟 tu^{55}ʐa^{33}

白酒 dʑa^{55}mtʂ^{h}ə^{53}

江米酒 dʑa^{33}ʐa^{53}

茶叶 tɕi^{24}

沏～茶 tɕi^{24}a^{55}be^{53}

做饭 za^{33}ma^{55}kʊ^{55}mʊ^{33}

炒菜 ts^{h}ɛ^{24}a^{33}mʊ^{53}

煮～带壳的鸡蛋 a^{55}nt^{h}u^{33}

蒸～鱼 a^{55}nk^{h}a^{53}

揉 ʂtɕye^{24}a^{55}mʊ^{53}

擀 ʂtɕye^{24}ŋə^{55}nt^{h}a^{53}

吃早饭 lu^{55}lu^{55}kʊ^{55}ts^{h}u^{33}

吃午饭 s^{h}o^{55}tse^{55}kʊ^{55}tsu^{53}

吃晚饭 ɕ^{h}i^{55}tse^{55}kʊ^{55}tsu^{53}

吃 za^{33}ma^{55}kʊ^{55}tsu^{53}

喝～酒 ptʂ^{h}ʅ^{24}kʊ^{55}ts^{h}u^{33}

喝～茶 tɕe^{55}kʊ^{55}ts^{h}u^{33}

抽～烟 kə^{55}ts^{h}u^{33}

盛～饭 mdʐɛ^{53}a^{55}du^{33}

夹用筷子～菜 ts^{h}ɛ^{55}ə^{55}ʂtʂɛ^{53}

斟～酒 ptʂ^{h}ʅ^{24}a^{55}du^{33}

渴口～ ɕ^{h}o^{55}ʐɛ^{53}

饿 ve^{33}ntɕ^{h}o^{55}ʐɛ^{33}

噎吃饭～着了 za^{33}ma^{55}a^{55}nua^{53}

七 身体医疗

头人的，统称 gu^{33}pə^{55}lə^{33}

头发 gu^{55}ts^{h}e^{33}

辫子 pe^{55}t^{h}i^{33}

旋 ʂtsu^{53}

额头 t^{h}o^{55}pa^{55}ɬa^{33}

相貌 kə^{55}ntɕ^{h}u^{33}

脸洗～ ȵa^{55}ȵi^{33}

眼睛 ȵa^{53}

眼珠 ȵa^{55}nge^{53}

眼泪 ȵa^{55}ʐe^{53}

眉毛 ȵa^{55}ts^{h}e^{53}

耳朵 ȵə^{55}ʐə^{33}

鼻子 ȵi^{33}tɕu^{53}

鼻涕 nɛ^{55}pi^{53}

擤 nɛ^{55}pi^{55}tə^{55}tʂ^{h}i^{53}

嘴巴 nɛ^{55}mɛ^{53}

嘴唇 nɛ^{55}tʃə^{53}

口水 tə^{55}pts^{h}ɛ^{33}

舌头 ndi^{24}

牙齿 ɕi^{24}

下巴 ma^{55}nk^{h}i^{33}

胡子嘴周围的～ nɛ^{55}tsʰe^{53}

脖子 nde^{53}

喉咙 ə^{55}tʂʰʊ^{53}

肩膀 va^{33}la^{53}

胳膊 ja^{55}nke^{53}

手 ja^{53}

左手 çʰi^{55}ŋua^{55}pʰa^{33}

右手 tui^{55}ŋua^{55}pʰa^{33}

拳头 kə^{55}tsʰɛ^{33}

手指 ja^{33}se^{53}

大拇指 ja^{33}me^{53}

食指 ja^{33}se^{53}

中指 ja^{33}se^{53}

无名指 ja^{33}se^{53}

小拇指 zə^{33}ŋə^{55}zɿ^{33}

指甲 ja^{33}dze^{53}

腿 mi^{55}hke^{33}

脚 tʂʰə^{24}

膝盖 pu^{24}

背名词 gu^{33}ptsʰɿ^{53}

肚子腹部 ve^{24}

肚脐 tɕa^{33}htɕu^{53}

乳房女性的～ nə^{55}nə^{53}

屁股 sʰo^{55}nɛ^{53}

肛门 zʊ^{53}

阴茎 kʊ^{24}

女阴 sʰɛ^{53}

㕽 tə^{55}pti^{53}

精液 ku^{55}vʐe^{33}

来月经 sʰɛ^{55}ʃə^{53}

拉屎 tʃʰə^{24}

撒尿 ʒə^{24}ŋə^{55}tue^{53}

放屁 tʃʰə^{24}a^{33}tɕo^{53}

相当于“他妈的”的口头禅 tʃʰə^{55}a^{33}va^{55}kʰa^{33}tɜ^{33}ji^{33}

病了 nɪ^{33}ʐɛ^{53}

着凉 kʰə^{55}tse^{33}ni^{33}ʐɛ^{53}

咳嗽 htse^{55}ʐɛ^{53}

发烧 kʰə^{55}tse^{33}

发抖 tshɪ^{33}ntshɪ^{55}ʐɛ^{33}

肚子疼 si^{55}ȵi^{33}ʐɛ^{33}

拉肚子 si^{55}ndʐe^{33}ʐɛ^{33}

患疟疾 si^{55}ndʐe^{33}ʐɛ^{33}

肿 ə^{55}vʐia^{33}

化脓 pə^{24}

疤 mɛ^{55}tʂə^{33}

癣 də^{55}ʐɛ^{33}ŋə^{33}ʂtia^{33}

痣 ɕe^{55}ntsʰu^{53}

疙瘩 ptʂʰa^{55}ptʂʰa^{33}ŋə^{33}ʂtia^{33}

狐臭 ʂtʂɿ^{55}ŋe^{33}mne^{55}ʐɛ^{33}

看病 me^{55}wʊ^{55}kʊ^{55}ntɕʰu^{33}

诊脉 la^{33}tse^{55}wʊ^{33}kʊ^{55}ntɕʰu^{33}

针灸 je^{55}kʊ^{55}tɕʰu^{33}ptʂʰa^{33}

打针 je^{55}kə^{55}tə^{33}

打吊针 ə^{55}ʂtɕi^{55}je^{55}kə^{55}tə^{33}

吃药 me^{55}kʊ^{55}tsu^{53}

汤药 po^{55}me^{33}

病轻了 ə^{55}si^{33}wu^{55}a^{33}

八　婚丧信仰

相亲 ga^{55}ʐɛ^{53}

订婚 nə^{55}vʐe^{33}ze^{55}ŋa^{55}ə^{55}tə^{55}kʰʊ^{33}

结婚 tə^{33}mʊ^{55}a^{33}mʊ^{53}

娶妻子 dʑɛ^{55}kə^{55}mʊ^{33}

出嫁 dʑɛ^{55}tə^{55}ʑu^{33}

拜堂 k^{h}ɛ^{55}tɛ^{33}a^{55}du^{33}

新郎 pə^{55}t^{h}o^{33}

新娘子 dʑɛ^{53}

孕妇 pə^{33}dʑə^{55}kə^{55}ɕi^{33}a^{33}ve^{55}ə^{55}dʑa^{33}

怀孕 pə^{33}dʑə^{55}kə^{55}dʑa^{33}

害喜 pə^{33}dʑə^{55}kə^{55}ɕi^{33}a^{33}mp^{h}ə^{55}ty^{55}ẓɛ^{33}

分娩 pə^{33}dʑə^{55}ṣtɕɪ^{33}tṣə^{33}ẓɛ^{33}

流产 pə^{33}dʑə^{55}tɕu^{33}ma^{55}nk^{h}e^{33}ʑi^{33}ẓɛ^{33}

双胞胎 pə^{33}dʑə^{55}kui^{55}tse^{55}na^{55}ji^{33}

坐月子 pə^{33}dʑə^{55}kə^{33}tɕi^{53}a^{33}tə^{55}ɬɛ^{55}ə^{55}ȵʊ^{33}

吃奶 nə^{55}nə^{55}t^{h}e^{24}tṣə^{55}ẓɛ^{33}

断奶 nə^{55}nə^{55}gui^{24}a^{33}gi^{53}

满月 pə^{33}dʑə^{55}tə^{55}ɬe^{55}tu^{24}wa^{33}

生日 ŋə^{55}htɕe^{55}ȵa^{33}mtɕ^{h}a^{33}t^{h}a^{33}

死 tə^{55}ṣ^{h}ə^{53}

死圆寂 tə^{55}ndia^{33}

自杀 ṣtṣo^{55}kʊ^{55}ptia^{53}

咽气 s^{h}a^{55}tə^{55}ptṣia^{53}

棺材 ẓo^{55}gɛ^{33}

坟墓单个的，老人的 tə^{55}s^{h}a^{33}

上坟 sə^{55}mnɛ^{53}

老天爷 nɛ^{55}ŋə^{55}npʊ^{33}

菩萨 nɛ^{33}mɛ^{55}kə^{55}ptɕye^{53}

观音 dzʅ^{33}ma^{55}ɬa^{33}

灶神 du^{24}ɬa^{33}

寺庙 gue^{55}npe^{53}

和尚 dẓa^{55}pa^{33}

尼姑 kə^{33}mu^{53}

算命 və^{55}tɕ^{h}ɪ^{55}dɛ^{33}ji^{33}

运气 le^{55}ɬa^{33}

保佑 kə^{55}htɕɛ^{53}

九 人品称谓

人 s^{h}ue^{53}

男人 s^{h}ue^{55}ẓɛ^{53}

女人 zɪ^{24}

单身汉 p^{h}u^{55}ṣtɕo^{53}

老姑娘 ẓa^{55}ptɕ^{h}ɛ^{33}

婴儿 zɿ^{24}pə^{33}dʑə^{33}

小孩 pə^{33}dʑə^{55}ẓɛ^{33}

男孩 zɿ^{24}pə^{33}dʑə^{33}

女孩 zɪ^{24}pə^{33}dʑə^{33}

老人 lo^{55}mə^{33}ẓɛ^{33}

亲戚 ȵə^{55}ve^{33}

朋友 tɕo^{33}tɕo^{53}

邻居 tɕ^{h}ə^{33}mts^{h}ɛ^{53}

客人 və^{24}ji^{33}

农民 lɪ^{55}ka^{33}mə^{33}ji^{33}

商人 ts^{h}u^{55}tṣ^{h}e^{55}ji^{33}

手艺人 la^{55}ɕ^{h}i^{33}mə^{33}ji^{33}

泥水匠 ṣui^{55}ȵi^{33}zɿ^{33}la^{55}ji^{33}

木匠 ɕ^{h}e^{33}vzɪ^{53}

裁缝 tṣo^{55}tṣɿ^{55}ji^{33}

理发师 gu^{24}s^{h}u^{33}ji^{33}

厨师 za^{55}ts^{h}a^{33}mʊ^{33}ji^{33}

师傅 la^{55}ɕ^{h}e^{33}

徒弟 la^{55}ɕ^{h}e^{33}ṣtsʊ^{55}ji^{33}

乞丐 p^{h}u^{55}ji^{53}

妓女 ga^{33}ji^{55}t^{h}u^{33}dzʅ^{33}ẓɛ^{33}

流氓 ts^{h}o^{33}mts^{h}o^{53}

贼 gə^{33}ge^{53}

瞎子 ʑa^{55}gu^{33}

聋子 pʊ^{55}gɛ^{33}

哑巴 ze^{55}nbɪ^{33}

驼子 gə^{55}pu^{53}

瘸子 ʑe^{55}wu^{33}

疯子 ntɕʰɪ^{55}pe^{33}

傻子 zʅ^{55}npʰi^{33}

笨蛋 nbi^{55}nbi^{53}

爷爷 a^{55}mi^{33}

奶奶 a^{55}pə^{33}

外祖父 a^{55}mi^{33}

外祖母 a^{55}pə^{33}

父母 ptɕʰe^{33}mɪ^{53}

父亲面称 a^{55}pʰɑ^{53}

母亲面称 a^{55}mɛ^{53}

爸爸呼称，最通用的 a^{55}pɛ^{53}

妈妈 a^{55}mɛ^{53}

继父 tsʰʅ^{55}pɛ^{55}ŋʊ^{55}tə^{33}

继母 tsʰʅ^{55}pɛ^{55}mɛ^{33}və^{53}

岳父 a^{55}mi^{33}

岳母 a^{55}pə^{33}

公公 a^{55}mi^{33}

婆婆 a^{55}pə^{33}

伯父呼称，统称 a^{55}kʰu^{53}

伯母呼称，统称 a^{55}sa^{53}

叔父呼称，统称 ve^{33}ȵe^{55}zə̥^{33}ȵə^{55}zo^{33}

叔母呼称，统称 a^{55}sa^{53}

姑 ne^{55}ne^{33}

姑父 a^{55}kʰu^{53}

舅舅 a^{55}wu^{53}

舅妈 tɕu^{24}mu^{33}

姨 a^{55}sa^{53}

姨父 a^{33}sa^{55}zə̥^{33}sʰue^{53}

弟兄 ve^{55}ȵə^{53}

姊妹 mui^{55}n̥e^{53}

哥哥 a^{55}tɕe^{53}

嫂子 a^{55}tɕe^{53}

弟弟 ve^{33}ȵə^{55}pʰa^{33}

弟媳 ve^{33}ȵə^{55}pʰa^{33}zə̥^{33}ȵə^{55}zo^{33}

姐姐 a^{55}tɕe^{53}

姐夫 a^{55}tɕe^{33}zə̥^{33}sʰue^{53}

妹妹 ȵə^{55}və^{53}

妹夫 ȵə^{55}və^{55}zə̥^{33}sʰue^{53}

堂兄弟 a^{33}kʰu^{55}ve^{33}ȵə^{53}

表兄弟 ve^{55}ȵə^{53}

儿子 pə^{33}dʑə^{53}

儿媳妇 pə^{33}dʑə^{53}zə̥^{33}dʑɛ^{53}

女儿 zɪ^{24}

女婿 zɪ^{24}zə̥^{33}sʰue^{53}

孙子 tsʰa^{33}wu^{53}

重孙子 tsʰa^{33}wu^{53}

侄子 tsʰa^{33}wu^{53}

外甥 tsʰa^{33}wu^{53}

外孙 tsʰa^{33}wu^{53}

夫妻 nɛ^{55}ga^{24}gue^{33}

丈夫 lo^{55}tə^{33}

妻子 dʑɛ^{53}

名字 me^{24}

绰号 ŋe^{55}mɛ^{33}

十　农工商文

干活儿 le^{55}hka^{33}

事情一件～ te^{55}nta^{33}

割稻 tʂo^{24}tə^{55}tʂʰɪ^{53}

种菜 tsʰɛ^{24}kə^{55}ji^{33}

锄头 tʂa^{55}ndʑu^{33}

镰刀 ndẓe^{24}

把儿刀～ npə^{33}zɿ^{55}ə^{55}ẓu^{53}

扁担 pã^{55}te^{53}

箩筐 zo^{33}kua^{53}

筛子 ptsa^{55}ji^{53}

簸箕 tʂə^{55}tɕi^{53}

轮子 k^{h}ʊ^{33}lu^{53}

臼 ʂtɕo^{53}

磨名词 fsɿ^{55}ẓə^{33}

年成 ta^{55}wa^{55}dzi^{33}zɛ^{53}tɕ^{h}i^{55}te^{55}ŋə^{33}ʂtia^{33}

打工 ʒo^{33}lɪ^{53}

斧子 tsa^{24}

钳子 tɕ^{h}ã^{33}tsi^{53}

螺丝刀 kɛ^{55}tɔ^{53}

锤子 t^{h}u^{55}ji^{53}

钉子 ʂtɕa^{33}ntsɛ^{53}

绳子 t^{h}a^{55}t^{h}a^{33}

棍子 ngʊ^{33}pi^{53}

做买卖 ts^{h}u^{55}tʂ^{h}e^{53}

商店 ts^{h}u^{55}nk^{h}ʊ^{53}

饭馆 zɛ^{55}k^{h}ʊ^{33}

旅馆 li^{55}kuɛ^{53}

贵 ku^{55}to^{33}tɕe^{55}ẓɛ^{53}

便宜 ku^{55}to^{33}nts^{h}e^{55}mʊ^{53}

合算 ku^{55}to^{33}ʒe^{24}ẓɛ^{33}

亏本 tɕu^{55}ȵə^{33}ʂtia^{33}

钱 ta^{55}ja^{33}

零钱 ta^{55}ja^{33}tɕo^{55}tɕo^{53}

硬币 ngu^{55}ge^{53}

本钱 vla^{55}ŋue^{33}

工钱 vla^{53}

路费 dẓɛ^{33}lə^{55}vla^{33}

花 a^{55}fs^{h}ə^{53}

赚 ta^{55}su^{53}

挣 ta^{55}ja^{33}ẓɛ^{24}mbə^{33}ẓə^{33}

欠 pə^{55}lɪ^{33}

算盘 suã^{24}p^{h}ɛ^{33}

秤 ndẓe^{33}me^{53}

称 ə^{55}tʃ^{h}ə^{33}

集市 ts^{h}u^{55}ẓa^{53}

庙会 tɕ^{h}y^{55}su^{55}tʂə^{33}ẓɛ^{33}

学校 ɬo^{33}ptʂa^{53}

教室 tɕɔ^{33}ʂɿ^{53}

上学 ə^{55}nts^{h}o^{53}

放学 a^{55}mnɛ^{33}

考试 k^{h}ə^{55}ʂɿ^{33}

书包 po^{55}po^{53}

本子 pẽ^{55}tsɿ^{53}

铅笔 s^{h}a^{55}pi^{33}

钢笔 ɕ^{h}ɪ^{55}pi^{53}

圆珠笔 jã^{33}tsɿ^{55}pi^{33}

毛笔 mo^{33}pi^{53}

墨 me^{33}tsɿ^{53}

信 tɕə^{33}te^{55}tɛ^{33}tɕy^{53}

连环画 pẽ^{55}tsɿ^{33}ẓə^{55}mu^{33}ɕi^{33}mu^{33}ẓɛ^{33}

捉迷藏 mȵa^{55}mȵa^{53}

跳绳 k^{h}u^{55}htse^{53}

毽子 tɕã^{24}dzɿ^{33}tue^{53}

舞狮 si^{55}ngi^{33}tɕ^{h}e^{33}tʂə^{33}ẓɛ^{33}

鞭炮 p^{h}o^{24}tʂ^{h}ã^{33}tsɿ^{33}

唱歌 lə^{55}kua^{53}

演戏 tɕ^{h}a^{55}ɕi^{55}ntɕ^{h}e^{33}

锣鼓 ka^{33}ŋa^{53}

二胡 dẓa^{33}ȵi^{53}

笛子 le^{55}və^{33}

划拳 tɕ^{h}o^{33}tɕe^{55}di^{33}

下棋 ɕã^{24}tɕ^{h}i^{33}ts^{h}ɛ^{33}

打扑克 pe^{33}kə^{55}də^{53}

打麻将 bdẓa^{55}ɕ^{h}u^{55}s^{h}ɛ^{53}

变魔术 ȵe^{55}mtṣ^{h}ə^{33}mue^{33}tṣə^{33}ẓɛ^{33}

讲故事 k^{h}e^{55}hpi^{33}a^{33}fɕe^{53}

猜谜语 a^{33}k^{h}e^{55}mə^{55}k^{h}e^{55}kə^{55}ts^{h}ɛ^{33}

玩儿 tɕ^{h}ɛ^{33}tɕu^{55}ʃi^{33}tṣə^{53}

串门儿 tɕ^{h}ɛ^{33}mtse^{55}ʒə^{55}ʃi^{33}tṣə^{33}

走亲戚 ȵe^{55}ve^{33}ʒə^{33}ʃi^{33}tṣə^{33}

十一　动作行为

看命令 kə^{55}ntɕ^{h}u^{33}

听命令 ŋə^{55}mȵu^{53}

闻 kə^{55}mne^{33}mne^{33}

吸 ə^{55}n̥a^{33}n̥a^{33}

睁 ŋə^{55}tɕ^{h}u^{53}

闭～眼 ȵa^{55}ŋə^{55}mə^{53}

眨 ȵa^{55}ts^{h}ɿ^{55}tui^{33}tṣə^{33}ẓɛ^{33}

张 ji^{24}ə^{33}fɕe^{53}

闭～嘴 ji^{24}ə^{33}fɕe^{53}a^{33}gi^{53}

咬狗～人 kə^{55}ndzɛ^{33}

嚼 a^{55}ndza^{33}la^{33}

咽 a^{55}mnʊ^{53}

舔人用舌头～ ə^{55}da^{53}

含 ji^{24}wu^{55}ə^{33}ndzɛ^{53}

亲嘴 pɔ^{55}kə^{55}mʊ^{33}

吮吸 ŋə^{55}nts^{h}ɛ^{33}

吐上声，把果核～掉 ə^{55}np^{h}ɛ^{53}

打喷嚏 xa^{55}t^{h}i^{55}mui^{33}ẓɛ^{33}

拿 ə^{55}zu^{33}

给 tə^{55}dɛ^{33}

摸 a^{55}ɕo^{33}ɕo^{33}

伸 ji^{24}a^{55}nts^{h}e^{53}

挠 a^{33}vẓa^{55}vẓa^{33}

掐 ts^{h}e^{55}pi^{53}

拧～螺丝 ə^{55}htɕə^{33}li^{33}

拧～毛巾 ə^{55}htɕə^{33}li^{33}

捻 ə^{55}gɪ^{53}

掰 kə^{55}t^{h}ə^{33}

剥～花生 tṣɿ^{24}a^{55}t^{h}ə^{33}

撕 tə^{55}tɕ^{h}ɛ^{33}tɕ^{h}ɛ^{33}

折 tə^{55}t^{h}ə^{33}

拔 ə^{55}ptṣ^{h}u^{53}

摘 tə^{55}tʃ^{h}i^{53}

站 ə^{55}ṣtɕe^{53}

倚 tə^{55}pte^{53}

蹲 tso^{55}mtu^{53}

坐 ə^{55}dẓu^{33}

跳 k^{h}u^{55}htse^{53}

迈 ə^{55}ndẓue^{53}

踩 a^{55}mt^{h}ə^{53}

翘 tṣ^{h}ə^{24}tɛ^{55}tɛ^{55}ɬa^{33}kə^{55}ti^{53}

弯 tə^{55}ku^{33}

挺 tə^{55}htue^{53}

趴 a^{55}wɔ^{53}

爬 ngu^{55}ngu^{33}ndẓui^{55}tṣə^{33}ẓɛ^{33}

走 ə^{55}ndẓui^{53}

跑 ɕɛ^{33}lɛ^{55}mu^{33}

逃 tə^{55}p^{h}o^{33}

追 tə^{55}ṣtṣɿ^{53}

抓 tə^{55}ta^{53}

抱 ə^{55}pɪ^{33}

背～孩子 ə^{55}hki^{53}

搀～老人 kə^{33}ta^{55}ȵe^{33}su^{53}

推 tə^{55}ti^{33}ke^{33}

摔 tə^{55}gɪ^{55}a^{33}

撞 a^{55}di^{33}ke^{33}ke^{33}

挡 tə^{55}ts^{h}e^{53}

躲 kə^{55}mȵa^{53}

藏 kə^{55}s^{h}ə^{33}

放 kə^{55}htu^{53}

摞 ə^{55}t^{h}u^{53}

埋 a^{55}bdo^{53}

盖 a^{55}p^{h}e^{33}

压 kə^{55}htu^{53}

摁 kə^{55}t^{h}ue^{33}

捅 tə^{55}tʃ^{h}ə^{33}

插 a^{55}hta^{53}

戳 kə^{55}tʃ^{h}ə^{33}

砍 tə^{55}ts^{h}ə^{53}

剁 a^{55}ʂtsa^{53}

削 tʂʅ^{24}a^{33}t^{h}o^{53}

裂 ŋə^{55}ptsa^{55}tʂə^{33}ʐɛ^{33}

皱 k^{h}u^{55}nk^{h}u^{55}a^{33}ʂtia^{33}

腐烂 kə^{55}bia^{33}

擦 tə^{55}ɕ^{h}o^{33}ɕ^{h}o^{33}

倒 a^{55}və^{53}

扔丢弃：这个东西坏了，～了它 a^{55}tɕɔ^{53}

掉 tə^{55}hki^{55}a^{55}tɛ^{55}tʂə^{33}ʐɛ^{33}

滴 a^{55}t^{h}ɛ^{33}tʂə^{33}ʐɛ^{33}

丢 a^{55}bdʐa^{53}

找 tə^{55}dui^{53}

捡 ə^{55}nka^{53}

提 ə^{55}zu^{33}

挑～担 ŋə^{55}fɕɪ^{33}

扛 ŋə^{55}fa^{53}

抬 ə^{55}tɕo^{53}

举 ə^{55}nts^{h}e^{53}

撑 a^{55}mno^{53}

撬 tə^{55}tʃ^{h}ə^{53}

挑～选 ŋə^{55}fsi^{33}

收拾 kə^{55}tɕ^{h}a^{33}tɕ^{h}a^{33}

挽 ŋə^{55}htɛ^{53}

涮 tə^{55}fɕy^{33}fɕy^{33}

洗 a^{55}ntʃ^{h}ə^{33}

捞 ə^{55}ʂtʂɛ^{53}

拴 kə^{55}we^{53}

捆 kə^{55}mtɕʊ^{33}

解～绳子 ŋə^{55}ptʂ^{h}a^{53}

挪 tə^{55}hpu^{33}

端～碗 kə^{55}hta^{53}

摔 tə^{55}htia^{53}

掺 a^{55}nts^{h}ɛ^{33}

烧 kə^{55}mnɛ^{33}

拆 a^{55}tʃ^{h}i^{53}

转 a^{55}kɛ^{55}ve^{33}

捶用拳头～ kə^{55}ts^{h}ɛ^{33}

打 kə^{55}tə^{33}

打架 bdue^{55}bdue^{53}

休息 ə^{55}ȵu^{33}

打哈欠 sha^{55}a^{33}lə^{33}

打瞌睡 a^{55}mi^{33}

睡 kə^{55}mi^{53}

做梦 ə^{55}mua^{33}

起床 tə^{55}ka^{33}tɕa^{33}

刷牙 ɕ^{h}i^{24}a^{55}ntʃ^{h}ə^{33}

洗澡 lə^{55}pʊ^{33}a^{55}ntʃʰə^{33}

想思索：让我～一下 a^{33}mɛ^{55}mɛ^{33}

想想念：我很～他 a^{55}dz̩ia^{53}

打算 mdi^{24}z̩ɛ^{33}

记得 ə^{55}tʂɪ^{55}z̩ɛ^{33}

忘记 tə^{55}m̥ua^{53}

怕 to^{55}z̩ɛ^{33}

相信 tɕʰa^{55}kə^{55}vʑa^{33}

发愁 mɛ^{33}mɛ^{55}a^{33}tɛ^{33}

小心 kə^{55}ze^{33}ze^{33}

喜欢 nɛ^{55}ptʂʰʅ^{33}

讨厌 ptsʰo^{24}z̩ɛ^{33}

舒服 ptʂʰə^{55}z̩ɛ^{53}

难受 ma^{33}ptʂʰə^{55}z̩ɛ^{33}

难过 nɛ^{55}vʑə^{33}z̩ɛ^{33}

高兴 nɛ^{55}ptʂʰə^{33}z̩ɛ^{33}

生气 ɕe^{55}tɕu^{55}z̩ɛ^{33}

责怪 ja^{55}me^{33}bdʑe^{33}z̩ɛ^{33}

忌妒 ma^{33}ga^{55}z̩ɛ^{33}

害羞 tʂə^{33}ȵi^{55}z̩ɛ^{33}

丢脸 ŋʊ^{55}tsʰa^{33}pʰu^{55}a^{33}gi^{53}

装 dzʅ^{24}ma^{33}pɛ^{55}ʂtɛ^{55}a^{33}gi^{53}

疼 ne^{55}vʑi^{33}z̩ɛ^{33}

要 ɕʰu^{55}z̩ɛ^{33}

有我～一个孩子 pʊ^{55}z̩ɛ^{33}

没有他～孩子 ma^{33}pʊ^{55}z̩ɛ^{33}

是 tɕi^{33}z̩ɛ^{53}

不是 ma^{33}ji^{55}z̩ɛ^{33}

在 tɕye^{53}

不在 ma^{55}tɕye^{33}

知道 ʃə^{55}z̩ɛ^{33}

不知道 ma^{55}ʃə^{33}z̩ɛ^{33}

懂 ʃə^{55}z̩ɛ^{33}

不懂 ma^{55}ʃə^{33}z̩ɛ^{33}

会 ndu^{24}z̩ɛ^{33}

不会 ma^{55}ndu^{33}z̩ɛ^{33}

认识 ʃə^{55}ʃə^{33}z̩ɛ^{33}

不认识 ma^{55}ʃə^{33}z̩ɛ^{33}

行 ndʑa^{55}z̩ɛ^{53}

不行 ma^{33}ndʑa^{55}z̩ɛ^{33}

肯 ndo^{55}pa^{55}tʂə^{33}z̩ɛ^{33}

应该 pe^{24}tɕi^{33}

可以 ndʑa^{55}z̩ɛ^{53}

说 a^{55}fɕe^{53}

话 ka^{55}tɕʰa^{53}

聊天儿 kʰɛ^{33}ptɛ^{55}a^{55}mʊ^{53}

叫～他一声儿 tə^{55}kʊ^{53}

吆喝 kə^{33}ŋi^{55}lə^{33}z̩ɛ^{33}

哭小孩～ pʰu^{33}kʊ^{53}

骂 ə^{55}ntɕʰi^{33}a^{33}gi^{53}

吵架 tɕʰo^{55}tɕʰo^{33}a^{33}gi^{53}

骗 ngʊ^{55}ʑʊ^{55}tə^{33}a^{33}gi^{53}

哄 kə^{55}ɕʰi^{33}ɕʰi^{33}

撒谎 tʂʰə^{55}vli^{33}

吹牛 kʰɛ^{55}tɕa^{55}pʰa^{55}fɕe^{55}a^{33}gi^{53}

拍马屁 ŋu^{55}su^{33}a^{33}gi^{53}

开玩笑 tsʰe^{55}ke^{33}a^{33}mu^{53}

告诉 fɕe^{55}z̩ɛ^{53}

谢谢 ɣa^{33}ga^{53}

对不起 tʰa^{33}ɕɛ^{55}tɕu^{33}

再见 kʰu^{33}kʰu^{55}ɣo^{24}

十二　性质状态

大 tɕe^{55}tɕe^{55}z̩ɛ^{33}

小 je^{33}tə^{55}tə^{33}

粗 vɛ^{33}vɛ^{55}z̧ɛ^{33}

细 tɕ^{h}ye^{55}tɕ^{h}ye^{55}z̧ɛ^{33}

长线～ je^{33}z̧e^{55}du^{33}

短线～ mə^{55}du^{33}

宽路～ bdʑa^{55}dʑi^{33}z̧ɛ^{53}

宽敞 bdʑa^{55}dʑi^{33}z̧ɛ^{53}

窄 bdʑa^{55}ji^{55}z̧ɛ^{33}

低 ma^{55}z̧ɛ^{53}

高他比我～ mt^{h}u^{55}z̧ɛ^{53}

矮 ma^{55}z̧ɛ^{53}

远 tşɪ^{24}z̧ɛ^{33}

近 ȵə^{55}z̧u^{55}z̧ɛ^{33}

深 na^{55}z̧ɛ^{53}

浅 ma^{33}n̥a^{55}z̧ɛ^{33}

清 to^{55}mi^{33}z̧ɛ^{33}

浑 a^{55}na^{53}

圆 t^{h}e^{55}lə^{55}lə^{33}

扁 ptsi^{33}ptsi^{53}

方 zʅ^{24}vzʅ^{33}z̧ɛ^{33}

尖 t^{h}o^{55}z̧ɛ^{53}

平 nge^{55}z̧ɛ^{53}

肥～肉 ts^{h}ui^{55}ts^{h}ui^{55}z̧ɛ^{33}

瘦～肉 dze^{55}dze^{53}

肥形容猪等动物 ts^{h}ui^{55}ts^{h}ui^{53}z̧ɛ^{33}

胖 ts^{h}ui^{55}ts^{h}ui^{55}z̧ɛ^{33}

瘦形容人、动物 dze^{55}z̧ɛ^{53}

黑黑板的颜色 na^{33}na^{53}z̧ɛ^{33}

白 ptş^{h}ə^{55}ptş^{h}ə^{55}z̧ɛ^{33}

红 ȵi^{55}ȵi^{55}z̧ɛ^{33}

黄 ʃə^{55}ʃə^{55}z̧ɛ^{33}

蓝 ȵə^{55}ȵə^{55}z̧ɛ^{33}

绿 ndʑo^{55}nk^{h}u^{33}z̧ɛ^{33}

灰 di^{55}mdo^{33}z̧ɛ^{33}

多 pɛ^{24}z̧ɛ^{33}

少 mne^{55}z̧ɛ^{33}

重 lo^{55}z̧ɛ^{53}

轻 do^{55}z̧ɛ^{53}

直 ştui^{55}z̧ɛ^{53}

陡 ʒu^{55}z̧ɛ^{33}

弯 tə^{55}hkua^{33}

歪 tə^{55}ke^{55}ke^{33}

厚 dui^{55}dui^{55}z̧ɛ^{33}

薄 ptsi^{33}ptsi^{55}z̧ɛ^{33}

稠稀饭～ ştso^{33}ştso^{55}z̧ɛ^{33}

密 dzʅ^{24}z̧ɛ^{33}

稀稀疏：菜种得～ ptsi^{33}ptsi^{55}z̧ɛ^{33}

亮 fso^{33}fso^{55}z̧ɛ^{33}

黑指光线，完全看不见 na^{33}na^{33}z̧ɛ^{33}

热天气～ kə^{55}tşe^{55}z̧ɛ^{33}

暖和天气～ kə^{55}tşe^{55}z̧ɛ^{33}

冷天气～ vɪ^{55}z̧ɛ^{53}

热～水 tə^{24}lu^{55}z̧ɛ^{53}

凉～水 tə^{24}vɪ^{55}z̧ɛ^{53}

干 ə^{55}tşya^{33}

湿 dʑy^{33}dʑy^{55}z̧ɛ^{33}

干净 ştso^{33}ma^{55}z̧ɛ^{33}

脏 ştşu^{55}ştşu^{55}z̧ɛ^{33}

快锋利：刀子～ tɕy^{55}z̧ɛ^{33}

钝 kə^{55}ptsa^{33}

快坐车比走路～ ndz̧ʊ^{55}ndz̧ʊ^{55}

慢 k^{h}ue^{33}k^{h}ue^{53}

早 tə^{55}z̧a^{53}

晚来～了 tə^{55}pts^{h}a^{53}

晚天色～ a^{33}me^{55}ɕhɪ^{33}

松 ŋə^{55}ptʂa^{53}

紧 kə^{55}mtɕo^{33}

容易 lɛ^{33}di^{53}

难 ka^{55}ʐɛ^{53}

新 se^{55}ʂpi^{53}

旧 ȵe^{33}mɪ^{53}

老 lo^{33}lo^{53}

年轻 vʒa^{55}ʑi^{53}

软 nu^{33}nu^{53}

硬 k^{h}a^{33}k^{h}a^{53}

烂肉煮得～ a^{55}mia^{53}

煳饭烧～了 kə^{55}pə^{33}lia^{33}

结实 vle^{55}ʐɛ^{53}

破 tə^{55}tɕ^{h}ɛ^{53}

富 dʑə^{55}pu^{33}

穷 p^{h}ʊ^{55}ji^{53}

忙 pe^{33}pe^{53}

闲 ʂtɕu^{55}ʐɛ^{33}

累 ʂka^{55}ʐɛ^{53}

疼 ȵi^{33}ʐɛ^{53}

痒 ndze^{55}ʐɛ^{33}

热闹 pɛ^{55}ʐɛ^{33}

熟悉 ʂ^{h}ə^{24}

陌生 ma^{55}ʂ^{h}ə^{24}

味道 tʂʅ^{55}ma^{33}

气味臭的～ tʂʅ^{55}ma^{33}

咸 ts^{h}ʅ^{24}pɛ^{24}tɕa^{33}

淡 ts^{h}ʅ^{24}ma^{55}zu^{33}ʐɛ^{33}

酸 vzo^{55}ʐɛ^{33}

甜 mȵi^{24}ʐɛ^{33}

苦 na^{55}ʐɛ^{33}

辣 vzo^{55}ʐɛ^{33}

鲜 mȵɪ^{55}mȵɪ^{53}

香 mȵɪ^{55}ʐɛ^{33}

馊 a^{55}tʃa^{33}

腥 tʃ^{h}ə^{24}tʂʅ^{55}mɛ^{33}

好人～ (s^{h}ui^{55})lɪ^{55}lɪ^{53}

坏人～ (s^{h}ui^{55})ʑu^{33}ʑu^{53}

差 ma^{33}lɪ^{55}ʐɛ^{33}

对 tu^{33}lu^{55}ŋa^{55}wʊ^{33}kʊ^{55}la^{55}mə^{33}ndu^{33}

错 tə^{55}ȵya^{33}

漂亮 bdə^{33}vzʅ^{55}ʐɛ^{33}

丑 ʂtʂu^{55}ʂtʂu^{55}ʐɛ^{33}

勤快 ja^{33}ɕa^{55}ʐɛ^{33}

懒 ʑi^{24}ge^{33}ʐɛ^{33}

乖 je^{33}ʐe^{53}

顽皮 a^{55}ɕ^{h}u^{55}ndu^{33}ʐɛ^{33}

老实诚实 nde^{33}npa^{55}ʐɛ^{33}

傻 tɕy^{55}ɕi^{55}ʐɛ^{53}

笨 mbe^{55}mbe^{53}

大方 je^{33}ʐɛ^{53}

小气 mɛ^{33}ʐɛ^{53}

直爽 tʃ^{h}ə^{55}ʐə^{33}dzɛ^{55}mbə^{33}ʐə^{33}dzɛ^{55}ndu^{55}

犟 tɕo^{55}ga^{33}ndu^{33}ʐɛ^{33}

十三　数量

一 tɛ^{55}ji^{53}

二 na^{55}ji^{33}

三 s^{h}e^{55}ji^{53}

四 də^{55}ji^{53}

五 ŋue^{33}ji^{53}

六 tʂ^{h}o^{55}ji^{53}

七 ne^{55}ji^{53}

八 dʑe^{55}ji^{53}

九 ŋgə^{55}ji^{53}

十 tsʰɿ^{55}ji^{53}

二十 nɛ^{55}tsʰɿ^{33}

三十 sʰe^{55}mtsʰu^{53}

一百 dʑɪ^{53}

一千 to^{55}mtʂʰua^{55}tɛ^{33}ji^{33}

一万 tʂʰʅ^{55}tʂʰu^{55}tɛ^{33}ji^{33}

一百零五 dʑɪ^{55}ŋue^{33}ji^{53}

一百五十 dʑɪ^{55}ŋue^{55}zɿ^{33}

第一 ta^{55}npu^{33}ʐɛ^{33}

二两 na^{55}so^{33}

几个 tɕʰy^{33}ji^{53}

俩 nu^{55}nɛ^{53}

仨 sʰe^{55}za^{53}

个把 tɛ^{55}tʰe^{53}

个 ta^{55}za^{53}

匹一～马 (mno^{24})tɛ^{33}tɕy^{53}

头一～牛 (gue^{33}ji^{55})tɛ^{55}ji^{53}

头一～猪 (va^{55})tɛ^{55}tɕy^{53}

只一～狗 (kʰə^{55})tɛ^{55}tɕy^{53}

只一～鸡 (ptsa^{24})ta^{55}pa^{53}

只一～蚊子 (pə^{55}jʊ^{33})ta^{33}pa^{33}

条一～鱼 (dʑye^{24})tɛ^{55}tɕy^{53}

条一～蛇 (pə^{55}ptʂɪ^{33})ta^{55}ʂtu^{53}

张一～桌子 (tʂo^{33}tsɿ^{55})tɛ^{33}ji^{53}

床一～被子 (pʰu^{55}gue^{53})ta^{55}pa^{53}

领一～席子 (xi^{55}zɿ^{33})ta^{55}pa^{53}

双一～鞋 (zɿ^{24}tsʰə^{33})ta^{55}zu^{53}

把一～锁 (kʰu^{33}me^{53})tɛ^{55}ji^{53}

根一～绳子 (ki^{33}ka^{55})ta^{55}htu^{53}

支一～毛笔 (mo^{33}pi^{55})tɛ^{55}tɕy^{53}

副一～眼镜 (ɕʰɛ^{33}ȵi^{55})ta^{55}tɕʰa^{53}

面一～镜子 (ɕʰə^{33}gu^{53})tɛ^{55}ji^{53}

块一～香皂 (ʃə^{55})tɛ^{55}ji^{53}

辆一～车 (tɕʰi^{33}tʂʰe^{53})tɛ^{55}ji^{53}

座一～桥 (ptse^{55})tɛ^{55}tɕy^{53}

条一～路 (dʑɛ^{33}lɛ^{55})tɛ^{55}tɕy^{53}

棵一～树 (sʰa^{24})ta^{55}hpu^{53}

朵一～花 (me^{33}to^{55})tɛ^{55}ji^{53}

颗一～珠子 (tʂʰe^{33}ve^{55})tɛ^{55}ji^{53}

粒一～米 (mdʐɛ^{53})tɛ^{55}ji^{53}

顿一～饭 (za^{33}ma^{55})tɛ^{55}ji^{55}lɪ^{33}

剂一～药 (po^{55}mɪ^{33})tɛ^{33}ji^{55}lɪ^{33}gʊ^{33}dzu^{33}

股一～香味 (tʂʅ^{55}ma^{33})mȵe^{33}mȵe^{55}me^{55}ʐɛ^{33}

行一～字 (tʂʅ^{33})tɛ^{55}tɛ^{55}tʂʰe^{53}

块一～钱 (tʂʰʅ^{55})tɛ^{33}ji^{53}

毛一～钱 (to^{55})tɛ^{33}ji^{53}

件一～事情 (te^{55}nta^{33})tɛ^{33}ji^{53}

点儿一～东西 je^{33}tə^{55}tə^{33}

些一～东西 (ptɕa^{55}kʰa^{55})tʰə^{55}pa^{33}

下打一～ ta^{55}mtsʰa^{55}(kə^{55}tə^{33})

会儿坐了～ tʃi^{33}(ke^{55}te^{33})

顿打一～ te^{55}ptu^{55}(ŋə^{55}tə^{33})

阵下了一～雨 (mo^{55}gu^{33})ta^{55}tsa^{55}(kə^{55}ptə^{33})

趟去屋里一～ (jɪ^{55}kʰə^{55})tə^{55}ʐu^{55}(a^{55}tə^{33})

十四　代副介连词

我 ŋa^{33}ŋo^{53}

你 nu^{53}

您 nu^{53}

他 tʊ^{55}ʐə^{53}

我们 ŋia^{53}ʐe^{33}

咱们 ŋe^{55}a^{33}

你们mə^{55}di^{53}

他们tʊ^{33}ʐe^{55}ʐə^{33}

大家nbə^{33}lɪ^{53}

自己ŋa^{55}ʐə^{33}

别人mə^{55}di^{55}ʐə^{33}

我爸ŋa^{55}ʐə^{33}a^{55}ta^{33}

你爸nu^{55}ʐə^{33}a^{55}ta^{33}

他爸tʊ^{33}ʐe^{55}ʐə^{33}a^{55}ta^{33}

这个kə^{33}ʐə^{53}

那个tʊ^{33}ʐə^{53}

哪个ke^{55}ʐə^{53}

谁s^{h}ə^{55}ʐɛ^{53}

这里kə^{33}tɕɛ^{53}

那里tʊ^{33}ʐə^{55}k^{h}ə^{33}

哪里ki^{55}tɛ^{53}

这样kə^{33}ta^{53}

那样tʊ^{33}ta^{53}

怎样tɕ^{h}i^{55}ta^{53}

这么tʊ^{33}ta^{53}

怎么tɕ^{h}i^{55}ta^{53}

什么这个是～字？ tɕ^{h}ə^{55}tɛ^{33}ʐa^{33}

什么你找～？ tɕ^{h}ə^{55}lə^{55}dui^{33}tʂa^{33}

为什么tɕ^{h}ə^{55}lə^{55}tɛ^{33}ji^{33}ʐa^{33}

干什么tɕ^{h}ə^{55}mue^{55}tʂa^{33}

多少tɕ^{h}i^{55}tɪ^{55}pua^{33}

很ʂto^{24}ʐɛ^{33}

非常今天～热ʂto^{33}ʂto^{55}ʂto^{33}ʂto^{55}ʐɛ^{33}kə^{55}tʂə^{55}ʐɛ^{33}

更xɔ^{55}kə^{55}tʂə^{55}ʐɛ^{33}

太ʂto^{55}ʐɛ^{33}

最ʂti^{24}

都nbe^{33}lɪ^{53}

一共nbe^{33}lɪ^{53}

一起ku^{24}

只我～去过一趟tɛ^{55}lɪ^{53}

刚好tsu^{55}ku^{53}

刚tsu^{55}ku^{53}

才tsu^{55}ku^{53}

就tse^{33}ȵo^{53}

经常ʐe^{55}mʊ^{33}

又jo^{24}

还tsɪ^{53}

再xɔ^{24}

也jɛ^{53}

反正tɕ^{h}i^{55}ta^{53}

没有ma^{33}pʊ^{53}

不明天我～去ma^{53}

别a^{33}gi^{53}

甭a^{33}gi^{53}

快天～亮了tʃi^{55}ʐɛ^{33}

差点儿we^{53}

宁可ga^{53}a^{33}ʐɛ^{33}

故意ts^{h}e^{55}gɪ^{33}

随便t^{h}a^{55}ptɕ^{h}a^{53}

白～跑一趟di^{33}ɕɔ^{53}

肯定～是他干的tɕi^{24}ɕe^{55}ɕe^{53}

可能tɕi^{24}a^{33}ʐɛ^{33}

一边～走，～说ɕ^{h}e^{55}mɛ^{33}

和我～他都姓王nə^{24}

和我昨天～他去城里了ku^{24}

对他～我很好tʊ^{33}lu^{55}ŋa^{55}wu^{33}kə^{55}la^{55}me^{33}ndu^{33}

往～东走ŋua^{53}

向tɕe^{53}

按dzɛ^{33}mbə^{33}ʐə^{33}

替vi^{24}

如果tə^{55}htɕi^{33}a^{33}ʐɛ^{33}

不管～怎么劝，他都不听tɕ^{h}i^{55}ta^{53}

第二节

《中国语言资源调查手册·民族语言（藏缅语族）》扩展词

一　天文地理

天~地 nε^{53}

阳光 ȵə^{55}wua^{33}

日出 ȵə^{55}me^{55}ɬε^{33}

日落 ȵə^{55}me^{55}a^{55}t^{h}ia^{33}

彗星 ka^{33}mta^{53}

七姐妹星 ȵə^{55}ntɕ^{h}ɪ^{55}kə^{33}bde^{33}

光~线 wo^{24}

影子 ʂ^{h}ɔ^{55}na^{53}

刮风 lu^{55}t^{h}e^{53}

风声 lu^{55}t^{h}ɪ^{55}ʐə^{33}kε^{53}

打雷 mo^{55}htʂʊ^{33}

响雷 mo^{55}ts^{h}ʊ^{33}ʐε^{33}

大雨 mo^{55}gu^{33}tɕe^{55}ʐε^{53}

小雨 mo^{55}gu^{33}tɕo^{55}tɕo^{53}

毛毛雨 mo^{55}gu^{33}tɕo^{55}tɕo^{53}

暴风雨 mo^{55}gu^{33}tɕi^{55}tɕi^{53}

雨声 gε^{53}

下雪 vʒɪ^{24}a^{55}ptε^{53}

雪水 vʒɪ^{24}tə^{33}

结冰 p^{h}e^{55}kə^{55}wua^{53}

融化 a^{55}jye^{53}

乌云 ʂte^{55}na^{33}

彩云 ʂte^{55}nbə^{33}mə^{33}dε^{33}

蒸汽水蒸气 k^{h}ε^{33}lu^{53}

地总称 s^{h}a^{53}

土地 s^{h}a^{55}tɕ^{h}a^{53}

坡地 nbə^{55}ɬə^{33}

荒地 ʒɪ^{24}gua^{33}

平地 bdε^{55}bdε^{53}

地界 s^{h}a^{55}nts^{h}ε^{53}

庄稼地 ʒe^{33}ɣi^{55}ɕ^{h}e^{24}

沼泽地 tɕ^{h}o^{55}ɕ^{h}e^{53}

坝子 tʂo^{33}ji^{53}

地陷 s^{h}a^{55}a^{33}ma^{53}

海 ɕ^{h}ye^{24}

田 ɕʰe^{24}

田坎 ɕʰe^{24}na^{33}ŋʊ^{53}

小山 zʅ^{24}ʑe^{33}tə^{55}tə^{33}

荒山 zʅ^{24}gʊ^{33}

雪山 vʒɪ^{24}ka^{33}

山顶 ka^{55}ŋue^{53}

山峰 ka^{55}nu^{55}ka^{53}

山腰 zʅ^{55}ʂkɪ^{33}

山脚 zʅ^{55}nda^{33}

阴山指山背阴一面 ʂʰo^{55}ŋo^{55}zʅ^{33}wu^{33}

阳山指山朝阳一面 ʂtui^{55}ŋo^{55}zʅ^{33}wu^{33}

岩洞 ndzə^{33}mu^{55}kʰə^{33}

岩石 ndzə^{33}mu^{53}

花岗岩 ndzə^{55}gə^{33}zɛ^{33}

平原 ma^{55}sʰa^{53}

滑坡 a^{55}tʃi^{53}

陡坡 tsʰɔ^{55}tsʰɔ^{53}

悬崖 tsʰɔ^{55}tsʰɔ^{53}

石板 gə^{33}me^{53}

小河 ȵa^{55}tə^{33}

河水 ȵa^{55}tə^{33}

上游 tə^{24}ku^{33}wu^{53}

下游 tə^{24}mɛ^{33}pe^{53}

旋涡河里的～ dzu^{53}

泡沫河里的～ po^{55}pi^{53}

泉水 ze^{55}ke^{53}

清水 tə^{24}to^{55}ma^{33}

瀑布 tə^{24}a^{55}bdʑo^{33}

草原 po^{55}tʰa^{53}

沙漠 ptsi^{55}ma^{33}tʰo^{33}

峡谷 lu^{55}mpa^{33}

泥石流 ze^{24}mtɕɔ^{33}

地洞 za^{33}tɕu^{53}

洞口 tɕu^{55}zʅ^{55}tsʅ^{33}

山路 ka^{55}dʑɛ^{33}lɛ^{53}

岔路 dʑɛ^{33}lɛ^{55}nkʰa^{55}ɬa^{55}tʰa^{33}

大路 la^{55}tɕʰe^{33}tʰa^{33}

小路 dʑɛ^{33}lɛ^{55}tɕʰe^{55}tɕʰe^{55}kʰə^{33}

公路 ma^{55}lu^{33}

桥 ptse^{53}

石桥 do^{33}za^{53}

菜园 xɔ^{55}ji^{53}

果园 ɕe^{55}to^{55}xɔ^{55}ji^{53}

尘土 di^{55}pʰə^{33}

红土 sʰe^{55}mɛ^{53}

粉末 tɕo^{55}tɕo^{53}

渣滓 tsʰei^{33}zo^{53}

煤渣 xu^{55}tɕi^{55}tɕo^{55}tɕo^{53}

锅烟子 nɛ^{53}

金 ȵə^{53}

银 ȵi^{24}

铜 zo^{53}

铁 ɕʰe^{53}

锈 kə^{55}vʑia^{33}

生锈 a^{55}ʑi^{55}ʂtia^{33}

钢 ɕʰe^{53}

铝 xa^{55}ja^{53}

铅 ʑẽ^{55}ȵi^{33}

玻璃 ɕʰe^{33}ku^{53}

碱 po^{55}do^{33}

火药 dzɛ^{53}

火种 ȵə^{55}gə^{33}

火光 ȵə^{55}da^{33}

火焰 ȵə^{55}da^{33}

火塘 ndu^{24}

打火石 sɿ^{55}jɪ^{33}

山火 ȵə^{55}ptse^{55}tʂə^{55}ʐɛ^{33}

火把 ʂʰu^{24}

火星 ȵə^{55}ɡua^{33}

火灾 ȵə^{33}ptse^{55}tʂə^{33}ʐɛ^{33}

汽油 tɕʰi^{24}jʊ^{33}

油漆 tɕʰi^{24}

井水~ tə^{33}ŋɡʊ^{55}lə^{33}

沸水 tə^{24}a^{33}tɕa^{55}tʂə^{33}ʐɛ^{33}

温水 tə^{55}lu^{33}

二　时间方位

春天 ze^{33}tʂʰe^{53}

夏天 ze^{33}tʂʰe^{53}

秋天 te^{55}dʑɛ^{53}

冬天 ʂtsu^{33}tʂʰe^{53}

过年 lu^{55}sɛ^{33}

过节 tu^{55}tɕʰe^{33}

每年 wo^{55}wu^{53}

上半年 zə^{24}wo^{33}tʰə^{33}

下半年 ʂtsu^{24}wo^{33}tʰə^{33}

闰月 dɛ^{55}ɬe^{33}

二月 ȵi^{55}pa^{55}ɬe^{33}

三月 sõ^{55}pa^{55}ɬe^{33}

四月 vʒy^{24}pa^{55}ɬe^{33}

五月 ŋa^{55}pa^{55}ɬe^{33}

六月 tʂu^{55}pa^{33}ɬe^{33}

七月 mdẽ^{55}pa^{55}ɬe^{33}

八月 dʑe^{55}pa^{55}ɬe^{33}

九月 ŋɡu^{55}pa^{55}ɬe^{33}

十月 ptʂə^{55}pa^{55}ɬe^{33}

十一月 tɕu^{55}tɕi^{55}pa^{33}ɬe^{33}

十二月 tɕu^{55}ȵi^{55}pa^{33}ɬe^{33}

每月 ɬe^{55}wu^{33}

月初 ɬe^{55}ŋue^{55}tsʰə^{53}

月底 ta^{33}ɬe^{55}tsʰə^{33}pe^{53}

元旦 bdʑa^{33}ta^{55}tã^{55}pu^{33}

初一 ɬe^{55}ptʂʰe^{33}tɛ^{55}ji^{53}

初二 ɬe^{55}ptʂʰe^{33}na^{55}ji^{33}

初三 ɬe^{55}ptʂʰe^{33}sʰe^{55}ji^{53}

初四 ɬe^{55}ptʂʰe^{33}də^{33}ji^{53}

初五 ɬe^{55}ptʂʰe^{33}ŋue^{55}ji^{53}

初六 ɬe^{55}ptʂʰe^{33}tʂʰo^{55}ji^{53}

初七 ɬe^{55}ptʂʰe^{33}ne^{55}ji^{53}

初八 ɬe^{55}ptʂʰe^{33}dʑe^{55}ji^{53}

初九 ɬe^{55}ptʂʰe^{33}ŋɡə^{55}ji^{53}

初十 ɬe^{55}ptʂʰe^{33}tsʰɿ^{55}ji^{53}

昼夜 ȵə^{33}ɕi^{53}

半天 ȵə^{55}tʰə^{33}

古时候 we^{55}te^{33}

东 ʂtɛ^{55}ŋʊ^{53}

南 ŋui^{55}ŋʊ^{53}

西 mə^{33}pɛ^{55}ŋʊ^{33}

北 ɡə^{55}nə^{33}ŋʊ^{33}

正面 ʂtɕi^{55}pɛ^{55}ŋʊ^{33}

反面 ɡu^{33}ptsʰɿ^{55}ŋʊ^{33}

附近 ȵə^{55}ʐu^{53}

周围 ə^{55}dʑo^{53}

对岸 tsʰu^{53}

门上 ŋɡe^{55}tʰa^{33}

楼上 sɿ^{55}ki^{55}tʰa^{33}pe^{33}

楼下 sɿ^{55}ki^{55}ʒə^{33}pe^{53}

角落 zi^{24}kʰu^{33}

在……后 (jɪ^{24})gu^{33}ptsʰə^{53}

在……前 (jɪ^{24})na^{55}nke^{53}

在……之间 (jɪ^{24})na^{55}ntʰɪ^{33}

三　植物

樟树 çʰu^{55}pa^{33}ndʐi^{53}

杨树 ʂtɕo^{33}ma^{55}pu^{33}

白桦 ʐa^{33}tʰe^{55}pu^{33}

桑树 tʃʰə^{55}pu^{33}

青冈栎 ndə^{55}pu^{53}

树皮 sʰa^{24}tʂʅ^{33}

树枝 ja^{55}la^{33}

树干 sʰa^{55}dɪ^{55}lɪ^{33}

树梢 sʰa^{33}pu^{55}wu^{55}tse^{33}

根树～ dʑye^{53}

树浆 tʃə^{24}

年轮 sʰa^{55}dʑye^{33}

松球 sʰa^{24}ʐə^{55}mu^{33}

松针 pa^{55}kua^{55}ɬo^{33}

松脂 lə^{24}ʂʰo^{33}

松香 tse^{24}

松包松树枝头上的果实 sʰa^{24}ndʐe^{55}bə^{33}

松明劈成细条的山松，可以点燃照明 sʰa^{55}mne^{33}

西瓜 ɕi^{55}kua^{53}

桃核 ta^{33}ka^{53}

葡萄 pʰu^{33}tʰʊ^{53}

樱桃 gue^{55}na^{53}

壳核桃～ tʂə^{24}

核儿枣～ no^{55}n̥e^{33}

香蕉 ɕaŋ^{55}tɕɔ^{53}

柑子 tɕy^{55}tsʅ^{33}kɛ̃^{33}

橙子 tɕy^{55}tsʅ^{33}kɛ̃^{33}

果皮 ʃe^{55}to^{55}tʂʅ^{24}

果干 ʃe^{55}to^{55}tʂui^{33}tʂui^{53}

葵花子 kua^{55}tsʅ^{53}

瓜蔓 pe^{33}kua^{55}hpu^{33}

狗尾草 tʂo^{33}

草根 tʂo^{55}ntʂʰo^{33}

菊花 me^{33}to^{53}

杜鹃花 ʂta^{55}ma^{55}me^{33}to^{53}

海棠花 me^{33}to^{53}

葵花 n̥i^{55}ma^{33}me^{33}to^{33}

桃花 gue^{55}fɕi^{33}me^{33}to^{33}

花蕊 me^{55}to^{33}vʑɪ^{24}

鸡㙡菌 pa^{55}nti^{33}ɕʰʊ^{33}mo^{53}

茶树菇 mbə^{55}mə^{53}

松茸 ɕʰʊ^{33}mo^{53}

毒菇 tu^{55}ɕʰʊ^{33}mo^{33}

瓜子西～ pe^{55}kua^{33}ndʐe^{24}bə^{33}

籽菜～ vʒi^{24}

蒲公英 pʰa^{55}ntɕʰɛ^{55}me^{33}to^{33}

竹根 me^{55}tɕye^{33}

竹节 me^{55}tsɛ^{33}

竹竿 me^{55}ngo^{33}pi^{53}

发芽 ə^{55}n̥ə^{53}

结果 ndʐe^{55}bə^{33}

成熟 a^{55}nkui^{53}a^{33}

开花 me^{33}to^{55}ŋə^{55}pua^{33}

凋谢 me^{33}to^{55}a^{55}tʂʰua^{53}

粮食统称 mdʐɛ^{55}bu^{33}

种子 vʑɪ^{24}

稻穗 ne^{55}gʊ^{33}

大米 mdʐɛ^{53}

糯米 ptʂʰə^{55}mdʐɛ^{33}

玉米苞长在植物上的玉米棒子 ji^{33}mi^{55}po^{55}po^{33}

玉米秆 ji^{33}mi^{55}kã^{55}kã^{33}

玉米须 ji^{33}mi^{55}tɕʰɛ^{55}pə^{33}

青稞 ptsi^{24}

荞麦 ptʂe^{55}wu^{33}

苦荞 ptʂe^{55}na^{33}

麦芒 ptʂa^{55}ma^{33}

豆子统称 mno^{55}mtʂʅ^{53}

豆秸 mno^{55}pu^{53}

豆芽 tu^{24}ja^{33}

四季豆 a^{55}ɬa^{53}

豆苗豆类的幼苗 mno^{55}a^{33}ȵə^{55}tʂə^{33}ʐɛ^{33}

扁豆 mno^{53}

冬瓜 tõ^{55}kua^{53}

苦瓜 kʰu^{55}kua^{53}

青菜 tɕʰĩ^{55}tsʰɛ^{33}

菜花一种蔬菜 xua^{55}tsʰɛ^{33}

空心菜 kʰõ^{55}ɕĩ^{55}tsʰɛ^{33}

蕨菜 ɣa^{33}ngu^{55}ngu^{33}

卷心菜所有菜心卷起来的菜的统称 lɛ^{33}xua^{55}pi^{33}

苦菜 ptʂɛ^{55}xa^{33}

蒜苗 ku^{55}pʰə^{33}

青椒 pe^{55}ntsʰa^{55}ȵə^{55}ȵə^{53}

红椒 pe^{55}ntsʰa^{55}ȵi^{55}ȵi^{53}

干辣椒 pe^{55}ntsʰa^{55}tʂue^{33}tʂue^{53}

萝卜干 lə^{33}pu^{55}tʂue^{33}tʂue^{53}

萝卜缨子 lə^{33}pu^{55}jɪ^{33}jɪ^{53}

根茎菜的～ tʂʰo^{53}

四 动物

野兽 ʐe^{24}de^{33}

狮子 si^{33}ngi^{53}

豹 ʑe^{55}mɪ^{53}

大熊猫 ɕõ^{33}moɹ^{53}

狗熊 ŋue^{33}vzʅ^{53}

熊掌 ŋue^{33}vzʅ^{55}ja^{55}pa^{33}

熊胆 ŋue^{33}vzʅ^{55}ʂtʂə^{24}

野猪 pʰa^{33}gʊ^{53}

獒藏～，狗的一种 pu^{55}kʰə^{33}

豪猪 pʰa^{33}gʊ^{53}

鹿 ʂtsɛ^{24}

鹿茸 ʂtsɛ^{55}ʐə^{33}

狐狸 wa^{24}

水獭 sa^{53}

野牛 kʰe^{33}kua^{53}

牦牛 ptʂu^{53}

挤～牛奶 a^{55}tsʰi^{53}

骆驼 ŋə^{55}mo^{53}

驼峰 ʐo^{24}ga^{33}

大象 lo^{55}npo^{55}tɕʰe^{33}

象牙 pa^{55}sʰu^{33}

象鼻 lo^{55}npo^{55}tɕʰe^{33}ʐə^{33}ȵi^{33}tɕu^{53}

松鼠 kə^{55}ʐə^{53}

金丝猴 zʅ^{24}tue^{33}

啄木鸟 ɕi^{55}ngi^{33}ta^{33}mu^{33}

布谷鸟 ngʊ^{53}

燕子 xo^{33}ȵi^{55}po^{33}po^{33}

野鸡 ptsa^{24}

老鹰 ge^{55}

鹰爪 ge^{55}ʐə^{55}ʑa^{33}tse^{55}

猫头鹰 kʰu^{24}pə^{33}lɪ^{33}

孔雀 ma^{55}fɕa^{33}

鹦鹉 a^{55}wu^{55}ȵi^{33}tsə^{33}

白鹤 tɕʰə^{55}ptsa^{53}

鸟蛋 pə^{55}ptse^{33}gue^{24}

麝 je^{55}ptɕ^{h}e^{33}

麝香 je^{55}po^{33}

野兔 se^{33}pʊ^{55}ta^{33}

毒蛇 pə^{55}ptʂi^{33}

蟒蛇 pə^{55}ptʂi^{33}

水蛇 pə^{55}ptʂi^{33}

眼镜蛇 pə^{55}ptʂi^{33}

菜花蛇 pə^{55}ptʂi^{33}

竹叶青 pə^{55}ptʂi^{33}

蛇皮 pə^{55}ptʂi^{33}tʂʅ^{24}

蛇胆 pə^{55}ptʂi^{33}gue^{33}

蛇洞 pə^{55}ptʂi^{33}tɕu^{53}

田鼠 ʐa^{55}p^{h}a^{33}

头虱 ɕ^{h}a^{24}

虮子虱卵 sɿ^{55}zɿ^{33}

蝗虫 a^{55}zɿ^{33}pa^{33}

蜂 pə^{55}jʊ^{33}

蜂窝 pə^{55}jʊ^{33}nts^{h}o^{33}

蜂王 pə^{55}jʊ^{33}hpe^{53}

蜂箱 pə^{55}jʊ^{33}ga^{55}nbə^{33}

蜂蜡 dʐo^{33}p^{h}ə^{53}

飞蛾 pə^{55}pui^{55}

萤火虫 mo^{55}s^{h}o^{33}pə^{33}jʊ^{33}

白蚁 po^{55}ʐo^{53}

蚁窝 po^{55}ʐo^{55}nts^{h}o^{33}

蚁蛋 po^{55}ʐo^{55}hkue^{53}

牛虻 ʃə^{55}t^{h}ɛ^{33}ʑi^{33}pə^{33}jʊ^{33}

蠓 ʃə^{55}t^{h}ɛ^{33}ʑi^{33}pə^{33}jʊ^{33}

臭虫 ptʂʅ^{55}ŋɛ^{33}mnɛ^{33}ʑi^{33}pə^{33}jʊ^{33}

毛毛虫 s^{h}u^{24}pə^{55}pi^{33}

蛔虫 pə^{55}pi^{33}

肉蛆 lo^{53}

屎蛆 tʃ^{h}ə^{33}pə^{55}pi^{33}

滚屎虫屎壳郎 tʃ^{h}ə^{33}pə^{55}pi^{33}

绿头蝇 pə^{55}jʊ^{33}

蜘蛛网 ga^{55}ʐa^{33}npi^{33}

织网蜘蛛～ ga^{33}ʐa^{55}npi^{33}ʐə^{33}nts^{h}o^{24}

乌龟 wu^{55}kue^{53}

蜗牛 vʒy^{33}pə^{55}pi^{33}

泥鳅 s^{h}a^{55}lɪ^{33}pə^{55}pi^{33}

金鱼 dʑye^{24}

带鱼 dʑye^{24}

鲈鱼 dʑye^{24}

娃娃鱼 dʑye^{24}

鱼鳍鱼翅膀 dʑye^{55}tʂi^{33}

鱼刺 dʑye^{55}ntʃ^{h}ə^{33}

鱼子鱼卵 dʑye^{55}zɿ^{33}

鱼苗 dʑye^{24}tɕo^{55}tɕo^{53}

鱼饵 tsi^{33}pu^{55}tu^{33}

鱼鳔 dʑye^{24}nts^{h}e^{55}ji^{33}

鱼鳃 s^{h}ue^{55}nt^{h}ɪ^{53}

剖鱼 ŋə^{55}pts^{h}a^{33}

钓鱼竿 dʑye^{24}nts^{h}e^{55}ji^{33}ngo^{33}pi^{53}

皮子 tʂʅ^{33}tʂa^{53}

毛总称 s^{h}u^{24}

羽毛 ndu^{33}ʐə^{53}

角动物身上长的～ ʐʅ^{33}ʐə^{53}

蹄子 ko^{33}nto^{53}

发情动物～ ə^{55}fe^{33}fe^{33}

产崽动物～ gue^{33}ji^{55}ŋə^{55}vzi^{33}

开膛 ŋə^{55}pts^{h}a^{53}

交尾 ndze^{24}ji^{33}

蝉脱壳 tʂʅ^{33}tʂa^{55}ŋə^{55}pts^{h}ia^{33}

水牛 mdʐa^{55}ʐə^{55}gue^{33}ji^{53}

黄牛 ʐi^{33}mɪ^{53}

公牛阉过的～ a^{55}lɪ^{53}

牛犊 gɪ^{53}

牛角 gue^{33}ji^{55}ʐə^{33}pə^{53}

牛皮 gue^{33}ji^{55}tʂʅ^{24}

牛筋 we^{53}

牛垂皮黄牛颈项垂下的～ de^{55}tʂʅ^{53}

牛打架 dɛ^{55}dɛ^{33}

牛反刍 ə^{55}mtʂo^{53}

公马 gue^{55}ji^{33}

母马 mnɔ^{33}me^{53}

马驹 mnɔ^{33}zʅ^{53}

马鬃 p^{h}u^{33}ts^{h}e^{53}

绵羊 gu^{53}

山羊 fs^{h}e^{53}

公羊 gu^{55}fs^{h}e^{53}

母羊 gu^{55}me^{53}

羊羔 je^{33}zɪ^{53}

羊毛 gu^{55}fs^{h}u^{33}

羊皮 gu^{55}tʂʅ^{53}

公驴 tʂʅ^{55}mp^{h}e^{33}

母驴 tʂʅ^{55}me^{33}

看家狗 k^{h}ə^{24}

哈巴狗 xa^{33}pa^{53}

猎狗 tʂ^{h}e^{55}k^{h}ə^{53}

疯狗 k^{h}ə^{33}ntɕ^{h}ɪ^{55}pe^{33}

狗窝 k^{h}ə^{55}mə^{33}

冠鸡～ pt^{h}ə^{55}tɕɔ^{53}

鸡崽 ptsa^{24}pa^{55}pa^{33}

鸡爪 ptsa^{55}dze^{33}dza^{53}

鸡屎 ptsa^{55}ntʃ^{h}ə^{33}

鸡胗 ptsa^{55}dui^{55}pə^{33}lə^{33}

蛋壳 ptsa^{55}kui^{55}tʂʅ^{33}tʂa^{53}

蛋清 ptsa^{55}kui^{33}

蛋黄 ptsa^{55}kui^{33}

脚蹼 ka^{33}ntʃə^{55}ʐə^{33}

蜕皮 tʂʅ^{33}tʂa^{55}ŋə^{55}pts^{h}ɛ^{33}

叮蚊子～ p^{h}ə^{33}mɛ^{53}

蜇蜂子～ ʂʊ^{53}

爬虫子～ te^{33}wu^{55}ndʐui^{55}tʂə^{33}ʐɛ^{33}

叫牛～ bu^{33}tɛ^{55}gʊ^{55}tʂə^{33}ʐɛ^{33}

五　房舍器具

楼房 da^{55}wʊ^{33}

木板房 po^{55}wa^{33}jɪ^{24}

砖瓦房 bdʐa^{55}jɪ^{53}

磨坊 ʐa^{33}ta^{53}

仓库 ts^{h}aŋ^{55}k^{h}u^{33}

棚子 və^{24}

草棚 tʂo^{55}və^{33}

碉楼 zo^{55}hka^{53}

山寨 tʂu^{55}mpa^{33}

屋檐 jɪ^{33}zə^{53}

屋顶屋外 jɪ^{33}tʊ^{53}

梁 tə^{55}ngu^{53}

立柱房屋中间的主要支柱 mi^{55}ze^{53}

椽头 nə^{55}mɛ^{53}

门 nge^{24}

寨门 ta^{33}ngu^{53}

门口 nge^{24}be^{33}

闩门～ nge^{24}mo^{33}

篱笆竹木条～ tʂ^{h}e^{53}

栏杆 tʂ^{h}e^{55}ɬo^{53}

桩子 tʃʰə^{53}

级楼梯的～ sɿ^{55}ki^{53}

木料 ndẓʅ^{53}

圆木 ndẓɚ^{53}

板子 sʰa^{33}pa^{55}la^{33}

墙板 sʰa^{33}pa^{55}la^{33}

楼板 sʰa^{33}pa^{55}la^{33}

木板 sʰa^{33}pa^{55}la^{33}

天花板 nɛ^{55}ke^{53}

门板 nge^{24}pa^{33}

墙壁 do^{24}

围墙 ẓe^{55}wa^{33}

砌墙 do^{33}tʰu^{53}

砖墙 tʂuɛ^{55}do^{53}

土墙 tɕo^{55}do^{33}

城墙 ẓe^{55}wa^{33}

石墙 je^{33}pə^{55}do^{33}

里间 tɕɪ^{55}pe^{53}

箱子 gɛ^{24}

木箱 sʰa^{55}gɛ^{33}

皮箱 lu^{55}gɛ^{33}

衣柜 jɪ^{55}kue^{33}

饭桌 tʂo^{33}tsɿ^{53}

小板凳 tɕə^{55}tsi^{53}

棕垫 pʰə^{55}de^{33}

电视 tiã^{24}sɿ^{33}

冰箱 pi^{55}ɕa^{53}

洗衣机 ɕi^{55}ji^{55}tɕi^{33}

电灯 tiã^{33}tẽ^{53}

灯泡 pʰʊ^{24}tsɿ^{33}

电线 tiã^{33}ɕã^{53}

开关 kʰɛ^{55}kuɛ^{53}

油灯 mɛ^{24}ju^{33}tɛ^{55}go^{55}lo^{33}

灯芯 dʑə^{24}

松明灯 ʂu^{24}

电池 tiã^{33}tʂʰʅ^{53}

盆洗脸～ pʰã^{33}tsɿ^{53}

镜子 ɕʰə^{33}gu^{53}

风箱 kʰə^{55}mə^{53}

篮子 lã^{55}tɕu^{33}

瓜果盘 di^{53}

背篓背小孩的～ zo^{33}kua^{53}

袋子装粮食的～ wu^{55}ptɕʰe^{53}

麻袋 ɕʰe^{33}tu^{55}kʰu^{55}ma^{53}

钩子 a^{55}ŋʊ^{55}du^{33}

抹布 tʰu^{55}ȵa^{53}

手纸便后用的～ ʃu^{33}wə^{55}

蓑衣 sɿ^{24}

斗笠 sɿ^{24}

雨衣 ju^{55}ji^{53}

炉子 ȵə^{24}ko^{55}lo^{33}

吹火筒 me^{55}tu^{53}

火钳 hka^{55}npa^{53}

铁锅 ptsʰa^{33}la^{53}

铝锅 zo^{55}nkʰua^{33}

砂锅 ŋue^{55}ẓe^{33}

小锅 zo^{55}nkʰua^{33}je^{33}tə^{55}tə^{33}

锅盖 zo^{55}nkʰua^{33}kʰɛ^{33}lɪ^{53}

锅垫圈 tʰu^{55}kʊ^{53}a^{33}ẓa^{33}

三脚架柴火灶的～ dẓa^{33}ndu^{33}

锅铲 ko^{55}tʂʰuã^{33}tsɿ^{33}

刷子 ʂua^{33}tsɿ^{53}

锅刷 tsə^{55}se^{55}ndzu^{33}

调羹 ʂtɕo^{55}zɿ^{53}

勺子盛汤、盛饭用的～，统称kʰa^{33}ze^{53}

木勺子ʑɔ^{53}

饭勺mdʐue^{55}tɛ^{55}ji^{33}nkʰa^{33}ze^{53}

砧板tsʰɛ^{33}pɛ^{53}

饭碗tɕʰo^{33}lo^{53}

大碗tɕʰo^{33}lo^{55}tɕe^{33}tɕe^{33}

小碗tɕʰo^{33}lo^{55}ʑe^{33}tə^{55}tə^{33}

木碗sʰa^{24}ntɕʰɔ^{33}lɔ^{33}

筷子筒kʰuɛ^{33}tsɿ^{55}xu^{33}ji^{33}

盘子大的di^{53}

碟子小的di^{55}ʑe^{33}tə^{55}tə^{33}

刀nbə^{33}zɿ^{53}

尖刀nbə^{33}zɿ^{55}tʰo^{55}tʰo^{53}

刀刃nbə^{33}zɿ^{55}gʊ^{33}

缺口刀刃上坏掉缺少的一块nbə^{33}zɿ^{55}ɕʰi^{33}tə^{55}ptʂʰia^{33}

刀面nbə^{33}zɿ^{53}ɕʰi^{24}

刀鞘nbə^{33}zɿ^{55}ʑe^{33}

柴刀tsa^{24}

磨刀石fsɿ^{55}ʑɪ^{33}

瓦罐və^{55}ʐe^{53}

杯子pei^{55}tsɿ^{53}

玻璃杯ɕʰe^{55}pe^{33}pe^{33}

酒杯ptʂʰə^{24}pe^{33}pe^{33}

茶杯tɕe^{24}pe^{33}pe^{33}

蒸笼kə^{55}kʰa^{55}ji^{33}

笼屉tʂẽ^{55}lo^{33}

箅子kʰa^{55}ji^{33}

烧水壶tə^{33}tɕa^{55}mui^{33}ji^{33}

臼窝tɕe^{33}tʰe^{55}ko^{55}lo^{33}

工具ptɕa^{55}la^{53}

铁锤tʰu^{33}ji^{53}

锯子fsʰa^{33}ʐe^{53}

推刨bə^{55}lɪ^{33}

钻子sʰa^{24}tɕʰy^{33}ji^{33}

凿子ʂtse^{24}

墨斗nɛ^{55}kʰo^{53}

尺子tʂʰɿ^{33}tsɿ^{53}

铁丝tɕa^{55}hkə^{53}

纺车sʰa^{24}nkʰo^{33}lu^{53}

纺线wu^{33}dze^{53}

针眼ʑe^{55}gu^{53}

顶针tʰɛ^{53}

枪n̥ə^{55}mda^{33}

子弹di^{33}wu^{53}

子弹头di^{33}wu^{55}gu^{33}pə^{55}lə^{33}

子弹壳ʐua^{24}du^{33}

土铳pu^{55}mda^{33}

炮ta^{33}pʰo^{53}

长矛mdu^{53}

弓箭mda^{33}dze^{53}

弓mda^{33}ʒə^{53}

箭mda^{33}dze^{53}

箭绳nda^{33}gi^{53}

马笼头no^{33}ntʰə^{53}

马嚼子mba^{33}dʑa^{53}

马鞭mnɔ^{33}gə^{53}

马鞍mnɔ^{33}ge^{53}

脚蹬je^{55}ptɕe^{33}

前鞧固定马鞍用的～ku^{33}tʰa^{53}

后鞧固定马鞍用的～m̥ɪ^{53}

缰绳no^{33}ntsʰe^{55}ki^{33}ka^{53}

箍桶～，名词ʂtʂɪ^{53}

锉子sʰa^{33}kʊ^{53}

锥子ʂtse^{24}

铃 tʂʅ^{55}və^{33}

手表 tɕʰə^{55}tsʰe^{53}

眼镜 ɕɛ^{33}ȵi^{53}

扇子 lu^{55}tʰɪ^{55}tə^{33}ji^{33}

拐杖 la^{55}pte^{33}

钱包 ta^{55}ja^{33}po^{33}po^{33}

烟头 tu^{55}wa^{33}di^{24}

烟灰 tu^{55}wa^{33}mə^{33}mə^{33}

烟丝 jã^{55}sɿ^{53}

烟斗 tu^{55}ʐa^{33}

水烟筒 tʃʰə^{55}ntʰe^{55}tu^{33}ʐa^{33}

烟嘴 nɛ^{55}tsue^{53}

烟锅 ɕʰu^{33}wu^{55}tu^{55}ʐa^{33}

竹签 ŋo^{33}tu^{55}kʰu^{55}ngo^{33}pi^{55}tʰɛ^{33}

水桶 tɕa^{33}tu^{53}

洗衣粉 ɕi^{55}ji^{55}fe^{33}

花瓶 me^{33}to^{55}ko^{55}lo^{33}

花盆 me^{33}to^{55}pʰã^{33}tsɿ^{33}

刨花 sʰa^{24}vɛ^{33}

锯末 sʰa^{24}vɛ^{33}

水磨 ʐa^{33}ta^{53}

筲箕 ptsa^{55}ji^{53}

磨盘 ve^{53}gu^{33}

磨眼儿 sʰui^{55}ȵa^{33}dʑu^{33}

老虎钳 tɕʰã^{55}tsɿ^{33}

推剪 gu^{55}tsʰe^{33}ʐo^{33}ji^{33}

剃头刀 gu^{33}ʐo^{55}nbə^{33}zɿ^{53}

剃须刀 nɛ^{55}tsʰe^{55}ʐo^{33}ji^{33}

棉被 pʰu^{33}kue^{53}

被里 miã^{33}se^{53}

被面儿 pʰu^{33}kue^{55}ɬɛ^{33}

毯子 pʰu^{33}ki^{55}

枕巾 gue^{24}tʰa^{33}pa^{55}ʐe^{33}

枕芯 gue^{24}

水池 ʂui^{55}tsʰɿ^{33}

大刀 nbə^{33}zɿ^{55}

小刀 nbə^{33}zɿ^{53}

铁箍 tɕa^{55}ʂtʂɪ^{53}

火镰 sa^{33}tʰe^{53}

炭火盆 xo^{55}pʰe^{33}

瓶塞儿 ɕʰe^{33}tu^{55}kʰa^{33}lɪ^{33}

水碓 tʃʰə^{55}nkʰʊ^{53}

木臼 tɕe^{33}tʰi^{55}ko^{55}lo^{33}

拖拉机 tʰo^{55}la^{55}tɕi^{53}

靠背 tə^{55}de^{53}

牙刷 ɕi^{33}ntʃʰe^{55}ji^{33}

牙膏 ja^{33}kə^{53}

收音机 ʂu^{55}jĩ^{55}tɕi^{33}

手机 ʂu^{55}tɕi^{53}

六　服饰饮食

布 ʐɪ^{24}

棉布 ʐɪ^{24}

麻布 bu^{55}ʐɪ^{53}

线 ʐɪ^{55}gə^{33}

毛线 su^{55}hki^{33}ka^{53}

棉线 ʐɪ^{24}hki^{33}ka^{53}

麻线 tsʰo^{55}tʰa^{55}hki^{33}ka^{53}

线团 ʂkui^{33}di^{53}

绸子 ta^{33}tʂʰu^{53}

皮革 lu^{24}

皮袄 tsʰɛ^{33}ʐə^{53}

上衣 nu^{33}pe^{55}ɕã^{33}tsɿ^{53}

内衣 tsʰɛ^{33}ji^{55}ɕã^{33}tsɿ^{53}

夹袄 la^{55}ku^{33}tu^{33}

外衣 nu^{33}pe^{55}ɕã^{33}tsɿ^{53}

长袖 ndʐa^{33}ja^{55}ɕi^{33}və^{33}lə^{33}ɕã^{33}tsɿ^{53}

夹衣 la^{55}do^{33}

短袖 la^{55}ku^{24}tu^{33}

扣眼 ts^{h}u^{33}nts^{h}u^{53}

袖口 ndʐa^{33}ja^{55}wu^{55}tse^{33}

衣襟 ku^{55}ve^{33}

小襟 nu^{55}ɕa^{33}tɕ^{h}y^{55}tɕ^{h}y^{53}

裙子 tɕ^{h}ỹ^{33}tsɿ^{53}

绣花 me^{33}to^{55}kʊ^{55}tʂo^{33}

花边 me^{33}to^{55}na^{33}ŋʊ^{53}

领子 ku^{55}ve^{33}

衣袋 ɕã^{33}tsɿ^{55}po^{33}po^{33}

内裤 jɔ^{33}k^{h}u^{53}

裤裆 te^{55}tu^{55}ta^{33}

靴子 dʐi^{33}ʂta^{55}

皮鞋 p^{h}i^{55}xɛ^{33}

胶鞋 tɕɔ^{55}xɛ^{33}

鞋底 zɿ^{33}htue^{53}

鞋后跟 mi^{33}nts^{h}ə^{53}

鞋带 zɿ^{55}hki^{53}

皮帽 lu^{55}wə^{33}

棉帽 ʐe^{24}wə^{33}

手套 la^{55}ɕu^{33}

腰带 ʂtɕe^{33}hki^{53}

围腰帕 po^{55}nk^{h}ɛ^{53}

头巾 pa^{55}ʐe^{53}

头绳 pi^{55}t^{h}i^{33}

镯子 la^{55}s^{h}ə^{33}

项链 de^{55}dʐi^{53}

珠子 tʂ^{h}e^{33}ve^{55}tɛ^{33}ji^{53}

粉化妆用的 fe^{53}

食物 za^{33}ma^{55}npe^{33}lɪ^{53}

肉 t^{h}ɪ^{24}

肥肉 t^{h}ɪ^{24}ts^{h}ue^{55}ts^{h}ue^{53}

瘦肉 t^{h}ɪ^{55}na^{33}

肉皮 t^{h}ɪ^{55}tʂɿ^{33}

排骨 ʃə^{55}ʐə^{53}

剔骨头 t^{h}ɪ^{24}a^{55}na^{33}

扣肉 t^{h}ɪ^{24}

腊肉 la^{33}ʐu^{53}

熏腊肉 wu^{55}kə^{55}la^{33}ʐu^{33}

五花肉 mi^{55}ke^{33}nt^{h}ɪ^{33}

炖肉 t^{h}ɪ^{24}a^{55}nt^{h}u^{33}

坨坨肉一块一块的肉 t^{h}ɪ^{24}pə^{33}lə^{33}

猪腰子 və^{55}le^{53}

锅巴 dɛ^{33}ɕ^{h}e^{55}tʂɿ^{24}

粉丝细条 fẽ^{55}t^{h}ɔ^{33}

粉条 fẽ^{55}t^{h}ɔ^{33}

粉皮 fẽ^{55}t^{h}ɔ^{33}

面片儿 po^{55}t^{h}a^{53}

烧饼 dɛ^{33}ɕ^{h}e^{53}

月饼 jy^{33}pi^{53}

素菜 ts^{h}ɛ^{24}

荤菜 t^{h}ã^{24}ts^{h}ɛ^{33}

咸菜 p^{h}ɔ^{24}ts^{h}ɛ^{33}

酸菜 tɕə^{55}pu^{53}

汤 ʐe^{33}ʐa^{53}

米汤 mdʐɛ^{55}vʐe^{53}

肉汤 t^{h}ɪ^{55}vʐe^{33}

菜汤 ts^{h}ɛ^{55}vʐe^{33}

舀汤 ʐe^{33}ʐa^{55}a^{55}du^{33}

豆腐干 tu^{24}fu^{33}kẽ^{33}

糖 ptsi^{24}

白糖 pẽ^{24}t^{h}a^{33}

冰糖 ç^{h}e^{55}ka^{33}ẓa^{33}

红糖 ptsi^{55}dɛ^{33}ç^{h}e^{33}

瓜子儿 ȵi^{33}ma^{55}me^{33}to^{33}

茶 tɕe^{24}

浓茶 tɕe^{24}ge^{55}ge^{53}

油 ȵi^{55}ȵa^{53}

板油 va^{55}ʑi^{53}

猪油炼过的～ xua^{53}jʊ^{33}

油渣 vʑi^{24}tɕa^{33}ẓo^{33}

菜籽油 ma^{33}na^{53}

芝麻油 ma^{33}na^{53}

花生油 ma^{33}na^{53}

花椒 ʂtsə^{33}sə^{53}

豆腐渣 tu^{55}dʑo^{33}se^{33}mɛ^{33}

面糊 ts^{h}e^{33}ji^{53}

牛奶 ȵi^{24}

酒 mtʂ^{h}ə^{24}

酒曲 ptɕi^{53}

冷水 tə^{33}ve^{55}

蒸饭 mdẓɛ^{53}a^{55}nk^{h}a^{33}

夹生饭 kə^{55}mə^{33}mia^{33}

白饭 mdẓɛ^{53}

硬饭 mdẓɛ^{55}k^{h}a^{33}k^{h}a^{55}mə^{55}ẓə^{33}

软饭 mdẓɛ^{55}nu^{33}nu^{55}mə^{55}ẓə^{33}

碎米 mdẓɛ^{55}tɕo^{55}tɕo^{53}

粽子 mdẓɛ^{55}lɪ^{53}

凉粉 liã^{33}fẽ^{53}

七　身体医疗

身体 lə^{55}pə^{33}

个头 lə^{55}pə^{33}

皮肤 ç^{h}e^{55}s^{h}ɔ^{33}s^{h}ɔ^{53}

皱纹 ç^{h}e^{55}nts^{h}u^{53}

肌肉 ndi^{55}a^{33}lɪ^{33}lɪ^{33}

血液 ʃə^{24}

骨头 ʃə^{24}ẓə^{53}

骨髓 ts^{h}ue^{53}

肋骨 ne^{55}ẓə^{53}

脊椎 tɕo^{55}tsɛ^{55}ʃə^{33}ẓə^{33}

头盖骨 no^{55}p^{h}e^{53}

肩胛骨 va^{33}la^{55}ʃə^{33}ẓə^{33}

踝骨 tʂ^{h}ə^{55}tsɛ^{55}pə^{33}lə^{33}

内脏 ts^{h}a^{55}ts^{h}u^{53}

心 nɛ^{55}mi^{33}pə^{33}lə^{33}

肝 sɪ^{24}

脾 ts^{h}e^{55}pɪ^{53}

肺 ʂtsɛ^{55}pɛ^{53}

肾 və^{55}ɬɪ^{53}

胃 ndo^{55}t^{h}a^{53}

胆 ʂtʂə^{53}

筋 tʂu^{24}

脉 ʂtse^{53}

血管 tʂ^{h}a^{55}ʂtse^{53}

肠子 we^{53}

大肠 we^{55}ptʂ^{h}e^{53}

小肠 we^{55}na^{53}

头顶 gu^{33}htɕi^{53}

头顶旋涡脑旋 ʂtsu^{53}

脑髓 mnɔ^{53}

后脑 gu^{55}ts^{h}e^{33}ngo^{33}lo^{33}

囟门 tɕ^{h}o^{55}pu^{33}

白发 gu^{55}tʂ^{h}ə^{33}ptʃ^{h}e^{55}ptʃ^{h}e^{53}

睫毛 ȵa55po55tsʰe33

气管 ʂtʂo53

食道 tʂʰə33tu53

喉结 wʊ55ntʂʰo53

酒窝 tʂʰa55npa55ngo33lo33

颧骨 ndʑu55a33lɪ33lɪ33

太阳穴 no55zi55ngi33

眼皮 ȵa55tʂʅ53

单眼皮 ȵa55tʂʅ55ma55tɕə33ʐɛ33

双眼皮 ȵa55tʂʅ55tɕə24ʐɛ33

眼角 ȵa55zʅ53

眼白 ȵa55ptʂʰe53

眼屎 ȵa55hpi53

耳孔 ȵa55ʐə33tɕu33

耳垂 ȵa55ʐə33

耳屎 ngʊ55pi53

痰 ʂtsə55tʂa53

鼻孔 ȵi33tɕu55ʐə33tɕu53

鼻尖 ȵi33tɕu55wu55tse33

鼻梁 ȵi33ɕʰa53

鼻毛 ȵi33sʰu53

鼻屎 no55pi53

门牙 sʰu33ku53

犬牙 tɕi53

臼齿 gue33pə55ɕi33

齿龈 kʰa33ta55mi33

牙缝 ɕi33tʂɛ53

牙垢 ɕi24ntʃʰə33

假牙 ɕi24ndʐa33

小舌 kʰa33ta55mi33

舌尖 di33wu55tse33

兔唇 kʰɛ33ɕu53

人中 nɛ55pi55go33lo33

络腮胡 dʑe33sʰu55ʐa33

八字胡 nɛ55tsʰe53

乳头女性的～ nə55ku53

乳汁 nə55nə53

胸脯 ndo24

腰 tɕo53

小腹 ve24

手心 ja55hpa33dʑi33pe33

手背 ja55hpa33nu33pe53

手茧子 tə55ptsʰa33

手腕 ja55tsɛ53

汗毛 ja55sʰu53

汗毛孔 na33ntsʰe53

痱子 ndzɛ24ptʂʰa33

指纹 ja33se55tʂi33

虎口 ja33me55na55ntʰe33

倒刺指甲下方的翻起的小皮 ja33me55tsue33

腋窝 ja55tʰo55vʒi33

腿肚子 de55dʐo33

腘窝 ʐe55dʐu33

脚心 tʂʰə55pa33ʒi33

脚趾 mi33se53

脚印 tʂʰə24jɪ53

响屁 tʃʰə55mnɛ33ʐɛ33

闷屁 tʃʰə55a33tɕɔ53

稀屎 se55ntʂe33

膀胱 ʒə24kʰu33

子宫 pə55tɕo33

阴道 mdʑo33tsɿ53

阴毛 se55su53

睾丸 ti55pə33lə33

汗 ʂtʂʅ^{24}

汗垢 ʂtʂʅ^{55}le^{33}

唾沫 tə^{55}pts^{h}ɛ^{33}

医院 me^{55}nk^{h}o^{53}

药店 me^{55}ntʂ^{h}e^{55}tə^{33}kə^{33}

中医 pue^{55}me^{33}

西医 bdʐa^{55}me^{53}

小病 na^{55}tsa^{33}ji^{33}ji^{53}

大病 na^{55}tsa^{33}tɕe^{55}tɕe^{53}

内伤 k^{h}ə^{55}pe^{55}kə^{33}tɕya^{53}

外伤 nu^{33}pe^{55}tɕye^{33}

药 me^{53}

药丸 me^{55}tɕho^{33}lə^{33}

药粉 me^{33}vɛ^{53}

药水 me^{33}tə^{53}

药膏 me^{55}kə^{55}ʒi^{55}la^{33}mə^{33}ʐə^{33}

药酒 me^{55}mtʂ^{h}ə^{53}

草药 tʂo^{55}me^{33}

蛇药 pə^{55}ptʂi^{33}me^{33}

毒药 tu^{55}me^{33}

开药方 me^{55}tɕə^{33}te^{33}

熬药 po^{55}me^{55}a^{33}tɕa^{53}

搽药 me^{55}kə^{55}ʒi^{33}la^{33}

动手术 la^{55}t^{h}ɛ^{33}

麻药 tə^{55}ɕi^{55}lɪ^{33}me^{53}

补药 kə^{55}vʐa^{33}

忌口 za^{55}mdzə^{33}kʊ^{33}mu^{33}

治~病 me^{55}ə^{55}ku^{55}ntɕ^{h}u^{33}

呕干~ ə^{55}np^{h}ɛ^{53}

发冷 vʐa^{55}ʂɔ^{55}ʂɔ^{33}

打冷战 ts^{h}e^{33}nts^{h}e^{55}ʐɛ^{33}

感冒 k^{h}ə^{55}tse^{33}

传染 kə^{55}tu^{55}mə^{33}ʐɛ^{33}

头晕 ȵa^{55}lə^{55}tɕo^{33}ʐɛ^{33}

头疼 gu^{55}ȵi^{33}ʐɛ^{33}

按摩 a^{55}ʐa^{33}ʐa^{33}

穴位 kə^{55}pɛ^{33}lɛ^{33}di^{33}k^{h}ə^{24}

发汗 ŋə^{55}tʃi^{53}

牙痛 ɕi^{55}ȵi^{33}ʐɛ^{33}

抽筋 kə^{55}kə^{33}kə^{33}

抽风 zə^{24}kə^{55}tɛ^{33}

哮喘 ə^{55}s^{h}ue^{53}

麻风 ndzʅ^{55}pu^{53}

天花 lu^{55}gi^{33}

水痘 tə^{55}ptʂ^{h}a^{33}

疟疾 ə^{55}nts^{h}e^{55}nts^{h}e^{33}na^{55}tsa^{33}

麻疹 ȵi^{55}ȵi^{55}ptʂ^{h}a^{55}ptʂ^{h}a^{33}

痢疾 se^{55}ȵi^{33}

中风 tʂʅ^{55}k^{h}a^{33}

大脖子病 po^{55}npə^{55}lə^{33}

骨折 ʃə^{55}ʐə^{55}kə^{55}tə^{33}

脱臼 tə^{55}ntse^{53}

伤口 mi^{55}k^{h}a^{33}

痂伤口愈合后结的~ nda^{53}

疮 mi^{24}

冻疮 ve^{55}ptʂ^{h}a^{53}

起泡 ʂtə^{55}pts^{h}a^{55}ŋə^{55}tə^{33}tʂə^{33}ʐɛ^{33}

水泡 ʂtə^{55}pts^{h}a^{33}

血泡 ʂtə^{55}ptʂ^{h}a^{53}

流鼻血 ȵi^{55}ʃə^{33}

伤痕未好的~ nda^{53}

胀肚子~ ə^{55}ve^{33}

麻手发~ tə^{55}ɕi^{55}lɪ^{33}

僵硬 htsɛ^{55}t^{h}a^{55}ȵi^{33}ʐɛ^{53}

伤受~ mi^{24}

出血 fɕə^{24}ŋə^{55}tɛ^{33}

淤血 tsʰui^{55}gə^{55}sɿ^{33}

茧手上长的老~ tʰɪ^{24}kʰa^{33}kʰa^{53}

雀斑 ʂtse^{55}kʰo^{33}kʰo^{33}

麻子 mba^{55}tsʰa^{33}

胎记 ptsʰe^{55}kə^{55}sa^{33}

结巴 di^{33}ku^{55}tu^{33}

脚气 ptʂʰʅ^{24}pɛ^{33}

瘌痢头癞子 gu^{55}tsʰi^{55}ŋə^{55}tɕʰia^{53}

左撇子 ɕe^{55}ŋua^{55}pʰa^{33}

六指 ja^{33}se^{55}tʂʰo^{55}tɕye^{53}

近视眼 ȵa^{55}ma^{33}sɿ^{53}

老花眼 ȵa^{55}mə^{55}tʂə^{53}

白内障 li^{33}tɔ^{53}

鸡眼脚茧病 mi^{33}ntsʰʅ^{55}na^{55}tsa^{33}

独眼 ʑa^{55}go^{33}

对眼 htɕi^{55}pe^{55}kə^{33}ntɕʰe^{33}

斜眼 ɕa^{33}hta^{53}

歪嘴 ndʑo^{24}gu^{33}

瘫痪 lə^{55}pə^{55}tə^{55}pi^{33}tɕia^{33}

八 婚丧信仰

招赘 po^{55}tʰo^{33}pu^{33}ʑi^{33}

接亲 mȵe^{55}ma^{55}lo^{33}tə^{33}

抢婚 tə^{55}ta^{33}ta^{33}

离婚 kʰa^{55}kʰa^{55}tə^{33}mue^{33}te^{33}

胎 pə^{33}dʑə^{55}kə^{33}ɕa^{53}

胎衣 pə^{33}dʑə^{55}jɪ^{24}

脐带 pə^{55}tɕo^{33}

小产 ŋə^{55}tə^{53}

打胎 pə^{33}dʑə^{55}ŋə^{55}htɕe^{53}

寿命 mi^{55}tsʰe^{33}

岁数人的~ wo^{53}

送葬 ptɕa^{55}do^{33}

尸体 mo^{53}

唱丧歌 ma^{55}ȵi^{33}gʊ^{33}

火葬 ə^{55}tʰɔ^{53}

土葬 tə^{55}sʰa^{33}

天葬 ptɕa^{55}do^{33}

坟地 xa^{55}tɕye^{53}

灵魂 ɕe^{53}

法术 ku^{33}ʐe^{53}

作法 ku^{55}ʐe^{53}

命运 tʃʰə^{24}ʐə^{33}tə^{55}tə^{33}tu^{53}

打卦 və^{55}tɕʰe^{53}

拜菩萨 mdʑɛ^{55}mdʑɛ^{53}

佛 ʃə^{55}tʃʰə^{33}

鬼 tɕʰa^{33}ku^{55}ʐɛ^{33}

祸~不单行 sʰa^{33}tɕe^{53}

仙 ɬa^{53}

巫婆 ɬa^{55}pɛ^{53}

经书 tɕə^{55}te^{53}

龙 ndʐu^{53}

许愿 mu^{33}lɛ^{53}

占卜 ʂtsɿ^{55}pa^{53}

供祭品 tɕʰo^{55}ɕɛ^{53}

鬼火磷火 ʃə^{55}tʂʰe^{33}

凤凰神话传说中一对鸟类神兽组合 ma^{55}fɕya^{53}

九 人品称谓

高个儿 lə^{55}pə^{33}tɕe^{55}tɕe^{53}

光头 ngu^{33}to^{53}

老太婆 me^{33}və^{53}

老头子 lo^{55}tə^{33}

年轻人 vʑa^{55}ji^{53}

小伙子 pʰu^{55}sɛ^{53}

姑娘 zɪ^{33}gə^{53}

熟人 ʂʰə^{24}

生人 ma^{55}ʂʰə^{24}

富人 te^{55}mtɕʰe^{33}

穷人 pʰu^{55}ji^{53}

工人 tʰɛ̃^{55}xua^{55}kõ^{33}ʐe^{33}

官 pe^{53}

头目 ngu^{55}tʃʰe^{53}

土司 sʰa^{33}da^{55}pa^{33}

医生 me^{55}npa^{53}

猎人 tʂʰe^{55}pe^{53}

屠夫 fɕa^{55}sa^{55}ʑə^{33}lo^{55}tə^{33}

老板 tsʰu^{55}pe^{53}

强盗 tʃɔ^{55}pe^{33}

土匪 ŋu^{55}lo^{55}pa^{33}

骗子 go^{55}ta^{55}ji^{33}

胖子 tsʰui^{55}tsʰui^{53}

民族 mə^{33}zʅ^{53}

汉族 bdʑa^{53}

老百姓 me^{33}se^{53}

姓你~什么? mi^{55}dʑə^{33}

主人 da^{55}hpu^{53}

兵 ma^{55}mi^{53}

老师 ge^{55}ge^{33}

学生 ɬo^{33}ptʂa^{55}pə^{33}dʑə^{33}

敌人 ndʐa^{53}

伙伴 dʑo^{24}

裁判 tsʰɛ^{33}pʰɛ^{55}jɛ^{33}

摆渡人 tʂʅ^{55}kui^{55}ji^{33}

酒鬼 mtʂʰə^{55}tʰe^{33}lo^{33}tə^{33}

证人 ʂtɕi^{55}pe^{55}ntɕʰe^{33}ji^{33}

鳏夫 tsʰʅ^{55}ptɕʰe^{55}lo^{55}tə^{33}

寡妇 ji^{55}sa^{33}ma^{33}

国王 dʑe^{55}pu^{53}

王后 dʑe^{55}pu^{53}ʐə^{33}dʑɛ^{33}

头人 ngu^{55}tʂʰe^{53}

石匠 je^{33}pu^{55}tsa^{33}ji^{33}sʰue^{33}

篾匠 ma^{33}ntʰa^{55}ji^{33}

铁匠 nga^{33}ʐa^{53}

渔夫 dʑye^{33}tsʰe^{55}ji^{33}

中人 na^{55}ntʰe^{24}tɕʰe^{33}ji^{33}

流浪汉 pʰui^{55}ji^{55}lo^{55}tə^{33}

叛徒 sʰʅ^{55}ma^{55}no^{55}mɪ^{33}

本地少数民族却域 tɕʰye^{55}ji^{53}

私生子 dɛ^{33}li^{53}

囚犯 ptse^{55}npa^{53}

赶马人 mnɔ^{33}so^{55}ji^{33}

长辈 ge^{55}nba^{33}

曾祖父 jo^{55}mi^{53}

曾祖母 jo^{33}pə^{53}

大舅 a^{55}wu^{55}tɕʰe^{33}ji^{53}

小舅 a^{55}wu^{55}je^{55}pʰɪ^{33}

小舅母 a^{55}wu^{55}je^{55}pʰɪ^{33}ʐə^{33}dʑɛ^{53}

兄弟 ve^{55}ȵə^{53}

姐妹 ȵə^{55}ȵə^{53}

堂兄 ptɕʰe^{24}ŋo^{33}ve^{33}ȵə^{55}pʰa^{33}

堂弟 a^{55}kʰu^{55}dui^{33}tɕʰe^{55}ji^{53}

堂姐 a^{33}kʰu^{55}je^{55}pʰɪ^{33}

堂妹 ne^{55}ne^{33}

表姐 a^{55}tɕe^{53}

表妹 ȵə^{55}ȵə^{55}pʰa^{33}je^{55}pʰɪ^{33}

表哥 $a^{55}tɕe^{53}$

表弟 $ve^{33}ȵə^{55}p^ha^{33}je^{55}p^hɪ^{33}$

子女姐姐和妹妹，发音人误 $mui^{55}n̥e^{53}$

侄女 $ts^ha^{33}mo^{53}$

外甥女 $ts^ha^{33}mo^{53}$

孙女 $ts^ha^{33}mo^{53}$

外孙女 $ts^ha^{33}mo^{53}$

重孙 $ts^ha^{33}wu^{55}ts^ha^{55}vʑi^{33}$

祖宗 $jo^{33}mɪ^{53}$

孤儿 $a^{55}tɕ^he^{33}pə^{33}lə^{33}$

母女俩 $mi^{55}zi^{33}$

男朋友 $ga^{33}ji^{53}$

女朋友 $ga^{33}ji^{53}$

大舅子 $ne^{55}və^{55}tɕ^he^{33}ji^{33}z̩ə^{33}s^hue^{53}$

小舅子 $ne^{55}və^{55}jɛ^{55}p^hɪ^{33}z̩ə^{33}s^hue^{53}$

大姨子 $dʑɛ^{55}z̩ə^{33}ȵə^{55}ȵə^{55}p^ha^{33}tɕ^he^{33}ji^{53}$

小姨子 $dʑɛ^{55}z̩ə^{33}ȵə^{55}ȵə^{55}p^ha^{33}je^{55}p^hɪ^{33}$

兄弟俩 $na^{55}və^{33}ȵə^{55}nɛ^{24}$

夫妻俩 $ga^{33}kue^{55}nɛ^{33}$

姐妹俩 $nɛ^{55}ȵə^{33}ȵə^{33}$

曾孙 $ts^ha^{33}wu^{53}pə^{33}dʑə^{55}z̩ə^{33}pə^{33}dʑə^{33}$

母子俩 $nɛ^{55}mɪ^{33}zɿ^{33}$

父女俩 $nɛ^{55}mtɕ^he^{33}zɿ^{33}$

婆家 $ȵə^{55}zo^{33}z̩ə^{33}jɪ^{55}k^hə^{53}$

亲家 $ts^ha^{33}jo^{55}mpa^{33}$

亲家公 $ts^ha^{33}jo^{55}mpa^{33}z̩ə^{33}a^{55}mi^{33}$

亲家母 $ts^ha^{33}jo^{55}mpa^{33}z̩ə^{33}a^{55}pə^{33}$

父子 $ptɕ^he^{55}zɿ^{33}$

父女 $ptɕ^he^{55}zɪ^{33}$

母子 $mɪ^{55}zɿ^{33}$

母女 $mɪ^{55}zɪ^{53}$

十　农工商文

种水稻 $mdz̩ɛ^{55}je^{55}tʂə^{33}z̩ɛ^{33}$

播种 $ʑe^{33}je^{53}$

点播 $kə^{55}je^{33}$

撒播 $vʒe^{24}due^{33}$

犁田 $se^{55}p^ho^{53}$

种田 $ʑe^{33}je^{53}$

栽种 $a^{55}htsu^{33}tsu^{33}$

挖地 $ə^{55}ptʂ^hu^{53}$

锄地 $ə^{55}ptʂ^hu^{53}$

除草 $ne^{55}ptɔ^{53}$

收割 $tə^{55}tɕ^hye^{33}$

开荒 $po^{33}ko^{55}ə^{55}ptʂ^hu^{53}$

浇水 $a^{55}jo^{33}$

肥料 $lɪ^{53}$

施肥 $lɪ^{55}a^{55}dui^{33}$

沤肥 $lɪ^{55}pɪ^{53}$

掰玉米 $ji^{55}mi^{55}tʂ^hi^{33}$

杠子抬物用的 $nʊ^{33}pe^{55}də^{33}$

楔子 $tʃ^hə^{24}ɕɛ^{33}$

连枷 do^{24}

连枷把 $do^{33}tse^{53}$

连枷头 $do^{55}mɛ^{33}$

锄柄 $ptʂa^{55}ntɕu^{33}lu^{33}pə^{53}$

铁锹 $jaŋ^{33}tʂ^huã^{53}$

铲子 $jaŋ^{33}tʂ^huã^{53}$

犁头 nbi^{24}

犁铧 nbi^{24}

犁架 $tɕ^hi^{55}ntʂe^{33}$

犁弓 $ku^{55}ɕ^he^{33}$

犁把 $ts^hi^{33}lu^{53}$

铡刀 ʂtso^{55}tɕe^{33}

牛轭 ka^{33}tsɿ^{53}

打场 ta^{55}tʂʰa^{33}

晒谷 ɕi^{24}ə^{55}kʰo^{33}

晒谷场 nbu^{24}

风车 vli^{55}nkʰo^{33}lu^{53}

麻绳 tsʰɿ^{33}ma^{55}la^{55}za^{55}gi^{33}ga^{53}

撮箕 tsʰo^{33}tɕi^{53}

木耙 ʐa^{33}ʐa^{55}ji^{33}

鞭子 nba^{33}tɕa^{53}

牛鼻绳 tsʰɿ^{55}ȵi^{33}

筐 kʰuaŋ^{55}kʰuã^{53}

粗筛 ptsa^{55}ji^{53}

细筛 ɕe^{55}mɪ^{53}

圈儿 xa^{55}vʑə^{33}

牛圈 xa^{55}vʑə^{33}

马棚 ta^{55}kʰʊ^{53}

羊圈 ntɕʰɛ^{24}mə^{33}

鸡窝 ptsʰa^{55}mə^{33}

笼子 kʰə^{55}ji^{33}

猪槽 va^{55}kə^{55}kə^{55}te^{33}kə^{33}

木槽 tə^{24}ku^{33}

谷桶 tʂʰo^{24}

猪草 va^{55}dʑə^{53}

猪食 va^{55}tse^{53}

利息 ʂtɕe^{53}

买 kə^{55}fɕi^{53}

卖 tə^{55}ntʂʰe^{53}

交换物物～ tə^{55}ɬə^{53}

价钱 ku^{55}to^{33}

借钱 ŋə^{55}ntʰue^{53}

还钱 tɕy^{55}npa^{55}tə^{55}tə^{33}

讨价 ku^{55}to^{33}kə^{55}tə^{33}

还价 htɕi^{55}te^{55}nkʰe^{33}kʰa^{33}ʑa^{53}

出租 kə^{55}vla^{53}

债 pə^{55}lɪ^{33}

赢 tɕɛ^{55}kʰe^{53}

输 tɕu^{24}ŋə^{33}ʂtia^{33}

秤钩 dʑe^{33}me^{55}a^{55}ŋʊ^{55}du^{33}

秤盘 tʂʰẽ^{24}pʰɛ̃^{33}

秤星 dʑe^{33}me^{53}

秤砣 dʑe^{33}du^{53}

火车 xo^{55}tʂʰe^{53}

汽车 tɕʰi^{33}tʂʰe^{53}

船 du^{33}ptʂə^{53}

渡船 du^{33}ptʂə^{53}

划船 ptʂə^{55}gui^{33}ji^{33}

邮局 jʊ^{33}tiã^{55}tɕy^{33}

电话 tiã^{33}xua^{53}

机器 tɕi^{55}tɕʰi^{33}

属相 tsʰə^{55}ʐə^{33}lʊ^{33}da^{33}

子属鼠 fɕi^{55}wa^{33}lʊ^{33}

丑属牛 lo^{55}lʊ^{53}

寅属虎 ta^{33}lʊ^{53}

卯属兔 jɛ^{55}pə^{33}lʊ^{33}

辰属龙 mdʐə^{33}lʊ^{53}

巳属蛇 mdʑe^{33}lʊ^{53}

午属马 da^{33}lʊ^{53}

未属羊 lʊ^{33}lʊ^{53}

申属猴 ʂtʂe^{55}lʊ^{53}

酉属鸡 ɕa^{33}lʊ^{53}

戌属狗 tʃʰə^{55}lʊ^{53}

亥属猪 pʰa^{33}lʊ^{53}

国家 ndʑɛ^{55}nkʰɛ^{53}

政府 tʂẽ^{33}fu^{53}

乡政府 ɕaŋ^{55}tʂẽ^{33}fu^{53}

省 sẽ^{53}

县 dzo^{53}

村 tʂu^{55}mpa^{33}

印章 t^{h}i^{53}

私章 t^{h}i^{53}

记号 ʂta^{53}

证据 de^{33}npa^{53}

黑板 xe^{33}pɛ^{53}

粉笔 fẽ^{55}pi^{33}

笔 pi^{24}

纸 ɕ^{h}u^{33}wu^{53}

书 tɕə^{55}te^{53}

念书 a^{55}ndze^{33}

小学 ɕɔ^{55}ɕo^{33}

中学 tʂõ^{55}ɕo^{33}

大学 ta^{24}ɕo^{33}

请假 ku^{55}npa^{33}kə^{33}ʑi^{33}

放假 tə^{55}vlɪ^{53}a^{33}

毕业 pi^{24}ȵe^{33}

荡秋千 kua^{55}tɕi^{33}kue^{33}ȵi^{33}

吹口哨 fsi^{33}tɛ^{55}kʊ^{33}ji^{33}

唱调子 a^{55}lo^{55}mə^{55}ʂtɛ^{33}

练武术 to^{55}ntso^{33}tɛ^{33}ji^{33}

打弹弓 ʂʅ^{33}tɕa^{55}ȵə^{33}mda^{33}

翻筋斗 k^{h}u^{55}ts^{h}ə^{55}tu^{33}ʐa^{33}

潜水 tə^{33}tɕ^{h}i^{53}

跳舞 lə^{55}mue^{53}

锣 k^{h}a^{55}ŋa^{53}

钹 nbu^{55}nts^{h}e^{53}

鼓 ʂtʂo^{53}

唢呐 ʐa^{55}do^{33}

口弦 ndʐa^{53}

簧 ndʐa^{53}

哨子 fsi^{33}tɛ^{55}kʊ^{33}lo^{33}

喇叭 la^{55}pa^{53}

戏 ntɕ^{h}ɛ^{53}

照相 pɛ^{55}kə^{33}tə^{33}

相片 pɛ^{53}

颜色 pts^{h}e^{55}k^{h}a^{53}

射击 kə^{55}tə^{33}

墨水 me^{33}ʂue^{53}

墨汁 na^{53}

糨糊 pa^{55}tɕ^{h}ə^{33}

地图 s^{h}a^{53}bi^{53}

图画 kə^{55}ʐə^{33}mə^{33}ʐə^{33}

涂改 tə^{55}bdʐə^{33}bdʐə^{33}

字 ji^{55}mdʐʅ^{33}

加 a^{55}nts^{h}ɛ^{24}

减 ə^{55}t^{h}ɛ^{53}

乘 ȵi^{33}lo^{53}

除 a^{55}vi^{33}vi^{33}

球 ndza^{33}vle^{53}

倒立 t^{h}ə^{55}t^{h}a^{33}a^{33}ts^{h}o^{53}

对歌 a^{55}lə^{55}mə^{33}dɛ^{33}

唱山歌 la^{55}ji^{33}a^{33}gʊ^{33}

棋子 ȵi^{55}mo^{53}

比赛 kə^{55}ʃə^{53}

游泳 də^{55}də^{53}

骑马 mnɔ^{33}ntɕə^{53}

钓鱼 dʑye^{33}ts^{h}e^{53}

十一　动作行为

燃烧 ə^{55}ptse^{53}

哈气 s^{h}a^{53}ə^{33}lɛ^{33}

浮～在水面 ə^{55}nts^{h}e^{53}

流水～动 a^{55}ẓo^{53}

飞在天上～ tə^{55}mdze^{33}

住～旅馆 kə^{55}tɕa^{33}

来～家里 və^{24}tṣə^{33}

吹～火 tə^{55}mɛ^{53}

拉 a^{55}tṣɛ^{55}tṣɛ^{33}

挖 ə^{55}tṣ^{h}u^{53}

捉 kə^{53}hta^{53}

挠 a^{55}ẓa^{55}ẓa^{33}

圈 wa^{33}ẓɛ^{53}

刺 tə^{55}tʃ^{h}ə^{53}

榨 kə^{55}htu^{53}

抹 tə^{55}zɿ^{33}la^{33}

笑 ndẓə^{55}kʊ^{53}

旋转 ə^{55}ṣtɕo^{53}

沉 tɕ^{h}i^{55}wa^{33}ju^{33}

浸 a^{55}ne^{33}

漏 a^{55}t^{h}ɛ^{33}

溢 ŋə^{55}hte^{53}

取名 kɛ^{33}mə^{55}ə^{55}k^{h}o^{33}

晾衣 pə^{55}hte^{55}kə^{55}tə^{33}

补 pə^{55}hte^{53}

剪 tə^{55}ts^{h}ə^{53}

裁 tə^{55}tʃe^{53}

织 a^{55}hta^{53}

扎 kə^{55}ntɕo^{33}

砍柴 s^{h}a^{24}ŋə^{55}t^{h}ɛ^{53}

淘米 mdẓɛ^{24}a^{55}ntʃ^{h}ə^{33}

洗碗 tɕ^{h}o^{33}lo^{55}a^{55}ntʃ^{h}ə^{33}

搅拌 a^{55}pa^{33}ṣtṣa^{33}

炖 a^{55}nt^{h}u^{33}

烤 kʊ^{55}wu^{53}

腌 a^{55}pe^{33}

醉 a^{55}vza^{53}

打嗝 dze^{33}tṣa^{53}

讨饭 a^{55}ntʃ^{h}ə^{33}

酿酒 ptṣ^{h}ə^{24}kə^{55}nt^{h}u^{33}

搬家 tə^{55}pu^{53}

分家 k^{h}a^{55}k^{h}a^{55}mu^{33}

开门 nge^{24}ə^{33}tɕ^{h}u^{53}

关门 nge^{24}a^{33}zɛ^{53}

洗脸 ȵa^{55}ȵi^{33}a^{55}ntʃ^{h}ə^{33}

漱口 ɕ^{h}e^{24}a^{55}ntʃ^{h}ə^{33}

做鬼脸 ȵa^{55}ȵi^{33}k^{h}ə^{33}tṣɛ^{55}ŋə^{55}tṣɛ^{33}

伸懒腰 tə^{55}ptɕo^{33}ẓa^{33}ẓa^{33}

点灯 ə^{55}ptse^{53}

熄灯 tə^{55}po^{53}

说梦话 mu^{55}ma^{55}tṣʊ^{33}

醒 ə^{55}tṣue^{33}

晒太阳 ȵə^{55}me^{55}ə^{55}vʑe^{53}

烤火 ȵə^{24}kə^{55}vʑe^{53}

暖被窝 kə^{55}ȵi^{55}ẓɛ^{53}

等待 kʊ^{24}dʊ^{53}

走路 ə^{55}ntṣue^{53}

遇见 kə^{55}du^{33}

去 tə^{55}ʑi^{33}

进 k^{h}ə^{55}pe^{55}ʑi^{53}

出 ŋə^{55}t^{h}ɛ^{53}

进来 ə^{55}ʑi^{53}

上来 t^{h}a^{55}pe^{53}ʑi^{53}

下去 ʑi^{33}pe^{55}a^{55}ʑu^{53}

争 tə^{55}ta^{33}ta^{33}

吃亏 a^{55}p^{h}ua^{33}

上当 a^{55}nkui^{55}ja^{55}ʂtia^{33}

道歉 t^{h}a^{33}ɕa^{55}tɕu^{33}

帮忙 kə^{55}je^{33}

请客 tə^{55}nk^{h}ue^{53}

送礼 tə^{55}k^{h}e^{33}

告状 kʊ^{33}ji^{55}tʂə^{33}

犯法 ʂtɕy^{55}ntɕ^{h}a^{55}kə^{33}ʑi^{33}

赌博 dʑe^{33}ze^{55}di^{33}tʂə^{33}ʐɛ^{33}

坐牢 ptse^{55}k^{h}u^{55}k^{h}ə^{33}a^{55}tɕ^{h}ua^{33}

砍头 gu^{33}pə^{55}lə^{33}tə^{55}tʂ^{h}e^{53}

吻 ȵə^{55}nda^{33}kə^{55}də^{33}

呛 ʂtse^{55}mue^{55}a^{55}tɕ^{h}o^{33}

呼气 s^{h}a^{53}a^{33}lɛ^{33}

抬头 gu^{33}pə^{55}lə^{55}ə^{55}ntɕ^{h}e^{53}

低头 gu^{33}pə^{55}lə^{33}a^{55}ŋʊ^{53}

点头 gu^{33}pə^{55}lə^{33}a^{55}ŋʊ^{55}ŋʊ^{33}

摇头 gu^{33}pə^{55}lə^{33}a^{55}ptʂə^{53}

摇动 a^{55}la^{55}la^{33}

招手 la^{33}ʐə^{53}a^{55}mue^{33}

举手 ja^{55}a^{33}htɕo^{53}

笼手 ja^{55}tə^{55}tɕa^{55}t^{h}a^{33}

拍手 nga^{55}tʂə^{55}mue^{33}

握手 ja^{55}wə^{55}ta^{55}ta^{53}

掐 a^{55}ntse^{33}ntse^{33}

抠 a^{55}nts^{h}a^{55}tʂa^{33}

牵 ə^{55}su^{53}

扳 la^{55}ɕu^{33}ts^{h}e^{33}

捧 ə^{55}zu^{33}

抛 ə^{55}tɕɔ^{53}

掏 ts^{h}o^{24}tə^{55}t^{h}ɛ^{33}

骗 k^{h}e^{24}kə^{33}di^{53}

夹 hkə^{33}nɛ^{55}na^{33}nt^{h}ɪ^{33}

抓 ta^{55}mtʂ^{h}a^{53}

甩 tɛ^{55}ptʂə^{55}a^{55}tə^{33}

搓 a^{55}nt^{h}a^{53}

跟 tə^{33}tə^{55}ts^{h}ɿ^{33}pe^{33}

跪 pu^{24}kʊ^{55}ts^{h}o^{33}

踢 ta^{55}tsu^{55}kə^{33}tə^{33}

躺 si^{55}nka^{55}ŋə^{33}lɛ^{33}

侧睡 ne^{55}tə^{55}ɕ^{h}ye^{33}

靠 tə^{55}pte^{53}

遗失 a^{55}ptɕa^{53}

堆放 kə^{55}mbe^{53}

叠 kə^{55}wo^{53}

摆 ŋə^{55}ptʃe^{53}

搬 tə^{55}pu^{53}

塞 tə^{55}ts^{h}e^{53}

抢 tə^{55}ta^{33}

砸 a^{55}s^{h}a^{53}

刮 a^{55}ʐo^{53}

揭 ŋə^{55}p^{h}o^{53}

翻 tə^{55}p^{h}o^{33}p^{h}o^{33}

挂 ə^{55}dʑi^{53}

包 kə^{55}tʃi^{53}

贴 ə^{55}pɪ^{33}

割 tə^{55}tɕ^{h}ye^{33}

锯 a^{55}tʂe^{53}

雕 a^{55}ntʂ^{h}o^{33}

箍 ʂtʂɪ^{53}

装 a^{55}tue^{33}

卷 kə^{55}tɛ^{33}lɪ^{33}

染 kə^{55}tʂʊ^{33}

吓 ə^{55}dzi^{55}dzi^{33}

试 kə^{55}tsʰɛ^{33}tsʰɛ^{33}

换 kə^{55}vlə^{53}

填 a^{55}ntsʰə^{33}

留 kə^{55}tu^{53}

使用 kə^{55}mtʂʰɛ^{53}

顶 ə^{55}ki^{33}tɪ^{33}

刨食 ə^{55}ptʂʰu^{55}ȵi^{33}za^{33}ma^{55}dui^{33}tʂə^{33}zɛ^{33}

晒衣 ŋʊ^{55}kʰʊ^{53}

摘菜 tsʰɛ^{24}tə^{55}tʂʰu^{53}

切菜 tsʰɛ^{55}a^{55}tʰɛ^{55}tʰɛ^{33}

烧开水 tə^{33}tɕa^{55}kə^{55}mo^{33}

熬~茶 kə^{55}mo^{33}

烘 tʂui^{33}tʂui^{53}

蘸 a^{55}mnɛ^{33}

溅 ə^{55}vzɛ^{33}

洒水 tə^{24}ə^{55}mtɕʰɔ^{33}

返回 a^{33}ʑi^{55}ə^{55}tɛ^{53}

到达 və^{24}

招待 tɕʰe^{55}tsɿ^{24}

认罪 tə^{55}mə^{55}ntɕa^{33}kʰa^{55}ŋə^{33}lɪ^{53}

包庇 a^{55}pʰe^{33}pʰe^{33}

卖淫 sɛ^{55}ntʂʰe^{53}

偷盗 kə^{55}mnə^{33}

毒~死 tu^{24}a^{55}tɛ^{33}ji^{33}tə^{55}ptsʰe^{33}

听见 ȵo^{53}

偷听 ŋə^{55}mȵi^{53}

看见 tʂo^{53}

瞄准 ŋə^{55}mtsʰu^{33}

剐蹭 ʃi^{55}zo^{55}kə^{33}ptʰia^{33}

啃 a^{55}ga^{55}la^{33}

磕头 tɕʰa^{55}mue^{53}

拖 a^{55}fɕe^{55}fɕe^{33}

拍 ptsʰa^{55}kə^{55}tə^{33}

托 ə^{55}pte^{53}

压 a^{55}pte^{53}

抽 a^{55}ptʂɿ^{53}

勒 de^{55}kə^{55}fso^{33}

抖 a^{55}ptʂɿ^{53}

拄 a^{55}tsʰo^{53}

垫 ŋə^{55}kʰʊ^{53}

划 ŋə^{55}ptsʰa^{33}

锉 a^{55}tʂe^{53}

钻 tɕu^{55}kʰə^{53}ʑu^{53}

捂 ŋə^{55}pʰe^{53}

渗 tə^{33}ɕʰe^{53}

滤 a^{55}ntʂə^{53}

叼 ji^{55}kʰə^{55}ngo^{33}pi^{55}ŋə^{33}xʊ^{33}

叉腰 tɕo^{55}tsa^{55}ə^{55}kə^{55}pte^{53}

赤膊 va^{33}la^{55}ŋə^{55}tɕʰa^{53}

敲打 kə^{55}tə^{33}

撒娇 mȵa^{55}mȵa^{33}

呻吟 a^{55}tə^{55}tʂə^{33}zɛ^{33}

仰睡 kʰu^{55}wu^{55}ə^{33}tɕʰe^{33}

喂草 tʂʊ^{24}kʊ^{33}ʂu^{53}

放夹捕捉猎物方式 tɕa^{33}tsɿ^{55}kə^{55}tə^{33}

装索套捕猎物方式 ʂtɕo^{24}

拔毛 sʰu^{24}tə^{55}ptʂʰɿ^{33}

燎毛 sʰu^{24}tə^{55}bɛ^{33}lɛ^{33}

剥皮剥动物皮 tʂɿ^{33}tʂa^{55}a^{55}tʰʊ^{53}

烧砖 tʂuɛ^{55}kə^{55}bɛ^{55}lɛ^{33}

烧窑 su^{55}kʰo^{53}

烧石灰 ʂʅ^{33}xui^{55}kə^{55}bɛ^{33}lɛ^{33}

刷墙 do^{55}kə^{55}ʑi^{55}la^{33}

穿针 jɪ^{53}

绣花 me^{33}to^{55}a^{33}sʰa^{53}

缠足 nbə^{33}zʅ^{55}ə^{55}fsɪ^{33}

劈柴 sʰa^{24}ŋə^{55}tʰɛ^{53}

酒醒 ptʂʰə^{24}ə^{55}tua^{53}

闩门 nge^{24}ɬo^{33}

剪指甲 ja^{33}dze^{55}tə^{55}tʂʰə^{53}

掏耳朵 ȵə^{55}ʐə^{33}kə^{33}ta^{55}pa^{55}tʂa^{33}tə^{33}

动身 a^{55}pɛ^{55}dɛ^{33}

赶路 dʑɛ^{33}lɛ^{55}kə^{33}tə^{55}ʑi^{33}tʂɛ^{33}

让路 dʑɛ^{33}lɛ^{55}wu^{33}tə^{55}ʐə^{53}

劝架 kə^{55}ta^{33}ta^{33}

报恩 tʂe^{55}ȵe^{33}kə^{33}sʰue^{33}

报仇 çʰa^{33}lɪ^{55}ŋə^{55}tʂɛ^{33}

照顾 ʐo^{33}te^{55}ə^{55}tə^{33}

收礼 tə^{55}kʰi^{33}mə^{33}ʐɛ^{33}

抢劫 tɕo^{24}kʊ^{33}tsu^{53}

杀人 sʰue^{55}sʰɛ^{55}ji^{33}

劳改 lʊ^{33}kɛ^{53}

鞭打 mba^{55}tɕa^{55}kə^{55}tə^{33}

胜利 ə^{55}kʰi^{53}a^{33}

失败 a^{55}mpʰua^{33}

瞪 kə^{55}mtɕʰe^{33}ə^{55}tɕye^{53}

拽 ŋə^{55}tʂɛ^{33}

捋 ŋə^{55}htɛ^{53}

搁 zʅ^{24}ə^{33}kʊ^{55}htu^{53}

揣 ŋə^{55}xʊ^{33}

携带 tə^{55}tɕʰu^{53}

扒 a^{33}ntsa^{55}tʂa^{33}

蹦 kʰu^{55}dze^{33}

跺脚 to^{33}tʂo^{55}kə^{55}tə^{33}

打滚 a^{55}ʒi^{33}lə^{33}

扑 tə^{55}ptɕo^{53}

粘 kə^{55}pe^{53}

剖 ŋə^{55}ptsʰa^{53}

劈 na^{55}ga^{33}

漆 tɕʰi^{24}kʊ^{55}tu^{53}

搓 ə^{55}tʊ^{53}

钉 kə^{55}ta^{53}

绞 tɕo^{55}tɕo^{53}

蒙 ŋə^{55}ɬɛ^{33}

胡 kə^{55}ntɕʰɛ^{53}

和 ə^{55}kʰia^{53}

发脾气 çe^{55}tɕu^{53}

赌气 çe^{55}tɕu^{53}

生长 ə^{55}ȵə^{53}

打猎 tʂʰe^{55}pe^{53}

蛀 tsi^{55}tʃi^{33}la^{33}

系围裙 po^{55}nkʰa^{55}kə^{55}fɕo^{33}

打结 te^{55}li^{55}ə^{55}tə^{33}

认得 ʃə^{55}ʃə^{33}

伤心 nɛ^{55}vʑi^{33}

讨喜 mə^{55}tʂʰe^{55}tʂʰe^{33}

恨 çʰe^{55}tɕu^{53}

满意 sa^{55}npa^{55}bdui^{55}ʐɛ^{53}

着急 pe^{33}pe^{55}ʐɛ^{33}

理睬 tʂue^{55}ta^{33}

担心 mɛ^{33}mɛ^{55}ka^{55}ʐɛ^{53}

放心 sa^{55}npa^{55}bdui^{55}ʐɛ^{53}

愿意 ndo^{55}pa^{55}tʃə^{24}

变~作 mdo^{55}du^{55}ndʑu^{55}

恼火 mtsʰo^{33}mtsʰo^{55}də^{33}ʐɛ^{33}

心痛 nɛ^{55}vʑe^{33}

记仇 kʊ^{55}du^{33}

害~人 n̥e^{55}mue^{53}

反悔 tʂe^{24}tʂe^{33}

可惜 tʂʰu^{33}lɔ^{53}

声音 ʂkɛ^{33}ŋi^{55}lɛ^{33}ʐɛ^{33}

喊~话 tə^{55}kʊ^{53}

问~话 kə^{55}mə^{33}ge^{33}

答应 kʰa^{55}ŋə^{55}vlɪ^{33}

介绍 kə^{24}ʃə^{33}ʃə^{33}tʂʰu^{24}

回答 tsʰə^{33}lɪ^{55}ə^{55}tə^{33}

造谣 kʰə^{55}fɕɛ^{55}ŋə^{55}fɕɛ^{33}

打听 mə^{55}ke^{55}ke^{33}

十二 性质状态

凸 ngo^{33}lɛ^{53}

凹 ngə^{55}tə^{33}ngo^{33}lo^{33}

正 ne^{55}nkɪ^{53}

反 tə^{55}pʰo^{53}

斜 tə^{55}ɕo^{55}ke^{33}

横 tə^{55}ke^{55}ke^{33}

竖 ə^{55}tsʰɔ^{53}

活~鱼 sui^{55}sui^{53}

满水很~ ə^{55}pia^{33}

足分量~ tə^{55}ndua^{33}

光滑 ɳe^{33}lə^{55}lə^{33}

冷清 mdʑɛ^{24}ma^{55}ma^{55}ʐɛ^{33}

浊 tə^{33}mno^{55}ʐɛ^{33}

空 ʂtu^{55}mpa^{53}

嫩 nu^{33}nu^{53}

生 dʑye^{33}dʑye^{53}

熟 kə^{55}mia^{33}

乱 və^{24}lə^{33}vɛ^{33}lə^{33}

真 ŋu^{55}ma^{33}ʐɛ^{33}

假 dzʅ^{33}ma^{55}ʐɛ^{33}

暗 na^{33}tu^{55}tu^{33}

闷热 ʂte^{55}ʑy^{55}kə^{55}tʂe^{53}

破 a^{55}tʰi^{33}

缩 a^{55}kə^{33}kə^{33}

困了 mi^{55}ndzu^{55}ʐɛ^{33}

瘪 ŋə^{55}ptɕʰə^{33}ptɕʰə^{33}

倒 tʰə^{55}tʰa^{33}a^{33}tsʰo^{33}

纯 ta^{33}ta^{53}

枯 ə^{55}tʂya^{33}

潮 a^{55}ɳa^{33}

强 sɔ^{55}sɔ^{53}

弱 tʰa^{55}ptɕʰa^{53}

焦烤~了 tə^{55}pe^{33}lia^{33}

清楚 ta^{33}mu^{53}

模糊 və^{24}ʐə^{33}wa^{33}ʐɛ^{33}

准确 pi^{55}tsu^{55}te^{33}ɬə^{33}tya^{53}

耐用 (vle^{55}vle^{55})

vle^{55}vle^{55}tɛ^{55}ji^{55}ʐɛ^{33}

空闲 mo^{55}tɕo^{55}ze^{55}ma^{33}po^{53}

涩 hke^{55}ke^{53}

霉烂 kə^{55}ɳə^{33}tʂʰe^{33}

不要紧 ma^{55}ndu^{33}

方便 to^{55}bde^{33}

浪费 tʂʰu^{33}lɔ^{53}

疏忽大意 zɛ^{55}zɛ^{55}mə^{33}mə^{55}ʂtia^{33}

顺利 le^{55}ɬa^{33}tə^{55}tʂo^{53}

聪明 (gʊ^{55}gʊ^{55})

gʊ^{55}gʊ^{55}tɛ^{33}ji^{33}ʐɛ^{33}

狡猾 (tʂʰa^{55}npa^{55})

tʂʰa^{55}npa^{55}tɛ^{33}ji^{33}ʐɛ^{33}

大胆 nɛ^{55}tɕe^{55}tɕe^{53}

胆小 nɛ^{55}je^{33}je^{53}

慌张 pe^{33}pe^{53}

麻利 tə^{55}pʰo^{55}pʰo^{33}

节俭 kə^{55}htɕo^{53}

厉害 (mui^{33}mui^{55})

mui^{33}mui^{55}tɛ^{33}ji^{33}ʐɛ^{33}o^{24}

勇敢 (pi^{55}tsʊ^{55})

pi^{55}tsʊ^{55}tɛ^{33}ji^{33}ʐɛ^{33}

可怜 mə^{55}tʂʰe^{55}tʂʰe^{33}

麻烦 (ka^{55}ka^{55})

ka^{55}ka^{55}tɛ^{33}ji^{33}ʐɛ^{33}

光荣 zɿ^{33}tɕə^{53}

孤独 jʊ^{55}zɪ^{33}tu^{55}tu^{55}

亲他跟奶奶特别～ mtʰe^{55}mtʰe^{55}ʐɛ^{33}

齐心 tɛ^{55}kə^{55}tsʰɛ^{33}

贪心 ə^{55}pe^{33}za^{33}ma^{55}tʂə^{33}ʐɛ^{33}

拖拉做事情～ tʰa^{55}ptɕʰa^{55}la^{33}

十三 数量

十一 tsʰe^{55}tɛ^{55}ji^{33}

十二 tsʰo^{55}na^{55}ji^{33}

十三 tsʰo^{55}sʰe^{55}ji^{33}

十四 tsʰe^{55}də^{55}ji^{33}

十五 tsʰɛ^{55}ŋue^{55}ji^{33}

十六 tsʰɛ^{55}tʂʰua^{55}ji^{33}

十七 tsʰɛ^{55}nɛ^{55}ji^{33}

十八 tsʰɛ^{55}dʑe^{55}ji^{33}

十九 tsʰi^{55}ngə^{55}ji^{33}

二十一 nɛ^{55}tsʰɿ^{33}tɛ^{55}ji^{33}

四十 də^{55}zɿ^{33}

五十 ŋue^{55}zɿ^{33}

六十 tʂʰo^{55}zɿ^{53}

七十 ne^{55}zɿ^{53}

八十 dʑe^{55}zɿ^{53}

九十 ngə^{24}zɿ^{33}

一百零一 dʑɪ^{24}tɛ^{55}ji^{53}

百把个 dʑɪ^{55}kʰa^{33}tʂo^{53}

千把个 ʂto^{55}mtʂʰa^{55}kʰa^{33}tʂo^{53}

左右 ja^{33}ʐa^{55}ma^{33}ʐa^{33}

三四个 sʰə^{55}də^{33}ji^{33}

十几个 tsʰə^{55}tsʰe^{55}ji^{33}

十多个 tsʰə^{55}tsʰe^{55}ji^{33}

第二 ȵi^{55}pa^{53}

第三 sõ^{55}pa^{53}

大约 xa^{55}lɔ^{53}

半个 tʰə^{55}pa^{33}

倍 so^{33}lo^{53}

串 ptʂʰe^{33}wa^{53}

堆 mbe^{53}

节 tə^{55}te^{53}

本 pe^{55}ntsɿ^{55}tɛ^{33}ji^{33}

句 tə^{55}ki^{53}

庹两臂伸展后的长度 tə^{55}lɪ^{53}

拃拇指和中指伸开两端间的宽度 tə^{55}ȵi^{53}

斤 ku^{55}ntɕʰe^{53}

两 sɔ^{53}

分 hka^{33}ma^{53}

厘 ʑi^{24}

钱 tɛ^{55}kə^{53}

斗 sʰa^{55}ji^{33}

升 ŋə^{55}tʂo^{55}ji^{33}

寸 tsʰui^{33}su^{55}tɛ^{33}ji^{53}

尺 tsʰɿ^{33}tsɿ^{55}tɛ^{55}pe^{53}

丈 tɛ^{55}lɪ^{53}nə^{55}lɪ^{33}

亩 mo^{55}tɛ^{33}ji^{53}

里 ka^{33}ma^{55}tɛ^{33}ji^{53}

步 tɛ^{55}mtʂe^{53}

次 tɛ^{55}ɕɛ^{53}

十四　代副介连词

这些 kə^{33}ʐe^{53}

那些 ʂti^{55}tʂə^{55}ji^{55}mə^{33}ʐə^{33}

哪些 tu^{33}ʐe^{53}

我俩 ŋə^{55}nɛ^{53}

咱俩 ŋə^{55}nɛ^{53}

他俩 nu^{55}nɛ^{53}

人家 mə^{55}di^{55}ʐe^{33}

每人 ta^{55}za^{53}

多久 tɕʰi^{55}te^{53}

人们 mə^{33}se^{53}

到底 ma^{55}de^{33}

差不多 lɛ^{33}ptə^{53}

起码 xo^{53}pɛ^{33}

马上 tsu^{55}ku^{53}

先～走 ŋue^{55}pe^{53}

后～走 ngu^{33}ptsʰə^{53}

一直 ma^{55}dza^{33}

从前 we^{55}te^{33}

后来指过去 tu^{33}ʐə^{55}tsʰə^{33}pe^{33}

来不及 mɳə^{55}ma^{33}a^{55}ʐɛ^{33}

来得及 mɳə^{55}a^{55}ʐɛ^{33}

偷偷地 sʰa^{55}la^{33}

够 lɪ^{55}lɪ^{53}

真～好 tə^{33}tə^{53}

好～看 mui^{55}ʐɛ^{33}

难～看 ma^{55}mui^{33}ʐɛ^{33}

完全 nbe^{33}lɪ^{53}

全部 nbe^{33}lɪ^{53}

难道 ma^{33}ntɕa^{55}npa^{33}

究竟 ma^{55}tsa^{33}

也许 lɛ^{33}tə^{53}

一定 mə^{55}və^{55}mə^{55}ze^{53}

暂时 tɛ^{55}lɪ^{53}

互相 na^{55}pʰa^{55}na^{55}ji^{33}

居然 ə^{55}tʂe^{55}mə^{55}nə^{53}

趁～热吃 lu^{55}lu^{53}

像 ndʐa^{33}ndʐa^{55}ʐɛ^{33}

归～你管 ka^{33}wa^{53}

第三节

其他词

一　天文地理

浪花 $tə^{33}mbo^{55}li^{33}$

大地 $s^{h}a^{55}tɕ^{h}a^{53}$

河鲜水～ $s^{h}a^{55}tə^{33}$

山洞老派发音 $ɣz̥a^{55}dz̥ʊ^{33}$

裂缝洞穴～ $ʈʂɛ^{55}$

地方 $s^{h}a^{55}tɕ^{h}a^{53}$

气候 $ȵə^{55}me^{55}$

白云 $ʂte^{24}$

彩云小片～ $ndʑa^{55}$

暴雨 $tɕ^{h}a^{55}ɕ^{h}o^{55}$

雨滴 $mo^{55}gu^{33}tɕo^{33}tɕo^{53}$

大河 $s^{h}a^{55}tə^{33}$

小溪 $tə^{33}mi^{55}$

草坝子 $pu^{33}zʅ^{55}$

温泉 $s^{h}a^{55}tɕ^{h}o^{55}$

污水 $tə^{33}ȵy^{55}$

雪山贡嘎～ $go^{55}nga^{33}$

树林瓦多乡～ $pɛ^{55}ge^{33}$

树林木绒乡～ $ȵə^{55}ge^{55}ʂtɕa^{33}$

草地木绒乡～ $to^{55}k^{h}ue^{33}$

磨坊地名 $z̥a^{33}ta^{55}$

海子卓玛拥措～ $wo^{55}ʂtsʅ^{33}mts^{h}u^{33}$

神山贡嘎～ $nɛ^{33}zʅ^{33}$

亚多寺 $ja^{33}du^{55}gɪ^{33}mbe^{33}$

来俄寺 $le^{55}ŋɛ^{55}gɪ^{53}mbe^{33}$

米珠寺 $mi^{33}ndə^{55}gɪ^{33}mbe^{33}$

泸定 $lu^{33}tĩ^{55}$

雅江 $ȵa^{55}tɕ^{h}u^{33}k^{h}ɛ^{33}$

九龙 $tɕy^{55}lo^{33}$

理塘 $li^{55}tõ^{33}$

乡城 $ɕaŋ^{55}ʈʂ^{h}ẽ^{33}$

德荣 $nde^{33}z̥õ^{55}$

巴塘 $pa^{55}t^{h}aŋ^{33}$

丹巴 $tã^{55}pa^{55}$

道孚 $ʂte^{55}wu^{55}$

新龙 $ȵa^{55}z̥õ^{33}$

白玉 $pe^{55}jy^{33}$

炉霍 $pʈʂã^{55}ngu^{33}$

色达 se^{55}hta^{55}

德格 də^{33}gi^{55}

石渠 ndza^{55}tɕ^{h}u^{55}k^{h}ɛ^{33}

仲尼乡 tʂue^{55}ȵi^{55}

扎拖乡 tʂa^{55}t^{h}o^{33}

亚卓乡 ja^{33}tʂo^{55}

下拖乡 ɕa^{33}t^{h}o^{55}

汉地特指成都 ndʑe^{33}ji^{55}

印度 ndʑɛ^{55}gɛ^{33}

家乡回～ p^{h}e^{55}ji^{33}

黄铜 ʐa^{24}ʂʅ^{53}

红铜 zo^{24}

蜜蜡 pui^{55}ʃɪ^{55}

珊瑚 tsə^{55}ʐə^{33}

绿松石 jye^{55}

九眼珠 zə^{55}

二　时间方位

一个月 tɛ^{55}ɬe^{55}

两个月 nɛ^{55}ɬe^{55}

三个月 s^{h}e^{55}ɬe^{55}

四个月 də^{55}ɬe^{55}

五个月 ŋue^{33}ɬe^{55}

六个月 tʂ^{h}o^{55}ɬe^{55}

昼长 ȵə^{55}ʂə^{24}ɕ^{h}i^{53}ndə^{24}

昼夜颠倒 ȵə^{33}ɕ^{h}i^{55}tə^{55}ʂtɕo^{33}lə^{33}

时间一整天 ȵe^{55}se^{33}

曾经 nda^{55}

起先排第一个 ta^{55}mbu^{33}

其次然后 tə^{33}mts^{h}o^{55}

这时 tsu^{55}ku^{55}

那时 tə^{33}hkia^{53}

那天 t^{h}ə^{55}ȵə^{55}

最后 ʂti^{33}ku^{55}ts^{h}ə^{33}

一会儿少许时间 tse^{33}ȵo^{53}

中间小地方内部的～ tɕi^{55}k^{h}ə^{55}

门边靠厨房 nge^{55}p^{h}a^{33}tsʅ^{33}

两侧火塘～ ndu^{33}na^{55}ŋo^{33}

三　植物

黄花溪边～ pe^{55}ma^{55}me^{33}to^{53}

鸡蛋菌 mə^{33}ʑə^{55}mə^{33}

咬人草 ȵə^{55}mts^{h}ɔ^{33}

菠菜民族词 wo^{55}wo^{33}

白果树 sə^{33}mə^{55}nɪ^{33}

黄泡果 xə^{33}la^{55}s^{h}a^{33}s^{h}ə^{53}

藤树果 na^{33}ʐə^{55}ʐə^{33}

青岗树 ndə^{55}hpu^{53}

茶树 tɕɪ^{33}hpu^{55}

艾草 ptsɪ^{33}

花椒树 ʂtsə^{33}sə^{53}hpu^{33}

红薯粉 pə^{33}ʂtə^{55}

小桑葚 fɕ^{h}ə^{24}s^{h}a^{33}s^{h}a^{33}

含羞草 va^{33}mbɪ^{55}me^{33}to^{33}

青草 tʂə^{33}ȵə^{53}

茼蒿 pi^{55}ptʂ^{h}i^{33}

甜荞麦 mdzʅ^{55}vʒɪ^{33}

苦荞麦 mə^{33}mi^{55}

柳絮老派妇女发音 mȵə^{33}ɣlə^{55}

麻秆 s^{h}ʊ^{33}m̥a^{55}ʐə^{33}

核桃干 ta^{33}ga^{55}mts^{h}i^{33}

松香粉 tɕə^{55}

灌木 ȵə^{33}nə^{55}s^{h}a^{33}hpu^{33}

空心菜民族词 k^{h}a^{55}ts^{h}a^{53}

木耳 ʂti^{55}mbə^{33}ȵə^{33}

车前草 k^{h}ə^{55}ku^{33}va^{55}ku^{33}

柳絮 mȵə^{55}ve^{33}

巴豆 ɣa^{55}ɬa^{33}

苔藓老派妇女发音 tə^{55}ɣlə^{33}

荆棘 tɕ^{h}e^{33}mtɕ^{h}ɪ^{55}

尾巴草 ptsa^{55}ȵə^{33}tʂo^{33}

树汁 s^{h}a^{33}zɪ̢^{55}

熟麦穗 ȵi^{55}mdʑe^{33}

杂草 ȵa^{55}ȵa^{33}mbi^{33}

白皮檀香 pui^{55}

狼毒花 gu^{55}ȵi^{33}me^{33}to^{33}

格桑花 ke^{33}sã^{55}me^{33}to^{33}

铃铛花 va^{55}ko^{33}me^{33}to^{33}

喇叭花 la^{55}pa^{55}me^{33}to^{33}

野樱桃 ka^{33}mu^{55}s^{h}a^{33}s^{h}ə^{33}

庄稼农田里的禾麦作物 ʒe^{33}ɣi^{55}

贝母 pɛ^{55}mu^{33}

虫草 pʊ^{55}pi^{33}

苹果树树种较小 li^{33}ʐə^{55}pu^{33}

树疙瘩树上的～ tɕʊ^{24}

嫩草 ze^{33}ja^{55}

小辣椒 pe^{55}nts^{h}a^{55}tɕo^{33}tɕo^{33}

白杜鹃树 ʂta^{55}ma^{55}

松油松果油脂 t^{h}o^{55}dʑə^{53}

松果 t^{h}o^{33}pə^{55}la^{33}

鹅蛋菌 ma^{33}ʑə^{55}mə^{33}

苦菌 tsɛ^{55}mə^{33}la^{33}ga^{33}

刷把菌 pə^{55}ptse^{33}tʂ^{h}ə^{55}mə^{33}ja^{33}

草莓老派妇女发音 ɕ^{h}ə^{33}me^{55}t^{h}a^{33}ɬə^{33}

四　动物

公绵羊 gu^{53}

公牦牛 ptʂu^{55}

公野猪 p^{h}a^{33}gʊ^{53}

山斑鸠 k^{h}ə^{33}tʂu^{55}mbi^{33}

牛虻虫 ȵa^{55}ɣu^{33}

米虫 ɕ^{h}ɪ^{33}pə^{55}ʂpi^{33}

蚱蜢 ɣa^{33}tə^{55}ʂpa^{33}

猫虱子 ɕ^{h}a^{55}

大雁 tʂy^{55}

鳌 ɣi^{33}nts^{h}e^{55}

打屁虫 ndʐə^{33}ɕ^{h}ɪ^{55}

四脚蛇 mbo^{55}ʐo^{55}na^{33}ga^{33}

獐子 ɣi^{55}pts^{h}i^{33}

豺狼老派妇女发音 ɣlə^{33}mi^{55}

雪猪喜马拉雅旱獭 pɛ^{55}

骡子 tʃi^{24}

野牦牛 p^{h}a^{55}ja^{53}

公牛统称 a^{55}tu^{55}

公牛公牦牛 ptʂu^{55}

公牛公耕牛 tɕ^{h}i^{24}

黄牛母黄牛 ji^{33}mi^{55}

牦牛母牦牛 zɪ̢^{55}

牦牛尾巴短的母牦牛 zʊ^{55}

母牛无牛角 a^{55}ju^{55}ma^{33}

雕鸟：大～ nge^{55}

狼仔 lə^{33}mi^{55}zɿ^{33}

牲畜 ptɕ^{h}e^{55}

羊粪老派妇女发音 ntɕ^{h}ɛ^{55}ɣlɪ^{33}

牛粪老派妇女发音 ɣle^{55}

牛粪饼牛粪燃料 ɣle^{55}gɛ^{55}

猪屎 va^{55}lɪ^{55}

猪皮 va^{55}tʂʅ^{33}

鸡头 ptsa^{55}gu^{33}pə^{55}lə^{33}

鸡腿鸡大腿肉 ptsa^{55}ptʂə^{33}

鸡毛 ptsa^{55}sʰu^{33}

马尾巴 mȵɔ^{55}ȵə^{33}

鸡尾巴 ptsa^{55}ȵə^{33}

鱼脊背 mtu^{33}vʐə^{55}

乌鸦嘴 mtɕʰi^{33}

鸟嗉子 mdue^{55}

蝉蜕 vʐə^{33}tʂʰə^{55}

马蜂窝 ptsʅ^{55}ntsʰo^{33}

鸡笼 ptsa^{55}m̥ə^{33}

猪槽干湿料槽 va^{55}gu^{33}

五　房屋器具

监狱 tsʰẽ^{55}kʰo^{33}

粮仓房屋底楼 ndʐʊ^{33}ne^{55}kʰu^{33}

房梁 to^{55}ʂta^{55}

木制门框子 nge^{33}mo^{55}

门檐凸雕 pe^{55}ma^{55}mtsʰo^{55}ʂtsa^{53}

白色装饰房梁～ pa^{55}sʰu^{33}pa^{55}nge^{33}

门框梁子 nga^{33}mdʑo^{53}

天窗 kʰə^{55}tɕu^{33}

厢房 ndʐɪ̃^{55}kʰə^{33}

梁子 ʂtu^{55}ʂkə^{33}

椽子 mtʂi^{55}tɕʊ^{53}

帐房 tsʰe^{55}jɪ^{33}

石头碗 di^{24}

菜板 tsʰɛ^{33}tɪ^{55}

擀面杖 ŋa^{55}ntʂa^{33}di^{33}li^{33}

面食砧板 ŋa^{55}mba^{33}

面杖压面饼的～ ka^{55}mdʐa^{33}bi^{33}li^{33}

烟囱灶上方～ kʰə^{55}tɕu^{33}pʰe^{33}

双层灯家用型 pʰa^{55}bu^{53}

灶台盖子 ɕʰɪ^{55}wo^{55}ʐo^{33}

平底锅 lə^{55}mʊ^{55}

铜水缸 zo^{55}gɛ^{33}

铜瓢 zo^{55}htɕo^{33}

铜质挤奶桶 zo^{55}ptsə^{55}tu^{33}

铜扁酒壶 tʂʰɔ^{55}ko^{33}lo^{33}

皮口袋 wo^{55}ptɕi^{55}

铁链 ʂtɕa^{55}tʰa^{55}

弯刀 ʃa^{55}ntʰo^{55}

羊角锤 tʰu^{33}ji^{55}

手纸草纸类 ʃu^{33}wə^{55}

藏毯 sʰa^{33}pte^{55}

垫子 pte^{55}

被褥厚的～ pə^{55}ʂti^{33}

被褥薄的～ pə^{55}ʂti^{33}

枕头套 gue^{33}ɬe^{55}

枕头套内填充谷物 gue^{33}ɬe^{55}

六　服装饮食

哈达 kʰɛ^{33}tɛ^{55}

补丁 pə^{55}di^{55}

皮衣 ʐe^{33}gə^{55}ɕɛ̃^{33}tsʅ^{33}

无袖长袍女性 ʐe^{33}tʃʰə^{55}pɛ^{33}

无袖长袍男性 tʃʰə^{55}pɛ^{33}

发型装饰妇女的～ tʂa^{33}ȵa^{53}pa^{33}

嘎乌护身符 ka^{33}wu^{55}

耳环男子的～ wo^{55}mu^{33}

僧袍漏袖 zɛ^{33}

库爱古女子腰饰 ʂtɕe^{33}ki^{55}

坡楷女士腰间挂件po^{55}kʰɛ^{55}

恰玛女子腰饰tɕʰa^{33}ma^{55}

杰普女子腰饰ȵi^{55}po^{55}

佩刀男子腰刀nbə^{33}zə^{55}

扎腰带kə^{55}ʂtɕʊ^{33}

下摆kue^{55}mtʰa^{33}

灯芯绒gu^{33}

马靴dʑi^{33}ʂta^{55}

单衣女性服饰ʂtɕu^{33}

帕子洗脸～mba^{55}ʐe^{33}

奶渣tɕʰa^{33}ʐa^{55}

清茶na^{55}kʰu^{33}

牛油茶ptɕʰe^{55}ʑi^{55}ʐe^{33}ʐa^{55}

锅盔de^{33}ntʃi^{55}

米酒青稞米酒mbu^{55}ʐa^{33}

黑青稞tsɿ^{55}na^{55}

白青稞tsɿ^{55}ptʂʰe^{55}

莜麦mə^{55}me^{33}

小麦面粉ʂtʃy^{55}vɛ^{33}

青稞面粉sʰy^{33}vɛ^{55}

面块食物名pə^{55}ta^{55}

狗食kʰə^{55}npe^{33}

猫食lə^{33}lə^{55}npe^{33}

七 身体医疗

牙龈ɕi^{33}ȵi^{55}

骨节ʃə^{33}lə^{55}ptsɛ^{33}ptsɛ^{33}

脊椎骨nde^{33}ptsɛ^{33}ʃə^{33}lə^{33}

小关节脊椎～gu^{33}ptsɛ^{33}ʃə^{33}lə^{33}

脚腕tʂʰə^{33}ʂtʂɛ^{55}

小舌北部方言用语ko^{55}mtsʰu^{55}

手脚tʂʰə^{55}ja^{55}

手臂ja^{33}mde^{33}

手指缝ja^{33}ptʂɛ^{55}

脚趾甲mi^{33}dzɪ^{55}

黑眼球ȵa^{55}na^{55}

白沫发炎吐～po^{55}pi^{55}

脓大块脓包ʂʰə̃^{55}mbe^{33}

癫痫病gʊ^{33}ȵi^{55}

瘸的单腿～ku^{33}vʐa^{55}

八 婚丧信仰

婚礼ʂte^{55}mʊ^{55}

诞生佛的～nə^{55}ʂtɕi^{55}

祝福mu^{33}le^{55}hte^{33}

施咒a^{55}fɕe^{33}li^{33}

六字真言简称ma^{55}li^{55}

神龛ɬa^{55}tʂʰɿ^{33}

曼扎佛教供器名ma^{55}ntʂɛ^{33}

佛像ɬa^{55}

地狱ȵɛ^{55}vi^{55}

痛苦忍受～tu^{55}ŋɛ^{55}kə^{55}fɕe^{33}

记号宗教印记ta^{55}kə^{55}ʂti^{33}

礼物用于佛教的宗教～ptse^{33}ɣi^{33}

习俗ndʐʊ^{33}la^{55}

烧香puɛ^{55}kə^{55}ntɕʰo^{33}

发誓n̥a^{55}mue^{55}

佛法说～tɕʰy^{55}fɕe^{55}

宗教tɕʰy^{33}lu^{55}

龙达经幡lo^{55}hta^{55}

护法神ʂo^{55}ma^{55}

金刚to^{55}dʑe^{33}

胆量敬畏感nɛ^{24}

痕迹用于佛教领域kʰu^{55}ɬo^{33}

誓言 n̥a^{55}

卦算一~ və^{55}tɕʰi^{55}

拜神仪式一次~ ɬa^{33}mtɕe^{55}

财神 ɬa^{55}ɣi^{33}ȵi^{33}npu^{33}ɬa^{33}

宝塔 mtɕʰʊ^{55}ʂtɪ^{33}

白塔舍利塔 mtɕʰʊ^{55}ʂtɪ^{33}

酥油灯 tɕʰo^{33}me^{55}

玛尼木 ma^{33}ȵe^{55}pɛ^{33}ɕĩ^{33}

玛尼石板 pɛ^{55}ɕĩ^{55}

布擦模板 pɛ^{55}kʰo^{55}

铃铛祭祀用具 tʂɿ^{55}ʂtse^{33}

铃铛祭祀用具，单个大的~ tʂɿ^{55}bu^{33}

鼓皮铆钉祭祀品配件 sʰa^{24}tɕa^{33}ntsɿ^{53}

敲鼓棒祭祀用具 ŋo^{33}ʂtɕa^{53}

藏鼓 ptʂʊ^{55}

藏鼓皮老派妇女发音 ɣlu^{24}

男性发音 lu^{24}

藏鼓绳 lu^{55}ki^{33}ka^{53}

九 人品称谓

牧民 ndʐo^{55}pe^{55}

病人重病 na^{55}pa^{33}

女佣 jo^{33}mu^{55}

佣人 jo^{33}hpu^{55}

妇女 ptɕʰe^{55}zɿ^{33}

家庭家人 tɕʰə^{55}mtsʰo^{55}

家人强调很多人 jɪ^{33}kʰə^{55}ʐe^{33}

画师 ɬa^{33}

外人 mə^{55}ti^{55}vzɿ^{33}

瘦子 dʑə^{33}ndʑu^{55}

军人 m̥a^{44}m̥i^{55}

仇人 mdʑa^{55}

学者 ɬo^{33}ma^{55}

能人 ngu^{55}tʰe^{33}tʰe^{33}

地主 ɬa^{33}ta^{55}pa^{33}

大人他是~ lo^{55}mu^{33}

大臣 lu^{33}mbu^{55}

领导 gu^{55}tʂʰɿ^{55}

十 农工商文

除草第一次~ nɛ^{55}hto^{55}

除草第二次~ po^{24}

除草第三次~ nɛ^{33}tʂʰɿ^{55}

牛皮绳农具 lu^{55}ptʂɿ^{33}

钉耙四钉 tʂo^{33}ʐa^{55}ʐa^{33}

钉耙三钉 ʂtʂɿ^{55}

尖锄 tʂa^{55}ndʑy^{33}

犁地器具 gɪ^{55}tʰi^{33}

砍刀 ʂtsa^{24}

银圆 gu^{33}gɪ^{55}

财产 ndʑu^{55}

生意 tʃʰu^{55}tʂʰe^{33}

办法谋生的~ lu^{55}ʂto^{55}

徭役 lo^{33}hkɛ^{55}

语言 ʂkɛ^{55}

文字 tɕu^{55}te^{55}

汉语 ndʑa^{55}ʂkɛ^{55}

藏语 pui^{55}ʂkɛ^{33}

藏文 pui^{55}ji^{33}

谚语 tsʰə^{55}ʐe^{55}pi^{33}ʐe^{33}

故事古代民间~ jɪ^{55}ne^{55}

传说 ɕe^{55}ptʂi^{55}

大事 te^{55}nta^{33}tɕi^{33}tɕi^{33}

小事 te^{55}nta^{33}ji^{33}tə^{55}tə^{33}

会议一次～ kʰɛ^{55}xui^{33}

本事有～ pẽ^{55}ʂʅ^{33}

想法 ɣe^{55}ptʂe^{55}vɛ^{33}

工作 le^{55}dui^{33}

十一 动作行为

交给递交 a^{55}bdi^{33}

坐敬语 a^{55}vʒə^{55}

超过 ə^{55}ɬa^{55}

害怕～他 ʂto^{24}

喜欢～他 ga^{55}

阻拦拼命阻挡 tə^{55}ptsʰɪ^{55}

越过跨越 tə^{55}mdʐi^{55}

催促 ʂtɕə^{55}ʂtɕə^{55}

搅动 pa^{55}ʂtʂa^{33}

灌溉～田地 a^{55}jo^{33}

戴～帽子 ku^{55}wi^{55}

穿戴～衣服 ə^{55}ki^{55}

驮～东西 kə^{55}ptɕʰə^{33}

燃烧烈火～ ə^{55}ptse^{55}

点燃 ku^{55}pɛ^{33}lɛ^{33}

溶化 a^{55}jye^{55}

哈气嘴巴～ xa^{55}mui^{55}

准备 kə^{55}fsʰa^{33}fsʰa^{33}

步行 ndʐy^{33}ndʐy^{55}

来敬语 və^{24}

过来小步走～ kə^{55}ʑe^{33}

通过 ə^{55}mtɕʰɪ^{33}

完成 wu^{24}

听话 tɕʰi^{55}tɛ^{55}ku^{24}

剩下余留大部分 m̥ə^{55}ɬa^{33}

雇用 kə^{33}vla^{55}

拜托 kə^{55}ptɕʰa^{33}ptɕʰa^{33}

嘱咐 ə^{55}ʂkɛ^{55}

关～牛 kə^{55}kʰə^{55}

团年～聚餐 kə^{33}mto^{55}

打扮 to^{33}nkʰa^{55}a^{33}mui^{33}

争抢 tə^{55}ta^{33}

洗漱 tɕʰə^{55}pte^{33}

赛马 mnɔ^{33}lɛ^{55}lɛ^{33}

狗摆尾 ʂtɕʊ^{33}ʂtɕʊ^{55}

养育 ə^{55}ptɕy^{55}

捡～球 a^{55}ve^{33}li^{33}

披～衣服 a^{55}tue^{33}

孝顺 ɬa^{55}gu^{33}

舀～水 a^{55}tui^{33}tui^{33}

倒塌房子～ a^{55}ptʂʅ^{33}

熏 ə^{55}ʑʊ^{55}

发霉 kə^{55}n̥ə^{33}tʂʰe^{33}

蜷缩 ə^{55}kə^{33}mə^{33}

浸泡～帕子 a^{55}pe^{33}

罚款 dʑu^{55}di^{33}

放生 sʅ^{55}tɛ^{55}kə^{33}lɛ^{33}

带～路 tə^{33}si^{55}

弄倒～墙 tə^{55}vlɛ^{33}

吹～灰尘 tə^{33}mɛ^{55}

吹～喇叭 tə^{33}mɛ^{55}

搀扶 kə^{55}ʂta^{55}

缠线 ə^{55}pte^{55}li^{33}

挨近～一点 kə^{55}mtʰɛ^{33}mtʰɛ^{33}

思考 a^{55}mɛ^{55}mɛ^{33}

凝视 kə^{55}to^{33}tə^{33}mtɕʰi^{33}

集合刚刚～ kə^{55}mtso^{55}

安装～机器 a^{55}ptʂa^{55}

估计 ə^{55}mp^{h}ɛ^{33}tui^{33}

卡住 kə^{55}pts^{h}ɛ^{55}

磨～面 a^{55}tʂu^{33}

驱赶 a^{55}t^{h}ɛ^{55}

痊愈病～ ə^{55}sɿ^{33}

射中～箭靶 kə^{55}zo^{33}

生～疮 nə^{55}tɛ^{33}

隐瞒 kə^{55}vzo^{55}

召集 kə^{55}pə^{33}lə^{33}

蜇蜜蜂～了一下 ndʑɛ^{55}

指～路 kə^{55}ts^{h}o^{33}

清洗 a^{55}ntɕ^{h}o^{33}

埋葬 a^{55}to^{55}

命令 lo^{55}t^{h}ɛ^{55}

承诺 ka^{55}ŋa^{55}lɪ^{33}

朗读～课文 a^{55}mtsi^{33}

拿出 ə^{55}t^{h}ɛ^{55}t^{h}ɛ^{33}

出力 tɕu^{33}mu^{55}ŋə^{55}t^{h}ɛ^{33}

瞎眼～掉了 ʑa^{55}gu^{33}

过～藏历年 lu^{55}se^{33}zɿ^{33}

接～电线 kə^{55}ptsɛ^{33}ptsɛ^{33}

鼓～起肚皮 ŋə^{55}ts^{h}o^{33}

赶～走 a^{55}t^{h}ɛ^{33}

赶～牛 tə^{55}n̥o^{55}

偷看 zə^{55}su^{33}mue^{33}

听说 fɕe^{55}fɕe^{55}

当～老师 a^{55}mue^{55}

盖～房子 ə^{55}t^{h}u^{55}

积～肥 a^{55}dui^{55}

唠叨 fɕe^{55}zɛ^{55}pɛ^{55}pɛ^{33}

逗～小孩儿 ptsa^{55}hpu^{33}

拦～住 tə^{55}pts^{h}ɪ^{55}

忍住 ə^{55}ntʂu^{55}

忍不住 ə^{55}ntʂu^{33}mə^{55}ts^{h}ə^{55}

低～头 kə^{55}nku^{55}

绕～了一圈 ə^{55}ke^{55}vi^{33}

搂～抱 kə^{55}pə^{33}ko^{33}

调教 a^{55}gi^{33}

相遇 kə^{55}du^{33}

互助 te^{55}tɛ^{53}

打哈欠 xa^{55}t^{h}i^{55}mue^{33}

睡觉打瞌睡 mi^{55}ntsu^{55}

睡着 a^{55}mi^{33}

晕～了 tə^{55}n̥u^{55}le^{33}

做官 gu^{55}tʂ^{h}ɿ^{55}mue^{33}

老派妇女发音 gu^{55}ɕ^{h}ɿ^{55}mue^{33}

起来 tə^{55}ka^{33}tɕa^{33}

愁～这件事情 nɛ^{55}vʒi^{33}

挣脱 ŋə^{55}ptʂ^{h}a^{55}

谈论 tʂui^{55}ga^{33}

劝架 kə^{55}ta^{33}ta^{33}

劈雷～ t^{h}o^{55}kə^{55}ʐo^{33}

涂抹 kə^{55}ʑə^{33}lə^{33}

动～了一下 kə^{55}t^{h}ui^{33}

碾～压 ŋə^{55}ptɕ^{h}i^{33}ptɕ^{h}i^{33}

划～船 gui^{55}

打鼓 dʑo^{55}dʑo^{55}

保护 tʂo^{55}tɕo^{55}kə^{33}mei^{33}

成家 tɕ^{h}o^{55}mts^{h}o^{55}a^{33}mue^{33}

蹦跳 k^{h}u^{55}dze^{33}

卡住头～了 nə^{55}pts^{h}ɛ^{55}

散～会 a^{55}mnɛ^{33}

脱落 tə^{55}gi^{55}

惊动 tɛ^{55}mts^{h}ɛ^{55}mts^{h}ɛ^{33}

吞～口水 a^{55}mi^{55}

按～住 a^{55}vzɛ^{55}

凋谢枯黄～ a^{55}ja^{33}

划伤 mi^{55}gə^{33}tʰɛ^{33}

张嘴～说话状态 ji^{24}ə^{55}fɕe^{55}

裁剪 a^{55}tʂɪ^{55}tʂɪ^{33}

举手 ja^{55}a^{33}htɕo^{53}

刷牙 ɕʰi^{24}a^{55}ntʃʰə^{33}

输液 je^{55}ə^{55}tə^{55}

挨打 mde^{55}zɛ^{33}kə^{55}za̤^{33}

揉面 ʂtɕy^{55}zɛ^{33}li^{33}

捆住 ka^{55}mtɕo^{33}li^{33}

捡到～钱 ə^{55}nka^{33}

剁细 a^{55}ʂtsa^{33}

戳穿 tə^{55}tɕʰu^{33}

弄错～这事情 a^{55}ȵy^{33}

结～果子 ŋə^{55}ȵo^{33}

拔掉 tə^{55}ptʂʅ^{55}

存放 kə^{55}ȵo^{55}no^{33}

旋转 ə^{55}ʂtɕo^{53}

用计要小花招儿 tsʰɛ^{55}gi^{33}mue^{33}

折叠 kə^{55}ntsʅ^{33}

搅浑 tə^{55}pa^{33}ʂtʂa^{33}

挑拨 ɕə^{55}ɕə^{55}

浪荡～一辈子 ʂtɕi^{55}ʂtɕi^{55}

凝固 ə^{55}kʰa^{33}

守卫～家乡 ʂtsʰo^{55}ʂtɕo^{55}kə^{55}mue^{33}

撒～种子 a^{55}vʒɛ^{33}vʒɛ^{33}

吞咽 a^{55}mi^{55}

挠痒痒 a^{55}vʒa^{33}vʒa^{33}

敷衍～对方 a^{55}vʒi^{33}vʒi^{33}

吃光 tə^{55}hke^{33}

十二　性质状态

光亮～的房屋 ɬo^{33}ɬo^{53}

牢固 vlə^{55}vlə^{55}

新鲜～的空气 sɛ^{55}pe^{55}

锋利 tʰo^{55}tʰo^{55}

老实愚蠢 ma^{33}mpʰi^{55}

小的岁数～ je^{55}fe^{33}

严重～的事情 zu^{33}zu^{55}

真实 ŋu^{55}ma^{33}

和睦 mtʰe^{55}mtʰe^{55}

花的～衣服 ptʂʰa^{55}ptʂʰa^{55}vla^{33}vla^{33}

肥沃 tʂʅ^{55}tʂʅ^{55}

好喝 mi^{33}mi^{55}zɛ^{33}

难喝 ʂtʂu^{55}ʂtʂu^{55}zɛ^{33}

难吃 ʂtʂu^{55}ʂtʂu^{55}zɛ^{33}

好看 tə^{33}zʅ^{55}zʅ^{33}

辛苦～的人 ʂka^{55}

恶毒～的坏人 nɛ^{24}tʂu^{55}tʂu^{55}

恶心～的事情 tʰɛ^{55}ptui^{55}

疯狂～的想法 ntɕʰɪ^{55}pe^{33}

聋的耳朵～ pʊ^{55}

相似长得～ kʰu^{55}nkʰo^{55}

心狠～的村主任 nɛ^{24}ka^{33}kʰa^{33}

难讲特别～ a^{55}fɕe^{55}ka^{55}ka^{55}

吝啬 mə^{55}bdʑə^{33}ndu^{33}

昌盛很繁荣～ tə^{55}mtɕʰe^{33}

相同的 ndza̤^{33}ndza̤^{55}

丰富的 ptɕa^{55}kʰa^{53}kə^{55}mtsua^{53}

圆坨坨肥胖 tsʰu^{55}po^{55}lo^{33}

绿油油 ȵo^{55}ku^{55}ku^{33}

静悄悄 mtɕe^{55}ma^{55}ma^{33}

黑乎乎 na^{33}ko^{55}ko^{33}

灰扑扑 tə^{55}lu^{55}lu^{33}

空荡荡 ŋo^{33}hti^{55}hti^{33}

红彤彤 n̥i^{55}to^{55}to^{33}

亮堂堂 s^{h}o^{33}wu^{55}wu^{33}

活生生 sui^{55}ko^{55}ko^{33}

白花花老派妇女发音 ɕ^{h}e^{55}wu^{55}wu^{33}

冷飕飕 ve^{55}ŋa^{55}ŋa^{33}

热烘烘 lu^{55}di^{55}di^{33}

尖溜溜 t^{h}o^{55}ʂtsə^{55}ʂtsə^{33}

红艳艳 n̥i^{55}zə^{55}zə^{33}

硬邦邦 ka^{33}ti^{55}ti^{33}

湿漉漉 dʑy^{33}ndʑə^{55}ndʑə^{33}

臭烘烘 tʂʅ^{55}ni^{33}ne^{33}

酸溜溜 zo^{33}di^{55}di^{33}

黄灿灿 ʂʅ^{55}di^{55}di^{33}

十三　数量

九十四 ngə^{55}zʅ^{33}də^{33}

二百零一 nɛ^{55}dʑɪ^{33}tɛ^{55}ji^{53}

三百零二 s^{h}e^{55}dʑɪ^{55}na^{55}ji^{33}

四百零三 də^{55}dʑɪ^{55}s^{h}e^{55}ji^{53}

五百零四 gue^{33}dʑɪ^{55}də^{55}ji^{53}

六百零五 tʂ^{h}o^{55}dʑɪ^{55}ŋue^{33}ji^{53}

七百零六 ne^{55}dʑɪ^{55}tʂ^{h}o^{55}ji^{53}

八百一十七 dʑe^{55}dʑɪ^{53}ts^{h}ɛ^{55}ne^{55}ji^{33}

十万 nbu^{55}ʂtɛ^{53}

百万 fɕi^{55}ntɕ^{h}ʊ^{33}

十四　代副介连词

什么老派常用 tɕ^{h}ə^{55}zə^{33}

独自 jʊ^{55}zi^{33}

私下～说 zʅ^{24}zʅ^{33}

刚刚 tsu^{55}tsu^{55}we^{24}

突然 xa^{55}ma^{33}

也民族词 zə^{33}

或者 jo^{33}me^{33}na^{33}

除了 ma^{33}ji^{55}ts^{h}a^{33}la^{33}

第五章 语法

第一节

词类

本节把扎坝语的词分为名词、数词、量词、代词、动词、形容词、副词七个大类，对各类词的语法特征及语法功能展开分析描写。名词、代词、数词、量词的主要功能是充当句子的主语、宾语等，不可以单独在句中做谓语，但可以组成“系词＋名词性词语”充任复杂谓语。名词和代词能够带上数标记，普通名词和代词没有性范畴的区别。动词主要在句中充当谓语，可以添加时、体、语气、情态、示证等语法标记。形容词主要在句中充当定语，添加了趋向前缀的“唯谓形容词”可在句中充当谓语，可以添加体、语气、情态等语法标记。副词的数量并不丰富，它们一般置于动词或形容词之前，某些副词重叠后表示程度的加深。

一　名词

扎坝语的名词是开放的词类。名词按照所指对象的不同可分为普通名词、专有名词、方位名词、时间名词。扎坝语的名词能带数标记、性标记、小称标记、格标记等语法标记。名词还能带上名物化标记表达有定意义。跟名词相关的形态句法特征在名词的句法功能部分详细介绍，本节仅仅介绍名词的下位类别。

（一）普通名词

普通名词内部可细分为指物名词、指人名词等小类。

1. 扎坝语中最多的就是指物名词。例如：

tsʰɛ^{55}n̥ə^{33}n̥ə^{33} 青菜	me^{33}to^{55}tsʰɛ^{33} 花菜	pe^{55}pe^{55}tɕe^{55}tɕe^{53} 大杯子
tẽ^{53}n̥i^{55}n̥i^{53} 红灯	tʰɪ^{24}dʑy^{33} 生肉	dʑye^{24}kə^{55}mia^{33} 熟鱼
kʰa^{55}ji^{33} 乌鸦	n̥ə^{55}pə^{55}ti^{33} 尾巴	ptsʰa^{33}la^{53} 菜锅

2. 扎坝语中指人名词的数量也十分丰富。例如：

ndẓo^{55}pe^{55} 牧民　　tṣo^{55}tṣʅ^{33}ji^{33} 裁缝　　jo^{33}mu^{55} 女佣

ɬa^{33} 画师　　mə^{55}ti^{55}vzʅ^{33} 外人　　dẓə^{33}ndẓu^{55} 瘦子

m̥a^{33}m̥i^{55} 军人　　ɬo^{33}ma^{55} 学者　　ɬa^{33}ta^{55}pa^{33} 地主

（二）专有名词

专有名词包括人名、地名、专有机构名、专有处所名等。例如：

ɬa^{33}mu^{53} 拉姆　　ṇa^{55}tɕ^{h}u^{33}k^{h}ɛ^{33} 雅江　　də^{33}gi^{55} 德格

zã^{33}nbo^{53} 让布　　ẓa^{33}ŋa^{33}k^{h}a^{33} 新都桥　　ndza^{55}tɕ^{h}u^{55}k^{h}ɛ^{33} 石渠

ndẓo^{33}ma^{53} 卓玛　　ɬa^{55}s^{h}a^{53} 西藏　　tṣue^{55}ṇi^{55} 仲尼乡

（三）方位名词

方位名词用以表达空间方位的处所、位置和距离等。某些方位名词内部还可按照近、远、最远的距离区别不同的小类，如ẓʊ^{55}p^{h}ɔ^{53}"斜上方近的位置"、a^{55}ẓʊ^{55}p^{h}ɔ^{33}"斜上方远的位置"、a^{55}də^{33}ṣtɛ^{53}"斜上方最远的位置"。一般情况下，表示"远"的方位时，需要在表示"近"的方位名词之前添加a^{55}；表达"最远"的方位时，添加a^{55}də^{33}。表5–1是对方位名词的汇总。

表5–1　扎坝语的方位名词

方位	近	远	最远
直上方	t^{h}a^{33}pe^{53}		
直下方	ʒɪ^{33}pe^{53}		
斜上方	ẓʊ^{55}p^{h}ɔ^{53}	a^{55}ẓʊ^{55}p^{h}ɔ^{33}	a^{55}də^{33}ṣtɛ^{53}
斜下方	wʊ^{55}p^{h}ɔ^{53}	a^{55}wʊ^{33}p^{h}ɔ^{33}	a^{55}də^{33}tɕ^{h}i^{33}pe^{53} a^{55}wʊ^{33}tɕ^{h}i^{33}pe^{53}
上游方 左边	ɕ^{h}ʊ^{33}p^{h}ɔ^{53} ɕe^{55}ŋʊ^{53}	a^{55}ɕ^{h}ʊ^{33}p^{h}ɔ^{53}	a^{55}də^{33}ɕ^{h}ʊ^{24}
下游方 右边	ṣtui^{55}ŋʊ^{53} ŋe^{33}p^{h}ɔ^{53}	a^{55}ŋe^{33}p^{h}ɔ^{53}	a^{55}də^{33}ŋe^{24}
前面	ŋue^{55}pe^{53}	ṣti^{33}ŋue^{55}pe^{33}	
后面	ts^{h}ə^{55}pe^{53}	ṣti^{33}ts^{h}ə^{55}pe^{53}	
里面	k^{h}ə^{55}pe^{53}	ṣti^{33}k^{h}ə^{55}pe^{33}	
外面	nu^{33}pe^{53}	ṣti^{33}nu^{33}pe^{53}	

续 表

方位	近	远	最远
面前	$nə^{55}nge^{53}$		
背后	$gə^{55}nu^{33}$		
旁边	$zə^{55}k^{h}a^{33}$		

从上表可知，在指称空间方位时，倾斜平面以及左右方位分别按照远近距离三分；前、后、里、外的方位有远、近的差别；直上方、直下方、面前、背后和旁边等方位没有远、近的差别。这一特殊空间方位体系跟扎坝人居住的周边环境相关：扎坝房屋多建于大山山腰，因此对倾斜方向空间定位较为敏感。同理，扎坝境内从北部方言区的道孚境内延续至南部方言区的雅江境内大都是依山傍水的环境，区内的鲜水河以及雅砻江常年水流不断，因此水流走向也成了扎坝人判断方向的主要参照。

（四）时间名词

扎坝语对一年四季的时间区分较为模糊，全年大致只有冬天和非冬天的分别。春、夏季习惯都使用表示季节的名词 $ze^{33}tʂ^{h}e^{53}$，内部不再做细致区分。历法等具体时间（如：2017年1月1日）几乎无法用扎坝语来表达。若在会话中需要对某一具体时间进行描述，大多借用汉语四川方言词汇，或直接用“那天”“那时候”等汉语表达式。例如：

春天	$ze^{33}tʂ^{h}e^{53}$	夏天	$ze^{33}tʂ^{h}e^{53}$
秋天	$ptɕ^{h}ʊ^{55}ts^{h}ə^{33}$	冬天	$\text{ʂ̥tsu}^{33}tʂ^{h}e^{53}$
今天	$a^{55}nə^{53}$	明天	$s^{h}o^{33}nə^{53}$
后天	$dʑa^{55}s^{h}o^{53}$	大后天	$ʑe^{33}s^{h}o^{53}$
昨天	$je^{33}nə^{53}$	前天	$je^{55}nə^{33}\text{n̥ə}^{33}$
大前天	$je^{55}ngə^{33}nə^{33}\text{n̥ə}^{33}$	今年	$ts^{h}ɛ^{55}nɛ^{33}$
明年	$s^{h}o^{55}nɛ^{53}$	后年	$ʑɪ^{55}nɛ^{53}$
去年	$jɪ^{55}ze^{53}$	前年	$jɪ^{55}\text{z̥ə}^{33}ze^{33}$

二　数词

（一）基数词和序数词

数词由基数词和序数词构成。扎坝语的基数词多使用固有词汇，但也偶尔掺杂藏语借词，而大部分序数词完全借用藏语词汇。单独罗列特定的数字时，基数词一般需要跟通用量词 ji^{33}“个”一起使用。若按顺序数数的话，可以脱离 ji^{33} 单独使用基数词。下面是从一到十的数字：

tɛ^{55} 一　nɛ^{55} 二　s^{h}e^{55} 三　də^{55} 四　ŋue^{33} 五

tʂ^{h}o^{55} 六　ne^{55} 七　dʑe^{55} 八　ngə^{55} 九　ts^{h}ɿ^{55} 十

十到二十的基数词使用加法形式，分别以十位数加个位数。十位数字ts^{h}ɿ^{55}和个位数字读音之间有时候会发生元音和谐。十到二十的基数词更倾向于添加ji^{33}。例如：

ts^{h}e^{55}tɛ^{55}ji^{33}　十一　ts^{h}o^{55}na^{55}ji^{33}　十二

ts^{h}o^{55}s^{h}e^{55}ji^{33}　十三　ts^{h}e^{55}də^{55}ji^{33}　十四

ts^{h}ɛ^{55}ŋue^{55}ji^{33}　十五　ts^{h}ɛ^{55}tʂ^{h}ua^{55}ji^{33}　十六

ts^{h}ɛ^{55}ne^{55}ji^{33}　十七　ts^{h}ɛ^{55}dʑe^{55}ji^{33}　十八

ts^{h}i^{55}ngə^{55}ji^{33}　十九　na^{55}ts^{h}ɿ^{33}tɛ^{55}ji^{53}　二十一

扎坝语更易接受基数词跟量词的组合方式。当脱离量词后，数词不能单独在句子中充当句法结构成分。即便是做加减乘除法运算时，也不能像汉语一样直接充当句子的主语、宾语。换言之，数词和通用量词ji^{33}共现的频率远远大于数词单独出现的频率。

数词是采用十进制。四十、五十、六十等的十位数直接在个位数上添加后缀zɿ^{33}。一百以上的数词也使用加法形式，将表示一百的词dʑɪ^{55}直接加上个位或十位数字，中间不加连词。位数大的数字单位在扎坝语中也可表达，但几乎都是借自藏语的词汇。例如：

də^{55}zɿ^{33}　四十　ŋue^{55}zɿ^{33}　五十

tʂ^{h}o^{55}zɿ^{33}　六十　ne^{55}zɿ^{53}　七十

dʑe^{55}zɿ^{53}　八十　ngə^{55}zɿ^{33}　九十

dʑɪ^{55}　百　dʑɪ^{24}tɛ^{55}ji^{53}　一百零一

nɛ^{55}dʑɪ^{55}　两百　nɛ^{55}dʑɪ^{33}tɛ^{55}ji^{53}　二百零一

s^{h}e^{55}dʑɪ^{55}　三百　s^{h}e^{55}dʑɪ^{55}na^{55}ji^{33}　三百零二

də^{55}dʑɪ^{55}　四百　də^{55}dʑɪ^{55}s^{h}e^{55}ji^{53}　四百零三

ŋue^{33}dʑɪ^{55}　五百　ŋue^{33}dʑɪ^{55}də^{55}ji^{53}　五百零四

tʂ^{h}o^{55}dʑɪ^{55}　六百　tʂ^{h}o^{55}dʑɪ^{55}ŋue^{33}ji^{53}　六百零五

ne^{55}dʑɪ^{55}　七百　ne^{55}dʑɪ^{55}tʂ^{h}o^{55}ji^{53}　七百零六

dʑe^{55}dʑɪ^{55}　八百　dʑe^{55}dʑɪ^{53}ts^{h}ɛ^{55}ne^{55}ji^{33}　八百一十七

ngə^{55}dʑɪ^{55}　九百　ngə^{55}dʑɪ^{53}nɛ^{55}ts^{h}ɿ^{33}dʑe^{55}ji^{53}　九百二十八

to^{55}mtʂ^{h}ua^{55}tɛ^{33}ji^{33}　一千　tʂ^{h}ɿ^{55}tʂ^{h}u^{55}tɛ^{33}ji^{33}　一万

nbu^{55}ʂtɛ^{53}　十万　fɕi^{55}ntɕ^{h}ʊ^{33}　百万

千位或以上的序数词通常采用位数加和的方式表达，在位数单位后添加连词nə^{33}“和”，但连词一般只添加在千位或比千位大的位数上。例如：

to^{55}mtʂʰua^{55} tɛ^{33}-ji^{33}=nə^{24} dʑe^{55}dʑɪ^{53} tsʰɛ^{55}ne^{55}ji^{33}

千 一-CL=CONJ 八百 一十七

一千八百一十七

tʂʰʅ^{55}tsʰu^{53} tɛ^{33}-ji^{33}=nə^{24} to^{55}mtʂʰua^{55} ŋue^{33}-ji^{53}=nə^{24} sʰe^{55}dʑɪ^{55} nɛ^{55}tsʰʅ^{33}

万 一-CL=CONJ 千 五-CL=CONJ 三百 二十

一万零五千三百二十

在表达约数时，除了可以把数字的前后两者直接组合外，还可让表示位数的词直接跟不定量化词kʰa^{33}tʂʊ^{53}“大约”、ʂte^{33}ʂte^{33}“大约”、ta^{55}tʰe^{53}“个把个”组合起来，或者把表示疑问或不定数量的词kʰa^{33}tʂʊ^{53}“大约”用作约数。例如：

sʰə^{55}də^{33}ji^{33} 三四个 tsʰə^{33}tsʰʅ^{55}ji^{33} 十多个

dʑɪ^{55}kʰa^{33}tʂʊ^{53} 百把个 ʂto^{55}mtʂʰua^{55}kʰa^{33}tʂʊ^{53} 千把个

nɛ^{55}tsʰʅ^{33}kʰa^{33}tʂʊ^{53} 二十几个 də^{55}zʅ^{33}kʰa^{33}tʂʊ^{53} 四十几个

序数词几乎都借自藏语，这些词中的pa^{53}的辅音会发生增音（增加一个鼻音）或受前一音节辅音的影响，发生顺同化音变。例如：

ta^{55}**npu**^{33} 第一 ȵi^{55}pa^{53} 第二

sõ^{55}**n**pa^{53} 第三 vʒi^{24}pa^{53} 第四

na^{55}pa^{53} 第五 tʂu^{33}pa^{53} 第六

mdə^{55}**m**pa^{53} 第七 mtɕe^{55}pa^{53} 第八

ngu^{55}pa^{53} 第九 ptɕu^{55}pa^{53} 第十

（二）计数法和运算法

加减法分别使用动词kə^{55}ʂti^{53}“相加”和tə^{55}tʂʰʅ^{53}“相减”来表达。在表达加法时，可在位数后面添加处所格标记tʰa^{33}“上面”。减法表达式中一般不添加处所格标记，但需在被减数后面添加与格标记wu^{33}“上面、对于”。陈述加法的运算结果需使用动词ə^{55}tə^{55}tʂʰə^{33}“汇总，等于”，而陈述减法的运算结果则直接使用系词。例如：

tʂʰo^{55}-ji^{33}=tʰa^{33} nɛ^{55}-ji^{53} kə^{55}-ʂti^{53} dʑe^{55}-ji^{53} ə^{55}-tə^{55}tʂʰə^{33}.

六-CL=LOC 二-CL DIR-加 八-CL DIR-汇总，等于

六加上二等于八。

dʑe^{55}-ji^{33}=wu^{33} nɛ^{55}-ji^{53} tə^{55}-tʂʰʅ^{53} tʂʰo^{55}-ji^{53} zɛ^{33}.

八-CL=DAT 二-CL DIR-减去 六-CL COP

八减去二等于六。

乘法是以“倍数”方式表达，通常只能表示1倍到4倍的关系，4倍以上的关系很难表达。扎坝语表达乘法时的数词也几乎都借用藏语，然后添加表倍数关系的lo^{55}。例如：

一倍 a×1 $tɕi^{55}lo^{55}$

二倍 a×2 $ni^{55}lo^{55}$

三倍 a×3 $sõ^{55}lo^{55}$

四倍 a×4 $vʒi^{55}lo^{55}$

除法是借用“和……分开”的形式，使用动词$a^{55}vi^{33}$“分开、除”。若需要表达具体是几分的关系，则删除动词的趋向前缀a^{55}，把基数词添加在动词词根vi^{33}之前。例如：

$ts^hɿ^{55}$-ji^{55} $nɛ^{55}vi^{33}$ $ə^{55}$-mue^{55}=$hkia^{33}$ $ŋue^{55}$-ji^{55} $ŋue^{55}$-ji^{55}.

十-CL 二分 DIR-做=LNK 五-CL 五-CL

十除以二等于五。

扎坝语没有小数表达式，分数的使用场合也极其有限。老年人一般都不了解如何使用分数，只有年轻一代还能根据汉语四川方言的说法勉强对译出来。分数表达式在分母后面添加处所格标记$k^hə^{55}$“里面”。例如：

$ts^hɿ^{55}ʂka^{53}$=$k^hə^{55}$ $də^{55}ʂka^{53}$ $^4/_{10}$

十份=LOC 四份

十分之四（十份里面的四份）

$sə^{55}ʂka^{53}$=$k^hə^{55}$ $tɛ^{55}ʂka^{53}$ $^1/_3$

三份=LOC 一份

三分之一（三份里面的一份）

（三）量化词

常见的量化词有全称量化词、存在量化词①。全称量化词类似于汉语“都、全部、所有”的含义。量化词在扎坝语中极其有限，不能像汉语那样根据量化对象不同，区分出“每人、每时、每个、任何一个、所有、一切”等词项。常用的全称量化词只有$nbe^{33}lɪ^{53}$“全部”“都”。例如：

$ts^hɛ^{55}nɛ^{33}$=$zə^{33}$ $pʊ^{55}pi^{33}$ $nbe^{33}lɪ^{53}$ $kə^{55}$-$htsɿ^{55}$-wu^{33} $s^ho^{55}nɛ^{53}$ $kə^{55}$-$dʊ^{53}$ $ŋə^{55}$-$tɛ^{33}$-wu^{33}.

今年=POSS 虫草 全部 DIR-吃-PFV 明年 DIR-等 DIR-到-PFV

今年的虫草全都吃完了，只有等到明年了。

$ntɕ^hɛ^{33}$-$zɛ^{55}$ $nbe^{33}lɪ^{55}$ $kə^{55}$-$s^hɛ^{33}$-$ʂtia^{33}$-$zɛ^{55}$-$dɛ^{33}dzɛ^{33}$.

羊-PL 全部 DIR-杀-PFV:N.EGO-GNO-HS

听说羊全部被杀了。

---

① 量化词（quantifier）指一组表示数量对立的语项。根据语义差别，量化词内部可分为全称量化词（universal quantifier），如“所有的”“每个”“全部”，等等；以及存在量化词（existential quantifier），如“有些”“几个”“某些”“至少一个”，等等（Crystal 2008：398）。

除了使用一个专用的全称量化词nbe^{33}lɪ^{53}以外，有时重叠名词或量词也能表达全称量化。例如：

pə^{33}dʑə^{55}-z̢e^{33}　ȵə^{33}ȵə^{55}　ntɕʰɛ^{55}ȵi^{33}　tʰe^{55}-tʂə^{33}-z̢ɛ^{33}.

孩子-PL　天天　羊奶　喝-IMPV-GNO

孩子们每天都喝羊奶。

存在量化词表示总量中的一部分，或整体中的一些。存在量化词的词项也比较有限，常常使用tɛ^{55}tʰɛ^{55}“一些”来表达汉语中的“有些、有的、某些”等含义。tɛ^{55}tʰɛ^{55}在意义上等同于tɛ^{55}mtɕʰy^{55}“某些”、tɛ^{55}z̢e^{55}“（量大的）一群”、ɣə^{55}pɛ^{55}“（量小的）一群”。tɛ^{55}z̢e^{55}从构词上还能看到数词tɛ^{55}“一”跟复数标记z̢e^{55}结合的痕迹。部分量化词除了可在句中做主语、宾语外还可做定语。例如：

pui^{55}pa^{33}　tɛ^{55}tʰɛ^{55}　dʑye^{24}tsɿ^{55}-ndu^{33}-tʂə^{33}-z̢ɛ^{33},　tɛ^{55}z̢e^{55}　mə^{55}-ndu^{33}-tʂə^{33}-z̢ɛ^{33}.

藏族人　一些　吃鱼-AUX-IMPV-GNO　一些　NEG-AUX-IMPV-GNO

一些藏族人会吃鱼，一些不会吃。

tʂẽ^{33}fu^{55}　pui^{55}pa^{33}-z̢e^{33}=wu^{33}　tɛ^{55}tʰɛ^{55}　tə^{55}-kʰi^{33}-ʂtia^{33}-z̢ɛ^{33}.

政府　藏族人-PL=DAT　一些　DIR-给-PFV:N.EGO-GNO

政府（的人）给了藏族人一些（低保费）。

jʊ^{33}nɛ^{53}　mnɔ^{24}　tɛ^{55}tʰɛ^{55}　kə^{55}-fɕi^{53}-ʂtia^{33}.

3dl.REFL　马　一些　DIR-买-PFV:N.EGO

他俩自己买了一些马。

三　量词

量词内部可分为个体量词、集合量词和度量词、临时量词三大类。扎坝语还具有一批与动词搭配的动量词，往往根据动作行为实现的方式或手段差异而选择不同的动量词。以下分别就几类重要的量词进行初步描写分析。

（一）个体量词

从语义特征上看，个体量词跟名词的物理属性、功能和社会性质密切相关。个体量词在和数词组合时主要置于数词之后，有时个体量词还会跟数词发生元音和谐（Huang 2022）。以下是数词tɛ^{55}“一”跟个体量词搭配的情况。例如：

tɛ^{55}　+ tɕy^{53}只　tɛ^{55}tɕy^{53}　一匹、一只、一条、一支

tɛ^{55}　+ ji^{53}个　tɛ^{55}ji^{53}　一个、一张、一头、一把、一面、一辆、一朵、一颗

tɛ^{55}　+ ji^{55}lɪ^{33}顿　tɛ^{55}ji^{55}lɪ^{33}　一顿、一剂

ta^{55}　+ tɕʰa^{53}副　ta^{55}tɕʰa^{53}　一副

ta^{55}	+ za^{53}个/位	ta^{55}za^{53}	一个
ta^{55}	+ pa^{53}床	ta^{55}pa^{53}	一只、一床、一领
ta^{55}	+ ʂ̥tu^{53}条	ta^{55}ʂ̥tu^{53}	一条
ta^{55}	+ zu^{53}双	ta^{55}zu^{53}	一双
tɛ^{55}	+ tʂ̥^{h}e^{53}行	tɛ^{55}tʂ̥^{h}e^{53}	一行

个体量词内部也存在功能上的差距。有时汉语中需要使用不同的个体量词，但在扎坝语中却只使用同一个个体量词。这也反映了扎坝人在对物体几何形状或社会功能的认知上不同于包括汉族在内的其他民族。

个体量词tɛ^{55}ji^{53}相当于汉语的“一个”，用于对一般物体的分类，tɛ^{55}ji^{53}可合音为tɪ^{33}。ta^{55}za^{53}多用于指人名词、三维且为方形事物或身体各个器官。例如：

pei^{55}pei^{55}	tɛ^{55}ji^{53}	一个杯子	pĩ^{33}gɔ^{55}	tɛ^{55}ji^{53}	一个苹果
杯子	一个		苹果	一个	
jã^{33}ɕã^{55}	tɛ^{55}ji^{53}	一块肥皂	pə^{33}dʑə^{55}	tɪ^{55}	一个男孩
肥皂	一块		男孩	一个	
lu^{33}dʑu^{55}	tɪ^{33}	一段历史	ge^{55}ge^{33}	tɪ^{33}	一个老师
历史	一段		老师	一个	

有时也可按照社会属性划分个体量词。某些指人名词可同时使用tɛ^{55}ji^{53}和ta^{55}za^{53}，但ta^{55}za^{53}更倾向于指人，略带尊称之义，有点近似汉语中的“一位”。以下例子中的“男人、兄弟”等都是指人名词，且跟说话人关系较为亲密，使用ta^{55}za^{53}表达尊敬。

zɪ^{24}	tɛ^{55}ji^{53}/ta^{55}za^{53}	一个女人	ge^{55}ge^{33}	tɛ^{55}ji^{53}/ta^{55}za^{53}	一个老师
女人	一个		老师	一个	
s^{h}ue^{55}	ta^{55}za^{53}/tɛ^{55}ji^{53}	一个男人	ve^{55}ɳə^{55}p^{h}a^{33}	tɛ^{55}ji^{53}/ta^{55}za^{53}	一个兄弟
男人	一个		兄弟	一个	

个体量词tɛ^{55}tɕy^{53}主要用于表长条状事物的名词之后，相当于汉语的“匹、条、把、根、支”。无论名词是否有生命度，只要符合外形为长条状都可用tɛ^{55}tɕy^{53}修饰。tɛ^{55}tɕy^{53}中数词tɛ^{55}的辅音还可脱落，音变为ɪ^{33}tɕy^{33}。例如：

va^{55}	tɛ^{55}tɕy^{53}	一头猪	k^{h}ə^{55}	tɛ^{55}tɕy^{53}	一条狗
猪	一头		狗	一条	
nbə^{33}zə^{55}	tɛ^{55}tɕy^{53}	一把刀	ki^{33}ka^{55}	tɛ^{55}tɕy^{53}	一根绳子
刀	一把		绳子	一根	
pi^{55}	tɛ^{55}tɕy^{53}	一支笔	ji^{24}	tɛ^{55}tɕy^{53}	一座房子（长条状）
笔	一支		房子	一座	

dʑɛ^{33}lɛ^{55}	tɛ^{55}tɕy^{53}	一条路	we^{53}	tɛ^{55}tɕy^{53}	一根肠子
路	一条		肠子	一条	
mnɔ^{24}	tɛ^{33}tɕy^{33}	一匹马	tʂʅ^{55}mpʰe^{33}	tɛ^{33}tɕy^{33}	一匹公驴
马	一匹		公驴	一匹	

有的名词对个体量词的选择受该民族认知影响，这些名词需要搭配专有的个体量词。就像“牛”这个名词，它在扎坝语中一般不使用表示长条状的个体量词tɛ^{33}tɕy^{33}，在扎坝人的认知中“牛”并非是长条状的，而是三维立体的大的个体，所以必须使用通用量词“个”。例如：

gə^{33}wə^{55}	tɛ^{55}ji^{53}	一头牛	(*tɛ^{55}tɕy^{53})
牛	一头		

扎坝人认为猪、狗是长条状的，因此个体量词选取表示长条状的tɛ^{55}tɕy^{53}；但牛是方形的，因此只能用通用个体量词tɛ^{55}ji^{53}“一个”。同样，有时候个体量词和名词的搭配还需考虑名词的情感色彩。下例中，人嘴和动物的嘴不同，动物的嘴多带有贬义色彩，且伴有戏谑意味，因此修饰动物嘴的个体量词不能用来修饰人的嘴。

mnɔ^{24}＝zə^{53}	nɛ^{55}mɛ^{53}	tɛ^{55}tɕy^{53}	马的一张嘴	
马＝POSS	嘴	一张		
sʰue^{55}＝zə^{53}	nɛ^{55}mɛ^{53}	tɛ^{55}ji^{53}	人的一张嘴	(*tɛ^{55}tɕy^{53})
人＝POSS	嘴	一张		

而ta^{55}pa^{53}用于片状物，或有翅膀的某些动物，相当于“只、片、张、面、块”。例如：

ptsa^{24}	ta^{55}pa^{53}	一只鸡	pə^{55}jʊ^{33}	ta^{55}pa^{53}	一只蚊子
鸡	一只		蚊子	一只	
pʰu^{55}gue^{53}	ta^{55}pa^{53}	一床被子	ɕʰə^{33}gu^{55}	ta^{55}pa^{53}	一面镜子
被子	一床		镜子	一面	
ɕʰu^{33}və^{55}	ta^{55}pa^{53}	一张纸	nge^{24}	ta^{55}pa^{53}	一扇门
纸	一张		门	一扇	

个体量词ta^{55}ʂtu^{53}用于长的、直径比较粗的物体，相当于“捆、条、根”。例如：

pə^{55}ptʂi^{33}	ta^{55}ʂtu^{53}	一条蛇	ndʐu^{55}	ta^{55}ʂtu^{53}	一条龙
蛇	一条		龙	一条	
tʰa^{55}tʰa^{33}	ta^{55}ʂtu^{53}	一捆绳子	de^{55}dʑi^{53}	ta^{55}ʂtu^{53}	一根项链
绳子	一捆		项链	一根	

虽然ta^{55}ʂtu^{53}对应于汉语的“条、根”等个体量词，但它的使用情况跟汉语并不相同。ta^{55}ʂtu^{53}不能用来指“头发丝、香烟、毛毛虫”等，因为这些事物并不具有一定长度且直径

较粗的语义特征。和头发、香烟相比，蛇、龙、绳子的直径较粗，因此使用ta^{55}ʂtu^{53}。

个体量词ta^{55}pu^{53}专门用于对植物进行分类，相当于“棵、朵、株”。例如：

sʰa^{24}	ta^{55}pu^{53}	一棵树	me^{33}to^{55}	ta^{55}pu^{53}	一朵花
树	一棵		花	一朵	
tʂo^{24}	ta^{55}pu^{53}	一根草	ɕʰʊ^{33}mo^{53}	ta^{55}pu^{53}	一株松茸
草	一根		松茸	一株	

个体量词ta^{55}zu^{53}用于成双、成对的物体，且只能穿戴于脚上；ta^{55}tɕʰa^{53}用于成双、成对的物体，但不能穿戴在脚上。因此，从使用环境（功能）上可以区别两者（Huang 2022）。例如：

zɿ^{24}tsʰə^{33}	ta^{55}zu^{53}	一双鞋子	va^{33}tsɿ^{55}	ta^{55}zu^{53}	一双袜子
鞋子	一双		袜子	一双	
la^{55}ɕʊ^{33}	ta^{55}tɕʰa^{53}	一双手套	ʂʰa^{24}	ta^{55}tɕʰa^{53}	一双筷子
手套	一双		筷子	一双	

（二）集合量词和度量词

集合量词tɛ^{55}ʐe^{53}强调名词不同个体的总量，源于数词tɛ^{55}“一”与复数标记ʐe^{53}“些”的组合，相当于汉语的“一些、一群”。它只可修饰可数名词，无法修饰不可数名词，并且受集合量词修饰的名词不需要添加复数标记。例如：

*te^{55}nta^{33}	tɛ^{55}ʐe^{53}	一些事情	*htɕɪ^{55}	tɛ^{55}ʐe^{53}	一些酸奶
事情	一些		酸奶	一些	
*tə^{24}	tɛ^{55}ʐe^{53}	一些水	tɕo^{55}pe^{33}	tɛ^{55}ʐe^{53}	一群强盗
水	一些		强盗	一群	
pə^{33}dʑə^{55}	tɛ^{55}ʐe^{53}	一群小孩	mnɔ^{24}	tɛ^{55}ʐe^{53}	一群马
小孩	一群		马	一群	

度量词多源于名词，其中有表全量关系的ta^{55}tɕʰo^{53}，也有表部分量关系的ta^{55}ntʂʰə^{53}。被度量词修饰的名词可以是可数或不可数的。例如：

tə^{24}	ta^{55}tɕʰo^{53}	一碗水（装满）	n̥ə^{55}ndə^{33}	ta^{55}tɕʰo^{53}	一碗沙
水	一碗		沙	一碗	
tə^{24}	ta^{55}ntʂʰə^{53}	半碗水	n̥ə^{55}ndə^{33}	ta^{55}ntʂʰə^{53}	半碗沙
水	半碗		沙	半碗	

值得注意的是在表达某些临时度量关系时，扎坝语并没有专用的度量词，而是倾向于把名词兼用作度量词表达度量关系（Huang 2022）。度量词ta^{55}ja^{53}既可表示袋子中装满了“米、萝卜、酥油、苹果”等，又可表示未装满。例如：

mdʑɛ^{24}　ta^{55}ja^{53}　一袋米　la^{33}pə^{53}　ta^{55}ja^{53}　一袋萝卜

米　一袋　萝卜　一袋

mɪ^{33}lə^{55}　ta^{55}ja^{53}　一袋酥油　p^{h}ĩ^{33}gə^{53}　ta^{55}ja^{53}　一袋苹果

酥油　一袋　苹果　一袋

（三）临时量词

扎坝语若需表达汉语的临时量词功能，主要使用“个体量词 + 全称量词”形式。例如：

ȵa^{55}ȵi^{33}　tɛ^{55}pe^{53}　nbe^{33}lɪ^{53}　>　ȵa^{55}ȵi^{33}　tɛ^{55}pe^{53}　nbe^{33}lɪ^{53}　di^{24}　一脸的灰

脸　一张　全部　脸　一张　全部　灰

lə^{55}pə^{33}　tɛ^{55}tɕy^{55}　nbe^{33}lɪ^{55}　>　lə^{55}pə^{33}　tɛ^{55}tɕy^{55}　nbe^{33}lɪ^{55}　gue^{33}ji^{55}lɪ^{33}　一身牛粪

身体　一个　全部　身体　一个　全部　牛粪

nɛ^{55}mɛ^{55}　tɛ^{55}ji^{55}　nbe^{33}lɪ^{55}　>　nɛ^{55}mɛ^{55}　tɛ^{55}ji^{55}　nbe^{33}lɪ^{55}　ȵi^{55}　一嘴的油

嘴巴　一个　全部　嘴巴　一个　全部　油

最后要指出的是，扎坝语很少使用量词重叠手段表达类似于汉语中“个个、人人、顿顿、件件”等数量增加的含义，而是直接使用全称量化词和名词构成的表达式。

（四）动量词

动量词主要借助动词kə^{55}tə^{33}“打”跟相应的名词搭配从而表达动量意义。例如：

tɛ^{55}mts^{h}a^{53}　kə^{55}tə^{33}　打一巴掌　tɛ^{55}ʂkə^{53}　kə^{55}tə^{33}　打一拳

一巴掌　打　一拳　打

ta^{55}ɕo^{53}　kə^{55}tə^{33}　打一棒　ta^{55}ʂtsu^{53}　kə^{55}tə^{33}　踢一脚

一棒　打　一脚　打

tɛ^{55}tɕɛ^{55}　kə^{55}tə^{33}　丢一石头　tɛ^{55}ʃə^{55}　kə^{55}tə^{33}　吐一口痰

一石头　打　一口痰　打

有时表示动作次数的动量词“一次”可以不跟表示“打”的动词一起使用，而仅仅跟具体动作结合。例如：

kə^{33}zə̥^{55}　tɕə^{55}te^{55}　ŋa^{55}　s^{h}e^{55}ji^{53}ngu^{33}　kə^{55}-ntɕ^{h}ɪ^{33}-wu^{53}.

这　书　1sg　三回　DIR-看-PFV

这本书我看过三回了。

nu^{55}=zə̥^{33}　vɛ^{55}ȵə^{55}p^{h}a^{33}　je^{55}fe^{33}-mbə^{33}zə̥^{33}　pi^{24}　tɛ^{55}tɕ^{h}ə^{53}　tə^{33}-lɛ^{55}-ʂtia^{33}.

2pl=POSS　兄弟　小的-ATTR　笔　一下子　DIR-戳-PFV:N.EGO

你们给了弟弟一支笔。

四　代词

扎坝语的代词可分为人称代词、反身代词、相互关系代词、指示代词、泛指代词、疑问代词几类。人称代词除了能够根据指代对象不同而分出不同小类外，还会根据指称类型、说话人熟悉程度的不同而分成不同的功能类别。反身代词和人称、数保持一致；指示代词和数保持一致，并根据距离远近三分。下面分别介绍。

（一）人称代词

扎坝语的第一、第二、第三人称有单数、双数和复数的区别；第一人称代词的复数分为包括式和排除式两种。扎坝语没有专门表尊称的代词，代词的领属结构也没有特别的形态，不能依靠内部音变或合音手段表达代词的领属关系，取而代之的是添加领属标记z̩ə^{33}“的”。

人称代词的双数在其单数后添加双数标记nɛ^{53}来表达。由于受元音和谐影响，nɛ^{53}前面的代词会发生音变。第一人称代词的复数依靠元音复杂化或元音交替手段来表达。第二人称代词的复数是通过元音u和e的交替来表达的。第三人称代词双数和复数的表达手段分别添加相应的标记nɛ^{53}和z̩e^{53}。第三人称代词还会根据面称与否以及说话人对所指对象熟悉程度分为不同的小类。具体情况请参见表5-2。

表5-2　人称代词的类型及其跟其他语法范畴之间的关系①

人称代词的数	第一人称		第二人称	第三人称	指称类型		熟悉程度	
	包括	排除			面称	背称	熟悉	不熟
单数	ŋa^{55}		nu^{55}	tʊ^{33}z̩ə^{55}				
双数	ŋə^{55}nɛ^{53}		nu^{55}nɛ^{53}	tʊ^{33}z̩ə^{55}nɛ^{53}		+		+
				t^{h}ə^{33}nɛ^{53}		+		+
				kə^{33}z̩ə^{53}nɛ^{53}	+		+	
复数	ŋia^{53}	ŋɛ^{55}	ne^{55}	tʊ^{33}z̩e^{53}		+		+
				t^{h}ə^{33}z̩e^{53}		+		+
				kə^{33}z̩e^{53}	+		+	

以下简单列举人称代词的使用情况。例如：

① 第三人称代词双数和复数可以同时使用代词tʊ^{33}z̩ə^{55}nɛ^{33}/t^{h}ə^{33}nɛ^{53}、tʊ^{33}z̩e^{53}/t^{h}ə^{33}z̩e^{53}。t^{h}ə^{33}主要用于南部方言的瓦多乡，而木绒乡大多使用tʊ^{33}。目前两者在南部方言区内经常混用，其功能没有很大差别，不过瓦多乡的t^{h}ə^{33}估计是当前南部方言中第三人称代词反身形式t^{h}ui^{33}的前身。

ŋə^{55}nɛ^{53}　kə^{55}-ʃə^{33}ʃə^{33}　pɛ^{55}pɛ^{33}　tu^{33}-wu^{33}.

1dl　DIR-认识　很多　做过-PFV

我俩认识很久了。

ne^{55}　ki^{55}tɛ^{53}　ʑi^{33}-tʂə^{33} = a^{33}?

2pl　哪里　去-IMPV = QUES

你们要去哪里呢?

tʊ^{33}zə̧^{55}nɛ^{33}　tɛ^{55}mɛ^{55}　ja^{33}ɕa^{55}　tɪ^{33}　ma^{33}-ji^{55}-zɛ̧^{33}.

3dl　一点　勤快　一:CL　NEG-COP-GNO

他俩一点也不勤快。

第三人称代词双数和复数还有“熟悉程度”的差别，即言谈者对人称代词所指代对象是否熟悉、关系是否亲近等。由于说话人会将自己的主观态度放到会话表达中，从而会选择不同的人称代词。tʊ^{33}zə̧^{55}nɛ^{33}、t^{h}ə^{33}nɛ^{53}与tʊ^{33}zȩ^{53}、t^{h}ə^{33}zȩ^{53}用于说话人不太熟悉或只有一面之缘的对象；kə^{33}zə̧^{53}nɛ^{33}和kə^{33}zȩ^{53}用于说话人特别熟悉的对象。例如：

tʊ^{33}zȩ^{53}　so^{55}ʑi^{33}-tɕ^{h}a^{33}.

3pl　放牛-IMPV

他们（那些人）将要去放牛。（和他们不太熟，且他们也不在言谈现场）

kə^{33}zȩ^{53}　p^{h}ĩ^{33}gɔ^{53}　ta^{33}-zʊ^{53}　kə^{55}-fɕi^{53}-ʂtia^{33}.

3pl　苹果　一-CL　DIR-买-PFV:N.EGO

他们（这些人）买了一筐苹果。（和他们熟悉，且他们在言谈现场）

（二）反身代词

扎坝语反身代词也有人称和数的差别，主要依靠三种方式构成反身关系：在一般人称代词后添加粘附形式jʊ^{55}zɪ^{33}，jʊ^{55}zɪ^{33}源于“单独”的意思；通过内部屈折直接改变人称代词的元音；使用句法上较为独立的反身代词ʂte^{55}hte^{53}。

反身代词jʊ^{55}zɪ^{33}只能粘附于人称代词之后，不能单独充当论元成分。依靠内部屈折构成的人称代词能自由充当句法成分。而ʂte^{55}hte^{53}则不能粘附于人称代词之后。如表5–3所示。

表5–3　扎坝语反身代词的类型

反身代词的数	第一人称	第二人称	第三人称
单数	ŋa^{55}jʊ^{55}zɪ^{33}/ŋa^{55}jʊ^{55} /ŋa^{33}ŋʊ^{53}	nu^{55}jʊ^{55}zɪ^{33} no^{53}/no^{53}jʊ^{33}	tʊ^{33}zə̧^{55}jʊ^{55}zɪ^{33} /tʊ^{33}zə̧^{55}jʊ^{33}

续 表

反身代词的数	第一人称	第二人称	第三人称
双数	ŋə^{55}nɛ^{33}jʊ^{55}zɪ^{33}	no^{55}nɛ^{55}jʊ^{55}zɪ^{33}	tʊ^{33}z̢ə^{55}nɛ^{33}jʊ^{55}zɪ^{33} /jʊ^{33}nɛ^{53}
复数	ŋia^{53}jʊ^{55}zɪ^{33}	ȵa^{53}jʊ^{55}zɪ^{33} /ȵa^{53}	tʊ^{33}z̢e^{55}jʊ^{55}zɪ^{33} /ja^{33}z̢e^{53}

以下例子中反身代词ŋa^{33}ŋʊ^{53}和no^{55}分别是领属定语。例如：

ŋa^{33}ŋʊ^{53} = z̢ə^{33}　le^{55}ga^{33}　ŋa^{33}ŋʊ^{53}　tə^{55}-mue^{33}.

1sg.REFL = POSS　小事情　1sg.REFL　DIR-做

我自己的小事情自己做。

no^{55} = z̢ə^{33}　te^{55}nta^{33}　no^{55}　a^{33}-mue^{53}.

2sg.REFL = POSS　事情　2sg.REFL　DIR-做

你自己的事情你自己做。

再如：

no^{53}　dzɛ^{55} = mbə^{55}z̢ə^{33}　hka^{55}tɕʰa^{53}　pʊ^{55}-ɕʰʊ^{33}.

2sg.REFL　说 = REL　话　有-MOD

你自己说的（那些）话要算话。

no^{55}nɛ^{55}jʊ^{55} = z̢ə^{33}　te^{55}nta^{33}　no^{55}nɛ^{55}jʊ^{55}　a^{33}-mue^{53}.

2dl.REFL = POSS　事情　2dl.REFL　DIR-做

你俩自己的事情你俩自己做。

以上例子中反身代词是主谓短语的主语、名词“事情”的定语。但做定语时，反身代词不能使用jʊ^{55}zɪ^{33}，只能使用jʊ^{55}。

反身代词s̢te^{55}hte^{53}出现的句法位置比较灵活，在句中可以做主语、定语。当它在句中做宾语时，后面一般都要添加与格标记wu^{33}。例如：

s̢te^{55}hte^{53} = z̢ə^{33}　le^{55}ga^{33}　s̢te^{55}hte^{53}　tə^{55}-mu^{33}!

REFL = POSS　事情　REFL　DIR-做.IMP

自己的事情自己做！

no^{53}　s̢te^{55}hte^{53} = wu^{33}　kʊ^{55}mba^{33}　tɛ^{55}ȵə^{53}　tə^{55}-s̢tɛ^{33}.

2sg.REFL　REFL = DAT　假期　一天　DIR-还回

你自己给自己放（还回）一天的假。

（三）相互关系代词

相互关系代词多为粘附形式，大多粘附于谓语动词之后，这样的代词主要有te^{55}tɛ^{53}。相互关系代词跟主语的人称和数没有一致关系，它跟谓语动词不能直接组合，其间必须添加处所格标记wu^{33}或tʰa^{33}（源于方位词“上方”）。两个格标记到底选择哪一个跟动词的趋向前缀有关。

当趋向前缀是ə^{55}“上方”和a^{55}“下方”时，使用处所格标记tʰa^{33}连接动词和相互关系代词。例如：

kə^{33}ẓə^{55}　zɪ^{24}　ŋue^{33}-ji^{55}　te^{55}tɛ^{53}＝tʰa^{33}　ə^{55}-ntɕʰi^{33}-ṣtia^{33}.

这个　女子　五-CL　RECP＝LOC　DIR-骂-PFV:N.EGO

这五个女子相互大骂。

当趋向前缀是ŋə^{55}“上游”和kə^{55}“下游”时，使用处所格标记wu^{33}。例如：

tʰə^{33}nɛ^{53}　te^{55}tɛ^{53}＝wu^{33}　ŋə^{55}-mtsʰa^{53}-ṣtia^{33}.

3dl　RECP＝LOC　DIR-打耳光-PFV:N.EGO

他俩互扇耳光。

jɪ^{55}＝kʰə^{55}＝ẓe^{33}　tʊ^{33}ẓə^{55}nɛ^{33}　te^{55}tɛ^{53}＝wu^{33}　pɔ^{55}　kə^{55}-mue^{33}-tṣʰu^{33}-ṣtia^{33}.

家＝LOC＝PL　2dl　RECP＝LOC　亲嘴　DIR-LVB-CAUS-PFV:N.EGO

家里人让他俩相互接吻。

除了用相互关系代词表达相互意义外，还可以使用动词重叠式表达相互关系。某些动词本身就涉及物体之间的相互关系，此时不用添加相互关系代词，直接重叠单音节动词词根语素即可表达相互关系。例如：

ga^{55}ga^{53}　相互喜欢　　tɕʰɔ^{55}tɕʰɔ^{33}　相互打架

dʊ^{55}dʊ^{53}　相互吵架　　ndzɛ^{55}ndzɛ^{33}　相互撕咬

ptso^{55}ptso^{33}　相互挤压　　ṣtsu^{55}ṣtsu^{53}　相互踢

（四）指示代词

指示代词根据指示对象的不同，有数、距离远近、指示对象是否可见的差别。如表5–4所示。

表5–4　扎坝语指示代词的类型

距离 数	近	稍远 （能看见的物体）	最远 （看不见的物体）
单数	kə^{33}ẓə^{53}	ku^{33}tɕu^{55}ẓə^{33}	tʊ^{33}ẓə^{53} /tʰə^{33}ẓə^{53}

续表

距离 数	近	稍远 （能看见的物体）	最远 （看不见的物体）
双数	kə^{33}zə̥^{53}nɛ^{33} /kə^{33}nɛ^{53}	ku^{33}tɕu^{55}zə̥^{53}nɛ^{33} /ku^{33}tɕu^{55}nɛ^{53}	tʊ^{33}zə̥^{53}nɛ^{53} /tʊ^{33}nɛ^{53}
复数	kə^{33}ze̥^{53}	ku^{33}tɕu^{55}ze̥^{53}	tʊ^{33}ze̥^{53}

指示代词kə^{33}zə̥^{53}“这个”、tʊ^{33}ze̥^{53}“那些”等所指对象为某人或某物，它们可以在句中自由充当主语、宾语、定语。例如：

kə^{33}zə̥^{53} zə̥^{33} mə^{55}-ndʑa^{53} ku^{33}tɕu^{55}zə̥^{33} zə̥^{33} mə^{55}-ndʑa^{53}.

这 也 NEG-可以 那 也 NEG-可以

这个也不可以，那个也不可以。

nu^{55} kə^{33}ze̥^{53} ɕʰu^{33} = me^{33} tʊ^{33}ze̥^{53} ɕʰu^{33} = a^{33}?

2sg 这些 需要 =QUES 那些 需要 =QUES

你需要这些还是那些东西呢？

pə^{33}dʑə^{55} kə^{33}zə̥^{55} zɿ^{55} = wu^{55} ga^{55}-tʂə^{33}-zɛ̥^{33} tʊ^{33}zə̥^{53} = wu^{55} ma^{33}-ga^{53}-zɛ̥^{33}-dɛ^{33}.

孩子 这 鞋 =DAT 爱-IMPV-GNO 那 =DAT NEG-爱-GNO-HS

听说孩子喜欢这双鞋，不喜欢那双。

指方位和处所主要使用kə^{55}kʰə^{53}“这里”、tʰə^{33}kʰə^{53}“那里”、kə^{33}ŋʊ^{53}“这边”、tʰə^{33}ŋʊ^{53}“那边”、tʰə^{33}kʰə^{53}ŋʊ^{33}“较远”、tʰə^{33}ɕʰʊ^{55}ŋʊ^{33}“最远”、ɕʰʊ^{24}ɕʰʊ^{24}“最上游”。它们也可根据实际方位和处所的距离差异分为“近、稍远、最远”。例如：

表5–5 扎坝语方位指示词的类型

	近	稍远	最远
kə^{55}kʰə^{53}、kə^{33}ŋʊ^{53}	+		
tʊ^{33}kʰə^{53}、tʊ^{33}ŋʊ^{53}		+	
tʰə^{33}ɕʰʊ^{55}ŋʊ^{33}			+

方位指示词根据距离有“近”—“稍远”—“最远”三分，而距离远近的判别主要以说话人的视点为参考。例如：

kə^{55}kʰə^{53} ȵa^{55}tɕʰu^{33}kʰɛ^{33} zɛ̥^{33}, tʊ^{33}kʰə^{53} zḁ^{33}ŋa^{55}kʰa^{33} zɛ̥^{33}.

这里 雅江 COP 那里 新都桥 COP

这里是雅江，那里是新都桥。

指示时间的代词分别是tsu^{55}ku^{55}“这时”、tə^{33}hkia^{53}“那时”。由于tsu^{55}ku^{55}、tə^{33}hkia^{53}本身就专用于指示时间，因此其后可以不再添加名词tɕ^{h}u^{55}ts^{h}e^{55}“时间”。但有时为了强调目的，也可在其后添加tɕ^{h}u^{55}ts^{h}e^{55}。例如：

tsu^{55}ku^{55}　tɕ^{h}u^{55}ts^{h}e^{55}　tɕ^{h}ɪ^{33}ji^{55}　tu^{24}-wu^{55}-a^{33}＝ʐa^{33}?

这时　时间　什么　经过-PFV-N.EGO＝QUES

现在几点钟了呢？

tʊ^{33}ʐə^{55}　tə^{33}hkia^{53}　pə^{33}dʑə^{55}　ʐɛ^{33}.

3sg　那时　孩子　COP

他那个时候还是孩子。

指示方式的代词kə^{33}ta^{53}“这样”、tʊ^{33}ta^{53}“那样”都前置于谓语。例如：

ŋa^{55}　kə^{33}ta^{53}　a^{55}-mue^{53}-ʐɛ^{33}＝nə^{33}　mə^{55}-ndʑa^{53},　tʊ^{33}ta^{53}　a^{55}-mue^{53}-ʐɛ^{33}＝nə^{33}

1sg　这样　DIR-做-GNO＝LNK　NEG-AUX　那样　DIR-做-GNO＝LNK

mə^{55}-ndʑa^{53},　ta^{24}　ŋa^{55}　tɕ^{h}i^{55}ta^{33}　tə^{55}-mue^{53}-ɕ^{h}u^{33}＝tʂa^{53}?

NEG-AUX　SEQ　1sg　怎样　DIR-做-MOD＝QUES

这样做也不行，那样做也不行，到底要我怎样做才可以呢？

（五）泛指代词

泛指代词的数量极其有限，常用的代词有mə^{33}di^{53}“别人”、tɛ^{55}hku^{53}“大家、人家”、tɛ^{55}ɳa^{53}“某时”。其中tɛ^{55}ɳa^{53}原义为“一天”，可以引申指不确定的某个时间；mə^{33}di^{53}“别人”在扎坝语中有数的变化。mə^{33}di^{53}仅仅表示一个人，若要表达不确定的很多人，需要在mə^{33}di^{53}之后添加复数标记ʐe^{33}。例如：

mə^{33}di^{53}　kɛ^{55}dzɛ^{33}-ʐɛ^{33}＝ʐo^{33}　ə^{55}ɕə^{33}　tə^{55}-mu^{33}!

别人　怎么说-GNO＝LNK　那样　DIR.IMP-做.IMP

别人（一个人）怎么说，你就（应当）怎么做！

mə^{33}di^{55}＝ʐə^{33}　te^{55}nta^{33}　ŋia^{55}＝wu^{24}　k^{h}u^{55}ʂtsa^{53}　mə^{55}-tɕa^{33}-tʂə^{33}-ʐɛ^{33}.

别人＝POSS　事情　1pl＝DAT　关心　NEG-有-IMPV-GNO

别人（一个人）的事情咱们别多管。

mə^{55}di^{55}-ʐe^{33}　tẽ^{33}ji^{53}　ptse^{55}ʐe^{33}　tə^{55}-tɕ^{h}ʊ^{53}-a^{53}.

别人-PL　电影　观看　DIR-去.PFV:N.EGO-N.EGO

别人（多人）看电影去了。

扎坝语中“大家”“人家”两者并无区别，都使用泛指代词tɛ^{55}hku^{53}。例如：

tɛ^{55}hku^{53}　tẽ^{24}ji^{55}　ptse^{55}ʐe^{33}　tə^{33}-tɕ^{h}ʊ^{53}-a^{53}.

大家　电影　观看　DIR-去.PFV:N.EGO-N.EGO

大家都去看电影去了。

（六）疑问代词

疑问代词主要使用sʰə^{53}“谁”、kɪ^{55}ʐə^{33}“哪个”、kɪ^{55}ʐɛ^{33}“哪些”、tɕʰi^{55}tɪ^{53}“多少”、tɕʰə^{55}ʐə^{33}“什么、怎样”、kɛ^{55}ɕʰə^{33}“怎么”、ki^{55}ta^{53}“哪样”、ki^{55}tɛ^{53}“哪里”、ke^{55}ŋʊ^{53}“哪边”、tɕʰɪ^{55}to^{33}“哪时”。疑问代词和句末疑问词的配合具有一定规律。

sʰə^{55} ʐɔ^{53} kə^{33}ʐə^{53} sʰue^{55}=wu^{53} fɕɛ^{55}fɕɛ^{53} mə^{55}-du^{33}.

谁 也 这 人=DAT 争辩 NEG-赢

谁也说不赢（说不过）这个人。

nu^{53} tɕʰə^{55}ʐə^{33} tsɿ^{33}-ɕʰo^{33} kə^{55}-ntɕʰe^{55}=ʐa^{33}?

2sg 什么 吃-INF DIR-想要=QUES

你想要吃什么？

kə^{33}ʐə^{55} pi^{33} sʰə^{55}=ze^{53} ʐɛ^{33}? ŋa^{55} tɛ^{55}mtsʰɛ^{55} kə^{55}-tə^{33}.

这 笔 谁=NMLZ COP 1sg 一次 DIR-用

这笔是谁的？我用一下。

puɛ^{55}=tʰa^{53} sʰue^{55} tɕʰi^{55}tɪ^{53} tɕye^{55}=tʂa^{53}?

村=LOC 人 多少 有=QUES

有多少人在村子里？

下面例子中疑问代词分别对方式、地点和数量进行发问。

nu^{55} kə^{33}ʐə^{55} ɕã^{33}dzə^{55} kɛ^{55}ɕʰə^{33} a^{55}-hta^{55}=gia^{33}?

2sg 这 上衣 怎么 DIR-纺织=QUES.PFV:N.EGO

你这件上衣是怎么做的？

tʊ^{33}ʐə^{55} kʰə^{24}-ʐe^{33} kɛ^{55}ɕʰə^{33}-ʂtia^{33}-ʐɛ^{33}?

那些 狗-PL 怎么-PFV:N.EGO-GNO

那些狗到底是怎么了？

ne^{55} ki^{55}tɛ^{55}=ȵi^{33} kə^{55}-tɛ^{33}-tʂə^{33}=a^{33}?

2pl 哪里=ABL DIR-过来-IMPV=QUES

你们从哪里过来的啊？

ne^{33}=ʐə^{53} jɪ^{33}=kʰə^{53} sʰue^{55} tɕʰi^{55}tɪ^{53} nə^{55}=a^{33}?

2pl=POSS 家=LOC 人 多少 有=QUES

你们家有几口人？

五　动词

扎坝语的动词根据其及物性可分成不同的小类，其后常添加时、体、语气、情态、示证等语法标记。下面主要讨论动词的类型。

（一）动词的及物性

1. 不及物动词

当不及物动词做谓语时主语可以是有生命的，也可是无生命的事物。不论主语的生命度（animacy）如何都不需要添加额外的句法标记。不及物动词做谓语时不可在句末添加表达叙实性的示证标记ʑɛ^{33}。例如：

tʊ^{33}ʑə^{53}　tʂʰe^{55}pe^{53}＝mbə^{33}ʑə^{33}　tɛ^{55}-lɪ^{53}　və^{24}　xɔ^{24}　tə^{55}-tɕʰʊ^{55}-n̥i^{33}　vʑi^{53}.

那个　猎人＝NMLZ　一-CL　回来　重新　DIR-去-CVB　拿来

那个猎人回来了，又重新去拿了（猴子肉）。

kɛ^{33}mə^{55}　tə^{55}-gi^{33}　a^{33}-hti^{55}-a^{33}.

衣服　DIR-掉　DIR-下来-N.EGO

衣服掉下来了。

下面是命令式的句子，两句句末也不加叙实示证标记ʑɛ^{33}。

nge^{24}　ə^{55}-tɕʰu^{33}-a^{33}　ɕa^{55}la^{55}mu^{33}　ə^{55}-ʑu^{53}!

门　DIR-开-N.EGO　快点　DIR-进去.IMP

门开了，快点进去！

ʑe^{33}ʑa^{55}　a^{55}-bə^{33}-wu^{55}-a^{33}　kə^{55}-tsʰu^{33}!

茶　DIR-泡-PFV-N.EGO　DIR-喝.IMP

泡了茶啦，快喝！

2. 单及物动词

单及物动词的论元标记方法可归纳为以下五种情况：只对受事进行标记，施事不需要标记；谓语是“吃、养”等无法表达动作具体方向的动词时，受事不需要标记；谓语是“咬、打”等能明确表达动作行为具体方向的动词时，受事添加方位格标记；施事是生命度较高的指人名词或人称代词时，句末示证标记ʑɛ^{33}添加与否较为灵活；施事是生命度较低的指物有生名词或无生名词时，句末不添加示证标记ʑɛ^{33}。例如：

ŋa^{55}　dʑye^{24}　tɛ^{55}-tɕy^{53}　kə^{55}-htsɿ^{55}-gɪ^{33}.

1sg　鱼　一-CL　DIR-吃-PFV.EGO

我吃了一条鱼。

a^{55}mi^{33} ntɕ^{h}ɛ^{24} tɛ^{55}-t^{h}ɪ^{55} ə^{55}-dʑye^{55}-ʂtia^{33}-zɛ̩^{33}.

爷爷 羊 一-CL DIR-养-PFV:N.EGO-GNO

爷爷养了一群羊。

pə^{55}jʊ^{33} tʊ^{33}zə̩^{55}=zə̩^{33} n̥a^{55}n̥i^{33}=wu^{33} ŋə^{55}-ndzɛ^{33}-ʂtia^{33}.

蚊子 3sg=POSS 脸=LOC DIR-咬-PFV:N.EGO

蚊子咬了他的脸。

ptsa^{55}hkue^{33} jɛ^{33}pə^{55}=wu^{33} kə^{55}-dɛ^{55}-ʂtia^{33}.

鸡蛋 石头=LOC DIR-撞-PFV:N.EGO

鸡蛋撞了石头。

当施事是生命度较高的名词时，同样使用处所格对受事进行标记。例如：

a^{55}p^{h}a^{55} k^{h}ə^{33}=wu^{55} ŋə^{55}-nde^{55}-ʂtia^{33}-zɛ̩^{33}.

爸爸 狗=LOC DIR-打-PFV:N.EGO-GNO

爸爸打了狗。

s^{h}ue^{55} kə^{33}ze̩^{53} ŋa^{55}=t^{h}a^{55} ʂto^{33}ʂto^{55} ɕe^{55}tɕu^{53}-tʂə^{33}-zɛ̩^{33}.

人 这些 1sg=LOC 非常 生气-IMPV-GNO

这些人恨透了我。

kə^{33}zə̩^{55} k^{h}ə^{24} a^{55}p^{h}a^{55}=wu^{33} ə^{55}-ndzɛ^{33}-ʂtia^{33}.

这 狗 爸爸=LOC DIR-咬-PFV:N.EGO

这只狗咬了爸爸。

在及物句中若出现对比焦点，不管施事者生命度如何，句末都可添加zɛ̩^{33}。例如：

pə^{55}jʊ^{33} tʊ^{33}zə̩^{55}=zə̩^{33} n̥a^{55}n̥i^{33}=wu^{33} ə^{55}-ndzɛ^{33}-ʂtia^{33}-zɛ̩^{33}, po^{55}zo̩^{55}

蚊子 3sg=POSS 脸=LOC DIR-咬-PFV:N.EGO-GNO 蚂蚁

ə^{55}-ndzɛ^{33}-ʂtia^{33} ma^{33}-ji^{55}-zɛ̩^{33}.

DIR-咬-PFV:N.EGO NEG-COP-GNO

是蚊子咬了他的脸，不是蚂蚁咬的（他的脸）。

3. 双及物动词

双及物句中的宾语需添加与格标记tɕʊ^{55}，这时wu^{33}需要加在间接宾语上，不能加在直接宾语上。例如：

ɬa^{33}mu^{55} da^{33}wa^{55}=wu^{33} t^{h}ɪ^{24} s^{h}e^{55}hka^{53} tə^{55}-k^{h}i^{33}-ʂtia^{33}-zɛ̩^{33}.

拉姆 达娃=DAT 肉 三块 DIR-给-PFV:N.EGO-GNO

拉姆给了达娃三块肉。

tʂẽ^{33}fu^{55}　pui^{55}pa^{33}-zə̣^{33}=wu^{33}　kɛ^{33}mə^{55}　tɛ^{55}tʰɪ^{55}　tə^{55}-kʰi^{33}-ʂtia^{33}-zɛ̣^{33}.

政府　藏族人-PL=DAT　衣服　一些　DIR-给-PFV:N.EGO-GNO

政府给了藏族人一些衣服。

a^{55}mɛ^{55}　ŋe^{55}=tɕʊ^{55}　zi^{24}　na^{55}zo^{33}　kə^{55}-tʂʊ^{33}-ʂtia^{33}-zɛ̣^{33}.

妈妈　1pl=DAT　鞋子　两双　DIR-缝-PFV:N.EGO-GNO

妈妈给我们缝了两双鞋子。

下面例子中的动词是表示“告知、叫、称呼”等意义的双及物动词，句中也只需对间接宾语进行标记。

pə^{33}dʑə^{55}-zə̣^{33}　nbe^{33}lɪ^{55}　tʊ^{33}zə̣^{55}　lo^{55}tə^{55}=wu^{33}　ntɕʰɪ^{55}　dɛ^{33}-tʂə^{33}-zɛ̣^{33}.

孩子-PL　全部　那个　老头=DAT　疯子　叫-IMPV-GNO

孩子们全都叫那个老头疯子。

ŋa^{55}=zə̣^{33}　a^{55}ta^{33}　ne^{55}=zə̣^{55}　pə^{33}dʑə^{55}=wu^{33}　ndʑe^{33}ji^{55}　a^{55}-ʑi^{55}　dɛ^{33}.

1sg=POSS　爸爸　2sg=POSS　孩子=DAT　汉地　DIR-走　叫

我爸爸叫你家孩子到城里来。

（二）心理、情态动词

心理、情态动词主要有ga^{33}“喜欢、爱”、ntɕʰe^{55}“想要”等。充当情态动词时它们不能直接和动词短语组合，必须在补足语小句后添加非限定标记（infinitive marker）ɕʰo^{33}。例如：

nu^{53}　tɕʰə^{55}zə̣^{55}　tsɿ^{33}-ɕʰo^{33}　kə^{55}-ntɕʰe^{55}=zạ^{33}?

2sg　什么　吃-INF　DIR-想要=QUES

ŋa^{55}　tə^{55}kʰʊ^{55}　tsɿ^{33}-ɕʰo^{33}　kə^{55}-ma^{55}-ntɕʰe^{33}-zɛ̣^{33}.

1sg　INDEF　吃-INF　DIR-NEG-想要-GNO

你到底想吃什么呢？我什么也不想吃。

a^{55}mi^{33}　kʰe^{55}hpi^{33}　fɕe^{33}-tʂə^{33}-zɛ̣^{33}　mui^{33}mui^{55}　ŋə^{55}-mn̥i^{55}-ɕʰo^{33}　kə^{55}-ntɕʰe^{55}-zɛ̣^{33}.

爷爷　故事　讲-IMPV-GNO　非常　DIR-听-INF　DIR-想要-GNO

很想听爷爷讲故事。

除了可以使用非限定标记ɕʰo^{33}，还可使用非限定标记la^{33}连接补足语小句。例如：

tʊ^{33}zə̣^{55}　pə^{33}dʑə^{55}-zə̣^{33}　tʰɪ^{24}tsɿ^{33}-la^{33}　ga^{33}-ndu^{55}　tɛ^{55}ntɕʰy^{55}　a^{55}-du^{33}-a^{33}.

那个　孩子-PL　吃肉-INF　喜欢-AUX　一些　DIR-变成-N.EGO

那些孩子变得喜欢吃肉了。

（三）系词

扎坝语系词内部可分为同一性系词和定义性系词两类①。陈述句跟疑问句、否定句中使用的系词不同，当突出对比焦点或强调时系词有进一步语法化为示证标记的趋势。

1. 同一性系词

扎坝语只有一个同一性系词ʐɛ^{33}。根据发音人个体差别或具体方言差别ʐɛ^{33}可读成拍闪音ɾɛ^{33}，甚而还可读成更为夸张的颤音rɛ^{33}。例如：

tʊ^{33}ʐə^{55} ɳi^{33}ma^{55}do^{33}tɕe^{33} ʐɛ^{33}.

3sg 尼玛多吉 COP

他是尼玛多吉。

a^{55}pʰa^{55}＝ʐə^{33} ve^{55}ɳə^{53} a^{55}wu^{55} ʐɛ^{33}.

爸爸＝POSS 兄弟 叔叔 COP

爸爸的兄弟是（我的）叔叔。

2. 定义性系词

扎坝语共有两个定义性系词ʐɛ^{33}和tɕi^{33}。系词ʐɛ^{33}不能单独跟体标记和情态标记出现，而tɕi^{33}必须跟体标记tʂə^{55}等语法标记一起出现。因此较ʐɛ^{33}而言，tɕi^{33}的谓语性（predicative）特征更强。例如：

tʊ^{33}ʐə^{55} sʰue^{55} ʂku^{33}gi^{53} ʐɛ^{33}.

那个 人 小偷 COP

那个人是小偷。（系词ʐɛ^{33}＝系词结构tɕi^{33}-tʂə^{55}-ʐɛ^{33}）

tɛ^{55}ʂtsə^{33}ndu^{33} kɛ̃^{55}tsɿ^{55} ʂti^{24} te^{55}mtɕʰe^{33}＝mbə^{33}ʐə^{33} sʰa^{55}tɕʰa^{55} ʐɛ^{33}.

康定 甘孜 最 富饶＝REL 地方 COP

康定是甘孜最富饶的地方。（系词ʐɛ^{33}＝系词结构tɕi^{33}-tʂə^{55}-ʐɛ^{33}）

定义性系词后的表语可由形容词或领属定语充当，此时只使用系词ʐɛ^{33}而不能使用tɕi^{33}。例如：

ɳə^{55}me^{55} tʰe^{55}tʰe^{55}-tʂə^{33} ʐɛ^{33}.

太阳 圆的-IMPV COP

太阳是圆的。（系词ʐɛ^{33}≠系词结构tɕi^{33}-tʂə^{55}-ʐɛ^{33}）

kə^{33}ʐə^{55} ɕʰo^{33}du^{53} nɛ^{33}-tɕy^{53} ŋa^{55}＝ʐə^{33} ʐɛ^{33}.

这 雨伞 两-CL 1sg＝POSS COP

---

① 在表语与主语语义完全相等，两者可以互换位置时，句中的系词是同一性系词。在表语为类名或“属性＋类名”一类定义形式时，系词就是定义性系词（刘丹青 2017：63）。

这两把雨伞是我的。（系词zɛ̰³³≠系词结构tɕi³³-tʂə⁵⁵-zɛ̰³³）

3. 否定或疑问句中的系词

否定句中只能使用系词ji⁵⁵，并且ji⁵⁵需要以ma³³ji⁵⁵zɛ̰³³“不是”这样的固定结构出现。在否定句中不能使用zɛ̰³³，而需用ji⁵⁵代替。此时zɛ̰³³更像是句末叙实示证标记。例如：

tʊ³³zə̰⁵⁵ sʰue⁵⁵ mo⁵⁵zo³³=zə̰³³ sʰa³³da⁵⁵pa³³ ma³³-ji⁵⁵-zɛ̰³³.

那 人 木绒=POSS 土司 NEG-COP-GNO

那个人不是木绒乡的土司。

nu⁵⁵=wu³³ kə³³zə̰⁵⁵ sʰa⁵⁵tɕʰa⁵⁵=tʰa³³ mue²⁴ tɕʰo⁵⁵-tʂə³³ ma³³-ji⁵⁵-zɛ̰³³.

2sg=DAT 这个 地方=LOC 住 准许-IMPV NEG-COP-GNO

对你而言那个地方是禁止居住的。

疑问句中系词的使用也有两种情况：若句子是对肯定命题进行发问，使用系词tɕi³³；若句子是对否定命题进行发问，使用ji⁵⁵。例如：

tʊ³³zə̰⁵⁵ sʰue⁵⁵ mo⁵⁵zo³³=zə̰³³ sʰa³³da⁵⁵pa³³ tɕi³³=mɛ⁵³?

那个 人 木绒=POSS 土司 COP=QUES

tɕi³³-zɛ̰⁵³, tʊ³³zə̰⁵⁵ tɕi³³-zɛ̰⁵³. ma³³-ji⁵⁵-zɛ̰³³, tʊ³³zə̰⁵⁵ ma³³-ji⁵⁵-zɛ̰³³.

COP-GNO 3sg COP-GNO NEG-COP-GNO 3sg NEG-COP-GNO

那个人是木绒的土司吗？是的，他是。不是的，他不是。

（四）助动词

扎坝语的助动词分为情态助动词和轻动词①。情态助动词能表示能力、可能、意愿等，在表达能力时，使用助动词ndu⁵⁵“能够”。例如：

ndza̰⁵⁵pɪ³³ sʰue⁵⁵ nbe³³lɪ⁵⁵ jɪ²⁴ngu²⁴-ndu⁵⁵-tʂə³³-zɛ̰³³.

扎坝 男人 全部 爬房子-AUX-IMPV-GNO

扎坝男人全部都能够爬房子（走婚）。

pui⁵⁵pa³³ sʰue⁵⁵ pui⁵⁵ʂkɛ³³ fɕe⁵⁵-ndu⁵⁵-tʂə³³-zɛ̰³³.

藏族 人 藏语 说-AUX-IMPV-GNO

藏族人能够讲藏语。

kə³³zə̰⁵⁵ kʰə²⁴ ndzɛ⁵⁵-ndu³³-tʂə³³-zɛ̰³³.

这 狗 咬-AUX-IMPV-GNO

① 轻动词（light verb）主要用于标记核心动词的从属关系，或者使核心动词的意义更加明确。轻动词之后往往需要带上某些补足语成分或别的实义动词。英语中的make, have, give或日语中的suru等都有轻动词的用法（Crystal 2008：281）。而川西少数民族语言中表示“做”的动词常常添加在核心动词之后用作轻动词。

这只狗会咬人。

在表达可能、意愿等情态时需要使用助动词ndʑa⁵⁵。ndʑa⁵⁵本义为“好”的意思，但常常在句中用作轻动词。例如：

nu⁵⁵ tʊ³³zə⁵⁵ pʰu⁵⁵ji⁵⁵＝wu³³ mɛ³³lə⁵⁵ ze³³za⁵⁵ ta⁵⁵-tɕʰo⁵⁵ tə⁵⁵-kʰi³³-ndʑa⁵⁵＝mɛ⁵³?

2sg 那个 乞丐＝DAT 酥油 茶 一-CL DIR-给-AUX＝QUES

你能给那个乞丐一碗酥油茶吗？

tʊ³³ze⁵⁵ kə⁵⁵-htsɿ⁵⁵＝ze³³ ɣə⁵⁵pɛ⁵³ kə⁵⁵-fɕi⁵⁵-ndʑa⁵⁵＝mɛ⁵³?

3pl DIR-吃＝NMLZ 一点 DIR-买-AUX＝QUES

他们能够买一些吃的东西吗？

轻动词mue³³的本义为“做”，它大多情况下需要加在其他动词之后，有时mue³³之前还需添加趋向前缀。例如：

tə³³mtsʰo⁵⁵ a⁵⁵ʒo⁵⁵-ze³³＝nə³³ kʰɛ³³ptɛ⁵⁵-a³³-mue³³ ka⁵⁵tɕʰa⁵³ a⁵⁵-fɕe⁵⁵.

SEQ 伴郎团-PL＝COM 交流-DIR-LVB 合亲交谈 DIR-说

然后要说说合亲交谈的事情。

tə³³ta⁵³ a⁵⁵-mue⁵⁵-ȵi³³ ʑo³³vle⁵³-mue⁵⁵-tʂɛ³³.

那样 DIR-做-CVB 赚钱-LVB-IMPV:GNO

那样做，也就是做赚钱的事情。

（五）存在动词

扎坝语的存在动词按照所指方位或存在处所的性质等语义特征可分为不同的小类。有存在动词的句子中若需表达具体空间位置时，要在宾语上添加方位格标记。存在动词还可表达领有关系，某些存在动词甚至本身就具有领有意义（黄成龙 2007：82），不过并非所有表示领有的动词都具有存在义。表5–6是对存在动词的类型所做的一个总结。

表5–6 扎坝语存在动词的类型及语义特征

存在动词	语义特征
tɕye⁵⁵	有生命物体的存在
ɕi³³	无生命/生命度较低物体的存在
tɕə⁵⁵	无生命物体存在于容器或溶液中
tɕa⁵⁵	无生命/低生命度物体存在于平面上/下
pʊ²⁴	对具体或较抽象物体的拥有
ndʑʊ⁵⁵	不同物体间伙同的存在（伙同、混合、一起的，可分离的）

续 表

存在动词	语义特征
ndzɿ^{55}/hpa^{53}	不同物体间混同的存在（混杂而不可分离）
nə^{55}	存在于故事、传说中

表示具有生命的人、动物存在于某一空间方位时，往往使用存在动词tɕye^{55}。例如：

ge^{55}ge^{33} də^{33}gi^{55} pa^{55}k^{h}o^{55} tɕə^{55}te^{55} ndzi^{24} tɕye^{55}-tʂə^{55}-zɛ^{33}.

老师 德格 印经院 书 读 在-IMPV-GNO

老师在德格印经院读书。

tɕ^{h}ə^{55}mts^{h}o^{55} tɛ^{55}-ji^{55} nbe^{33}lɪ^{55} se^{55}hta^{53} tɕye^{55}-tʂə^{55}-zɛ^{33}.

家庭 一-CL 全部 色达 在-IMPV-GNO

全家人一直都在色达。

若突出所处地点的具体位置，需添加处所格标记t^{h}a^{53}“上面”、k^{h}ə^{53}“里面”、ʒɪ^{33}pe^{53}“下面”等。例如：

a^{33}tɕa^{55} po^{55}=t^{h}a^{53} gue^{33}jɪ^{55} kə^{55}-so^{55}-ʂtia^{33} tɕye^{55}-tʂə^{55}-zɛ^{33}.

姐姐 草原=LOC 牛 DIR-看-PFV:N.EGO 在-IMPV-GNO

姐姐正在草原上放牛。

tɛ^{55}-ji^{55} ɬo^{33}ptʂa^{55}=k^{h}ə^{55} tɕye^{33}-tʂə^{33}-zɛ^{33} tɛ^{55}-ji^{55} jɪ^{55}=k^{h}ə^{55} tɕye^{33}-tʂə^{33}-zɛ^{33}.

一-CL 学校=LOC 在-IMPV-GNO 一-CL 家=LOC 在-IMPV-GNO

一个在学校，一个在家里。

tʂo^{55}tsɿ^{55}=ʒɪ^{33}pe^{53} k^{h}ə^{24} tɛ^{55}-tɕy^{33} kə^{55}-mi^{55}-ʂtia^{33} tɕye^{33}-zɛ^{53}.

桌子=LOC 狗 一-CL DIR-睡-PFV:N.EGO 在-GNO

桌子下躺着一只狗。

当所指对象是无生命或生命度较低的物体时，使用存在动词ɕi^{55}。例如：

s^{h}a^{55}tɕ^{h}a^{55}=t^{h}a^{33} s^{h}a^{33}pu^{55} na^{55}-pu^{33} ɕi^{55}-zɛ^{53}.

地=LOC 树 两-CL 有-GNO

地上有两棵树。

tiã^{33}tẽ^{55} tɛ^{55}-ji^{53} ts^{h}e^{55}nk^{h}u^{55}la^{33} ə^{33}-dʑi^{53}-ʂtia^{33} ɕi^{55}-zɛ^{53}.

电灯 一-CL 屋顶 DIR-挂-PFV:N.EGO 在-GNO

电灯挂在屋顶上面。

mo^{55}zo^{33}ɕa^{33} ȵa^{55}tɕ^{h}u^{33}k^{h}ɛ^{33} ɕi^{55}-tʂə^{55}-zɛ^{33}.

木绒乡 雅江 在-IMPV-GNO

木绒乡在雅江。

sʰa^{33}pu^{53} = wu^{33}　pʰĩ^{33}gɔ^{55}　tɛ^{33}-ji^{33}　ɕi^{55}-zɛ̧^{53}.

树 = LOC　苹果　一 -CL　有 -GNO

树上有一个苹果（强调苹果在树上）。

当所指是存在某些容器或溶液中的无生命物体时，使用存在动词tɕə^{55}。tɕə^{55}一般需要和处所格kʰə^{33}“里面”搭配使所处位置更加明晰。例如：

jɛ^{33}pə^{55}　pɛ^{55}pɛ^{33}　tə^{24} = kʰə^{33}　tɕə^{55}-zɛ̧^{33}.

石头　很多　水 = LOC　在 -GNO

很多石头在水里。

ptsi^{24}　tɛ^{55}tʰɪ^{55}　mɛ^{33}lə^{55}　zȩ^{33}zą^{55} = kʰə^{33}　tɕə^{55}-zɛ̧^{33}.

糖　一些　酥油　茶 = LOC　在 -GNO

一些糖在酥油茶里面。

kə^{33}zȩ^{55}　tə^{24}　tɕʰo^{33}lo^{55} = kʰə^{33}　tɕə^{55}-zɛ̧^{33}.

这些　水　碗 = LOC　在 -GNO

这些水在碗里。

当某一物体处于平面上时使用存在动词tɕa^{55}。若物体在垂直平面上，就算物体跟平面接触也不能使用tɕa^{55}，而必须使用所指对象为无生命或生命度较低的ɕi^{55}。例如：

ko^{33}lo^{55}　sʰe^{55}tɕy^{55}　tʂo^{33}tsɿ^{55} = tʰa^{33}　tɕa^{55}-zɛ̧^{33}.

瓶子　三 -CL　桌子 = LOC　在 -GNO

三个瓶子在桌子上面。

pʊ^{55}pi^{33}　nɛ^{33}-tɕy^{53}　sʰa^{55}tɕʰa^{55} = tʰa^{33}　tɕa^{55}-zɛ̧^{33}.

虫草　两 -CL　地 = LOC　在 -GNO

两根虫草在地上。

nge^{55}zɿ^{33} = wu^{33}　tə^{24}　tɛ^{55}tʰɪ^{55}　ɕi^{55}-zɛ̧^{53}.

窗户 = LOC　水　一些　有 -GNO

窗户上有一些水（水在窗户上）。

上面的例子中，虽然窗户也是一个平面，且水和窗户保持紧挨的位置关系，但窗户一般是垂直而非水平，因此不使用tɕa^{55}，只使用所指为无生命的存在动词ɕi^{55}。

扎坝语表存在的动词也有表示领有的功能，最典型的领有动词是pʊ^{24}。不管拥有之物是否有生命，都使用pʊ^{24}。例如：

ŋa^{55}　tɕə^{55}te^{55}　tɛ^{55}-pa^{53}　pʊ^{24}.

1sg　书　一 -CL　有

我有一本书（书在我这里）。

do^{55}tɕi^{33}　kɛ^{33}mə^{55}　pɛ^{55}pɛ^{33}　pʊ^{24}-tʂə^{33}-zɛ̡^{33}.

多吉　衣服　很多　有-IMPV-GNO

多吉有很多衣服（衣服在多吉处）。

va^{33}me^{53}　va^{33}tsɿ^{55}-zɿ^{33}　ŋue^{33}-tɕye^{55}　pʊ^{55}-zɛ̡^{33}.

母猪　猪-DIM　五-CL　有-GNO

母猪下了五只小猪崽。

表示拥有较为抽象或虚幻的事物（如想法、感情、态度）时也使用pʊ^{24}。例如：

tɕ^{h}ə^{55}tə^{33}　mə^{55}-ptʂ^{h}ə^{33}＝ze^{33}　pʊ^{24}-zɛ̡^{33}　ŋa^{55}＝wu^{33}　dzu^{53}！

什么　NEG-高兴＝NMLZ　有-GNO　1sg＝DAT　告诉.IMP

真的有什么不高兴的事情的话就告诉我。

当表示伙同、混合的存在关系时使用存在动词ndʑʊ^{55}。该类存在句中的存在物几乎都是有生命的动物或者人。例如：

nu^{55}＝mts^{h}a^{55}　s^{h}ə^{55}　ndʑʊ^{55}＝a^{33}?

2sg＝COM　谁　在＝QUES

有谁跟你在一起啊？

je^{33}nə^{53}　ŋa^{55}　tɕ^{h}a^{33}ʐa^{55}　ʑi^{24}＝hkia^{33}　tʂa^{55}ɕi^{55}　tə^{55}-ndʑʊ^{33}.

昨天　1sg　玩　去＝LNK　扎西　DIR-在

昨天我去玩的时候有扎西一起（跟我一块儿去的）。

ʐa^{55}p^{h}a^{33}＝nə^{33}　lə^{33}lə^{55}-nɛ^{33}　ku^{24}　ndʑʊ^{33}-zɛ̡^{33}.

老鼠＝CONJ　猫-DU　一起　在-GNO

老鼠和猫在一起。

当不同物体以“混合、混杂、掺杂”的关系存在时使用存在动词ndʐʅ^{55}。ndʐʅ^{55}很多时候可以跟hpa^{53}互换，两者在使用上并无区别。例如：

t^{h}ɪ^{55}vʐe^{33}＝k^{h}ə^{33}　ʐa^{55}p^{h}a^{33}　lɪ^{55}　ndʐʅ^{55}-zɛ̡^{33}.

肉汤＝LOC　老鼠　稀屎　有-GNO

肉汤里有老鼠屎。

jʊ^{24}＝k^{h}ə^{33}　tə^{24}　ndʐʅ^{33}-zɛ̡^{33}.

油＝LOC　水　有-GNO

油里面有水。

pʊ^{33}pi^{55}＝k^{h}ə^{33}　pʊ^{33}pi^{55}　ndʐa^{55}　ndʐʅ^{33}-zɛ̡^{33}.

虫草＝LOC　虫草　假的　有-GNO

（真的）虫草里面混有假的虫草。

在某些故事、格言、传说等文本或口述事件中还可使用表示存在或领有的动词nə⁵³。较pʊ²⁴而言，nə⁵³表示更加典型的存在或拥有，表达的是恒定不变的存在。例如：

we⁵⁵te³³	dʑe⁵⁵pu⁵⁵	mə⁵⁵ʂtʂʅ⁵⁵	tɛ³³-ji³³	tə⁵⁵-nə⁵³-a³³-zɛ³³.
从前	国王	懒	一-CL	DIR-有-N.EGO-GNO

从前有一个很懒的国王。

以下是表示说话人道听途说的信息，也强调存在于某一传说中。例如：

lɛ³³mɛ⁵⁵	kə⁵⁵la⁵⁵	tɛ³³-ji³³	nə⁵³-tʂə³³-zɛ³³-dɛ³³dzɛ³³.
喇嘛	好的	一-CL	有-IMPV-GNO-HS

听说有一个为人不错的喇嘛。

六　形容词

扎坝语的形容词在构词方法上主要依靠重叠法，重叠某一音节或所有音节从而表达生动、诙谐的色彩义。性质形容词有单音节、双音节、双音节AA重叠式，以及多音节形式。形容词主要在句中做定语和状语。扎坝语没有专门的屈折构词形态表达形容词的“级”，只能依靠程度副词表达形容词的“级”意义。以重叠方式构成的性质形容词在句中一般做定语，程度副词一般放在性质形容词之前。

由单个音节构成的性质形容词数量不多，并且扎坝语倾向在单音节形容词之后添加上一个表强调事实意义的示证标记zɛ³³使其双音化。有时从构形上看貌似是一个双音节形容词，但实则为单音节形容词，去掉末尾的示证标记zɛ³³之后同样可以接受。例如：

ma⁵⁵（zɛ³³）	低	mtʰu⁵⁵（zɛ³³）	高	je³³（zɛ³³）	大方
tʂɪ²⁴（zɛ³³）	远	na⁵⁵（zɛ³³）	深	ʂtʂu⁵⁵（zɛ³³）	臭
tʰo⁵⁵（zɛ³³）	尖	ngui²⁴（zɛ³³）	平	mɳɪ⁵⁵（zɛ³³）	香
dze⁵⁵（zɛ³³）	瘦	pɛ²⁴（zɛ³³）	多	vzo⁵⁵（zɛ³³）	辣
mne⁵⁵（zɛ³³）	少	lo⁵⁵（zɛ³³）	重	na⁵⁵（zɛ³³）	苦
do⁵⁵（zɛ³³）	轻	ʂtui⁵⁵（zɛ³³）	直	mɳi²⁴（zɛ³³）	甜
ʒu⁵⁵（zɛ³³）	陡	dzʅ²⁴（zɛ³³）	密	vzo⁵⁵（zɛ³³）	酸
vɪ⁵⁵（zɛ³³）	冷	ʂtɕu⁵⁵（zɛ³³）	困	ʂʰə²⁴（zɛ³³）	熟悉
ʂka⁵⁵（zɛ³³）	累	ɳi³³（zɛ³³）	疼	pɛ⁵⁵（zɛ³³）	热闹

有大批形容词是依靠重叠两个相同音节构成的AA式，这类性质形容词也常做定语。有时候它们之前可以分别添加表示比较级、最高级意义的程度副词。此时，双音节重叠式的形容词可删除后一个音节从而跟程度副词结合。例如：

tɕe^{55}tɕe^{55}	大	vɛ^{33}vɛ^{55}	粗	lɪ^{55}lɪ^{33}	好
tɕ^{h}ye^{55}tɕ^{h}ye^{55}	细	mne^{33}mne^{53}	稀	nbi^{55}nbi^{53}	笨
zʅ^{24}vzʅ^{33}	方	ts^{h}ui^{55}ts^{h}ui^{55}	肥	ʂtʂu^{55}ʂtʂu^{55}	丑
ptʂ^{h}ə^{55}ptʂ^{h}ə^{55}	白	ȵi^{55}ȵi^{55}	红	mȵɪ^{55}mȵɪ^{53}	鲜
ʃə^{55}ʃə^{55}	黄	ȵə^{55}ȵə^{55}	蓝	k^{h}a^{33}k^{h}a^{53}	硬
dui^{55}dui^{55}	厚	ptsi^{33}ptsi^{55}	薄	nu^{33}nu^{53}	软
tso^{33}tso^{55}	稠	fso^{33}fso^{55}	亮	k^{h}ue^{33}k^{h}ue^{53}	慢
na^{33}na^{33}	黑	dʑy^{33}dʑy^{55}	湿	ʂtʂu^{55}ʂtʂu^{55}	脏

双音节形容词也可由两个不同音节构成，这类形容词在扎坝语中数量极为有限。有时它们之后也会添加示证标记ʐɛ^{33}，但删掉ʐɛ^{33}之后意义并无改变。例如：

mə^{55}du^{33}	短	bdʑa^{55}dʑi^{33}	宽	ne^{33}mtɕ^{h}i^{55}	老实
ȵə^{55}ʐu^{55}	近	ma^{33}n̥a^{55}	浅	ja^{33}ɕa^{55}	勤快
to^{55}mi^{33}	清	ndʑo^{55}nk^{h}u^{33}	绿	bdə^{33}vzʅ^{55}	漂亮
di^{55}mdo^{33}	灰	lɛ^{33}di^{53}	容易	ma^{33}lɪ^{55}	差
se^{55}ʂpi^{53}	新	ȵe^{33}mɪ^{53}	旧	dʑə^{55}pu^{33}	富

多音节形容词的情况比较少见，大多数多音节形容词都是由多个不同意义的语素通过意合法构成，因此算不上严格意义上的多音节形容词①。例如：

wo^{55}mna^{33}mdo^{55}	紫	tʃ^{h}ə^{55}ʐə^{33}dzɛ^{55}mbə^{33}ʐə^{33}dzɛ^{55}ndu^{55}	直爽
tɕo^{55}ga^{33}ndu^{33}	犟	(ts^{h}ʅ^{24}) pɛ^{24}tɕa^{33}	咸菜～
(ts^{h}ʅ^{24}) ma^{55}zu^{33}	淡菜～	tʃ^{h}ə^{24}tʂʅ^{55}mɛ^{33}	腥

扎坝语的形容词中还有一个小类，即一般只充当谓语，但不能充当定语的唯谓形容词。虽然我们将唯谓形容词归到形容词中，但扎坝人认为该类词语在功能上更接近动词，如它们的后面可以自由添加体貌标记和示证标记等。唯谓形容词在构词上跟别的形容词有些不同，它们主要采用“趋向前缀＋形容词语素”的结构。

哪些概念必须采用性质形容词来表达，哪些采用唯谓形容词来表达，目前在扎坝语中很难做出明确的判断。但可以肯定的是，唯谓形容词在句中直接充当定语的情况较为少见。唯谓形容词可以由趋向前缀跟一个语素构成，也可以由趋向前缀跟多个语素构成。“趋向前缀＋形容词语素”若出现在句中谓语位置，可以表示状态变化。下面例子中的kə^{55}、ŋə^{55}、

① 三音节或三音节以上的形容词在扎坝语中特别少见，第四章分类词表中出现的三音节形容词有两种可能：发音人文化程度太低，当遇到无法表达的形容词时只能使用解释方法，造成音节增多（如该处的“直爽”一词）；某些形容词发音人习惯带着名词一起说（如该处的咸、淡，发音人习惯要在前面加上“菜”）。为了保持跟录音文件同步，此处都一起罗列。

a^{55}、ə^{55}、tə^{55}都是动词的趋向前缀，它们和形容词语素构成了唯谓形容词。

tə^{55}hkua^{33}	弯的	kə^{55}tʂ̩i^{55}	暖和的	tə^{55}tɕʰɛ^{53}	破的	tə^{55}ȵya^{33}	错的
tə^{55}ke^{55}ke^{33}	歪的	tə^{24}lu^{55}	热的	a^{55}mia^{53}	烂的	a^{55}tʃa^{33}	馊的
ŋə^{55}ptʂ̩a^{53}	松的	tə^{24}vɪ^{55}	凉的	kə^{55}ptsa^{33}	钝的	ə^{55}tʂ̩ya^{33}	干的
tə^{55}ptsʰa^{53}	晚的	tə^{55}zʂ̩a^{53}	早的				

七　副词

副词可分为时间副词、频率副词、程度副词、否定副词等四个类别。扎坝语中常见的时间副词有tsu^{55}ku^{55}“立刻”、tse^{55}mei^{55}、tsu^{55}ku^{55}tsu^{55}ku^{55}“刚刚”、zʂ̩e^{33}ndʑɛ^{53}“常常”、ʂ̩ti^{55}tsʰə^{33}pe^{33}、ʂ̩ti^{33}ŋa^{55}ma^{33}或ʂ̩ti^{33}ku^{55}tsʰə^{33}“最后”等。时间副词可以重叠以表达更深的时间程度。例如：tsu^{55}ku^{55}tsu^{55}ku^{55}“刚刚”由tsu^{55}ku^{55}“立刻”重叠构成，表达比“现在”更加紧迫的时间概念。时间副词前若添加表最高程度的副词ʂ̩ti^{55}则变成了最高程度形式。tsʰə^{33}pe^{33}意为“……时间之后”，当前面添加了表程度的ʂ̩ti^{55}则意为“最后”。例如：

a^{55}pə^{33}　ʂ̩ti^{33}ku^{55}tsʰə^{33}　ŋge^{24}　tə^{55}-mue^{33}-ʂ̩tia^{33}-zʂ̩ɛ^{33}.
奶奶　最后　门　DIR-做-PFV:N.EGO-GNO
奶奶最后关了门。

频率副词a^{55}tsɿ^{55}tsɿ^{33}置于动词前表示动作发生的频次多寡。例如：

tʊ^{33}zʂ̩ə^{55}　sʰue^{55}　a^{55}tsɿ^{55}tsɿ^{33}　və^{24}-ma^{33}-ndu^{33}-zʂ̩ɛ^{33}.
那个　男人　几乎　来-NEG-AUX-GNO
那个男人几乎很少过来。

tʊ^{33}zʂ̩ə^{55}　wo^{55}zʅ^{55}wo^{55}wu^{55}　a^{55}tsɿ^{55}tsɿ^{33}　jɪ^{55}=kʰə^{53}　tə^{55}-ʑi^{33}-tʂ̩ə^{55}-zʂ̩ɛ^{33}.
3sg　每年　差不多　家=LOC　DIR-回-IMPV-GNO
他差不多年年都回家。

还有一些表否定意义或只在否定句中使用的频率副词，如xa^{55}kə^{33}la^{33}“好不容易”、a^{55}mei^{55}kʰʊ^{33}“简直不”等，它们几乎都不能出现在肯定句中①。例如：

me^{33}se^{53}-zʂ̩e^{33}　dzo^{53}=kʰə^{33}　xa^{55}kə^{33}la^{33}　a^{55}-tɛ^{55}　ma^{55}-ndu^{33}-zʂ̩ɛ^{33}.
百姓-PL　县=LOC　好不容易　DIR-下来　NEG-AUX-GNO
百姓们好不容易到县里来一趟。

wa^{33}ndu^{55}　a^{55}mei^{55}kʰʊ^{33}　jɪ^{24}　ə^{55}-gə^{33}　mə^{55}-ndu^{33}-tʂ̩ə^{33}-zʂ̩ɛ^{33}.
旺堆　简直不　房子　DIR-爬　NEG-AUX-IMPV-GNO

① 该类副词有些类似于英语中的seldom“难得”或者hardly“几乎不”等表达否定意义的副词。

旺堆简直不会爬房子。

扎坝语的程度副词主要有表达程度高的mui^{33}mui^{55}“非常”和ʂto^{33}ʂto^{55}“太”等。mui^{33}mui^{55}除了做程度副词外还能做形容词，义为“奇特”。ʂto^{33}ʂto^{55}可用副词ʂti^{55}替换。例如：

tʂu^{55}mpa^{33} = t^{h}a^{33} = ʐə^{33} lo^{55}tə^{33} ʂto^{33}ʂto^{55} ʑu^{33}ʑu^{55} tɛ^{33}-ji^{55} ʐɛ^{33}.

村子 = LOC = POSS 老头 相当 坏的 一-CL COP

村子里的老头相当坏。

zʅ^{55}nda^{33} k^{h}a^{24}wa^{55} ʂti^{55} ptʂ^{h}e^{33} ʐɛ^{33}.

山脚 雪 最 白 COP

山脚的雪最白。

nɛ^{55} ve^{33}ɳə^{33} = k^{h}ə^{33} ve^{33}ɳə^{55}p^{h}a^{33} tɕe^{55} = ji^{55} = mbə^{33}ʐə^{33} mt^{h}u^{55}-zɛ^{53}.

两 兄弟 = LOC 兄弟 大 = NMLZ = NMLZ 高-GNO

两兄弟中哥哥更高（哥哥比弟弟高）。

除了以上几类副词外，扎坝语还有几个用法多样的否定副词。有关否定副词的使用情况见后文“否定范畴”。此处不做赘述。

第二节

短语

一　短语结构

扎坝语的短语类型比较丰富。根据短语内部不同成分间的关系，可以分为偏正短语、动宾短语、述补短语、联合短语、主谓短语、同位短语等。下面分别介绍这六类常见短语类型。

（一）偏正短语

偏正短语主要有定中结构和状中结构。定语成分的不同类型往往也会影响到定语跟中心语之间的语序。当定语为形容词时，一般后置于中心语，中间不需添加定语标记。例如：

ȵ̥ə^{55}z̥ə^{33}　ʂ̥ʰɪ^{33}ʂ̥ʰɪ^{33}　长耳朵　zɿ^{24}　se^{55}ʂpi^{53}　新鞋子

耳朵　长的　鞋子　新的

lə^{55}hpə^{33}　tɕe^{55}tɕe^{53}　高个子　nɛ^{33}mɛ^{53}　pʰa^{55}ʂka^{53}　烂嘴巴

身材　大的　嘴巴　烂的

当定语是名词的时候，名词性定语一般前置于中心语。例如：

pə^{33}gʊ^{55}　jɪ^{33}　木头房子　gu^{55}sʰu^{55}　ɕã^{33}tsɿ^{33}　羊毛衣服

木头　房子　羊毛　衣服

mɪ^{33}lə^{55}　z̥e^{33}z̥a^{53}　酥油茶　ɕʰe^{55}　ntɕʰo^{33}lo^{53}　铁饭碗

酥油　茶　铁　饭碗

某些偏正短语的定语跟中心语之间必须添加定语标记z̥ə^{33}或mbə^{33}z̥ə^{33}。例如：

ȵ̥a^{55}tɕʰu^{33}kʰɛ^{33}-z̥ə^{33}　ɕʰa^{33}mu^{53}　雅江的松茸

雅江-ATTR　松茸

za^{33}ma^{55}mue^{33}-mbə^{33}zə̥^{33}	pts^{h}a^{33}la^{53}	饭锅
做饭-ATTR	锅	
ptɕ^{h}e^{33}mɪ^{53}-zə̥^{33}	mɛ^{33}mɛ^{55}ka^{55}	父母的担心
父母-ATTR	担心	
tə^{55}ʒi^{55}-mbə^{33}zə̥^{33}	n̥ə^{55}me^{33}	冷天
寒冷-ATTR	太阳	

扎坝语也有类似于汉语的“状中”偏正结构，此结构中状语需放在中心语之前。例如：

tsu^{55}ku^{55}tsu^{55}ku^{55}	ə^{55}ptɕa^{55}	刚刚出发
刚刚	出发	
ta^{55}ta^{53}	s^{h}e^{55}za^{53}	刚三人
刚刚	三人	
ɕ^{h}ə^{55}lə^{55}mu^{33}	nɛ^{55}mɛ^{55}kə^{55}zu^{53}	赶快闭嘴
赶快	闭嘴	
ta^{33}ze^{55}tɕ^{h}u^{55}ts^{h}e^{55}	ŋue^{33}ji^{55}	才五点
刚才	五个	

（二）动宾短语

动宾短语一律将宾语置于动词之前，呈OV语序，且中间不添加其他语法标记。例如：

tɕ^{h}i^{33}tʂ^{h}e^{55}	tə^{55}fɕe^{33}	拉汽车	kɛ^{33}mə^{55}	kə^{55}fɕi^{53}	买衣服
汽车	拉		衣服	买	
ʂtso^{33}ma^{55}la^{33}	ga^{33}ga^{53}	爱干净	ptɕ^{h}e^{33}mɪ^{55}wu^{33}	ngʊ^{55}ʐʊ^{53}	骗父母
干净	爱		父母	欺骗	
z̥a^{55}p^{h}a^{33}	kə^{33}hta^{53}	捉老鼠	le^{55}ka^{33}	kə^{55}ta^{53}	开始劳动
老鼠	捕捉		劳动	开始	

（三）述补短语

扎坝语中述补短语发展并不完善，且数量极其有限。当补充说明谓语时，扎坝语直接将补语置于核心动词之后。例如：

tə^{55}mdze^{33}	xue^{53}	飞出去	pe^{33}pe^{55}	ntɕ^{h}ɪ^{55}	急疯掉
飞	离开		着急	发疯	
kə^{55}na^{55}	a^{55}tɕ^{h}ʊ^{33}	暗下去	mə^{55}htɕo^{55}	kə^{55}ta^{53}	忙起来
暗	下去		忙	开始	
kə^{55}htsɿ^{55}	ə^{55}hkʊ^{53}	吃饱	ə^{55}k^{h}ʊ^{53}	ə^{55}tʂy^{33}	晒干
吃	饱		晒	弄干	

当补充说明谓语的成分是名词性时，则需要前置于核心动词。例如：

ta^{55}htsu^{55}　kə^{55}tə^{33}　踢一脚　　ta^{55}dʑo^{55}　kə^{55}tə^{33}　砍一刀
一脚　打　　　　　　一刀　打

tɛ^{55}ȵə^{55}　ə^{55}ŋi^{33}　休息一天　　ŋui^{33}dʑa^{55}　mue^{24}　住五晚
一天　休息　　　　　五晚　住

（四）联合短语

扎坝语的联合短语有并列和选择两种类型，其各成分之间需添加相应的语法标记。当并列成分是名词性时，需在中间添加并列标记nə^{33}。例如：

ge^{55}ge^{33}＝nə^{33}　ɬo^{33}ptʂa^{55}pə^{55}dʑə^{33}　　ŋe^{55}＝nə^{33}　ne^{53}
老师＝CONJ　学生　　我们＝CONJ　你们
老师和学生　　我们和你们

a^{55}p^{h}a^{53}＝nə^{33}　a^{55}mɛ^{53}＝nə^{33}　a^{55}wu^{53}　　də^{33}gi^{53}＝nə^{33}　mo^{55}zo^{33}＝nə^{33}　za̤^{33}ŋa^{55}k^{h}a^{33}
爸爸＝CONJ　妈妈＝CONJ　叔叔　　德格＝CONJ　木绒＝CONJ　新都桥
爸爸、妈妈和叔叔　　德格、木绒和新都桥

当并列成分是动词时，不但可以在中间添加并列标记nə^{33}，还可添加副动词ȵi^{33}，以及表达强调动作同时发生的标记ɕ^{h}i^{33}nə^{33}。例如：

le^{55}hka^{33}＝nə^{33}　kə^{55}mi^{53}　　劳动睡觉
劳动＝CONJ　睡觉

va^{55}s^{h}ɛ^{55}＝nə^{33}　gue^{33}jɪ^{55}s^{h}ɛ^{33}　　杀猪杀牛
杀猪＝CONJ　杀牛

kə^{55}tʂʊ^{33}hka^{33}-ȵi^{33}　tə^{55}tʂə^{33}lə^{33}　　商量决定
商量-CVB　决定

va^{55}　kə^{55}s^{h}ɛ^{33}-ȵi^{33}　va^{55}ko^{55}ȵi^{33}me^{33}　a^{55}mue^{55}　杀猪煮肉
猪　杀-CVB　臭猪肉　煮

a^{55}fɕe^{55}　ɕ^{h}i^{33}nə^{33}　ndʐə̤^{55}　a^{55}ku^{33}　　又说又笑
说　同时　笑　喊叫

a^{55}kʊ^{33}　ɕ^{h}i^{33}nə^{33}　a^{55}nts^{h}a^{55}zo̤^{33}　　又唱又跳
唱　同时　跳

当两者是选择关系时，需使用选择关系的标记ɣe^{33}me^{33}“还是”。有时候可只使用me^{33}“或是”。ɣe^{33}me^{33}或者me^{33}都需要放在选择项之间。例如：

kə^{33}zə̤^{55}wu^{33}　ga^{55}＝ɣe^{33}me^{55}　ptso^{33}zə̤^{55}wu^{33}　ga^{33}
这个　喜欢＝CONJ　另外　喜欢

喜欢这个还是那个

a^{55}mi^{55}ɕ^{h}i^{33} va^{55} kə^{55}s^{h}ɛ^{33}=ɣe^{33}me^{33} gue^{33}jɪ^{55} kə^{55}s^{h}ɛ^{33}

下午 猪 杀=CONJ 还是 杀牛

下午杀猪还是杀牛

（五）主谓短语

主谓短语一般直接将主语置于谓语之前，两者之间一般不需要添加语法标记。例如：

ptsa^{24}	ts^{h}u^{55}	鸡叫	vɛ^{55}ȵə^{55}p^{h}a^{33}	za^{33}ma^{55}	tsɿ^{33}	兄弟吃饭
鸡	叫		兄弟	饭	吃	
p^{h}ĩ^{33}gɔ^{55}	kə^{55}me^{33}	苹果成熟	lə^{55}pə^{33}	lɪ^{55}lɪ^{53}		身体强壮
苹果	成熟		身体	好		

（六）同位短语

同位短语直接并列排列各成分，中间不需要添加语法标记。例如：

ŋe^{55}	a^{33}jʊ^{33}	我们自己	ts^{h}ũ^{55}tʂaŋ^{55}	ȵi^{33}ma^{55}	村主任尼玛
我们	自己		村主任（村长）	尼玛	
ne^{55}	pui^{55}pa^{33}	你们藏族人	ta^{55}mbʊ^{33}ts^{h}ɪ^{33}ʂtɕi^{33}t^{h}ə^{55}ȵə^{53}		一月一那天
你们	藏族人		一月 一日 那天		

二 名词短语的形态

（一）性范畴

性范畴在扎坝语中并不发达，男性或雄性动物使用词尾mp^{h}e^{53}，女性或雌性动物使用词尾me^{53}。mp^{h}e^{53}和me^{53}一般后置于中心名词，若借用藏语和汉语四川方言的性范畴标记p^{h}u^{33}、mu^{33}则需前置于核心名词。例如：

p^{h}u^{33}	ptsa^{53}	公鸡	mu^{33}	ptsa^{53}	母鸡
公的	鸡		母的	鸡	
mnɔ^{55}	mp^{h}e^{53}	公马	mnɔ^{55}	me^{53}	母马
马	公的		马	母的	
va^{55}	mp^{h}e^{53}	公猪	va^{55}	me^{53}	母猪
猪	公的		猪	母的	
k^{h}ə^{33}	mp^{h}e^{53}	公狗	k^{h}ə^{33}	me^{53}	母狗
狗	公的		狗	母的	

（二）数范畴

扎坝语的数范畴是单数、双数和复数三分对立形式。双数在可数名词后添加双数标记

nɛ^{33}，nɛ^{33}源于数词“二”，可加双数标记的名词一般为有生命的名词。例如：

s^{h}ue^{55}	nɛ^{33}	俩男人	n̥ə^{55}ve^{33}	nɛ^{33}	俩亲戚
男人	两		亲戚	两	
mnɔ^{24}	nɛ^{33}	两匹马	k^{h}ə^{24}	nɛ^{33}	两条狗
马	两		狗	两	
me^{55}npa^{53}	nɛ^{33}	俩医生	p^{h}u^{55}ji^{53}	nɛ^{33}	俩穷人
医生	两		穷人	两	

无生命的名词后都可添加双数标记，是否添加nɛ^{33}主要取决于名词是否可被个体量化。以下的名词“水”之后就不能使用双数标记。例如：

tɕ^{h}o^{33}lo^{53}	nɛ^{33}	两个碗	jɛ^{33}pə^{53}	nɛ^{33}	两块石头
碗	两		石头	两	
n̥i^{33}tɕu^{55}	nɛ^{33}	两个鼻子	tʂo^{24}	nɛ^{33}	两根草
鼻子	两		草	两	
tʂo^{33}tsɿ^{55}	nɛ^{33}	两个桌子	*tə^{24}	nɛ^{33}	两份水
桌子	两		水	两	

并列名词成分在意义上体现为双数时，也需添加双数标记，但此时双数标记只添加在后一并列项上。例如：

p^{h}ĩ^{33}gɔ^{55}＝nə^{33}	ɕaŋ^{55}tɕɔ^{55}-nɛ^{33}	ke^{55}zə̥^{33}	kə^{55}-fɕi^{55}-zɛ̥^{33}＝ga^{33}?
苹果＝CONJ	香蕉-DU	哪个	DIR-买-GNO＝QUES

苹果或香蕉买哪个？

*p^{h}ĩ^{33}gɔ^{55}-nɛ^{33}＝nə^{33}	ɕaŋ^{55}tɕɔ^{55}-nɛ^{33}	ke^{55}zə̥^{33}	kə^{55}-fɕi^{55}-zɛ̥^{33}＝ga^{33}?
苹果-DU＝CONJ	香蕉-DU	哪个	DIR-买-GNO＝QUES

苹果或香蕉买哪个？

复数在名词性成分后添加标记ze̥^{33}，复数标记源于不定量词“一些”。扎坝语有类似于汉语四川方言“些”的复数标记ze̥^{33}。不过复数标记ze̥^{33}并不仅仅局限于跟指人名词或人称代词结合，它还能跟其他无生命的名词结合。例如：

s^{h}ue^{55}	ze̥^{33}	很多人	k^{h}ə^{24}	ze̥^{33}	很多狗
人	些		狗	些	
t^{h}e^{33}pə^{55}jʊ^{33}	ze̥^{33}	很多苍蝇	ze̥^{24}wə^{33}	ze̥^{33}	很多棉帽
苍蝇	些		棉帽	些	
ndzi̥^{55}	ze̥^{33}	很多木头	ptʂe^{55}wu^{33}	ze̥^{33}	很多荞麦
木头	些		荞麦	些	

同样，ʐe^{33}除了添加在可数名词后，还可添加在不可数名词后，表达数量多或不可具体计数。以下的“水、牛奶、蜂蜜、纸”都是名词，它们之后也可添加复数标记ʐe^{33}。例如：

tə^{24}	ʐe^{33}	很多水	ȵi^{24}	ʐe^{33}	很多牛奶
水	些		牛奶	些	
ptsi^{55}jʊ^{33}	ʐe^{33}	很多蜂蜜	ɕʰu^{33}və^{53}	ʐe^{33}	很多纸
蜂蜜	些		纸	些	
tʂo^{24}	ʐe^{33}	很多草	ʂtsʅ^{24}	ʐe^{33}	很多土
草	些		土	些	

（三）亲属称谓

词缀a^{55}大多添加在表亲属关系的名词之前，类似于汉语的“阿”，它用于日常称呼。一般是面称时使用a^{55}，若亲属称谓存在面称和叙称差别，则叙称之前不用a^{55}。扎坝语的亲属称谓系统比较特殊，体现在：岳父、公公，岳母、婆婆不区分；伯父、姑父，伯母、叔母、阿姨不区分；哥哥、嫂子不区分。例如：

a^{55}mɛ^{53}	母亲面称	mɪ^{53}	母亲叙称
a^{55}pʰa^{53}	父亲面称	ptɕʰe^{55}	父亲叙称
a^{55}wu^{53}	舅舅	a^{55}mi^{33}	爷爷、岳父、公公
a^{55}pə^{33}	奶奶、婆婆、岳母	a^{55}sa^{53}	姨母、叔母、伯母
a^{55}tɕe^{53}	哥、嫂子	a^{55}tɕa^{33}	姐姐
a^{55}kʰu^{53}	叔叔、伯父	mui^{55}ne^{55}	兄妹
ne^{55}və^{55}	姐妹		

（四）小称表达

名词后可以添加小称标记zʅ^{53}来表示小的物体。zʅ^{53}在扎坝语中不但可以添加在有生命的名词后，还可添加在无生命的名词之后表达形状细小且带亲昵、可爱、喜爱的语气。例如：

lə^{55}zʅ^{53}	小猫	va^{55}zʅ^{53}	小猪
kʰə^{55}zʅ^{53}	小狗	ja^{55}zʅ^{53}	小手
tʂʰə^{55}zʅ^{53}	小脚	ve^{24}zʅ^{53}	小肚子
tɕʰi^{33}tʂʰe^{55}zʅ^{53}	小汽车	kɛ^{33}mə^{55}zʅ^{33}	小衣服
ȵə^{55}me^{53}zʅ^{33}	小太阳	jɛ^{55}pə^{53}zʅ^{33}	小石头

在北部方言区还有一个小称标记lə^{33}。lə^{33}极为受限，只用来指小动物，且说话人对其充满喜爱的感情。以下例子中的“小蛇”是令人厌恶的动物，而“手”“汽车”并不表示说话人的喜爱之感，因此不使用lə^{33}。例如：

lə⁵⁵lə³³	小猫	va⁵⁵lə³³	小猪
kʰə⁵⁵lə³³	小狗	pə⁵⁵ptʂɿ³³tɕe⁵⁵tɕe⁵³	小蛇
ja⁵⁵tɕe⁵⁵tɕe⁵³	小手	tɕʰi³³tʂʰe⁵⁵tɕe⁵⁵tɕe⁵³	小汽车

（五）格范畴

扎坝语的格形态较发达，某些格标记可选择使用，而某些论元成分之后必须添加相应的格标记。格标记具有多功能性，同一格标记往往可标记不同的题元角色[①]。一般是施事不加标记，而对受事进行标记。以下分别介绍。

1. 反作格

扎坝语中无论施事的生命度如何，施事论元都使用零形态标记，但却要对受事论元（宾语成分）进行标记。不及物动词的主语S和及物动词的施事A都采用零形态标记，只对及物动词的受事成分P采用受事标记。从格形态看更像是一种反作格（anti-ergative）语言（LaPolla 2004）。

反作格跟与格或处所格都使用格标记wu³³。当受事论元是光杆名词或数量不定的名词短语时，受事论元之后都需添加wu³³。若名词添加了数量词，受事论元之后可添加wu³³，也可以省略wu³³。例如：

lu⁵⁵tʰe⁵⁵＝ø　sʰa³³pu⁵⁵＝wu³³　a⁵⁵-ɬɛ⁵⁵-ʂtia³³.
风＝ø　树＝DAT　DIR-吹倒-PFV:N.EGO
风吹倒了树。

若施事论元是有生命的名词，此时施事论元不需要标记，而是对受事论元进行标记。例如：

ŋa⁵⁵＝ø　sʰa³³pu⁵⁵＝wu³³　a⁵⁵-ɬɛ⁵⁵-gɪ³³.
1sg＝ø　树＝DAT　DIR-砍倒-PFV.EGO
我砍倒了树。

ja³³ʐe⁵⁵＝ø　ja³³ʐe⁵⁵＝wu³³　ə⁵⁵-tsʰɛ³³hpi³³-ʂtia³³-zɛ³³.
3pl.REFL＝ø　3pl.REFL＝DAT　DIR-捏-PFV:N.EGO-GNO
他们自己捏了自己。

si⁵⁵ngi³³＝ø　kə³³ʐe⁵⁵　gu⁵⁵＝wu³³　kə⁵⁵-htsɿ⁵⁵-ʂtia³³.
狮子＝ø　那些　绵羊＝DAT　DIR-吃-PFV:N.EGO
狮子吃了这些绵羊。

当受事论元是非光杆名词时可以添加标记wu³³，也可省略格标记。例如：

① LaPolla（2004）认为藏缅语的格形态中，处所格和离格是最早产生的，随后再扩展到其他的格功能。我们支持LaPolla的观点，因为在扎坝语中处所格大多都能表达别的格功能，许多格功能实则都是由处所或方位格发展出来的。

lu^{55}t^{h}e^{53} = ø　s^{h}a^{33}pu^{55}　na^{55}-pu^{33} = ø　a^{55}-ɬɛ^{55}-ʂtia^{33}.

风 = ø　树　两 -CL = ø　DIR- 吹倒 -PFV:N.EGO

风吹倒了两棵树。

2. 领属格

扎坝语表达领属关系的方法较单一，不论领属物体是否可让渡都使用格标记zə̩^{33}。例如：

ŋa^{55} = zə̩^{33}　a^{55}p^{h}a^{55}　vɛ^{55}to^{55}　tɕye^{33} = ji^{55}　zɛ̩^{33}.

1sg = POSS　爸爸　瓦多　在 = NMLZ　COP

我爸爸是在瓦多住的人。

da^{33}wa^{55} = zə̩^{33}　ȵa^{55}ȵi^{33}　ɣə^{55}pɛ^{55}　ȵi^{55}ȵi^{55}　a^{55}-du^{33}-a^{33}.

达娃 = POSS　脸　一点　红的　DIR- 变成 -N.EGO

达娃的脸变得有点红了。

ȵa^{55}tɕ^{h}u^{33}k^{h}ɛ^{33} = zə̩^{33}　ɕ^{h}ʊ^{33}mo^{55}　mui^{33}mui^{55}　mi^{33}mi^{55}　tɪ^{33}　zɛ̩^{33}.

雅江 = POSS　松茸　非常　好吃的　一:CL　COP

雅江的松茸是非常好吃的。

3. 与格

扎坝语的与格也添加格标记wu^{33}，且wu^{33}大多添加在间接宾语之后。例如：

mə^{55}di^{55}-zɛ̩^{33}　ts^{h}ũ^{55}tʂaŋ^{55} = wu^{33}　tɕ^{h}e^{53}　tɪ^{33}　tsɛ^{55}zɛ^{55}　pʊ^{55}-zɛ̩^{33}.

别人 -PL　村主任 = DAT　什么　一:CL　讲话　有 -GNO

别人对村主任有什么事情要讲。

kə^{33}zə̩^{55}　te^{55}nta^{33}　ŋa^{55}　ma^{55}-ʃə^{33}　mə^{55}di^{55} = wu^{24}　kə^{55}-mə^{33}-ge^{33}?

这　事情　1sg　NEG- 知道　别人 = DAT　DIR-NEG- 问

这件事情我不清楚，（你）为何不去问别人？

lɛ^{33}mɛ^{55}　ŋa^{55} = wu^{33}　s^{h}a^{33}pu^{53}　ta^{55}-pa^{53}　tə^{55}-k^{h}ue^{33}.

喇嘛　1sg = DAT　树　一 -CL　DIR- 给:PFV

喇嘛给了我一棵树。

当双及物式出现在致使结构中时，原小句的间接宾语及主语都需添加与格标记。例如：

a^{33}mɛ^{55}　la^{55}mu^{55} = wu^{33}　tɕə^{55}te^{55}　zã^{33}nbo^{53} = wu^{33}　a^{55}-ti^{33}-tʂ^{h}u^{33}-ʂtɪ^{33}.

妈妈　拉姆 = DAT　书　让布 = DAT　DIR- 交给 -CAUS-PFV.VIS

（亲眼看见）妈妈让让布把书交给了拉姆。

4. 从格

从格可关联空间和时间，在扎坝语中都统一使用ȵi^{33}。例如：

kʰə^{24} jɪ^{55}＝kʰə^{55}＝ȵi^{33} tʰɪ^{24} ta^{55}-ka^{53} ə^{55}-ndzɛ^{33}-ȵi^{33} a^{55}-hti^{53}.

狗 屋子＝LOC＝ABL 肉 一-CL DIR-咬-CVB DIR-下来.PFV

狗从屋里咬了一块肉之后就跑下来了。

kə^{33}zə̩^{55} lɛ^{33}mɛ^{55}-ze̩^{33} ɬa^{55}sa^{55}＝ȵi^{33} a^{55}-hti^{55}-a^{33}-zɛ̩^{33}.

这些 喇嘛-PL 拉萨＝ABL DIR-下来.PFV-N.EGO-GNO

这些喇嘛从拉萨来的。

a^{33}pʰa^{55} a^{55}nə^{55}＝ȵi^{33} xui^{53} tsei^{55} mə^{33}-və^{53}.

爸爸 今天＝ABL 离开.PFV 目前 NEG-回来

爸爸今天离开了，到现在还没回来。

kə^{33}zə̩^{55} lu^{33}dʑu^{55} ŋa^{55} gu^{33}＝wu^{55}＝ȵi^{33} kə^{55}-ta^{55} ŋa^{33}ma^{53} me^{33}ntsʰɿ^{33} ʃə^{24}.

这个 故事 1sg 头部＝LOC＝ABL DIR-开始 最后 到达 知道

这个故事我从头到尾全都知道。

5. 工具格

扎坝语的工具格标记较其他粘附形态的格标记而言略显不同。扎坝语目前还未发展出一个专用的工具格标记，其往往通过使用“拍打”义动词kə^{55}tə^{33}来实现这一功能。例如：

tʊ^{33}zə̩^{55} tsa^{24}＝kə^{55}tə^{33} sʰa^{33}pu^{55} a^{55}-tsʰə^{33}-ʂtia^{33}.

3sg 斧头＝INST 树 DIR-砍-PFV:N.EGO

他用斧头砍了树。

nu^{55} ɕʰə^{55}lə^{55}mu^{33} ŋa^{55}＝zə̩^{33} ta^{55}ja^{33}＝kə^{55}tə^{33} mtʂʰə^{24} fɕi^{24} tə^{55}-zu̩^{33}!

2sg 快点 1sg＝POSS 钱＝INST 酒 买 DIR-去.IMP

你赶快用我的钱去买酒！

6. 方位格

扎坝语的方位格标记所表达的方位概念跟汉语中的方位词略有不同，有的方位格标记同样也可跟时间名词组合代表具体的时间概念。表5–7是对方位格的总结。

表5–7　扎坝语的方位格标记

	wu^{33}	tʰa^{33}	zə̩^{24}	htsa^{24}	kʰə^{33}	tɕʊ^{33}
物体上	+					
水平面上		+				
下方			+			
底部				+		

续表

	wu^{33}	t^{h}a^{33}	ʑə^{24}	htsa^{24}	k^{h}ə^{33}	tɕʊ^{33}
里面					+	
物体所处地方						+
时间之后		+				

只要附着在物体表面，无论水平、垂直或是和物体融为一体，都可使用wu^{33}。前面提到wu^{33}在扎坝语中具有与格标记的功能，同时它还是一个常用的方位格标记。例如：

kε^{33}mə^{55}＝wu^{33}　衣服上　　ȵə^{55}z̥ə^{55}＝wu^{33}　耳朵上

do^{55}＝wu^{33}　墙上　　ç^{h}ε^{33}ȵi^{55}＝wu^{33}　眼镜上

zʅ^{24}＝wu^{33}　山上　　s^{h}a^{33}pu^{55}＝wu^{33}　树上

若物体处于水平面上，则使用方位格t^{h}a^{33}。值得注意的是下面例子中的tʂu^{55}mpa^{33} t^{h}a^{33}“村子上”在扎坝语中一般不使用表示“里面”的方位格标记，而使用表示“上面”的方位格标记t^{h}a^{33}。例如：

tʂo^{33}tsʅ^{53}＝t^{h}a^{33}　桌上　　gu^{55}pə^{55}lə^{33}＝t^{h}a^{33}　头上

hkə^{55}＝t^{h}a^{33}　茶儿上　　zʅ^{55}ts^{h}ə^{33}＝t^{h}a^{33}　鞋面上

tʂu^{55}mpa^{33}＝t^{h}a^{33}　村子上（里）

当某一物体位于参照物下方，可以任意选用ʑə^{24}和htsa^{24}这两个方位格标记。两者差别主要在于物体是否会接触到参照物：ʑə^{24}表示“下方且接触参照物”，htsa^{24}仅仅表示“底部”。例如：

htɕo^{55}tsʅ^{55}＝ʑə^{24}　桌子下　　gu^{55}pə^{55}lə^{33}＝ʑə^{24}　头下面

zʅ^{24}＝htsa^{24}　山脚　　tə^{24}＝htsa^{24}　水底

当某一物体位于参照物里面、被参照物包围或是处于某些较抽象的参照物之中时，都可使用方位格标记k^{h}ə^{33}。例如：

tə^{24}＝k^{h}ə^{33}　水里　　k^{h}ʊ^{55}＝k^{h}ə^{53}　肚子里

ȵa^{55}＝k^{h}ə^{53}　眼睛里　　jɪ^{55}＝k^{h}ə^{53}　家里

t^{h}ɪ^{55}z̥e^{33}＝k^{h}ə^{33}　肉汤里　　hka^{55}tɕ^{h}a^{53}＝k^{h}ə^{33}　话里

方位格标记tɕʊ^{33}体现的空间方位比较模糊，指参照物周围某一个范围较大的位置，相当于“那一片地方”。例如：

ŋa^{55}＝tɕʊ^{33}　我那儿　　nu^{55}＝tɕʊ^{33}　你那儿

a^{55}mε^{55}＝tɕʊ^{33}　妈妈那儿　　p^{h}ĩ^{33}gɔ^{55}＝tɕʊ^{33}　苹果那儿

tʂu^{55}mpa^{33}＝tɕʊ^{33}　村子那儿　　pei^{33}pei^{33}＝tɕʊ^{33}　杯子那儿

扎坝语的某些方位格标记还具有多种功能，它们除了标记方位，有时还能标记时间。方位格标记t^{h}a^{33}“上”时常跟时间名词结合表示某一具体时间或某一动作进行之后。例如：

a^{55}nə^{55}＝t^{h}a^{33}　今天以后　tɕ^{h}u^{55}ts^{h}e^{55}na^{55}ji^{33}＝t^{h}a^{33}　两点以后

ts^{h}ɿ^{55}wo^{55}＝t^{h}a^{33}　十年以后　tə^{33}mu^{55}a^{55}mʊ^{53}＝t^{h}a^{33}　结婚以后

方位格标记t^{h}a^{33}“上面、里面”当前已向着小句连词的功能发展，它只出现在第一个小句的句末，其后紧跟第二个小句，相当于一个顺接连词。例如：

kə^{33}zə̧^{55}　me^{33}və^{53}　gu^{55}ts^{h}e^{33}　a^{55}-ntʃ^{h}ə^{33}-wu^{55}＝t^{h}a^{55}　tə^{33}mts^{h}o^{55}　ts^{h}ɛ^{24}　a^{55}-ntʂ̧^{h}o^{33}.

这个　老太婆　头发　DIR-洗-PFV＝LNK　SEQ　菜　DIR-挖

这个老太婆洗了头发之后就挖菜。

tʂ̧u^{55}mpa^{33}　nbe^{33}lɪ^{55}　vʒɛ^{55}＝t^{h}a^{55}　tə^{33}mts^{h}o^{55}　tse^{33}n̥ʊ^{53}ʂ̧tɪ^{33}　tʊ^{33}zə̧^{55}　lo^{55}tə^{33}

村子　全部　拿来＝LNK　SEQ　大概等会儿　那个　老头

ja^{33}pə^{55}　tɪ^{33}　ə^{55}-pe^{33}　vʒɛ^{33}-a^{33}-zɛ̧^{55}-dɛ^{33}dzɛ̧^{33}.

石头　一:CL　DIR-抱　拿来-N.EGO-GNO-HS

村里人（把自家宝贝）都拿出来了。大概等了一会儿，老头抱来了一块石头。

7. 受益格

扎坝语的受益类论元可使用与格wu^{33}标记，也可使用方位格标记tɕʊ^{33}“里面”、k^{h}ə^{33}“里”。例如：

ŋe^{55}　s^{h}a^{33}pu^{55}＝wu^{33}　pə^{33}pi^{55}　kə^{55}-s^{h}ɛ^{33}-gɪ^{33}.

1pl　树＝BEN　虫　DIR-杀-PFV.EGO

我们给树杀了虫子。

a^{55}mi^{33}　lə^{33}lə^{55}＝wu^{33}　me^{24}　tɛ^{55}-ji^{33}　kə^{55}-t^{h}ɛ^{33}-ʂ̧tia^{33}.

爷爷　猫＝BEN　名字　一-CL　DIR-取名-PFV:N.EGO

爷爷给猫取了一个名字。

mdzȩ^{55}mdzə̧^{33}　kə^{55}-lɪ^{33}-n̥i^{33}　nbe^{33}lɪ^{55}＝tɕʊ^{33}　a^{55}-vi^{33}vi^{33}.

粮食　DIR-拿-CVB　全部＝BEN　DIR-分配

粮食运来后就分给大家。

有时候受益关系不是特别明确，甚而还带有一些受损（malefactive）的意思，这时候也使用wu^{33}。例如：

tʊ^{33}zə̧^{55}　zə^{55}ntʂ̧^{h}ɿ^{33}-zȩ^{33}　n̥ə^{55}zə̧^{33}＝wu^{33}　tɕu^{55}　pɛ^{55}pɛ^{33}　kə^{55}-t^{h}ɛ^{33}-ʂ̧tia^{33}.

那些　女孩-PL　耳朵＝MAL　洞　很多　DIR-取-PFV:N.EGO

那些女孩的耳朵打了很多洞。

8. 伴随格

扎坝语中有一个专用的伴随格标记mts^{h}a^{33}，它添加在被伴随者之后表达伴随关系。例如：

a^{55}tɕa^{55}　a^{55}pə^{33}＝mts^{h}a^{33}　ʂtɛ^{55}wu^{55}　ə^{55}-tɕ^{h}ʊ^{33}-a^{33}.

姐姐　奶奶＝COM　道孚　DIR-上去:N.EGO-N.EGO

姐姐跟奶奶上道孚去了。

ŋa^{55}　tʊ^{33}zə̧^{55}　ge^{55}ge^{33}＝mts^{h}a^{33}　ə^{55}za̧^{33}　tə^{55}-jo^{53}.

1sg　那个　老师＝COM　画画　DIR-去.PFV.EGO

我跟那个老师学画画去了。

wa^{24}　lə^{33}mi^{55}＝mts^{h}a^{33}　ta^{55}pts^{h}o^{55}　zɛ̧^{33}.

狐狸　狼＝COM　一伙　COP

狐狸跟狼是一伙的。

除此之外，并列连词nə^{33}置于被伴随者之后时，也可表达伴随关系。不过该类情况并不常见。例如：

tə^{33}mts^{h}o^{55}　a^{55}ʒo^{55}-zȩ^{33}＝nə^{33}　k^{h}ɛ^{33}ptɛ^{55}-a^{33}-mue^{33}　ka^{55}tɕ^{h}a^{53}　a^{55}-fɕe^{53}.

SEQ　伴郎团-PL＝COM　交流-DIR-LVB　合亲交谈　DIR-说

然后说说（女方家人）跟伴郎团合亲交谈的事情。

三　动词短语的形态

扎坝语跟动词相关的形态类型主要有趋向前缀、体、式、态等。它们都以动词为核心，或者在动词上添加语法标记，或者使用动词词根内部屈折变化手段，来表达相应的语法意义。扎坝语没有添加在动词上的人称范畴标记，但可以使用其他手段表达人称一致。以下分别介绍跟动词相关的形态类型。

（一）趋向前缀

扎坝语的趋向前缀根据不同空间参照点（山川、河流、说话人的视点）分成五类：ə^{55}“上方”、a^{55}“下方”、kə^{55}“上游或左边”、ŋə^{55}“下游或右边”、tə^{55}“无定方”。趋向前缀的数目明显少于周边的某些羌语支语言①。五个趋向前缀ə^{55}、a^{55}、kə^{55}、ŋə^{55}、tə^{55}在空间方位的确定上主要以江河（鲜水河）流向以及当地山川作为绝对空间参考框架，但kə^{55}、ŋə^{55}在年轻一代扎坝群体中已经发展出“左边”“右边”的意义。而空间关系的确立可以根

① 不同方言区中趋向前缀的读音略有不同，例如：表示“上方”的趋向前缀在南部方言瓦多乡全区以及木绒乡部分地方读作ɪ^{55}，而在道孚境内的北部方言区以及南部方言木绒沙学村读成ə^{55}。

据说话人视点的改变发生变化，属于相对空间参考框架。

除此之外，趋向前缀kə^{55}还能变为送气的kʰə^{55}，构成“kʰə^{55}-V-ŋə^{55}-V”结构，表达汉语中“V来V去”的意义。例如：

kʰə^{55}nkʰui^{53}ŋə^{55}nkʰui^{53}	请来请去	kʰə^{55}pə^{53}ŋə^{55}pə^{53}	背来背去
kʰə^{55}ʑi^{55}ŋə^{55}ʑi^{33}	走来走去	kʰə^{55}dʑo^{55}ŋə^{55}dʑo^{55}	跳来跳去
kʰə^{55}tə^{55}ŋə^{55}tə^{33}	打来打去	kʰə^{55}mdze^{55}ŋə^{55}mdze^{33}	飞来飞去

趋向前缀还可置于形容词之前，作为形容词的构词前缀。这样的情况比较有限，且能添加趋向前缀的形容词大多为单音节（多音节的例子不多）。表不定方向的前缀tə^{55}出现在形容词之前的频率较高。例如：

tə^{55}-　tə^{55}pʰo^{53}“反的”、tə^{55}ɕo^{55}ke^{33}“斜的”、tə^{55}ke^{55}ke^{33}“横的”、tə^{55}ndua^{33}“充足的”、tə^{33}mno^{55}zɛ̩^{33}“浊的”、tə^{55}pe^{33}lia^{33}“焦的”、tə^{55}pʰo^{55}pʰo^{33}“麻利”

ə^{55}-　ə^{55}tsʰo^{53}“竖的”、ə^{55}pia^{33}“满的”、ə^{55}tʂya^{33}“枯的”、ə^{24}zə̩^{33}wa^{33}“模糊的”

kə^{55}-　kə^{55}mia^{33}“熟的”、kə^{55}htɕo^{53}“节俭的”

a^{55}-　a^{55}n̥a^{33}“潮湿的”

趋向前缀a^{55}还可作为程度副词的前缀。由于受其趋向义的影响，该类程度副词只跟表示方位的名词一起使用。例如：

a^{55}wo^{33}	tɕʰi^{55}pe^{33}	最下面	a^{55}zu̩^{33}	htɛ^{53}	上面很远处
很（下方）	下面		很（上方）	远处	
a^{55}də^{33}	ŋe^{24}	最下游	a^{55}də^{33}	ɕʰʊ^{24}	最上游
最（下方）	下游		最（上方）	上游	

扎坝语的趋向前缀除了表达动词趋向，还能标记体、式、语气。例如：

1. 标记完整体、瞬时体

若句中出现了专用的完整体标记ʂtɪ^{33}、wu^{33}，趋向前缀仅表达趋向。但有时候在表达完成事件时，却使用趋向前缀，而不使用句末的完整体标记。充当完整体标记的趋向前缀大多出现在不及物句式中。例如：

jɪ^{24}　a^{55}-di^{33}-a^{33}.

屋子　DIR.PFV -坍塌 -N.EGO

房子塌掉了。

tɕə^{55}te^{55}　tsu^{55}tsu^{55}we^{24}　tə^{55}-ʂtʂʊ^{33}ʂtɕi^{33}.

信　刚刚　DIR.PFV -寄

信刚刚寄出去了。

lu^{55}t^{h}e^{53}	mui^{55}mui^{53}	ʂtɕi^{53}-ȵi^{33}	nge^{24}	ə^{55}-htɕu^{55}-a^{33}.
风	非常	狂-CVB	门	DIR.PFV-打开-N.EGO

风太大啦，门都开了。

前缀tə^{55}不但能充当完整体标记，还具有表达瞬时体的功能。无定趋向义的趋向标记tə^{55}常添加在活动动词前，表示动作行为在一瞬间内完成且达到终点且不可重复，有些近似汉语中“迅速V一下”。例如：

tə^{55}-dʑo^{33}	迅速传递一下	tə^{55}-nga^{33}	飞快地捡一下
DIR.SEM-传递		DIR.SEM-捡	
tə^{55}-zɪ^{53}	迅速提一下	tə^{55}-mɛ^{53}	飞快地吹一下
DIR.SEM-提		DIR.SEM-吹	
tə^{55}-htu^{53}	迅速压一下	tə^{55}-hti^{33}ke^{33}	迅速推一下
DIR.SEM-压		DIR.SEM-推	
tə^{55}-tʂɛ^{55}tʂɛ^{33}	迅速拉一下	tə^{55}-tʂ^{h}u^{53}	迅速挖一下
DIR.SEM-拉		DIR.SEM-挖	

2. 标记状态变化

趋向前缀跟单音节形容词组合时，表示主语的状态变化。例如：

pts^{h}a^{33}	→	k^{h}u^{55}	a^{55}-pts^{h}a^{33}	天变晚了
晚的		天气	DIR-晚	
ptʂʅ^{53}	→	t^{h}ɪ^{24}	ə^{55}-ptʂʅ^{53}	肉变烂了
烂的		肉	DIR-烂	
dʑy^{33}dʑy^{53}	→	ngɛ^{55}zʅ^{33}	ŋə^{55}-dʑy^{53}	麦子变湿了
湿润的		麦子	DIR-湿	

3. 标记命令式

趋向前缀ə^{55}、tə^{55}、kə^{55}、ŋə^{55}能够标记命令式。有时候还需同时将趋向前缀后的动词词根元音变为圆唇元音，如一般陈述式的元音若为高元音ʅ、i、y、ɪ，当变为命令式时需要替换为u。例如：

tə^{55}-zu^{33}	赶快去！	ə^{55}-zu^{33}	捧起来！
DIR.IMP-去		DIR.IMP-捧	
ə^{55}-su^{33}	快牵住！	kə^{55}-htsu^{33}	赶快吃！
DIR.IMP-牵		DIR.IMP-吃	
kə^{55}-ts^{h}u^{33}	赶快喝！	ŋə^{55}-mȵu^{53}	快听！
DIR.IMP-喝		DIR.IMP-听	

4. 标记断言语气

趋向前缀tə^{55}可置于定义性系词tɕi^{33}之前，此时它并不表示趋向，而是表达说话人对句子命题肯定、确定、确信等情态意义，功能有些类似于英语中的actually。例如：

tʊ^{33}ʐə^{55}　dʑe^{55}pu^{53}　tɕʰə^{55}ʐə^{33}tə^{55}nə^{53}　ʃə^{24}　tɪ^{33}　tə^{55}-tɕi^{33}-a^{33}-ʐɛ^{33}.

那个　国王　各种各样　通晓　一:CL　DIR.ASSERT-COP-N.EGO-GNO

那个国王真的就是一个什么都知晓的人。

tə^{33}ta^{53}　tə^{55}-tɕi^{33}-ʐɛ^{33}　te^{24}　nu^{55}　sʰue^{55}　kə^{55}la^{55}　tə^{55}-tɕi^{33}-a^{33}-mu^{33}.

那样　DIR-有-GNO　SEQ　2sg　人　好的　DIR.ASSERT -COP-N.EGO-MOD

你的确就是那样的一个好人。

tʊ^{33}ʐə^{55}　sʰa^{33}pu^{53}　mui^{33}mui^{55}　lɪ^{55}lɪ^{55}　tɪ^{33}　tə^{55}-tɕi^{33}-a^{33}-ʐɛ^{55}-dɛ^{33}dʐɛ^{33}.

那　树　非常　好的　一:CL　DIR.ASSERT -COP-N.EGO-GNO-HS

听说那棵树还真的非常好。

（二）体范畴

根据我们观察，扎坝语存在完整体（perfective）和非完整体（imperfective）范畴。这表现为其有一套专用的完整体标记，在表达非完整事件的体范畴时都可以使用体标记tʂə^{33}。若非完整事件内部需要再进一步细分，只添加时间副词。扎坝语的某些体标记跟情态、示证标记已融为一体。

1. 完整体

完整体使用句末体标记gɪ^{33}、wu^{33}、ʂtɪ^{33}。gɪ^{33}是一个专用于标记陈述句中第一人称主语的体标记；wu^{33}相当于汉语的“完”，重点强调动作完成以及随着动作完成而具有的结果，有些类似完结体（completive），因此处于补语到完整体标记发展的中间阶段；ʂtɪ^{53}相当于汉语的“了”，其语法化程度更高。由于都处在句末，wu^{33}和ʂtɪ^{53}常常与非自知标记a^{33}发生合音，构成wua^{33}和ʂtia^{33}，而标记第一人称的体标记gɪ^{33}并无合音形式。

完整体标记gɪ^{33}需要跟主语人称保持一致：当主语是第一人称时使用gɪ^{33}，当主语是非第一人称时使用wu^{33}和ʂtɪ^{33}。例如：

ŋa^{55}　sʰa^{33}pu^{55}＝wu^{33}　a^{55}-ɬɛ^{55}-gɪ^{33}.

1sg　树＝DAT　DIR-砍-PFV.EGO

我砍了树。

je^{33}nə^{55}　ŋa^{55}　çʰi^{24}　a^{55}-tɕʰɛ^{33}-tʂʰə^{33}-gɪ^{33}.

昨天　1sg　粮食　DIR-搬走-PFV.EGO

昨天我搬粮食去了。

pə^{33}dʑə^{55}-ʐe^{24}　tə^{24} = pʰa^{55}tsɿ^{33} = ȵi^{24}　tə^{55}-dʑo^{33}lo^{53}-və^{24}-wu^{53}.

孩子-PL　水 = LOC = ABL　DIR-回来-过来-PFV

孩子们从河边回来了。

lu^{24}ȵã^{33}ji^{33}　ta^{55}wo^{55}　a^{55}-ndzi^{33}-gɪ^{33}　tə^{55}tʰa^{55}　sʰe^{55}wo^{55}　tu^{33}-wua^{33}.

六年级　一年　DIR-读-PFV.EGO　那样　三年　过-PFV:N.EGO

（他们）读完六年级就已经又过了三年。

完整体标记ʂtɪ^{33}的使用限制最小，除了表示“体”功能外，其还能表达亲见示证（visual）功能。相反，当ʂtɪ^{33}跟句末非自知标记a^{33}融合为ʂtia^{33}后，暗示说话人将自身置于事件之外。例如：

a^{55}mɛ^{55}　je^{33}nə^{53}　ja^{33}ju^{53}　ə^{55}-tʰe^{55}-ʂtɪ^{33}.

妈妈　昨天　土豆　DIR-挖-PFV.VIS

妈妈昨天已经挖了土豆了。

si^{55}ngi^{33}　kə^{33}ʐe^{55}　ngu^{55} = wu^{33}　kə^{55}-htsɿ^{55}-ʂtia^{33}

狮子　这些　羊 = DAT　DIR-吃-PFV:N.EGO

狮子吃了这些羊。

虽然wu^{33}和ʂtɪ^{33}分布环境大致相似，但两者的功能存在细微差异：wu^{33}用于动作行为“自动、不可控制”的语境中，且强调宾语受到动作的影响；ʂtɪ^{33}用于“他动、事物本身无法控制，而别人或其他对象可以加以控制”的语境中。例如：

ge^{55}ge^{33} = ʐə^{24}　nɛ^{55}mɛ^{53}　tə^{55}-ku^{33}-wua^{53}.

老师 = POSS　嘴巴　DIR-歪-PFV:N.EGO

老师的嘴巴歪了（歪的动作不可控）。

ge^{55}ge^{33} = ʐə^{24}　nɛ^{55}mɛ^{53}　tə^{55}-ku^{33}-ʂtia^{33}.

老师 = POSS　嘴巴　DIR-歪-PFV:N.EGO

老师的嘴巴（被别人打）歪了。

tɕʰə^{33}ntsɛ^{55}-ʐe^{33} = ʐə^{24}　zɪ^{24}　pə^{33}dʑə^{55}　tə^{55}-pʊ^{33}-wua^{53}.　(*ʂtia^{33})

邻居-PL = POSS　女儿　孩子　DIR-有-PFV:N.EGO

邻居家的女儿生孩子了（生小孩的过程不可控）。

gue^{55}npe^{55} = kʰə^{33}　ɬa^{33}　tɛ^{55}-ji^{53}　ə^{55}-vʑi^{33}-ʂtia^{33}.　(*wu^{53})

寺庙 = LOC　佛像　一-CL　DIR-供奉-PFV:N.EGO

寺庙里供了一尊佛像（供佛像的动作可控）。

除此之外，扎坝语动词可采用内部屈折手段表达完整体。这表现为动词词干的辅音交替。例如：

a^{55}wu^{53} kʰə^{55} su^{33}-tʂ̪ə^{33} dɛ^{55} lə^{33}lə^{55} a^{55}-fsua^{33}. (su^{33} → **f**su^{33})

叔叔 狗 养-IMPV 说 猫 DIR-养.PFV:N.EGO

叔叔说一直想养狗，不过之前已经养了猫。

ɬa^{33}mu^{53} ŋue^{55} tə^{55}-tɕʰye^{33}-n̥i^{24} ta^{24} ja^{33}jʊ^{55} ə^{55}-ptʰia^{53}. (tʰi^{53} → **p**tʰi^{53})

拉姆 首先 DIR-割-CVB SEQ 土豆 DIR-挖.PFV:N.EGO

拉姆先割了（青稞），然后去挖了土豆。

辅音交替构成的完整体只能处在主句句末，不能在从句句末出现；体标记wu^{33}和ʂ̪tɪ^{33}可出现在从句句末或主句句末，位置更加灵活。若动词已由辅音交替构成完整体就不能再添加wu^{33}和ʂ̪tɪ^{33}。从情态表达看，wu^{33}代表事情按说话人预期的设想或看法发生；依靠辅音交替构成的完整体表示事情的发生有些出其不意之感，说话人没有充分准备但事情确实就已经发生了。表5-8是对扎坝语完整体标记及其语法功能的总结。

表5-8　扎坝语完整体标记的种类及功能

完整体标记		与动词搭配情况		情态差异	
		自动、不可控	他动、可控	预期	出其不意
第一人称	gɪ^{33}		+		
第二、第三人称	wu^{33}	+		+	
	ʂ̪tɪ^{33}		+		
	辅音交替		+		+

2. 经历体

经历体使用nə^{53}，nə^{53}都置于动词之后。例如：

kə^{33}z̪ə^{53} ndz̪a^{55}pɪ^{33}-z̪e^{24} n̥a^{55}tɕʰu^{33}kʰɛ^{33} a^{55}-z̪i^{53}-nə^{53}.

这些 扎坝人-PL 雅江 DIR-去-EXP

这些扎坝人去过雅江。

a^{55}mi^{33} nga^{33}z̪a^{53} a^{55}-mue^{53}-nə^{53} tsʰə^{55}pe^{53} bdu^{55}bdu^{53}-ndu^{55}-tʂ̪ə^{33}-z̪ɛ^{33}.

爷爷 铁匠 DIR-做-EXP 之后 打铁-AUX-IMPV-GNO

爷爷做过铁匠之后就会打铁啦。

在否定句中，否定标记置于动词后，经历体标记出现在否定标记后，有时还跟句末的示证标记合音成nəa^{53}。例如：

tʂ^{h}ə̃^{33}tu^{55}　a^{55}-ʑi^{53}-mə^{55}-nəa^{53}.

成都　DIR-下去-NEG-EXP:N.EGO

（这些扎坝人）没有去过成都。

经历体标记nə^{53}不能与完整体标记一起使用。即便整个事件在过去时间范围内发生，也无法使用类似于nə^{53}ʂtɪ^{33}“过了”的体标记重叠形式。

3. 非完整体

扎坝语的非完整体标记tʂə^{33}同时也能实现进行体或持续体的功能①。若要具体强调事件到底是进行还是持续，则需要在句中添加时间副词。因此，扎坝语并不绝对区分“进行”和“持续”的体范畴。tʂə^{33}只能后置于动词，但常常跟句末叙实示证标记zɛ^{33}合音，变成tʂɛ^{33}。例如：

k^{h}ə^{24}　ʃə^{24}zə^{53}　hka^{55}la^{53}-tʂə^{33}.

狗　骨头　啃-IMPV

狗啃着（正在啃）骨头。

ŋa^{55}　tsu^{55}ku^{53}　zʅ^{24}＝wu^{33}　s^{h}a^{55}　ts^{h}ə^{33}-tʂɛ^{33}.

1sg　现在　山＝LOC　树　砍-IMPV:GNO

我现在正在山上砍柴。

除了跟动作性较强的动态动词组合外，tʂə^{33}还可以和表示心理活动、情感态度等动作性不强的静态感知动词（static sensation verbs）组合，此时表示某种心理活动或态度正在进行之中，或是某种惯常具有的感觉②。例如：

nu^{55}　kə^{55}-ntɕ^{h}u^{33}　s^{h}o^{33}!　tʊ^{33}zə^{53}-nɛ^{33}　tʂə^{33}ɳi^{53}-tʂə^{33}.

2sg　DIR-看.IMP　INTER　3sg-DU　害羞-IMPV

你快看啦，他俩都害羞着呢（好害羞呢）。

nu^{55}　kə^{55}-ntɕ^{h}u^{33}　s^{h}o^{33}!　tʊ^{33}zə^{53}-nɛ^{33}　ga^{55}ga^{55}-tʂə^{33}.

2sg　DIR-看.IMP　INTER　3sg-DU　喜欢.RECP-IMPV

你快看啦！他俩正在喜欢着对方呢（他俩真的是喜欢对方的呢）。

还可使用“总是、一直、一边……一边”等词汇手段来表达持续的语法意义。不过，添加了表持续状态的词语后句末还需要添加体标记tʂə^{33}。例如：

---

① 进行体和持续体在很多语言中常使用不同的语法标记，有时也可使用同一标记。从历史发展看，进行体多源于持续体（Bybee & Dahl 1989）。

② 该类情况中的tʂə^{33}无法用汉语的“正在”或“着”对译，更像是英语中某些具有进行时的感知动词She *is loving* him still after all this time“这以后她还一直爱着他”。

gue^{33}jɪ^{55}　wui^{55}-dɛ^{33}　gɔ^{33}　ɕʰɪ^{55}ɕʰɪ^{55}-tʂə^{33}-ʐɛ^{33}.

牛　EXPR-QUOT　嚎叫　总是-IMPV-GNO

牛总是在哞哞地叫着。

zɪ^{33}-ʐe^{55}　ta^{55}ŋɔ^{55}　le^{55}hka^{33}-tə^{55}-mue^{33}　ta^{55}ŋɔ^{55}　lə^{55}a^{55}ku^{33}-tʂə^{33}-ʐɛ^{33}.

女人-PL　一边　干活-DIR-LVB　一边　唱歌-IMPV-GNO

女人们一边干活，一边唱着歌。

4. 视点体

扎坝语的视点体标记跟非完整体标记相同①，都使用tʂə^{33}。若必须区分视点体跟非完整体，就需在句中添加明确表示将来的时间名词或时间副词，否则带有体标记tʂə^{33}的句子只能被解读为非完整体。例如：

tʊ^{33}ʐə^{55}　kʰɛ^{55}ʂã^{33}　tʰɪ^{33}　fɕi^{55}　ʐi^{33}-ɕʰu^{33}-tʂə^{33}-ʐɛ^{33}.

3sg　街上　肉　买　去-AUX-IMPV-GNO

他就要去街上买肉。

ŋe^{53}　sʰo^{55}nɛ^{55}　sʰa^{53}　ta^{55}-ka^{55}　ɕi^{55}-tʂə^{55} = mɛ^{53}?　fɕi^{55}-tʂə^{33}.

1pl　明年　地　一-CL　买-IMPV = QUES　买-IMPV

我们明年要买一块地吗？将会买的。

除此之外，扎坝语还有一个近将来体标记（immediate future）tɕʰa^{53}。tɕʰa^{53}跟tʂə^{33}不同的是，tɕʰa^{33}表示距离事件发生时候较近的将来，且tɕʰa^{53}可以不需要借助句中任何表示将来意义的词语就能独立表达将近的含义。下图是tɕʰa^{53}和tʂə^{33}在时间维度上的差别：

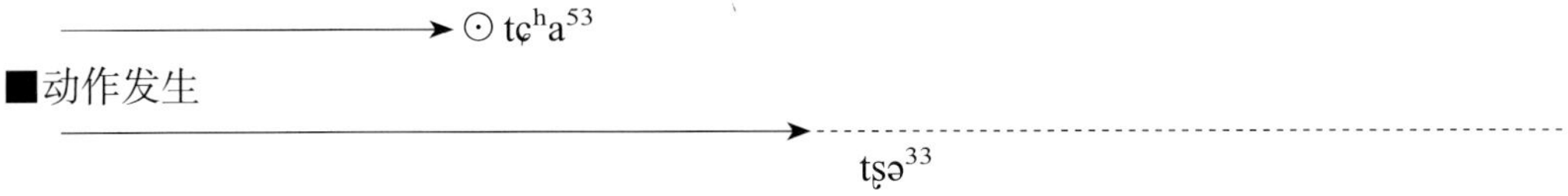

——————→ ⊙ tɕʰa^{53}

■动作发生

——————————→- - - - - - - - - - -

tʂə^{33}

由此可见，tʂə^{33}的视点体功能实际是由非完整体的功能变化而来，因为它可以表达未来事件的延续。而tɕʰa^{53}却仅立足于将近的某一点上，它所标记的事件在将来的时间轴上是封闭的。例如：

tʊ^{33}ʐə^{55}nɛ^{33}　ʂto^{33}mu^{55}　mue^{33}-tɕʰa^{33}.

3dl　结婚　做-PROS

他俩马上就快结婚了。

① 视点体在其他有关体貌研究的文献中有将行体（future aspect）、近将来体（immediate future）等名称。由于各种语言类型不同，因此处理方法也不一致。这里我们将其处理为视点体，即：相对于事件发生时而言表示将来进行事件的情状类型。

gue^{55}npe^{53} = k^{h}ə^{33}　　mdʑɛ^{55}　　ʑi^{33}-tɕ^{h}a^{33}.

寺院 = LOC　　朝拜　　去 -PROS

马上就去寺庙朝拜（活佛）了。

但tɕ^{h}a^{33}是一个最典型的近将来视点体标记，它只能放在句尾。tɕ^{h}a^{33}之后不可以出现其他示证、情态等标记，这点跟tʂə^{33}有所不同。tʂə^{33}之后一般还能同时添加别的示证标记或情态标记。

5. 惯常体

扎坝语没有一个专用的惯常体标记，在表达惯常意义时除了添加表示惯常的时间或频率副词外，还可同时在句末添加体标记tʂə^{33}。例如：

tʊ^{33}ʐə^{55}　　wo^{55}zʅ^{55}wo^{55}wu^{55}　　jɪ^{55} = k^{h}ə^{55}　　tə^{55}-ʑi^{33}-tʂə^{33}-ʐɛ^{33}.

3sg　　年年　　家 = LOC　　DIR- 回 -IMPV-GNO

他年年都回家。

a^{55}pə^{33}　　ʐe^{55}ndʑɛ^{33}　　lə^{55}ts^{h}a^{55}tʂʊ^{55}-tʂə^{33}-ʐɛ^{33}.

奶奶　　经常　　跳舞 -IMPV-GNO

奶奶经常跳舞。

tʊ^{33}ʐə^{55}　　ʐe^{55}ndʑɛ^{33}　　pẽ^{33}tɕĩ^{55}　　k^{h}ɛ^{55}xui^{33}　　ts^{h}o^{55}nts^{h}u^{53}　　ʑi^{33}-tʂ^{h}ə^{33}-ʐɛ^{33}.

3sg　　经常　　北京　　会议　　开会　　去 -IMPV-GNO

他经常去北京开会。

zʅ^{24}gu^{33} = wu^{55}　　ʐe^{55}mʊ^{33}　　vʒɪ^{24}　　a^{55}-htɛ^{55}-tʂə^{33}-ʐɛ^{33}.

山顶 = LOC　　经常　　雪　　DIR- 下 -IMPV-GNO

山顶常常下雪。

（三）致使范畴

从构形上看，致使结构多分为词汇型致使、形态型致使、分析型致使和复杂型致使结构。扎坝语也能依靠以上形态句法手段表达致使意义。

1. 词汇型致使

词汇型致使指无须添加任何标记而仅仅依靠词义表达致使。扎坝语中存在词汇手段表达致使意义的情况。例如：

tə^{55}ʂ^{h}ə^{53}	死	→	tə^{55}s^{h}ɛ^{33}	杀死
kə^{55}zo^{33}	升起太阳～	→	ə^{55}nts^{h}e^{53}	举起
kə^{55}htsɿ^{53}	吃	→	kə^{55}tu^{55}	喂养
zʅ^{24}	看到	→	kə^{55}ç^{h}ye^{53}	展示

2. 形态型致使

形态型致使结构不需要添加表致使意义的动词或语法标记，仅仅通过改变动词内部语音形式表致使义。音变形式主要有两种：从辅音变化看，主要变不送气的动词词根辅音为送气辅音；若动词词根辅音原本为浊音则需变为相应的清声送气形式，偶尔还会变成与其发音部位邻近的送气辅音形式。

以下例子中动词词根辅音为浊音 d，在表达致使结构时则需变为相对应的清声送气形式 tʰ；若动词词根辅音是龈音 ts 则变为卷舌送气的 ʈʂʰ：

ʂʰa²⁴ tə⁵⁵-də³³-a³³.

筷子 DIR-折断-N.EGO

筷子折断了。

tʊ³³ʐə⁵⁵ ʂʰa²⁴ tə⁵⁵-tʰə³³-ʂtɪ³³.

3sg 筷子 DIR-弄断.CAUS-PFV.VIS

看见他把筷子弄断了（他弄断了筷子）。

jɪ²⁴ a⁵⁵-tsɿ⁵⁵-a³³.

房子 DIR-塌掉-N.EGO

房子塌掉了。

tʊ³³ʐə³³ jɪ²⁴ a⁵⁵-tʂʰʅ⁵⁵-ʂtɪ³³.

3sg 房子 DIR-使塌掉.CAUS-PFV.VIS

他让房子塌掉了（他把房子搞塌了）。

除辅音变化外，还可通过把高元音变成低元音的形式来表达致使。有时候动词词根元音还必须保持和谐；若动词词根为多音节，在变成致使结构时，不同音节的元音都保持和谐。例如：

kɛ³³mə⁵⁵ tə⁵⁵-tɕe³³tɕe³³-a³³.

衣服 DIR-破掉-N.EGO

衣服破掉了。

ŋa⁵⁵ kɛ³³mə⁵⁵ tə⁵⁵-tɕʰo³³tɕʰo³³-gɪ³³.

1sg 衣服 DIR-破掉.CAUS-PFV.EGO

我让衣服破掉了（我把衣服弄破了）。

tiã²⁴sɿ³³ tə⁵⁵-pi³³tɕi³³-a³³.

电视 DIR-坏掉-N.EGO

电视坏掉了。

ŋa^{55}　tiã^{24}sɿ^{55}　tə^{55}-p^{h}ɛ^{33}tɕ^{h}ɛ^{33}-gɪ^{33}.

1sg　电视　DIR-坏掉.CAUS-PFV.EGO

我让电视坏掉了（我把电视弄坏了）。

3. 分析型致使

分析型致使结构需添加一个专用的致使标记tʂ^{h}u^{33}。tʂ^{h}u^{33}的本义是“做、干”，但已语法化为专用的致使标记。在分析型致使结构中直接宾语后添加与格标记wu^{33}。例如：

ŋa^{55}　tʊ^{33}zə^{55}＝wu^{33}　p^{h}ĩ^{33}gə^{55}　kə^{55}-htsɿ^{55}-tʂ^{h}u^{33}-gɪ^{33}.

1sg　3sg＝DAT　苹果　DIR-吃-CAUS-PFV.EGO

我让他吃苹果。

tʊ^{33}zə^{55}　ptsi^{24}＝wu^{33}　kə^{55}-pɛ^{33}-tʂ^{h}u^{33}-ʂtia^{33}.

3sg　青稞＝DAT　DIR-坏的-CAUS-PFV:N.EGO

他让青稞变坏了（腐烂了）。

kə^{33}zə^{55}　te^{33}nta^{33}　tʊ^{33}zə^{55}＝wu^{33}　ʂto^{33}ʂto^{55}　tɪ^{33}　nɛ^{55}vʐe^{33}-tʂ^{h}u^{33}-ʂtɪ^{33}.

这　事情　3sg＝DAT　非常　一:CL　伤心-CAUS-PFV.VIS

这件事情让他很伤心。

还有一类分析型致使结构不需添加致使标记，而是使用动词趋向前缀实现致使功能①。该类致使式在扎坝语中并不能产，目前只保留在某些特定动词结构中。例如：

nu^{55}　ta^{33}ga^{53}＝wu^{33}　na^{55}hka^{33}　a^{55}-mu^{53}!

2sg　核桃＝DAT　两半　DIR.CAUS-做.IMP

叫你把核桃分成两半！

ŋa^{55}　tʊ^{33}zə^{55}＝wu^{33}　jɪ^{55}＝k^{h}ə^{55}　tə^{55}-ʑu^{33}　dzu^{53}　dzɛ^{33}.

1sg　3sg＝DAT　屋子＝LOC　DIR.CAUS-去.IMP　讲.IMP　说

我说让他去家里讲（这件事）。

4. 复杂型致使结构

复杂型致使结构中原本非致使结构的施事论元和与事论元需添加与格标记wu^{33}，而直接宾语不需添加标记。例如：

ŋa^{55}　a^{55}tɕɛ^{55}＝wu^{33}　tʊ^{33}zə^{55}＝wu^{33}　tɕə^{55}tɛ^{55}　ta^{55}-pa^{53}　tə^{55}-k^{h}i^{33}-tʂ^{h}u^{33}-gɪ^{33}.

1sg　姐姐＝DAT　3sg＝DAT　书　一-CL　DIR-给-CAUS-PFV.EGO

我让姐姐给了他一本书。

---

① 相似情况还见于甘孜州东部地区的木雅语（黄阳、泽仁卓玛 2021）和却域语（管璇博士惠告）。

la^{55}mu^{55} = wu^{33} tɕə^{55}te^{55} zã^{33}nbo^{53} = wu^{33} a^{55}-ti^{33}-tʂʰu^{33}-ʂtɪ^{33}.

拉姆 = DAT 书 让布 = DAT DIR- 交给 -CAUS-PFV.VIS

要让布把书交给拉姆。

有时候在复杂型致使结构中还可将间接宾语后的与格标记wu^{33}换成受益格标记tɕʊ^{55}。例如：

a^{55}mɛ^{55} tʊ^{33}zə̢^{55} = wu^{33} ŋa^{55} = tɕʊ^{55} sʰa^{55}tɕʰa^{55} ta^{55}hka^{53} kə^{55}-fɕi^{55}-tʂʰu^{33}-ʂtia^{33}.

妈妈 3sg = DAT 1sg = DAT 土地 一块 DIR- 买 -CAUS-PFV:N.EGO

妈妈让他给我买了一块地。

（四）情态范畴

在表达情态范畴时扎坝语可使用词汇手段和句法手段来实现，词汇手段需使用某些专用的情态副词；句法手段则依靠添加情态标记或使用内部屈折方法改变动词词根的语音结构来实现。

1. 认识情态

认识情态在扎坝语中主要依靠词汇手段表达，在句中使用情态副词ʂte^{33}“应该”。情态副词一律放在核心动词nə^{24}“有”之前。例如：

ptʂã^{55}ngu^{33} sʰue^{55}-ze̢^{53} ŋa^{55} = wu^{33} ga^{55}-tʂə^{55} ʂte^{33}-ma^{55}-nə^{24}.

炉霍 人 -PL 1sg = DAT 喜欢 -IMPV MOD-NEG- 有

炉霍人应该不喜欢我。

kɛ^{33}mə^{55} = wu^{33} = zə̢^{33} tɕu^{55} n̥ə^{55}bʊ^{55} kə^{55}-zʊ^{33} ʂte^{33}-nə^{24}.

衣服 = LOC = POSS 洞 火烧 DIR- 打到 MOD- 有

衣服上的洞应该是火烧的。

ta^{33}ga^{53} gɪ^{55}gɪ^{55}-tʂə^{33} ʂte^{33}-nə^{24}.

核桃 苦涩 -IMPV MOD- 有

核桃应该是苦涩的。

除了使用情态副词表达情态意义外，还有一个表确定、确信，对某一信息真实性持断言态度的情态标记mu^{33}“确信无疑”。跟ʂte^{33}不同，mu^{33}只能置于句末。若句中同时使用体标记和示证标记的话，mu^{33}也毫无例外只出现在句末位置。例如：

nu^{55} sʰue^{55} mui^{33}mui^{55} kə^{55}la^{55} tə^{55}-tɕi^{33}-a^{33}-mu^{33}.

2sg 人 非常 好的 DIR.ASSERT-COP-N.EGO-MOD

你的确是一个好人呢。

tʊ^{33}zə̢^{55} nə^{33}bu^{55} = mbə^{33}zə̢^{33} ʒə^{24} tɛ^{33}-tɕy^{53} ŋə^{55}-vli^{55}-a^{33} xui^{55}-a^{33}-mu^{33}.

那个 宝贝 = NMLZ 尿 一 -CL DIR- 撒尿 -N.EGO 走 -N.EGO-MOD

那个宝贝撒了一泡尿跑了。

tʰɪ^{55}ʐe^{33}　tʰɪ^{55}-tʂə^{55}　dɛ^{33}-mu^{33}　tə^{33}mtsʰo^{55}　ŋa^{55}　tʊ^{33}ʐə^{55}　ə^{55}-lɪ^{55}-ɡɪ^{33}.

肉汤　喝-IMPV　说-MOD　SEQ　1sg　他　DIR-拿下-PFV.EGO

仆人说：“他说的要喝肉汤，我就把肉汤拿来给他了。”

2. 道义情态

扎坝语在表达责任和义务时，使用情态助动词ɕʰu^{33}“应该”“需要”。例如：

tɕʰi^{55}ȵi^{33}＝ʐe^{53}　vɛ^{55}　kə^{55}-htsɿ^{55}-ɕʰu^{33}-tʂə^{33}-ʐɛ^{33}.

生病＝LNK　糌粑　DIR-吃-MOD-IMPV-GNO

如果生了病的话就应该吃糌粑。

除了添加表达责任、义务的情态副词外，还可使用双重否定结构表达有责任、义务干某事。例如：

ndʐa^{55}pɪ^{33}　sʰue^{33}　ndʐa^{55}ɡɛ^{33}　a^{55}-mə^{33}-fɕe^{33}　mə^{55}-ndʑa^{55}-tʂə^{33}-ʐɛ^{33}.

扎坝　人　扎坝话　DIR-NEG-说　NEG-AUX-IMPV-GNO

扎坝人不能不说扎坝话（扎坝人必须说扎坝话）。

从内部情态意义看，在表达所具有的固有能力时，扎坝语使用助动词ndu^{55}“有能力”。例如：

ptsa^{55}me^{33}　ptsa^{55}zɿ^{33}　pɛ^{55}pɛ^{33}　ŋə^{55}-htɕi^{55}-ndu^{55}-tʂə^{33}-ʐɛ^{33}.

母鸡　小鸡　很多　DIR-生-AUX-IMPV-GNO

母鸡能生很多的小鸡。

ŋɡʊ^{53}　tə^{24}＝kʰə^{55}　də^{33}də^{55}　mə^{55}-ndu^{33}-tʂə^{33}-ʐɛ^{33}.

布谷鸟　水＝LOC　游泳　NEG-AUX-IMPV-GNO

布谷鸟不能在水里游泳。

在表达某种许可的态度时，采用内部屈折手段。首先变动词词根的陈述式为命令式，变词根元音为u，然后在句末添加助词ndʑa^{33}“可以”“能够”。例如：

a^{55}mɛ^{55}mɛ^{33}　wu^{55}＝ʐe^{53}　ŋa^{55}＝wu^{33}　dzu^{53}-ndʑa^{33}.

思考　完毕＝LNK　1sg＝DAT　说.IMP-AUX

思考完的话就可以对我说。

nu^{55}　ta^{55}ja^{3}　tə^{55}-kʰu^{33}＝ʐo^{33}　kə^{33}ʐə^{55}　sʰa^{33}pu^{55}-ʐe^{33}　tə^{55}-tsʰu^{55}-ndʑa^{33}.

2sg　钱　DIR-给.IMP＝LNK　这　树-PL　DIR-砍.IMP-AUX

你给了钱的话就可以把这些树砍掉了。

扎坝语还可以采用句法手段来表达“能力”“应许”“意愿”等道义情态。其主要表现为先将谓语结构名物化，然后再添加“获得”意义的动词ʐɿ^{24}“得到”。例如：

nu^{55}　tə^{55}-tɛ^{33}＝ze^{33}　zɿ̣^{24}＝mɛ^{33}?　ŋa^{55}　tə^{55}-tɛ^{33}＝ze^{33}　zɿ̣^{24}.

2sg　DIR-来＝NMLZ　得到＝QUES　1sg　DIR-来＝NMLZ　得到

你可以得到“来”这件事吗？我可以得到（你能来吗？我能来）。

jʊ^{55}lo^{33}jʊ^{55}lo^{33}　a^{55}-dui^{33}-ȵ̥i^{33}　tɛ^{55}pɛ^{55}dzɿ^{33}　dui^{55}＝ze^{33}　zo̤^{53}.

一次又一次　DIR-找-CVB　接近的　找＝NMLZ　得到.PFV

我找了一遍又一遍，终于得到了要找的东西了（能找到东西了）。

（五）示证范畴

扎坝语的示证范畴包括：直接信息来源、间接信息来源、叙实信息来源（gnomic）以及言谈者对信息主观权威认识性的自知信息来源（egophorics）①等。示证标记后置于谓语。

1\. 亲见示证

亲见示证是在动词后添加ʂ̥tɪ^{33}。ʂ̥tɪ^{33}主要发挥完整体标记的功能，同时表示说话人亲眼所见信息来源的渠道②。例如：

a^{55}-ndzə̤^{55}ndzə̤^{33}　ŋa^{55}　ndzə̤^{55}ndzə̤^{33}　a^{55}-tʰɛ^{33}　pə^{33}dʑ̤ə^{55}-ze̤^{33}　a^{55}-ndzə̤^{55}ndzə̤^{33}-ʂ̥tɪ^{33}.

DIR-笑　1sg　笑话　DIR-讲　小孩-PL　DIR-笑-PFV.VIS

（他）笑了，我把他的小孩逗笑了（亲眼看见小孩笑了）。

ŋue^{33}vzɿ̣^{53}　se^{33}pə^{55}ta^{33}　tɛ^{55}-tɕy^{55}　kə^{55}-htsɿ^{55}-ʂ̥tɪ^{33}.

熊　兔子　一-CL　DIR-吃-PFV.VIS

（亲眼看见）熊吃了一只兔子。

ge^{55}ge^{33}　tɕə^{55}tɛ^{55}　kʰu^{33}ma^{55}＝kʰə^{33}　a^{55}-xu^{55}-ʂ̥tɪ^{33}.

老师　书　袋子＝LOC　DIR-装-PFV.VIS

（亲眼看见）老师把书装进了袋子里。

除了在动词后添加示证标记ʂ̥tɪ^{33}以外，某些带有趋向前缀的双音节动词还可依靠动词词干的交替表达相应的亲见信息示证功能。例如：

ə^{55}da^{53}舔　>　ə^{55}**bda**^{33}亲眼看见舔

ə^{55}dʑ̤i^{53}坐　>　ə^{55}**bdʑ̤i**^{33}亲眼看见坐

ə^{55}ʂ̥tɕe^{53}吊　>　ə^{55}**ptɕe**^{33}亲眼看见吊

kə^{55}ndzɛ^{33}咬　>　kə^{55}**mdzɛ**^{33}亲眼看见咬

---

① 根据示证的语义参项可将其分为直接示证和间接示证。直接示证是说话人或事件参与者自身对信息的感知类型，主要包括亲见信息示证（visual）和非亲见的感知示证（non-visual sensory）。间接示证表达信息获取并非第一手的渠道，主要通过推断信息（inference）、测度信息（assumption）、传闻信息（hearsay）、引述信息（quotative）方式获取（Aikhenvald 2004：63-64）。

② 示证范畴常常跟时、体、式等范畴融合在一起，在形态上表现为粘附形式（Aikhenvald 2004：1）。

ə^{55}ndʐue^{53}迈 > ə^{55}**m**dʐue^{53}亲眼看见迈

kə^{55}pɛ^{33}烂掉 > kə^{55}p**i**^{33}亲眼看见烂掉

kə^{55}mu^{53}睡 > kə^{55}m**i**^{33}亲眼看见睡

a^{55}ʐo^{53}扫 > a^{55}vʐ**i**^{33}亲眼看见扫

2. 非亲见感知示证

扎坝语表示非亲见感知示证的示证范畴时也使用ʂtɪ^{33}。ʂtɪ^{33}本身是完整体标记，因此该示证类型所出现的语境也必须是已然的。例如：

tse^{55}me^{55} a^{55}-ʂtɕa^{55}=mbə^{33}ʐə^{33} me^{55} mui^{33}mui^{55} tɪ^{33} ʂkɪ^{55}-ʂtɪ^{53}.

刚才 DIR-熬=REL 药 非常 一:CL 苦-PFV.SEN

（感觉到）刚才熬的药（喝起来）很苦。

je^{33}nə^{55}=ʐə^{33}=ma^{33}ɕ^{h}y^{33} a^{55}nə^{55}=ʐə^{33} ja^{33}jy^{55} lɪ^{33} xɔ^{55} mi^{55}-ʂtɪ^{33}.

昨天=NMLZ=COMPR 今天=NMLZ 洋芋 包子 更 好-PFV.SEN

和昨天的比起来今天的洋芋包子（品尝起来）更好吃。

或是表达由于自己切身感受、个人感知得来的某种感觉或状态。例如：

ŋa^{55}=ʐə^{33} gu^{24} a^{55}-ȵi^{33}-ʂtɪ^{33}.

1sg=POSS 头 DIR-痛疼-PFV.SEN

（我感到）我的头痛。

nu^{55} dzɛ^{55}=mbə^{33}ʐə^{33} ka^{55}tɕ^{h}a^{55} tʊ^{33}ʐə^{55} s^{h}ui^{55} mə^{55}-ptʂə^{33}-ʂtɪ^{33}.

2sg 说=REL 话 那 人 NEG-高兴-PFV.SEN

（我感到）你说的话让那个人不高兴了。

je^{33}nə^{33}ȵə^{33} ȵə^{55}me^{55} ʂto^{33}ʂto^{55} tɪ^{33} vɪ^{55}-ʂtɪ^{53}.

前天 天气 十分 一:CL 寒冷-PFV.SEN

（我感到）前天的天气很冷。

3. 推断、测度示证

表示说话人对某信息来源进行主观推测，句末使用示证标记mba^{33}。扎坝语并不严格区分推断和测度信息，几乎都使用同一个标记mba^{33}。例如：

tʊ^{33}ʐe^{55} ndʑe^{33}ji^{55} ʑi^{24}-tʂə^{55}-mba^{33}.

3pl 成都 去-IMPV-INFER

（我猜测）他们将要去成都吧。

mo^{55}gu^{55} nɛ^{55}ȵə^{33} a^{55}-hti^{53} s^{h}o^{55}nə^{55} a^{55}-htɛ^{55} ma^{55}-ndu^{33}-mba^{33}.

雨 两天 DIR-落下.PFV 明天 DIR-落下 NEG-AUX-INFER

下了两天的雨，（我猜测）明天不会下雨了吧。

ŋe^{53}　a^{55}-fɕe^{55}＝mbə^{33}zə̧^{33}　ka^{55}tɕ^{h}a^{55}　ndza^{55}-ndu^{55}-mba^{33}.

1pl　DIR-说＝REL　话　好的-AUX-INFER

（我猜测）我们说的话应该很好听吧。

有时表示推测的示证标记还可跟其他示证标记一起使用。例如：

ne^{55}　je^{33}nə^{55}　ɕ^{h}ʊ^{33}mo^{53}　pɛ^{55}pɛ^{33}　kə^{55}-htsɿ^{55}-ʂtɪ^{53}-mba^{33}.

2pl　昨天　松茸　很多的　DIR-吃-PFV.VIS-INFER

（我猜测）你们昨天吃了很多松茸吧。

4. 传闻示证

扎坝语中共有三个表达“言说义”的动词：dɛ^{33}（dɛ^{33}dzɛ̧^{33}）、dzɛ^{55}和bdze^{33}。由于传闻信息标记当前还在变化中，因此有时候与其“言说义”的动词功能很难划清界限。扎坝语主要借助不同“言说义”动词间“相互组合、调换两者之间语序”的手段区分传闻信息标记的不同语法功能。表5–9是对传闻示证标记的归纳。

表5–9　扎坝语的传闻示证

传闻示证标记	功能
dɛ^{33}/dɛ^{33}dzɛ^{33}	非亲见的一般传闻，信息来源不明确
dɛ^{33}dzɛ̧^{33}	dɛ^{33}的复杂形式，非亲见的一般传闻，源于故事类叙述，但说话人并不清楚具体讲述者是谁
dzɛ^{33}dɛ^{33}	信息来源不明，强调是由“转述人”将此信息传递给了说话人，属于第三手转述型（third-hand hearsay）的传闻

在不指明信息来源时，使用传闻标记dɛ^{33}、dɛ^{33}dzɛ^{33}或dɛ^{33}的复杂形式dɛ^{33}dzɛ̧^{33}均可。dɛ^{33}及其复杂形式dɛ^{33}dzɛ̧^{33}的功能几乎相同，多用在一般不明信息来源的叙述中，但dɛ^{33}dzɛ̧^{33}多用在讲述故事（story-telling）的文本中。dɛ^{33}、dɛ^{33}dzɛ̧^{33}、dɛ^{33}dzɛ^{33}都只能置于句末。例如：

o^{24}…　ʂtʂo^{55}＝zə̧^{55}　nbe^{33}lɪ^{55}　tʂɿ^{33}　a^{55}-t^{h}ə^{33}-ʂtia^{33}-dɛ^{33}.

INTER　活物＝TOP　全部　皮　DIR-剥开-PFV:N.EGO-HS

哦呀，听说孩子钉钉子的时候都快把马的皮给剥开了。

gu^{33}ts^{h}e^{55}　nbe^{33}lɪ^{55}　tə^{55}-mtɕʊ^{33}-ʂtia^{33}-dɛ^{33}.

头发　全部　DIR-捆绑-PFV:N.EGO-HS

听说（头人）把仆人们的头发捆绑在了一起。

而dɛ^{33}dzɛ̧^{33}在功能上跟dɛ^{33}类似，也用来表达信息来源或出处不明确，一般可跟传闻信息标记dɛ^{33}互换。例如：

kə^{33}ẓə^{53}　te^{55}nta^{33}　ja^{33}ẓe^{53}　t^{h}a^{33}ptɕe^{55}-mue^{33}-tṣə^{33}-dɛ^{33}dẓɛ^{33}.

这　事情　3pl.REFL　解决 -LVB-IMPV-HS

听说这事情他们自己去解决了。

je^{33}nə^{55}　tʊ^{33}ẓə^{55}　k^{h}a^{55}ŋə^{33}vlɪ^{33}　s^{h}o^{33}nə^{55}　ŋa^{55} = tɕʊ^{55}　ɕ^{h}a^{33}ẓa^{55}　və^{33}-tṣə^{55}-dɛ^{33}dẓɛ^{33}.

昨天　3sg　答应　明天　1sg = LOC　玩耍　来 -IMPV-HS

昨天他答应了我的要求，说是明天再来玩。

示证标记dɛ^{33}dẓɛ^{33}强调源于对故事的叙述，且说话人并不清楚具体讲述者是谁。例如：

tə^{33}ta^{53}　ɕ^{h}ɪ^{55}ɕ^{h}ɪ^{55}　bdze^{33}-a^{55}-zɛ^{33}-dɛ^{33}dẓɛ^{33}.

那样　总是　说 .PFV-N.EGO-GNO-HS

听故事里说啊（那些人）总是那个样子。

tʊ^{33}ẓə^{55}　ntɕ^{h}ɛ^{24}　so^{55} = ji^{33}　tɪ^{33}　tə^{55}-tɕye^{55}-a^{33}-zɛ^{55}-dɛ^{33}dẓɛ^{33}.

那　羊　看守 = NMLZ　一:CL　DIR- 有 -N.EGO-GNO-HS

听故事里说啊有一个放羊的人。

示证标记dzɛ^{33}dɛ^{33}跟以上介绍的dɛ^{33}、dɛ^{33}dẓɛ^{33}有些不同，它一般略加强调转述信息者自己清楚具体第三者将信息传递给了自己，可信息的最终源头大家都不知道。例如：

ɬa^{33}mu^{53}　s^{h}o^{33}nə^{53}　ɕ^{h}a^{24}-tṣə^{33}-dzɛ^{33}dɛ^{33}.

拉姆　明天　离开 -IMPV-HS

（宗吉给我说他不知从哪里听来的）听说拉姆明天要走了。

ndza^{53}tɕ^{h}u^{55}k^{h}ɛ^{33} = ẓə^{33}　tə^{24}　mə^{55}-ṣtso^{33}ma^{53}-tṣɛ^{33}-dzɛ^{33}dɛ^{33}.

石渠 = POSS　水　NEG- 干净 -IMPV:GNO-HS

听说石渠的水不干净（有人告诉我他不知道从哪里听来的信息）。

5. 引述示证

引述示证标记由动词dɛ^{33}“说”变化而来，它置于所引述内容之后，同时句中还可出现其他的“言说”义动词。例如：

tʊ^{33}ẓə^{53} = wu^{33}　“ma^{33}-ɕ^{h}u^{55}”-dɛ^{33}　bdze^{33}-a^{55}-zɛ^{33}.

3sg = DAT　NEG- 需要 -QUOT　说 .PFV-N.EGO-GNO

（女儿下定决心）对他说不需要和他一起了。

ŋa^{55}　nu^{55} = wu^{33}　“za^{33}ma^{55}　kə^{55}-htsu^{55}”-dɛ^{33}　bdze^{55}-ɲi^{33}.

1sg　2sg = DAT　饭　DIR- 吃 .IMP-QUOT　说 .PFV-CVB

我（的确）对你说过“快点吃饭。”

“tɕ^{h}ye^{24}ɣɛ^{33}”-dɛ^{33}　tə^{55}-tṣa^{33}pə^{33}-ṣtia^{33}-zɛ^{55}-dɛ^{33}dẓɛ^{33}.

EXPR-QUOT　DIR- 发声 -PFV:N.EGO-GNO-HS

（动物们）听说（有啥东西）发出了“嗐儿”的声音。

6. 叙实示证

系词zɛ̧^{33}“是”常常置于句末对全句的命题或整个信息来源的可靠性进行强调，这时zɛ̧^{33}已演变为叙实示证标记①。例如：

tə^{33}mtsʰo^{55}　jʊ^{33}-zȩ^{55}　tɕʰi^{55}　tə^{55}-tɕʰʊ^{33}-a^{33}-zɛ̧^{33}.

SEQ　3sg.REFL-PL　看　DIR-去:N.EGO-N.EGO-GNO

然后呢他们自己就去看了（我确定这一信息的真实性）。

ndza̧^{55}pɪ^{33}　lu^{33}dʑu^{55}＝mɛ^{55}hki^{55}　tɛ^{55}-ji^{53}　a^{55}-fɕe^{55}-zɛ̧^{33}.

扎坝人　历史＝TOP　一-CL　DIR-说-GNO

就说说扎坝人的历史吧。

tʊ^{33}zə̧^{55}　ʂkɛ^{55}　mə^{55}di^{55}＝wu^{33}　gu^{33}bda^{55}　mə^{55}mtʂʰe^{55}-ȵi^{33}　tʊ^{33}zə̧^{55}　ʂkɛ^{55}

那　话　别人＝DAT　交流　NEG-通-CVB　那　话

ŋə^{55}-ɬa^{33}　tɕa^{55}-tʂə^{33}-a^{33}-zɛ̧^{33}.

DIR-剩下　有-IMPV-N.EGO-GNO

这扎坝话呢，因为（当地人）跟外人沟通时无法使用，反而得到了保护。

7. 自知示证

扎坝语是自知示证范畴较发达的语言，存在“自知—非自知”的对立。非自知示证需要使用专用的语法标记a^{33}，而自知示证却没有独立的语法标记，它主要跟体、否定、疑问等语法范畴融合于一体。有时候，未添加任何示证标记的句式也能表达自知示证功能。某些使用频率较高的动词还会根据“自知”与否使用不同的内部屈折形态变化。

（1）体范畴与自知示证

扎坝语的完整体标记gɪ^{33}跟“自知”密切相关。例如：

ŋa^{55}　zȩ^{33}za̧^{55}　a^{55}-tue^{33}-gɪ^{33}.

1sg　茶　DIR-掺-PFV.EGO

我掺了茶。

nu^{55}　zȩ^{33}za̧^{55}　a^{55}-tue^{33}-ʂtɪ^{33}.　（*gɪ^{33}）

2sg　茶　DIR-掺-PFV.VIS

你掺了茶。

tʊ^{33}zȩ^{55}　zȩ^{33}za̧^{55}　a^{55}-tue^{33}-ʂtɪ^{33}.　（*gɪ^{33}）

3sg　茶　DIR-掺-PFV.VIS

① 这种演变模式广泛见于周边许多藏语方言（DeLancey 2018：582）。

他掺了茶。

若主语是第二人称，疑问句中使用了出现在陈述句里标记第一人称的gɪ^{33}。例如：

nu^{55} ẓe^{33}ẓa^{55} a^{55}-tue^{33}-gɪ^{33}＝me^{33}?

2sg 茶 DIR-掺-PFV.EGO＝QUES

你掺了茶吗？

ŋa^{55} s^{h}a^{33}pu^{55}＝wu^{33} a^{55}-ɬɛ^{55}-ʂtia^{33}＝me^{33}? （*gɪ^{33}）

1sg 树＝DAT DIR-砍-PFV:N.EGO＝QUES

我砍了树吗？

tʊ^{33}ẓə^{55} ptsi^{55} tə^{55}-tɕ^{h}ye^{33}-mə^{33}-wu^{33}＝me^{33}? （*gɪ^{33}）

3pl 青稞 DIR-割-NEG-PFV＝QUES

他们没有割青稞吗？

（2）屈折变化与自知示证

表示“获得”“去”等趋向意义的动词也会根据“自知—非自知”的差别而区分不同词形。“获得”义动词主要有ẓɪ^{53}、vẓɪ^{53}、ẓa^{53}、ẓo^{53}四种词形。

其中，ẓɪ^{53}只在未完成语境中出现，表示习惯性获得、现在获得或一直获得；vẓɪ^{53}和ẓo^{53}主要用在完成事件的语境中。ẓo^{53}跟叙述内容中所涉及对象的“自知”有关，而vẓɪ^{53}只表达一般的“非自知”用法。例如：

ŋa^{55} jɪ^{33} tɛ^{55}-tɕy^{33} ẓo^{53}.

1sg 房子 一-CL 获得.PFV.EGO

我（确实觉得我）有一间房子。

nu^{55} jɪ^{33} tɛ^{55}-tɕy^{33} vẓɪ^{53}.

2sg 房子 一-CL 获得.PFV

你有一间房子。

tʊ^{33}ẓe^{55} jɪ^{33} tɛ^{55}-tɕy^{33} vẓɪ^{53}.

3sg 房子 一-CL 获得.PFV

他有一间房子。

当把陈述句变为相应的疑问句时，第二人称施事做主语的句中使用表“自知”的动词ẓo^{53}，而第一人称和第三人称施事主语句中使用vẓɪ^{53}。例如：

nu^{55} jɪ^{33} tɛ^{55}-tɕy^{33} ẓo^{55}＝me^{33}?

2sg 房子 一-CL 获得.PFV.EGO＝QUES

（你觉得）你有一间房子吗？

tʊ³³ʐɐ⁵⁵　jɪ³³　tɛ⁵⁵-tɕy³³　vzɿ⁵³＝me³³?

3sg　房子　一-CL　获得.PFV＝QUES

他有一间房子吗？

同样，“去”义动词在扎坝语中也有多个词形：ʐi²⁴、jo⁵³和tɕʰʊ⁵⁵。ʐi²⁴是一般意义的“去”，主要用在非完成的语境中，并不存在“自知—非自知”的内部屈折形态差别；jo⁵³和tɕʰʊ⁵⁵用在已完成的语境中，两者存在“自知—非自知”的差别①。例如：

ŋa⁵⁵　tə⁵⁵-jo⁵³.

1sg　DIR-去.PFV.EGO

我（确实觉得我）去了。

nu⁵⁵　tə⁵⁵-jo⁵³＝me³³?

2sg　DIR-去.PFV.EGO＝QUES

（你觉得）你去了吗？

当不强调说话人或叙述对象在信息中的权威性角色时，不管是何句式，都使用“去”义动词tɕʰʊ⁵⁵。例如：

ŋa⁵⁵　tə⁵⁵-tɕʰʊ⁵³.

1sg　DIR-去.PFV

我去了。

nu⁵⁵　tə⁵⁵-tɕʰʊ⁵⁵＝me³³?

2sg　DIR-去.PFV＝QUES

你去了吗？（我怎么没发现）

（3）非自知示证

扎坝语具有专用的非自知示证标记a³³。a³³只能出现在过去已然事态的语境中，仅仅对事件的真实性进行强调。在未完成事件的语境条件下，需要用非完整体标记tʂə³³和叙实示证标记ʐɛ³³构成“tʂə³³ʐɛ³³”的结构。例如：

jɪ⁵⁵ze⁵⁵　kə⁵⁵kʰə³³　sʰue⁵⁵　tə⁵⁵-mə⁵⁵-tɕye³³-a³³-ʐɛ³³.

去年　这儿　人　DIR-NEG-有-N.EGO-GNO

去年这儿没有人。

nu⁵⁵　sʰue⁵⁵　mui³³mui⁵⁵　kə⁵⁵la⁵⁵　tə⁵⁵-tɕi³³-a³³-mu³³.

2sg　人　非常　好的　DIR.ASSERT-COP-N.EGO-MOD

① 根据Oisel（2017：161—186）的报道，拉萨藏语中的“去”义动词具有两类词形phyin和song，两者也存在“自知—非自知”的差别。扎坝语跟拉萨藏语的情况类似。

你的确是一个好人呢。

ja^{33}-zȩ^{33} = zə̧^{33}　mɪ^{24}　kə^{55}-t^{h}ɛ^{33}-ʂtia^{33}-zɛ̧^{33}　bdze^{33}-a^{33}-zɛ̧^{33}.

3pl.REFL-PL = POSS　母亲　DIR-取-PFV:N.EGO-GNO　说.PFV-N.EGO-GNO

有人说是他们自己的母亲把（宝贝）取下来的。

8.惊异示证

扎坝语有一个专用的惊异示证标记s^{h}a^{33}，置于句末表达说话人对信息的“后知后觉、突然领悟、惊讶、始料未及”。例如：

o^{55}mɛ^{24}o^{33}！　tʊ^{33}ta^{55}a^{33}　tɪ^{33}-s^{h}a^{33}!

INTER　这样　一:CL-MIR

哎哟喂，怎么会是这样一个（人）呀!

wo^{24}o^{33}!　kə^{33}ta^{33}a^{33}　tɪ^{55}　kə^{24}-mts^{h}e^{33}-ze^{33}-s^{h}a^{33}!

INTER　这样　一:CL　DIR-用-NMLZ-MIR

哎哟喂，竟然是这样使用的东西呀!

p^{h}u^{55}ji^{55}　s^{h}a^{55}　jɪ^{24}　tɛ^{55}-tɕye^{33}　kə^{55}-fɕi^{55}-ʂtia^{33}-s^{h}a^{33}!

穷人　竟然　房子　一-CL　DIR-买-PFV:N.EGO-MIR

穷人竟然买了一座房子呀!

o^{33}!　za^{33}ma^{55}　s^{h}a^{55}　kə^{33}ta^{53}　pɛ^{55}pɛ^{33}　tɪ^{33}　a^{55}-mue^{55}-ʂtia^{33}-s^{h}a^{33}!

INTER　饭　竟然　这样　多的　一:CL　DIR-做-PFV:N.EGO-MIR

哦，竟然做了这么多饭呀!

（六）否定范畴

扎坝语有三个否定标记mə^{33}、ma^{33}、xa^{33}gi^{55}/a^{33}gi^{55}。否定标记可按否定句式的类型、内部体貌类型、说话人的主观认识和情态类型分成不同的小类。

1. 一般否定

否定标记mə^{33}、ma^{33}都可用于一般否定句，但两者在体、情态等方面存在差别。mə^{33}所否定的事件主要发生在过去，它相当于汉语中的“没”。当mə^{33}用于否定某些动作性较弱的心理动词、感官动词或系词时，表示过去某一事实对现在而言的影响。因此，mə^{33}一般都跟非完整标记tʂə^{33}一起构成“mə^{33} + V + tʂə^{33}”结构。例如：

ŋa^{55}　jɪ^{24}　mə^{55}-pʊ^{53}-tʂə^{33}-zɛ̧^{33}.

1sg　房子　NEG-有-IMPV-GNO

我没有房子。

kə^{33}zə̧^{55}　jʊ^{55}zɪ^{33}　kə^{55}-mi^{55}　mə^{55}-mnə^{33}-tʂə^{33}-zɛ̧^{33}.

3sg　单独　DIR-睡觉　NEG-敢于-IMPV-GNO

她不敢一个人睡觉。

vɛ^{33}ȵə^{55}p^{h}a^{33}　ja^{55}＝wu^{55}　ə^{55}-mə^{33}-da^{33}la^{33}-a^{33}-ʐɛ^{33}.

弟弟　手＝LOC　DIR-NEG-舔-N.EGO-GNO

弟弟没有舔手。

ts^{h}e^{55}ʐe^{55}　nu^{55}＝wu^{33}　mə^{33}-ga^{55}-tʂə^{33}-ʐɛ^{33}.

泽仁　2sg＝DAT　NEG-喜欢-IMPV-GNO

泽仁（一直都）不喜欢你。

在对现在或将来发生事件进行否定时，大多使用否定标记ma^{33}，ma^{33}也可跟非完整体标记tʂə^{33}一起使用。例如：

ŋə^{55}　tɛ^{55}ʂtsɛ^{33}ndu^{33}　a^{33}-ʑi^{53}-ma^{33}-tʂə^{55}-ʐɛ^{33}.

1pl　康定　DIR-去-NEG-IMPV-GNO

我们将不会去康定。

a^{33}mɛ^{55}　və^{24}-tʂə^{33}　ma^{33}-ji^{55}-ʐɛ^{33}　a^{33}mɛ^{55}　tsɪ^{55}　mə^{55}-və^{53}　nu^{55}　ʑi^{53}-xa^{33}gi^{53}!

妈妈　来-IMPV　NEG-COP-GNO　妈妈　还　NEG-来　2sg　去-PROH

妈妈不会来了。妈妈还没回来。别回去了！

2. 祈使否定

祈使否定标记是xa^{33}gi^{53}“别、不要”，xa^{33}gi^{53}一般都后置于谓语动词。有时候由于语流音变影响，xa^{33}的辅音可脱落，变成a^{33}gi^{53}。例如：

fɕe^{55}fɕe^{55}-xa^{33}gi^{55}　ge^{55}ge^{33}　və^{33}-tʂə^{55}-ʐɛ^{33}.

说话-PROH　老师　来-IMPV-GNO

别说话啦，老师来啦。

nu^{53}　a^{55}ntɕ^{h}e^{33}-xa^{33}gi^{53}＝nts^{h}ɿ^{33}　dʑa^{55}-tʂə^{33}　ma^{33}-ji^{55}-ʐɛ^{33}.

2sg　DIR-流浪-PROH＝LNK　好-IMPV　NEG-COP-GNO

你别流浪了，否则就很不好了（你家孩子要吃苦了）。

而xa^{33}gi^{53}除了用作典型禁止类否定标记外，还可用在假设关系复句中。例如：

a^{55}mɛ^{53}　nu^{55}　ŋa^{55}＝tɕʊ^{55}　za^{33}ma^{55}　mue^{55}-xa^{33}gi^{53}＝ʐo^{33}　ŋa^{55}　ɕa^{55}-tʂə^{33}.

妈妈　2sg　1sg＝BEN　饭　做-NEG＝LNK　1sg　走-IMPV

妈妈，如果你不给我做饭的话，我就走了。

ȵa^{55}tə^{33}＝k^{h}ə^{33}　tə^{24}　tɕə^{55}-tʂ^{h}u^{33}-xa^{33}gi^{53}＝ʐo^{33}　dʑye^{24}　tə^{55}-ʂ^{h}ə^{55}-ndu^{33}.

溪＝LOC　水　有-CAUS-NEG＝LNK　鱼　DIR-死-AUX

溪里要是没有水，鱼就会死掉的。

3. 双重否定

在表达建议语气时，扎坝语双重否定多使用否定过去事件的否定标记mə^{33}或略带虚拟语气的否定标记xa^{33}gi^{53}。例如：

kə^{33}ʐe^{55}　ta^{55}ja^{33}　s^{h}a^{33}da^{53}＝wu^{33}　a^{55}-mə^{33}-hti^{33}　mə^{55}-ndʑa^{55}-tʂə^{33}-zɛ^{33}.

这些　钱　土司＝DAT　DIR-NEG-给　NEG-好-IMPV-GNO

这些钱不能不给土司。

nu^{55}　ʐʅ^{24}＝wu^{33}　ə^{55}-ʑi^{55}-xa^{33}gi^{33}　mə^{55}-ndʑa^{55}-tʂə^{33}-zɛ^{33}.

2sg　山＝LOC　DIR-去-NEG　NEG-好-IMPV-GNO

你不得不上山去。

扎坝语中有一类“NEG-V-NEG-zɪ^{55}”结构，此结构中的zɪ^{55}源于ʐɪ^{55}“得到”，通过将ʐɪ^{55}的卷舌辅音ʐ变成z然后进入到该构式中。例如：

mə^{55}dze^{55}mə^{55}zɪ^{55}不得不说　　mə^{55}tɕa^{33}mə^{55}zɪ^{55}不得不离开

mə^{55}htsʅ^{55}mə^{55}zɪ^{55}不得不吃　　mə^{55}ga^{55}mə^{55}zɪ^{55}不得不爱

mə^{55}nts^{h}ʊ^{55}mə^{55}zɪ^{55}不得不开会　　mə^{55}lɛ^{24}mə^{55}zɪ^{55}不得不放

mə^{55}mp^{h}ɛ^{55}mə^{55}zɪ^{55}不得不吐　　mə^{55}dʑɔ^{55}mə^{55}zɪ^{55}不得不丢

（七）名物化标记

扎坝语使用四个名物化标记：ji^{33}、ze^{33}、ʐə^{33}、mbə^{33}ʐə^{33}。ji^{33}添加在动词后使其“拟人化”，类似汉语的“者，的人”。例如：

ʂtso^{55}教书　＋ji^{33}　ʂtso^{55}-ji^{33}老师

və^{55}来　＋ji^{33}　və^{55}-ji^{33}来的人

lə^{55}kua^{55}唱歌　＋ji^{33}　lə^{55}kua^{55}-ji^{33}唱歌的人

na^{55}tsa^{33}pʊ^{55}有疾病　＋ji^{33}　na^{55}tsa^{33}pʊ^{55}-ji^{33}病人

ze^{33}添加在动词之后使其“物化”，类似“的东西，的地方”。例如：

kə^{55}htsʅ^{55}吃　＋ze^{33}　kə^{55}htsʅ^{55}-ze^{33}吃的东西

lə^{55}mue^{55}跳舞　＋ze^{33}　lə^{55}mue^{55}-ze^{33}跳舞的风俗

ə^{55}ki^{55}穿戴　＋ze^{33}　ə^{55}ki^{55}-ze^{33}穿的衣服

ʑi^{24}去　＋ze^{33}　ʑi^{24}-ze^{55}去的地方

ʐə^{33}原本是领属标记，但可以当作名物化标记使用，有些类似汉语中结构助词“的”。例如：

ŋa^{33}我　＋ʐə^{33}　ŋa^{33}ʐə^{33}我的

a^{55}p^{h}a^{55}爸爸　＋ʐə^{33}　a^{55}p^{h}a^{55}ʐə^{33}爸爸的

k^{h}ə^{24}狗　＋ʐə^{33}　k^{h}ə^{24}ʐə^{33}狗的

ɬo^{33}ptʂa^{55}学校　　+zə̣^{33}　　ɬo^{33}ptʂa^{55}zə̣^{33}学校的

mbə^{33}zə̣^{33}放在名词性或谓词性成分之后，近似于汉语中的“那个东西、那样的事情”。例如：

tʊ^{33}zə̣^{55}　jo^{24}　mɪ^{24}=mbə^{33}zə̣^{33}　me^{24}　tɛ^{33}-ji^{33}　kə^{55}-t^{h}ɛ^{33}-ʂtia^{33}.

那　又　母亲=NMLZ　名字　一-CL　DIR-取-PFV:N.EGO

就是那位母亲（给他）取了一个名字。

tʊ^{33}zə̣^{55}　s^{h}ue^{55}=mbə^{33}zə̣^{33}　pui^{55}pa^{33}　zɛ̣^{35},　ptɕ^{h}a^{55}ptɕa^{53}　ma^{33}-ji^{55}-zɛ̣^{33}.

他　人=NMLZ　藏族　COP　外国人　NEG-COP-GNO

他是藏族人，不是外国人。

zɹ̥^{33}tə^{55}tə^{33}=hkia^{53}　tʂ̣^{h}ə^{24}　də^{55}-tɕye^{55}　kə^{55}-ts^{h}o^{33}　ndzʉi^{55}-ndu^{55}=mbə^{33}zə̣^{33}.

年幼=LNK　脚　四-CL　DIR-着地　走-AUX=NMLZ

年幼的时候靠四只脚走路。

tə^{33}mts^{h}o^{55}　kə^{33}zə̣^{55}　ndo^{55}=t^{h}a^{53}　ȵi^{33}=mbə^{33}zə̣^{33}=nba^{33}.

SEQ　这　胸口=LOC　痛=NMLZ=MOD

这胸口那么痛。

第三节

句子

本节拟从简单句和复杂句角度集中介绍扎坝语的句法结构。

一　简单句

扎坝语的简单句可以从不同的角度加以分类描写。首先，按语气可分为陈述句、疑问句、祈使句、感叹句等类。按照是否具有特殊的结构特点，可以分为比较句、连动句、兼语句等句式。下面就其中部分较为重要的句类和句式做初步的描写分析。

（一）扎坝语的句类

1. 陈述句

扎坝语的陈述句句末一般需要添加表达说话人肯定态度，且对事实呈肯定强调态度的示证标记zɛ̥^{33}。例如：

pe^{55}nts^{h}a^{53}　mui^{33}mui^{55}　mi^{33}mi^{55}　tɪ^{33}-zɛ̥^{33}.

辣椒　非常　好吃的　一:CL-GNO

辣椒非常好吃。

vzḁ^{55}tɕʊ^{33}＝k^{h}ə^{33}　bdʑa^{55}　pɛ^{55}pɛ^{33}　mue^{55}-ʂ̥tɪ^{33}　tɕye^{55}-zɛ̥^{53}.

崖洞＝LOC　汉族　很多　住-PFV.VIS　有-GNO

崖洞里住了很多汉族人。

2. 疑问句

扎坝语的疑问句主要分为是非问、选择问、正反问、特指问四类。

（1）是非问

是非问使用句末语气词me^{33}、mɛ^{33}、vɛ^{33}、mbo^{33}。其中me^{33}和mɛ^{33}存在体的差别，主

要表现为me^{33}用于完整体的句子中，而非完整体的疑问句中使用mɛ^{33}。语气词mbo^{33}不受时体差异限制，可用在所有是非问句中。语气词vɛ^{33}表达似是而非。例如：

nu^{55} tʊ^{33}zə̹^{53} pʰu^{55}=ji^{55}=mbə^{33}zə̹^{33} tʂo^{55}=me^{33}?

2sg 那个 乞讨=NMLZ=NMLZ 看到.PFV=QUES

你看见那个乞丐了吗？

lɛ^{33}mɛ^{55} n̥ə^{33}n̥ə^{55} ɬo^{55}ɬo^{55}-ɕʰu^{55}-tʂə^{55}=mɛ^{33}?

和尚 每天 念经-AUX-IMPV=QUES

和尚每天都要念经吗？

je^{33}nə^{55} tɛ^{55}ʂtse^{33}ndu^{33} vʒɪ^{24} a^{55}hti^{55}=vɛ^{33}?

昨天 康定 雪 DIR-下.PFV=QUES

昨天康定下雪了？

ŋe^{53} tʂu^{55}=kʰə^{55} ʑo^{33}vle^{55}-mue^{55}-tʂə^{55}=mbo^{33}?

1pl 城市=LOC 赚钱-LVB-IMPV=QUES

我们现在就在城里赚钱吗？

（2）选择问

选择问句需要使用框式疑问语气词me^{33}...tʂa^{33}。例如：

tʂa^{55}ɕi^{55} mue^{55}-tʂə^{55}=me^{55}, ɬa^{55}mu^{55} mue^{33}=tʂa^{33}?

扎西 留下-IMPV=QUES 拉姆 留下=QUES

是扎西留下，还是拉姆留下？

a^{55}kʰu^{55} sʰa^{55}tsʰə^{33} tə^{55}-ʑi^{33}-tʂə^{55}=me^{55}, a^{55}pə^{33} tə^{55}-ʑi^{33}=tʂa^{33}?

叔叔 砍柴 DIR-去-IMPV=QUES 奶奶 DIR-去=QUES

是叔叔去砍柴还是奶奶去（砍柴）呢？

（3）正反问

正反问句需要使用框式疑问语气词me^{33}...za̹^{33}或me^{33}...a^{33}。当za̹^{33}用于完成的事件中时，辅音脱落变成a^{33}。例如：

ŋa^{55} nu^{55} ga^{55}-mbə^{33}zə̹^{33} sʰue^{55} tɕi^{33}-zɛ̹^{55}=me^{33} ma^{33}-ji^{55}=za̹^{33}?

1sg 2sg 喜欢-ATTR 人 COP-GNO=QUES NEG-COP=QUES

我喜欢的人是不是你？

pui^{55}pa^{33} sʰue^{55}-ze̹^{53} dʑye^{24} tsɿ^{24}-ndu^{24}-tʂɛ^{33}=me^{33} mə^{55}-ndu^{33}-tʂə^{33}=za̹^{33}?

藏族 人-PL 鱼 吃-AUX-IMPV.GNO=QUES NEG-AUX-IMPV=QUES

藏族人会不会吃鱼？

ne^{55} kə^{33}zə̣^{55} sʰue^{55}=tɕʊ^{55} dʑɛ^{55} mue^{55}-tʂɛ^{55}=me^{33} mə^{55}-mue^{33}-tʂə̣^{33}=a^{33}?

2pl 这 人=BEN 媳妇 娶-IMPV.GNO=QUES NEG-娶-IMPV=QUES

这个人娶没娶媳妇?

（4）特指问

特指问句中使用的疑问词可对事物、时间、地点、原因、方式等发问。一般借用疑问语气词a^{33}。例如:

sʰə^{53} nu^{55}=wu^{33} "ŋa^{55} tʰɪ^{24} mə^{55}-htsɿ^{55}-tʂɛ̣^{33}"-dɛ^{33} dzɛ^{53}=a^{33}?

谁 2sg=DAT 1sg 肉 NEG-吃-IMPV.GNO-QUOT 说=QUES

谁对你说的“我不吃牛肉”啊?

sʰa^{33}pu^{55}ʂto^{55} ki^{55}tɛ^{55} tə^{55}-tɕʰu^{55}-a^{33}=zạ^{33}?

树叶 哪里 DIR-吹-N.EGO=QUES

树叶吹到哪儿了?

ne^{55} je^{33}nə^{55} tɕʰe^{55}to^{33} ȵa^{55}tɕʰu^{33}kʰɛ^{33} a^{55}-ʑi^{55}=gia^{33}?

2pl 昨天 何时 雅江 DIR-去=QUES.PFV.EGO

你们昨天何时去的雅江呢?

jɪ^{24} kɛ^{55}ɕʰə^{33} ə^{55}-tʰu^{55}=gia^{33}?

房子 怎么 DIR-修=QUES.PFV.EGO

（你）之前怎么修的房子呢?

mo^{33}gu^{55} a^{55}-hti^{55}-a^{33}-mue^{33} kɛ^{53}tʂə̣^{33}=zạ^{33}?

雨 DIR-下-DIR-LVB 为什么=QUES

为什么下雨了呢?

nu^{55} tʊ^{33}zə̣^{55} kʰə^{24}=wu^{33} a^{55}-ʂtʂɿ^{53}-ʂtia^{33}-mue^{33} kɛ^{53}tʂe^{33}?

2sg 那 狗=DAT DIR-赶-PFV.VIS-LVB 为什么

你为什么赶走了那只狗?

3. 祈使句

祈使句表达命令、叮嘱、劝告、禁止等语气。表达命令可通过使用命令语气或趋向前缀两种形式实现。若动词词根元音为高元音的i、y、ɪ、ɿ、e，将其变为圆唇的u；若动词词根元音并非高元音的i、y、ɪ、ɿ、e，添加了趋向前缀的动词无论是一般式还是命令式词根元音都同形①。若动词词根为多音节，即便元音为i、y、ɪ、ɿ、e也不能使用内部屈折方式表

① 扎坝语北部方言在表达命令式时除了变动词词根元音i、y、ɪ、ɿ为圆唇的u外，还需要使动词的趋向前缀与变化后的元音保持和谐（黄布凡 1990），但南部方言一般不需要改变动词趋向前缀的元音形式。同时在南部方言中依靠动词内部屈折表达命令式的手段只适用于单音节的动词词根。

达命令，而是添加表达命令的情态助动词。例如：

kə^{55}htsɿ^{53} 吃 → kə^{55}htsu^{53} （你必须）吃！

kə^{55}tʰɪ^{33} 喝 → kə^{55}tʰu^{33} （你必须）喝！

a^{55}dui^{33} 盛 → a^{55}du^{33} （你必须）盛！

kə^{55}ntɕʰe^{33} 看 → kə^{55}ntɕʰu^{33} （你必须）看！

ŋə^{55}mȵi^{53} 听 → ŋə^{55}mȵu^{53} （你必须）听！

当表示说话人请求、劝告或禁止听话人不要做某事的时候使用否定命令句。扎坝语的否定命令句主要在动词之后加词缀 a^{33}gi^{53}。例如：

a^{55}nə^{53} zɿ^{24}＝wu^{33} ʑi^{24}-a^{33}gi^{53} ！

今天 山＝LOC 去-PROH

今天别上山去！

mdzə^{55}mdzə^{33} kə^{55}-lɪ^{33}-ȵi^{33} nbe^{33}lɪ^{55}＝tɕʊ^{33} a^{55}-vi^{33}vi^{33}-a^{33}gi^{53}!

粮食 DIR-运-CVB 全部＝LOC DIR-分配-PROH

粮食运来后别分给其他人！

nu^{55} kə^{55}-je^{33}-ȵi^{33} kɛ^{33}mə^{55} ə^{55}-da^{53}-a^{33}gi^{53}!

2sg DIR-帮-CVB 衣服 DIR-收-PROH

你别帮她收衣服！

4. 感叹句

感叹句需添加感叹词。常用感叹词有 o^{24}、o^{24}ja^{33}、a^{24}ja^{33}、a^{55}jo^{33}，a^{24}xo^{33}、a^{24}xə^{33}，la^{55}pa^{55}，ə^{33} 及其变体形式。例如：

o^{24}ja^{33}… te^{24} tə^{33}ta^{53} tɪ^{33} tə^{55}-htɕi^{33}-a^{33}-zɛ^{33}!

INTER SEQ 那样 一:CL DIR.ASSERT-COP-N.EGO-GNO

哎呀，（他）真是一个好人啊！

la^{55}pa^{55}... nu^{55} sʰue^{55} de^{55}fɕe^{55}-mə^{55}-nə^{33} tɛ^{55}-ji^{55} tə^{55}-tɕa^{33}!

INTER！ 你 人 良心-NEG-有 一-CL DIR.ASSERT-COP

天哪！你可真是个没有良心的人啊！

a^{24}xo^{33}… ptsi^{55} tɛ^{55}-ji^{53} vʒe^{55}＝ze^{55} tə^{55}-mə^{55}-pua^{33}-zɛ^{33} ！

INTER 糖 一-CL 拿＝NMLZ DIR-NEG-有:EGO-GNO

哎……真的是一块糖果都没有拿回来呀！

5. 其他句类

（1）自谦句和轻蔑句

自谦句强调说话人自己所表现出的谦虚、虚心、谦善等。扎坝语不存在使用词汇型手段表达自谦语气的情况①，自谦语气常需添加标记nba^{33}tɪ^{33}。nba^{33}tɪ^{33}大多添加在名词性成分上，表示“也不过如此”之意。例如：

tə^{33}mts^{h}o^{55}　ta^{33}ji^{55}　jɪ^{24}-nba^{33}tɪ^{33}　kə^{55}-zi^{55}-ʂtia^{33}-ẓɛ^{33}.

SEQ　才　家-HUM　DIR-负责-PFV:N.EGO-GNO

（思考）过后就回到了家，才真正当家做主（变成有责任的人）。

有时nba^{33}tɪ^{33}还可跟语气副词ptɕ^{h}a^{55}“将就”一起使用，此时略带谦卑的语气。例如：

tṣ^{h}ʅ^{55}　tɛ^{55}-ji^{55}＝t^{h}a^{33}　ə^{55}-ʑi^{55}　tə^{33}mt^{h}o^{55}　tʊ^{33}ẓə^{55}　ts^{h}ə^{33}pe^{33}-ȵi^{33}　tṣ^{h}ʅ^{55}

万/元　一-CL＝LOC　DIR-去　SEQ　那　之后-CVB　万/元

tɛ^{55}-ji^{55}＝nə^{33}　ṣto^{55}　ŋue^{33}-ji^{55}＝t^{h}a^{33}　ptɕ^{h}a^{55}-nba^{33}tɪ^{33}　ə^{55}-ʑi^{55}.

一-CL＝CONJ　角　五-CL＝LOC　将就-HUM　DIR-去:N.EGO

后来工资涨到一元，然后将就涨到一元五角，后面的六年里就将就待在那儿了。

相反，当叙述对象并非第一人称，且表达较消极的事物时，nba^{33}tɪ^{33}是轻蔑语气标记（pejorative）。例如：

tə^{33}ta^{53}　po^{55}t^{h}o^{33}-nba^{33}tɪ^{33}　t^{h}a^{55}ptɕ^{h}a^{55}　tɪ^{33}　kə^{55}-hti^{53}.

那样　女婿-PEJ　将就　一:CL　DIR-安放

然后女儿将就找了一个女婿（一个让我看不起的女婿）。

tʊ^{33}ẓə^{55}　ts^{h}ə^{33}pe^{33}　tʊ^{33}ẓə^{55}　jo^{24}　jɪ^{55}＝k^{h}ə^{55}　a^{55}-htɛ^{55}-ȵi^{33}　tə^{33}mts^{h}o^{55}

那　之后　3sg　SEQ　家＝LOC　DIR-下来-CVB　SEQ

k^{h}ɛ^{33}ts^{h}ɛ^{55}mɛ^{33}-nba^{33}tɪ^{33}　kə^{55}-fɕi^{53}.

快餐面-PEJ　DIR-买

他下楼后（又出去）买了方便面吃（我觉得没什么大不了）。

（2）虚拟句

扎坝语的虚拟语气可陈述不希望发生、与某一事实相反的事实，这种情况使用连词ə^{33}nts^{h}ʅ^{33}“要不是”，并且还需同时在句末添加虚拟式标记tə^{55}tṣə^{33}。例如：

mo^{55}gu^{55}　a^{55}-hti^{55}＝ə^{33}nts^{h}ʅ^{33}　tɕ^{h}ə^{55}mts^{h}o^{55}　tɛ^{55}-ji^{55}　ɕ^{h}ʊ^{33}mo^{55}　nga^{55}　ʑi^{33}-tə^{55}tṣə^{33}.

雨　DIR-下来＝LNK　家庭　一-CL　菌子　捡　去-SUBJ

要不是下雨的话，全家人之前就已经去捡菌子了（过去就将要去捡菌子了）。

nu^{55}　və^{55}＝ə^{33}nts^{h}ʅ^{33}　ŋa^{55}　ẓa^{55}ŋa^{33}k^{h}a^{33}　ʑi^{24}-tə^{55}tṣə^{33}.

你　来＝LNK　1sg　新都桥　去-SUBJ

要不是你来了，我就要去新都桥了。

---

① 如古代汉语的“臣、寡人、孤、愚、仆”等谦称。

（二）扎坝语的句式

1. 比较句

扎坝语具有差比句和等比句，不同比较句呈现不同的标记手段。差比句和等比句都采用从属标记的方法。以下分别举例介绍：

（1）差比句

在差比句中，比较标记ma^{33}ɕ^{h}y^{33}采用从属标注手段跟比较对象组合在一起。比较基准处于比较参项之前，表现为“比较基准＋比较标记＋比较参项”的语序。例如：

ndʑe^{33}ji^{55} ȵa^{55}tɕ^{h}u^{33}k^{h}ɛ^{33}＝ma^{33}ɕ^{h}y^{33} tɕe^{55}-tʂə^{55}-zɛ^{33}.

汉地 雅江＝COMPR 大-IMPV-GNO

汉地（成都）比雅江大。

ɕ^{h}a^{33}mu^{55}＝mɛ^{55}hki^{33}, ʂo^{55}ŋo^{55}＝ma^{33}ɕ^{h}y^{33} ʂtui^{55}ŋo^{55} xo^{55} tɕa^{55}-tʂə^{33}-zɛ^{33}.

松茸＝TOP 阴山＝COMPR 阳山 更加 有-IMPV-GNO

松茸的话呢，阴山（山的阴面）上会比阳山（山的阳面）上更多。

差比标记ma^{33}ɕ^{h}y^{33}的缩略形式ɕ^{h}y^{33}有时还容易跟形容词词汇化，作为中缀嵌入到“形容词＋ɕ^{h}y^{33}＋形容词”的固定结构中。此时主要体现说话人的主观评价意味。例如：

nbə^{33}zə^{55} lɪ^{53}-<ɕ^{h}y^{33}>-lɪ^{55} zɛ^{55}＝nə^{33} ku^{55}to^{33} ɣə^{55}pɛ^{55} tɕe^{55}-zɛ^{33}-mu^{33}.

刀子 好-<COMPR>-好 COP＝LNK 价格 一点 大-GNO-MOD

刀子好比好（好是好），就是价格大了一点（太贵了点哟）。

tʊ^{33}zə^{55} va^{55} ʂtʂu^{55}-<ɕ^{h}y^{33}>-ʂtʂu^{55}＝zə^{55}ə^{33}nə^{33} mi^{33}mi^{55} tɪ^{33} zɛ^{33}.

那 猪 丑-<COMPR>-丑＝LNK 香的 一:CL COP

那只猪丑比丑（丑是丑），但（肉）是香的。

（2）等比句

等比句中使用比较标记nə^{55}ndʐa^{33}ndʐa^{55}“跟……一样”。例如：

tʊ^{33}zə^{55} s^{h}ue^{55} ŋa^{55}＝nə^{55}ndʐa^{33}ndʐa^{55} tɕe^{55}-tʂə^{55}-zɛ^{33}.

那 男人 1sg＝EQU 大-IMPV-GNO

那个男人跟我一样大岁数。

nu^{55}＝zə^{33} ȵa^{55}ȵi^{33} zə^{55}tue^{33}＝zə^{33} s^{h}o^{55}lɛ^{53}＝nə^{55}ndʐa^{33}ndʐa^{55} tɪ^{33} zɛ^{33}.

2sg＝POSS 脸 猴子＝POSS 屁股＝EQU 一:CL COP

你的脸像猴子屁股一样（红）。

2. 连动句

扎坝语一般不用连动式结构。当句中有多个谓语排列时，扎坝语须用副动词ȵi^{33}连接，指明动作发生的先后顺序或动作发生的条件。例如：

kə^{33}ʐə^{53} pʰu^{55}ʂtɕo^{53} tu^{55}wa^{33}kə^{55}tʰɪ^{33}-ȵi^{33} ʐe^{33}ʐa^{55}kə^{55}tʰɪ^{33}-tʂə^{55}-ʐɛ^{33}.

这个 单身汉 抽烟-CVB 喝茶-IMPV-GNO

这个单身汉抽了烟就去喝茶了。

tʂʰe^{55}pe^{53}-ʐɛ^{33} mnɔ^{24} ə^{55}-ntɕə^{33}-ȵi^{33} ʐʅ^{24}wu^{33} ə^{55}-ʑi^{53}-a^{33}.

猎人-PL 马 DIR-骑-CVB 山上 DIR-去-N.EGO

猎人们骑着马上山去啦。

tsʰu^{55}pe^{53} sʰa^{24} a^{55}-tsʰə^{33}-ȵi^{33} za^{33}ma^{55} kə^{55}-mue^{33}-tʂə^{55}-ʐɛ^{33}.

老板 柴 DIR-砍-CVB 饭 DIR-做-IMPV-GNO

老板砍了柴就开始做饭。

3. 兼语句

扎坝语的兼语句与汉语的兼语句略有不同。汉语中兼语结构是“V_1—兼语—V_2”语序，而扎坝语是用“V_2—兼语—V_1”的语序。例如：

nu^{53} tʊ^{33}ʐə^{55}=wu^{33} və^{24} dʑu^{33}!

你 那个=DAT 来 叫:IMP

你快叫那个人过来！

me^{55}npa^{53} nu^{55} za^{33}ma^{55} tsʅ^{33} ɕʰu^{33}-tʂə^{55}-ʐɛ^{33}.

医生 你 饭 吃 同意-IMPV-GNO

医生同意让你吃饭了。

汉语中有一类兼语句是由“有”跟兼语构成的“有—兼语—V”形式，这类兼语句在扎坝语中没有对应的表达，只能变成主谓结构。例如：

kə^{55}mi^{55}tə^{33}kʰə^{33}=nu^{33}pe^{53} tɛ^{55}ji^{55} nge^{55}=wu^{33} kʰʊ^{55}kʰʊ^{33}-ʐɛ^{33}.

卧室=LOC 一个 门=LOC 敲打-GNO

卧室外面有人在敲门。

ȵa^{55}tə^{33}=na^{33}ŋʊ^{53} zɪ^{24} na^{55}ji^{33} kɛ^{33}mə^{55} tʃʰə^{55}ə^{55}-tʂə^{55}-ʐɛ^{33}.

小河=LOC 女人 两个 衣服 洗-IMPV-GNO

小河旁边有两个女人在洗衣服。

二 复句

复句主要采用连词或别的语法标记将两个或两个以上的小句连接成为复杂句式。扎坝语的复句主要有复杂句、复合句两大类，其中又可以分成不同的小类。

（一）复杂句

1. 定语从句与小句关系化

扎坝语具有丰富的关系化结构句。就具体成分来看，主语、直接宾语、间接宾语更容易关系化，而其他成分的关系化能力很低或无法关系化。关系化标记为mbə^{33}ʐə^{33}。例如①：

ø$_{t}$ gue^{33}jɪ^{55} so^{55}=ji^{55}=mbə^{33}ʐə^{33} pə^{33}dʑə^{55} ŋa^{55}=ʐə^{55} a^{55}tɕa^{55} ʐɛ^{33}.

牛 放=NMLZ=REL 孩子$_{t}$ 1sg=POSS 姐姐 COP

放牛的孩子是我的姐姐。

a^{55}nə^{55} ø$_{t}$ kə^{55}-fɕi^{55}=mbə^{33}ʐə^{33} ptsa^{24} ptsa^{55}hkue^{33} gui^{55}-tʂə^{33}-ʐɛ^{33}.

今天 DIR-买=REL 鸡$_{t}$ 鸡蛋 下蛋-IMPV-GNO

今天买的鸡正在下蛋。

ne^{55} ø$_{t}$ ɕʰʊ^{33}mo^{55} tə^{55}-kʰi^{33}=mbə^{33}ʐə^{33} sʰue^{55} və^{33}.

2pl 松茸 DIR-给=REL 人$_{t}$ 来.PFV

你们给松茸的人来了。

ji^{24} ə^{55}-tʰu^{55}=ze^{33} ø$_{t}$ kə^{55}-mtsʰɛ^{55}=mbə^{33}ʐə^{33} jɛ^{33}pə^{55} kə^{55}-mtʂʰɛ^{55}-wu^{55}-a^{33}.

房子 DIR-修=NMZL DIR-用=REL 石头$_{t}$ DIR-用-PFV-N.EGO

修房子用的石头用完了。

ø$_{t}$ gu^{55}tsʰe^{33} ə^{55}ndza^{33}=mbə^{33}ʐə^{33} zɪ^{24}.

头发 乱=REL 女人$_{t}$

头发很乱的女人。

2. 状语从句

主要是时间状语从句。通常使用连词hkia^{33}ɕʰy^{33}"的时候"、mtsʰa^{33}ɕʰy^{33}"干……的时候"、nda^{55}ɕʰy^{33}"之前的时候"等连接。例如：

tʊ^{33}ʐə^{55} tsʰɿ^{55}wo^{55}=hkia^{33}ɕʰy^{33} ma^{55}ȵi^{33}lə^{55} tsʰa^{55}tʂʊ^{55} tə^{55}-ndu^{33}-a^{33}-ʐɛ^{33}.

3sg 十岁=LNK 玛尼舞 跳 DIR-AUX-N.EGO-GNO

他十岁的时候就能跳玛尼舞了。

vʒɪ^{24} a^{55}-ptɛ^{53}=mtsʰa^{33}ɕʰy^{33} ȵə^{55}me^{55} tə^{55}-ndʐa^{33}.

雪 DIR-下=LNK 天气（太阳） DIR-晴朗的

下雪的时候天气就变晴（放亮）了。

bdza^{55}-ʐe^{55} və^{24}=nda^{55}ɕʰy^{33} ndʐa^{55}pɪ^{33}-ʐe^{33} vɛ^{55}to^{55} kə^{55}-tɕʰa^{55}-wu^{55}-a^{33}-ʐɛ^{33}.

汉人-PL 来=LNK 扎坝人-PL 瓦多 DIR-居住-PFV-N.EGO-GNO

① 关系化结构中被提取的成分用ø表示，*t*代表语迹（trace）。

汉人来之前扎坝人就居住在瓦多了。

（二）复合句

复合句由两个或两个以上意义上相关、结构上不互做句法成分的小句构成。下面就扎坝语中较为典型的复合句做初步的描写。

1. 联合关系复合句

（1）并列复合句

并列复合句由两个或以上有并列关系的分句构成，各分句之间意义上平等，无主从之分。分句之间可以不用关联词语。例如：

tʊ^{33}ẓə^{55}	kə^{55}-s^{h}ɛ^{33}-ȵi^{33},	vʒe^{55}=ze^{55}	tə^{55}-mə^{55}-pua^{33}-ȵi^{33},	kə^{55}-mə^{55}-mue^{33}!
3sg	DIR-杀-CVB	拿=NMLZ	DIR-NEG-有:N.EGO-CVB	DIR-NEG-娶妻

他杀过人，还赚不到钱，是娶不了媳妇的！

使用连接词时，扎坝语常用ẓə^{33}，也可使用xʊ^{55}...xʊ^{55}“越……越”或ẓə^{33}...ẓə^{33}“也/又……也/又”这类的关联格式。例如：

ndẓa^{55}pɪ^{33}	s^{h}ue^{33}	lə^{55}nts^{h}a^{55}tṣʊ^{33}=ẓə^{33}	ndu^{55}-tṣə^{33}-ẓɛ^{33}	lə^{55}kua^{55}=ẓə^{33}	ndu^{55}-tṣə^{33}-ẓɛ^{33}.
扎坝	人	跳舞=CONJ	能-IMPV-GNO	唱歌=CONJ	能-IMPV-GNO

扎坝人能唱歌还能跳舞。

kə^{33}ẓə^{55}	s^{h}ue^{55}=xʊ^{55}	ə^{55}-lo^{33}=t^{h}a^{33}=xʊ^{55}	mə^{55}ṣtṣʅ^{55}	a^{55}-htu^{33}-a^{33}.
这	男人=CONJ	DIR-老的=LOC=CONJ	懒	DIR-变成-N.EGO

这个男人越老也就越懒。

nu^{55}	tʊ^{33}ẓə^{55}=wu^{33}=xʊ^{55}	ndẓə^{55}a^{55}kʊ^{33}=ẓo^{33}	tʊ^{33}ẓə^{55}=xʊ^{55}	tṣə^{33}ȵi^{33}-tṣə^{33}-ẓɛ^{33}.
2sg	3sg=DAT=CONJ	嘲笑=LNK	3sg=CONJ	害羞-IMPV-GNO

你越嘲笑他，他越害羞。

（2）选择复合句

扎坝语中选择关系复合句必须使用连词me^{33}“或者”。例如：

tɛ^{55}hku^{53}	tẽ^{24}ji^{55}	ptse^{55}ẓe^{33}	tə^{55}-tɕ^{h}ʊ^{33}=me^{33},	ndẓe^{33}ji^{55}	a^{55}-ẓi^{55}-ẓɛ^{33}.
别人	电影	观看	DIR-去:N.EGO=CONJ	汉地	DIR-去-GNO

那些人要不（或者）去看电影，要不（或者）就去赶集。

mə^{55}di^{55}-ẓe^{33}	ŋa^{55}=ẓə^{33}	la^{33}s^{h}ə^{33}=me^{33}	gue^{33}jɪ^{55}	ga^{55}-tṣə^{55}-ẓɛ^{33},
大家-PL	1sg=POSS	手镯=CONJ	还是	喜欢-IMPV-GNO

nu^{55}=ẓə^{33}	ga^{55}-tṣə^{55}-ẓɛ^{33}?
2sg=POSS	喜欢-IMPV-GNO

大家喜欢我的手镯还是喜欢你的手镯？

（3）转折复合句

转折复合句使用连词nə^{33}或者ẓo^{33}nə^{33}。ẓo^{33}nə^{33}的意思与nə^{33}相似，都是表达转折关系。连词ẓo^{33}nə^{33}的使用场合比nə^{33}更为普遍。ẓo^{33}nə^{33}和nə^{33}都需要出现在前一句句末。例如：

kʰu^{55} ə^{55}-psʰa^{33} mə^{55}-wu^{55}-a^{33}=ẓo^{33}nə^{33} a^{55}mɛ^{55} le^{55}hka^{33}-mue^{24} tə^{55}-ẓi^{33}-wu^{55}-a^{33}.

天 DIR-亮 NEG-完-N.EGO=LNK 妈妈 劳动-LVB DIR-去-PFV-N.EGO

天还没亮妈妈就去干活去了。

si^{33}ngi^{55}=ẓə^{33} lə^{55}pə^{33} mui^{33}mui^{55} tɕe^{55}-tṣə^{55}=ẓo^{33}nə^{33} kʰa^{55}kʰa^{55} ẓʅ^{33}hta^{55}

狮子=POSS 身体 非常 大-IMPV=LNK 其他 野生动物

tʊ^{33}ẓə^{55}=wu^{33} mə^{55}-ṣto^{33}-tṣə^{33}-zɛ^{33}.

3sg=DAT NEG-害怕-IMPV-GNO

虽然狮子的个头特别大，但是其他动物并不害怕它。

2. 偏正关系复合句

（1）条件复合句

扎坝语中条件关系一般都使用意合方式，扎坝语的条件复合句也可添加连词ẓe^{33}“只要……就”。例如：

tʊ^{33}ẓə^{55} a^{55}mi^{55}ɕi^{33} mə^{55}-və^{55}-a^{33}=ẓe^{33} nu^{55} za^{33}ma^{55} mue^{55}-tə^{55}ptsʰɛ^{33}!

3sg 晚上 NEG-回来-N.EGO=LNK 2sg 饭 做-PROH

他只要晚上不回来，你就别做饭了！

ṣtɛ^{55}wu^{55} ə^{55}-ɬe^{55}=tʰa^{33}=ẓe^{33} ṇə^{55}me^{55} tsu^{55}ku^{53} tə^{55}-ndẓa^{33}.

道孚 DIR-走过=LOC=LNK 天气 马上 DIR-好的

只要过了道孚，天气马上就变好了。

（2）假设复合句

假设复合句须使用连词sʰa^{33}“如果”、sʰa^{33}ẓe^{53}“如果”或直接使用ẓe^{53}“假若那样”。例如：

vɛ^{55} tṣui^{24}ṣtɕɪ^{33}=sʰa^{33}ẓe^{53} me^{33}lə^{55} pʰə̃^{55}nɛ^{55}pɛ^{33} a^{55}-və^{33}.

糌粑 干燥=LNK 酥油 多一些 DIR-倒

如果糌粑太干，就多倒一些酥油。

nu^{55} tʊ^{33}ẓə^{55}=wu^{33} mə^{55}-ga^{55}=sʰa^{33}ẓe^{53} tʊ^{33}ẓə^{55}=mtsʰa^{33} tə^{33}-mʊ^{55}-mue^{55}-xa^{33}gi^{53}!

2sg 3sg=DAT NEG-喜欢=LNK 3sg=COM DIR-结婚-LVB-PROH

如果不喜欢，你就别跟他结婚！

nu^{55} ŋə^{55}-ts^{h}ui^{55}-a^{33}＝ʐe^{33} kə^{33}ʐə^{55} kɛ^{33}mə^{55} ə^{55}-hki^{55} mə^{44}-ndza^{55}-tʂə^{33}-ʐɛ^{33}.

2sg DIR-胖的-N.EGO＝LNK 这 衣服 DIR-穿 NEG-好-IMPV-GNO

假若变胖了，这件衣服你就穿不了啦。

（3）因果复合句

因果关系复合句使用连词ȵi^{33}，它同时代表“因为”的意思。ȵi^{33}跟分句中表示动作先后顺序的副动词ȵi^{33}同形。例如：

nge^{33}tsa^{53} a^{55}ts^{h}ui^{55}wei^{33}＝ȵi^{33} ŋa^{55} a^{55}mi^{33}tɕ^{h}u^{33} ma^{33}-hku^{55}-ʐɛ^{33}.

外面 吵闹的＝LNK 1sg 睡着 NEG-愿意-GNO

外面特别吵，所以我没办法睡觉。

mə^{55}-ptʂə^{33}＝ȵi^{33} ge^{33}＝tsa^{53} a^{55}-mə^{33}-ʑo^{33}

NEG-舒服＝LNK 门＝LOC DIR-NEG-出去

因为不舒服，所以不出门了。

第六章 语料

本章第一节收录《中国语言资源调查手册·民族语言（藏缅语族）》调查表“肆·语法”中的近100个例句。第二节为话语材料，主要包括谜语和俗语、歌谣与故事。例句部分按照调查表的顺序排列。调查表中编号为0020、0041、0059、0067、0075、0076的句子跟天文、历法、节气等相关，由于扎坝人的历法观念不强，因此在100句中无法调查和记录。但为了跟调查表例句统一，在句后使用小字标出调查表中对应例句的位置，方便读者查阅音频文件。

第一节

语法例句

001　老师和学生们在操场上玩耍。

ɡe^{55}ɡe^{33}=nə^{33}　ɬo^{33}ptʂa^{55}pə^{33}dʑə^{33}-ʐe^{33}=kʰə^{33}　pe^{55}ptsa^{55}la^{33}-mue^{33}-tʂə^{33}-ʐɛ^{33}.

老师=CONJ　学生-PL=LOC　玩耍-LVB-IMPV-GNO

002　老母猪下了5头小猪崽。

va^{33}me^{53}　va^{33}tsɿ^{55}-zɿ^{33}　ŋue^{33}-tɕy^{55}　pʊ^{55}-ʐɛ^{33}.

母猪　猪-DIM　五-CL　有-GNO

003　我爸爸教你们的孩子说汉语。

ŋa^{55}=ʐə^{33}　a^{55}ta^{33}　ne^{55}=ʐə^{55}　pə^{33}dʑə^{24}-ʐe^{33}=wu^{33}　ndʑe^{33}ji^{55}　a^{55}-ʑi^{55}　dɛ^{33}.

1sg=POSS　爸爸　2pl=POSS　孩子-PL=DAT　汉地　DIR-走　叫

004　村子里事事都有人做，人人都很高兴。

tʂu^{55}mpa^{33}=kʰə^{55}　te^{55}nta^{33}　tsu^{55}ku^{55}　pɛ^{55}htɛ^{55}-tʂə^{33}-ʐɛ^{33}　ʐə^{33}

村子=LOC　事情　立刻　做-IMPV-GNO　也

mə^{55}di^{55}-ʐe^{33}　pɛ^{55}htɛ^{55}　ʐə^{33}　ɡa^{55}-tʂə^{55}-ʐɛ^{33}.

人家-PL　修　也　喜欢-IMPV-GNO

005　咱们今天上山去吧！

ŋe^{55}va^{33}　a^{55}nə^{53}　ʐʅ^{24}=wu^{33}　ʑi^{24}!

1pl.INCL　今天　山=LOC　去

006　你们家有几口人？

ne^{33}=ʐə^{53}　jɪ^{33}=kʰə^{53}　sʰue^{55}　tɕʰi^{33}tɪ^{55}　nə^{55}=a^{33}?

2pl=POSS　家=LOC　人　多少　有=QUES

007　你自己的事情自己做。

no^{55}=ẓə^{33}　te^{55}nta^{33}　no^{55}　a^{33}-mue^{53}.

2sg.REFL=POSS　事情　2sg.REFL　DIR-做

008　这是我的手镯，那是你的手镯。

kə^{33}ẓə^{55}　ŋa^{55}=ẓə^{33}　la^{33}s^{h}ə^{33}　ẓɛ^{33},　tʊ^{33}ẓə^{55}　nu^{55}=ẓə^{33}　la^{33}s^{h}ə^{33}　ẓɛ^{33}.

这　1sg=POSS　手镯　COP　那　2sg=POSS　手镯　COP

009　这些问题他们说自己去解决。

kə^{33}ẓe^{53}　te^{55}nta^{33}　ja^{33}ẓe^{53}　t^{h}a^{33}ptɕe^{55}-mue^{33}-tṣə^{33}-dɛ^{33}dzɛ^{53}.

这些　事情　3pl.REFL　解决-LVB-IMPV-HS

010　他是谁？

tʊ^{33}ẓə^{55}　s^{h}ə^{55}　tə^{55}-htɕi^{33}=vɛ^{33}?

3sg　谁　DIR.ASSERT-COP=QUES

011　你想吃点什么？我什么也不想吃！

nu^{53}　tɕ^{h}ə^{55}ẓə^{33}　tsɿ^{33}-ɕ^{h}o^{33}　kə^{55}-ntɕ^{h}e^{55}=ẓa^{33}?　ŋa^{55}　tə^{55}k^{h}ʊ^{55}

2sg　什么　吃-INF　DIR-想要=QUES　1sg　INDEF

tsɿ^{33}-ɕ^{h}o^{33}　kə^{55}-ma^{55}-ntɕ^{h}e^{33}-ẓɛ^{33}.

吃-INF　DIR-NEG-想要-GNO

012　你们从哪儿来的？

ne^{55}　ki^{55}tɛ^{53}=ṇi^{33}　kə^{55}-tɛ^{33}-tṣə^{33}=a^{33}?

2pl　哪儿=ABL　DIR-过来-IMPV=QUES

013　你想怎么样？

nu^{55}　tɕ^{h}ə^{55}ẓə^{33}　bdi^{33}=ẓa^{24}?

2sg　怎么样　想要=QUES

014　你家有多少头牛？

nu^{55}=ẓə^{33}　jɪ^{55}=k^{h}ə^{53}　gue^{33}ji^{55}　tɕ^{h}i^{55}ta^{55}　pʊ^{33}=a^{33}?

2sg=POSS　家=LOC　牛　多少　有=QUES

015　客人什么时候到？

və^{55}=ji^{33}　tɕ^{h}i^{55}ta^{55}=t^{h}a^{33}　və^{33}-tṣə^{33}=a^{24}?

来=NMLZ　多少=LOC　来-IMPV=QUES

016　今天的会就开到这里。

a^{55}nə^{53}　k^{h}ɛ^{55}wui^{33}　kə^{33}ẓə^{55}=t^{h}a^{33}　tə^{55}-pts^{h}ɛ^{33}.

今天　开会　这=LOC　DIR-停下

017 **粮食运来后就分给大家了。**

mdʐe^{55}mdʐə^{33} kə^{55}-lɪ^{33}-ɲi^{33} nbe^{33}lɪ^{55}＝tɕʊ^{33} a^{55}-vi^{33}vi^{33}.

粮食 DIR-运-CVB 全部＝LOC DIR-分配

018 **人家的事情咱们别多管。**

mə^{55}di^{55}＝ʐə^{33} te^{55}nta^{33} ŋia^{55}＝wu^{24} kʰu^{55}ʂtsa^{53} mə^{55}-tɕa^{33}-tʂə^{33}-ʐɛ^{33}.

人家＝POSS 事情 1pl.INCL＝DAT 关心 NEG-有-IMPV-GNO

019 **这件事情我也不清楚，你去问别人吧！**

kə^{33}ʐə^{55} te^{55}nta^{33} ŋa^{55} ma^{55}-ʃə^{33} mə^{55}di^{55}＝wu^{24} kə^{55}-mə^{33}ge^{33}!

这 事情 1sg NEG-知道 别人＝DAT DIR-问

021 **那个老太婆94岁了，是我年龄的两倍左右。**

tʊ^{33}ʐə^{55} me^{33}və^{53} ŋgə^{55}zʅ^{33}də^{33} wo^{53} du^{33}-wu^{55}-a^{33}-ʐɛ^{33}, ŋa^{55}

那 老太婆 九十四 岁 到-PFV-N.EGO-GNO 1sg

dɛ^{55}mbə^{33}ʐə^{33} mə^{55}-tsʰɛ^{53} ɲi^{33}lo^{55} du^{33}-wu^{55}-a^{33}-ʐɛ^{33}.

DM NEG-至于 两倍 到-PFV-N.EGO-GNO

022 **山下那群羊有108只。**

hka^{55}tɕi^{53} ntɕʰɛ^{24} dʑɪ^{53} dʑe^{33}-ji^{53} tɕye^{33}-ʐɛ^{53}.

额头正中 羊 一百 八-CL 有-GNO

023 **我排第一，你排第二，他排老末。**

ŋa^{55} ʂti^{33} ŋue^{53} ə^{55}-ʂtɕe^{53}＝ʐə^{33}, nu^{55} tsʰə^{33}pe^{33} ə^{55}-ʂtɕe^{53}＝ʐə^{33},

1sg 最 前方 DIR-站＝LNK 2sg 之后 DIR-站＝LNK

tʊ^{33}ʐə^{55} ʂti^{24} nu^{33}pe^{55} ə^{55}-ʂtɕe^{53}.

他 最 外面 DIR-站

024 **我今天买了一只鸡、两条鱼、三斤肉。**

a^{33}nə^{55} ŋa^{33} ptsa^{24} ta^{33}pa^{53} dʑye^{24} nɛ^{33}-tɕy^{53} tʰɪ^{24} sʰe^{55}

今天 1sg 鸡 一-CL 鱼 两-CL 肉 三

ku^{55}ntɕʰe^{33} kə^{55}-fɕi^{55}-gɪ^{24}.

斤 DIR-买-PFV.EGO

025 **这本书我看过三遍了。**

kə^{33}ʐə^{55} tɕə^{55}te^{55} ŋa^{55} sʰe^{55}lɪ^{53} kə^{55}-ntɕʰɪ^{33}-wu^{53}.

这 书 1sg 三次 DIR-看-PFV

026 **你数数看，这圈里有几头猪？**

nu^{53} va^{53} ʐo^{55}ʑi^{33}＝kʰə^{24} tɕʰy^{55}-tɕy^{33} tɕye^{55}-ʐɛ^{53} tɛ^{55}ʂtsə^{53} ə^{55}-tə^{33}?

2sg 猪 院子＝LOC 几-CL 有-GNO 算一下 DIR-打

027 这两把雨伞是我的。

kə^{33}z̢ə^{55} ɕ^{h}o^{33}du^{53} nɛ^{33}-tɕy^{53} ŋa^{55}＝z̢ə^{33} z̢ɛ^{33}.

这 雨伞 两-CL 1sg＝POSS COP

028 他年年都回家。

tʊ^{33}z̢ə^{55} wo^{55}z̢ʅ^{55}wo^{55}wu^{55} jɪ^{55}＝k^{h}ə^{53} tə^{55}-ʑi^{33}-ts̢ə^{55}-z̢ɛ^{33}.

3sg 每年 家＝LOC DIR-回-IMPV-GNO

029 他要去街上买肉。

tʊ^{33}z̢ə^{55} k^{h}ɛ^{55}s̢ã^{33} t^{h}ɪ^{33} fɕi^{55} ʑi^{33}-ɕ^{h}u^{33}-ts̢ə^{33}-z̢ɛ^{33}.

3sg 街上 肉 买 去-AUX-IMPV-GNO

030 我正在山上砍柴。

ŋa^{55} tsu^{55}ku^{53} z̢ʅ^{24}＝wu^{33} s^{h}a^{55} ts^{h}ə^{33}-ts̢ə^{33}.

1sg 现在 山＝LOC 木头 砍-IMPV

031 昨天我背粮食去了。

je^{33}nə^{55} ŋa^{55} ɕ^{h}i^{24} a^{55}-tɕ^{h}ɛ^{33}ts̢^{h}ə^{33}-gɪ^{33}.

昨天 1sg 粮食 DIR-搬走-PFV.EGO

032 你们俩一定要好好地学习。

nu^{55}nɛ^{53} ɬo^{33}bdʑo^{55} kə^{55}la^{53} a^{55}-mu^{53}.

2dl 学习 好好的 DIR-做.IMP

033 他们看电影去了。

mə^{55}di^{55}-z̢e^{33} tẽ^{24}ji^{55} ptse^{55}z̢e^{33} tə^{55}-tɕ^{h}ʊ^{33}-a^{33}.

大家-PL 电影 观看 DIR-去:N.EGO-N.EGO

034 他在山上看见过野牛。

mə^{55}di^{55}-z̢e^{33} z̢ʅ^{24}＝wu^{33} gue^{33}jɪ^{55} tɛ^{33}-ji^{53}.

3sg（别人）-PL 山＝LOC 牛 一-CL

035 你们今后一定要互相学习，互相帮助，互敬互爱！

ne^{55} ts^{h}ə^{55}pe^{53} ɬo^{33}bdʑo^{55} kə^{55}la^{53} a^{55}-mue^{53} z̢o^{55}dɛ^{33} a^{55}-mue^{53}

2pl 以后 学习 好好 DIR-做 帮助 DIR-做

te^{55}tɛ^{53}＝wu^{24} ə^{55}-tsə^{53}!

RECP＝DAT DIR-尊重

036 请你帮他把衣服收起来。

nu^{55} kə^{55}-je^{33}-ȵi^{33} kɛ^{33}mə^{55} ə^{55}-da^{53}.

2sg DIR-帮-CVB 衣服 DIR-收

037 **地震把新修的路震垮了。**

ndə^{55} ŋə^{55}-tɛ^{33}-ȵi^{33} dʐɛ^{33}lɛ^{55} se^{55}ʂpi^{53}＝mbə^{33}ʐə^{33} a^{55}-tʂʅ^{53}-a^{33}.

地震 DIR-来-CVB 路 新的＝NMLZ DIR-垮了-N.EGO

038 **你们俩把鸡杀了。**

nu^{55}nɛ^{53} tʊ^{33}ʐə^{53} ptsa^{24} na^{55}-pa^{33} tə^{55}-s^{h}ɛ^{33}.

2dl 那 鸡 两-CL DIR-杀

039 **你看见那个乞丐了吗？**

nu^{55} tʊ^{33}ʐə^{53} p^{h}u^{55}＝ji^{55}＝mbə^{33}ʐə^{33} tʂo^{55}＝me^{33}?

2sg 那 乞讨＝NMLZ＝NMLZ 看到＝QUES

040 **他笑了。我把他的小孩逗笑了。**

a^{55}-ndʐə^{55}ndʐə^{33} ŋa^{55} ndʐə^{55}ndʐə^{33} a^{55}-t^{h}ɛ^{33} pə^{33}dʐə^{55}-ʐe^{33} a^{55}-ndʐə^{55}ndʐə^{33}-ʂtɪ^{33}.

DIR-笑 1sg 笑话 DIR-讲 小孩-PL DIR-笑-PFV.VIS

042 **我亲眼看见那只花狗跳上跳下，可好玩啦。**

ŋa^{55} tʂo^{24}＝mbə^{33}ʐə^{33} k^{h}ə^{55} ptʂ^{h}a^{33}ptʂ^{h}a^{33} a^{55}-nk^{h}u^{33}-dze^{33}dze^{33}-ȵi^{33}

1sg 看见＝REL 狗 花的 DIR-跳-来来回回-CVB

ptsa^{55}la^{33}-mue^{33}-tʂə^{33}-ʐɛ^{33}.

玩耍-LVB-IMPV-GNO

043 **朝上背四十公里，朝下背五十公里。**

ə^{55}we^{53} ə^{55}-ʑi^{33} kõ^{55}li^{33} də^{55}zʅ^{33} be^{55} ə^{55}-tɕ^{h}u^{55}gɛ^{33}

向上 DIR-走 公里 四十 背 DIR-拿上去

a^{33}we^{53} a^{55}dɛ^{33} kõ^{55}li^{33} ŋue^{55}zʅ^{33} be^{55} a^{55}-tɕ^{h}u^{55}-gɪ^{33}.

向下 下来 公里 五十 背 DIR-朝下-PFV.EGO

044 **这个东西拿来拿去太费事了，你就别拿了。**

ptɕa^{33}k^{h}a^{53} k^{h}ə^{55}tɕ^{h}u^{55}ŋə^{55}tɕ^{h}u^{33}-mue^{55}-xa^{33}gi^{33} nu^{55} tɕ^{h}u^{33}-a^{33}gi^{53}

东西 拿来拿去.REP-LVB-PROH 2sg 拿走-PROH

tʊ^{33}ʐə^{55}＝k^{h}ə^{33} tə^{55}-pts^{h}ɛ^{33}.

那＝LOC DIR-放下

045 **那个穿破衣裳的家伙一会儿过来、一会儿过去的，到底在做什么？**

nba^{55}t^{h}i^{33} ki^{55}＝ji^{53} s^{h}ue^{55}＝mbə^{33}ʐə^{33} ə^{33}-we^{53} ə^{55}-ʑi^{33} a^{33}-we^{55}

破烂 穿＝NMLZ 人＝NMLZ DIR-往上 DIR-去 DIR-往下

a^{55}-dɛ^{33} tʊ^{33}ʐə^{55} tɕ^{h}ə^{55} mue^{55}-tʂə^{33}-ʐɛ^{33}?

DIR-走动 那 什么 做-IMPV-GNO

046　他是藏族，不是外国人。

tʊ^{33}ʐə^{55}　sʰue^{55}＝mbə^{33}ʐə^{33}　pui^{55}pa^{33}　ʐɛ^{35}　ptɕʰa^{55}ptɕa^{53}　ma^{33}-ji^{55}-ʐɛ^{33}.

那　人＝NMLZ　藏族　COP　外国人　NEG-COP-GNO

047　（他们家有三个孩子），一个在学校，一个在家里，还有一个已经工作了。

tʊ^{33}ʐe^{55}＝ʐə^{33}　jɪ^{55}＝kʰə^{53}　pə^{33}dʑə^{55}　sʰe^{55}-ji^{55}　nə^{33}-tʂə^{33}-ʐɛ^{33},　tɛ^{55}-ji^{55}　ɬo^{33}ptʂa^{55}＝kʰə^{55}

3pl＝POSS　家＝LOC　孩子　三-CL　有-IMPV-GNO　一-CL　学校＝LOC

tɕye^{33}-tʂə^{33}-ʐɛ^{33}　tɛ^{55}-ji^{55}　jɪ^{55}＝kʰə^{55}　tɕye^{33}-tʂə^{33}-ʐɛ^{33}　tɛ^{55}-ji^{55}　le^{55}dui^{33}　ʐɪ^{33}-wu^{33}-a^{33}-ʐɛ^{33}.

在-IMPV-GNO　一-CL　家＝LOC　在-IMPV-GNO　一-CL　工作　得到-PFV-N.EGO-GNO

048　我们很愿意听爷爷讲故事。

ŋe^{55}＝ʐə^{55}　a^{55}mi^{33}　kʰe^{55}hpi^{33}　fɕe^{33}-tʂə^{33}-ʐɛ^{33}　mui^{33}mui^{55}

1pl＝POSS　爷爷　故事　讲-IMPV-GNO　非常

ŋə^{55}-mn̥i^{55}-ɕʰo^{33}　kə^{55}-ntɕʰe^{55}-ʐɛ^{33}.

DIR-听-INF　DIR-想要-GNO

049　这只狗会咬人。

kə^{33}ʐə^{55}　kʰə^{24}　ndzɛ^{55}-ndu^{33}-tʂə^{33}-ʐɛ^{33}.

这　狗　咬-AUX-IMPV-GNO

050　她不敢一个人睡觉。

kə^{33}ʐə^{55}　jʊ^{55}zɪ^{33}　kə^{55}-mi^{55}　mə^{55}-mnə^{33}-tʂə^{33}-ʐɛ^{33}.

3sg　单独　DIR-睡觉　NEG-敢于-IMPV-GNO

051　你能来吗？我能来。

nu^{55}　tə^{55}-tɛ^{33}＝ze^{33}　ʐɪ^{55}＝mɛ^{33}?　ŋa^{55}　tə^{55}-tɛ^{33}＝ze^{33}　ʐɪ^{24}.

2sg　DIR-来＝NMLZ　得到＝QUES　1sg　DIR-来＝NMLZ　得到

052　这些人我恨透了。

sʰue^{55}　kə^{33}ʐe^{53}　ŋa^{55}＝tʰa^{55}　ʂto^{33}ʂto^{55}　ɕe^{55}tɕu^{53}-tʂə^{33}-ʐɛ^{33}.

人　这些　1sg＝LOC　非常　生气-IMPV-GNO

053　达娃家的稻子收完了，但格西家的稻子还没有收完。

da^{33}wa^{55}-ʐe^{33}＝ʐə^{33}　ʂtui^{55}ə^{55}ʂu^{33}-wu^{55}＝nə^{33}　ge^{33}ɕe^{55}-ʐe^{33}＝ʐə^{33}　tse^{55}

达娃-PL＝POSS　收割-PFV＝LNK　格西-PL＝POSS　还

ʂtui^{55}ə^{55}ʂu^{33}-mə^{33}-wu^{55}-a^{33}.

收割-NEG-PFV-N.EGO

054　我找了一遍又一遍，终于找着了。

jʊ^{55}lo^{33}jʊ^{55}lo^{33}　a^{55}-dui^{33}-n̥i^{33}　tɛ^{55}pɛ^{55}dʐʅ^{33}　dui^{55}＝ze^{33}　ʐo^{53}.

一次又一次　DIR-找-CVB　差不多　找＝NMLZ　得到.PFV

055 你先休息休息，我试着跟她谈谈。

nu^{55} tɛ^{55}ȵu^{53} ɣə^{55}tə^{33}＝ʐo^{33} ŋa^{55} dzɛ^{55} ʂku^{55}ma^{33}ntɕʰe^{53}.

2sg 休息 首先＝LNK 1sg 说 谈谈看

056 他们边唱边跳，玩得可高兴了。

lə^{55}kua^{53} ʐi^{55} ɕʰɪ^{33}＝nə^{33} lə^{55}mue^{33} ʐi^{55} ɕʰɪ^{33} ʂto^{33}ʂto^{55}

唱歌 去 同时＝LNK 跳舞 去 同时 非常

ptʂʰə^{33}ptʂʰə^{55} mue^{55}-tʂə^{55}-zɛ^{33}.

舒服 做-IMPV-GNO

057 吃的、穿的都不愁。

kə^{55}-htsɿ^{55}＝ze^{33}＝nə^{33} ə^{55}-ki^{55}＝ze^{33} du^{55}ŋɛ^{55} ma^{33}-pʊ^{55}-zɛ^{33}.

DIR-吃＝NMLZ＝CONJ DIR-穿＝NMLZ 困难 NEG-有-GNO

058 这些猪呢，肥的宰掉，瘦的放到山上去。

va^{55} kə^{33}ze^{55} tsʰui^{55}tsʰui^{55}＝mbə^{33}zə^{33} kə^{55}-sʰɛ^{33} dze^{55}dze^{55}＝mbə^{33}zə^{33}

猪 这些 肥＝NMLZ DIR-杀 瘦＝NMLZ

zɿ^{24}＝wu^{33} ə^{55}-lɛ^{33}.

山＝LOC DIR-放

060 碗里的饭装得满满的。

tɕʰo^{33}lo^{55}＝kʰə^{33} mdzɛ^{55} ta^{55}tɕʰo^{53}.

碗＝LOC 米 一碗

061 山边的雪是白的，山坡上的雪更白，而山顶的雪最白。

zɿ^{55}ngu^{33} kʰa^{24}wa^{55} ptʂʰe^{55}ptʂʰe^{55} zɛ^{33}, zɿ^{55}ʂkɪ^{33} kʰa^{24}wa^{55} xɔ^{55}

山边 雪 白色 COP 山坡 雪 更加

ptʂʰe^{33} zɛ^{33}, zɿ^{55}nda^{33} kʰa^{24}wa^{55} ʂti^{55} ptʂʰe^{33} zɛ^{33}.

白 COP 山顶 雪 最 白 COP

062 这把刀好是好，就是太贵了点。

nbə^{33}zə^{55} lɪ^{53}-ɕʰy^{33}-lɪ^{55} zɛ^{55}＝nə^{33} ku^{55}to^{33} ɣə^{55}pɛ^{55} tɕe^{33}-zɛ^{33}-mu^{33}.

刀子 好-COMPR-好 COP＝LNK 价格 一点 大-GNO-MOD

063 弄坏了人家的东西是一定要赔偿的。

mə^{33}di^{55}＝zə^{33} ptɕa^{55}kʰa^{53} mə^{33}-ntɕa^{55}＝mbə^{33}zə^{33} kʰa^{24} ŋa^{33}＝tʰa^{53} a^{55}-bdʐa^{55}-a^{33}.

别人＝POSS 坏东西 NEG-好的＝NMLZ 赔偿物 1sg＝LOC DIR-丢-N.EGO

064 他经常去北京出差。

tʊ^{33}zə^{55} ze^{55}ndʐɛ^{33} pẽ^{33}tɕĩ^{55} kʰɛ^{55}xui^{33} tsʰo^{55}ntsʰu^{53} zi^{33}-tʂʰə^{33}-zɛ^{33}.

3sg 经常 北京 会议 出差 去-IMPV-GNO

065 昨天他答应了我的要求，说是明天再来玩。

je^{33}nə^{55} tʊ^{33}zə̣^{55} k^{h}a^{55}ŋə^{33}vlɪ^{33} s^{h}o^{33}nə^{55} ŋa^{55}=tɕʊ^{55} ɕ^{h}a^{33}ẓa^{55} və^{33}-tṣə^{55}-dɛ^{33}dẓɛ^{33}.

昨天 3sg 答应 明天 1sg=LOC 玩耍 来-IMPV-HS

066 我一会儿就回来。

nu^{53} tṣə^{33}kə^{55}te^{33} kʊ^{55}dʊ^{55}=ẓe^{33} ŋa^{55}-və^{35}-tṣə^{53}.

2sg 一点 等待=LNK 1sg-来-IMPV

068 这条鱼至少有五斤重。

kə^{33}zə̣^{53} dẓye^{24} tɕ^{h}ə^{55}zə̣^{33} a^{55}-mue^{55} zə̣^{33} ŋue^{33} ku^{55}ntɕ^{h}e^{55} tɕə^{33}-a^{55}-zɛ̣^{33}.

这 鱼 什么 DIR-做 也 五 斤 有-N.EGO-GNO

069 这条河最多有五米宽。

kə^{33}zə̣^{55} tə^{24} bdẓa^{55} tɕ^{h}e^{33}=tɕʊ^{53} xa^{55}le^{33}na^{33} wu^{55}mi^{55} ṣte^{33}ṣte^{33}

这 水 宽 小=LOC 最多 五米 大约

nts^{h}ɿ^{33} tɕə^{33}-ma^{33}-zɛ^{33}.

LNK 有-NEG-GNO

070 他全家人我都熟悉。

tʊ^{33}zə̣^{55} ta^{55}tɕu^{55}=zə̣^{33} ŋa^{55} dẓə^{55}nə^{24}.

3sg 一家=TOP 1sg 了解

071 妈妈不会来了。妈妈还没回来。你别回去了。

a^{33}mɛ^{55} və^{24}-tṣə^{33} ma^{33}-ji^{55}-zɛ̣^{33}, a^{33}mɛ^{55} tsɪ^{55} mə^{55}və^{53}, nu^{55} ẓi^{53}-xa^{33}gi^{53}.

妈妈 来-IMPV NEG-COP-GNO 妈妈 还 NEG-来 2sg 去-PROH

072 客人们都在悄悄地议论这件事。

tṣu^{55}mpa^{33} kə^{33}ẓe^{53} te^{55}nta^{33}=mbə^{33}zə̣^{33} zɿ^{24}zɿ^{33} ɕ^{h}ɪ^{55}ɕ^{h}ɪ^{55} fɕe^{55}fɕe^{55}-tṣə^{33}-zɛ^{33}.

村子 这些 事情=NMLZ 私下 总是 讲-IMPV-GNO

073 你们究竟来了多少人?

nə^{55} ŋu^{55}ma^{33} s^{h}ue^{24} tɕ^{h}i^{33}tɪ^{55} və^{33}=a^{33}?

2pl 真实的 人 多少 来=QUES

074 他不去也行，但你不去不行。

tʊ^{33}zə̣^{55} tə^{55}-ẓi^{33}-xa^{33}gɪ^{53} zə̣^{33} ndẓa^{53}, nu^{55} mə^{55}-ẓi^{33} mə^{55}-zɿ^{55}-tṣə^{33}-zɛ^{33}.

3sg DIR-去-NEG 也 可以 2sg NEG-去 NEG-得到-IMPV-GNO

077 他给了弟弟一支笔。

tu^{33} zə̣ ^{55}=zə̣^{33} vɛ^{55}n̥ə^{55}p^{h}a^{33} je^{55}fe^{33}-mbə^{33}zə̣^{33} pi^{24} tɛ^{55}tɕ^{h}ə^{53} tə^{33}-lɛ^{55}-ṣtia^{33}.

3sg=POSS 兄弟 小的-ATTR 笔 一下子 DIR-戳-PFV:N.EGO

078 **妈妈为我们缝了一件新衣服。**

a^{33}mɛ^{55} ŋo^{55}=wu^{33} kɛ^{55}mə^{33} se^{55}ʂpi^{53} tɪ^{55} kə^{55}-tʂo^{33}-ʂtɪ^{33}.

妈妈 1pl=BEN 衣服 新的 一:CL DIR-缝-PFV.VIS

079 **学生们用毛笔写字。我用这把刀切肉。**

ɬo^{33}ptʂa^{55}pə^{33}dʑə^{55}-z̢e^{33} mo^{33}pi^{53} ə^{55}-zu^{33} ji^{55}mdz̢ʅ^{33} z̢ə^{24}-tʂə^{33}-z̢ɛ^{33},

学生-PL 毛笔 DIR-拿 字 写-IMPV-GNO

ŋa^{55} nbə^{33}zʅ^{55} ə^{55}-zu^{33} t^{h}ɪ^{24} t^{h}ɛ^{33}t^{h}ɛ^{33}-tʂə^{33}.

1sg 刀子 DIR-拿 肉 切-IMPV

080 **人们用铁锅做饭。**

mə^{55}di^{55}-z̢e^{33} pts^{h}a^{33}la^{55}=k^{h}ə^{33} za^{33}ma^{55} mue^{33}-tʂə^{33}-z̢ɛ^{33}.

人家-PL 锅=LOC 饭 做-IMPV-GNO

081 **树上拴着两匹马。**

s^{h}a^{33}pu^{53}=wu^{33} mnə^{24} nɛ^{55}-tɕy^{33} kə^{55}we^{53} tə^{55}-pts^{h}ɛ^{33}-ʂtia^{33}.

树=LOC 马 两-CL DIR-拴 DIR-放-PFV:N.EGO

082 **水里养着各色各样的鱼。**

tə^{24}=k^{h}ə^{33} dʑye^{24} ndz̢a^{55}-mə^{33}-ndz̢a^{33} ŋə^{55}-ʂu^{55}-ʂtia^{33} tɕye^{33}-z̢ɛ^{53}.

水=LOC 鱼 一样-NEG-一样 DIR-养-PFV:N.EGO 有-GNO

083 **桌子下躺着一只狗。**

tʂo^{33}tsʅ^{55}=ʒɪ^{33}pe^{53} k^{h}ə^{24} tɛ^{55}-tɕy^{33} kə^{55}-mi^{55}-ʂtia^{33} tɕye^{33}-z̢ɛ^{53}.

桌子=LOC 狗 一-CL DIR-睡-PFV:N.EGO 在-GNO

084 **山上到山下有三十多公里。**

z̢ʅ^{55}ʂtsə^{33}=nə^{33} z̢ʅ^{55}nda^{33} nɛ^{55}nt^{h}e^{33} kʊ^{33}li^{55} s^{h}e^{55}mts^{h}u^{53} tɕa^{55}-z̢ɛ^{33}.

山尖=CONJ 山脚 中间 公里 三十 有-GNO

085 **哥哥比弟弟高多了。**

nɛ^{55} vɛ^{33}nə^{33}=k^{h}ə^{33} ve^{33}ȵə^{55}p^{h}a^{33} tɕe^{55}=ji^{55}=mbə^{33}z̢ə^{33} xə^{55} mt^{h}u^{55}-z̢ɛ^{53}.

两 兄弟=LOC 兄弟 大=NMLZ=NMLZ 更加 高-GNO

086 **小弟跟爷爷上山打猎去了。**

ve^{33}ȵə^{55}p^{h}a^{33} je^{55}fe^{33}=mbə^{33}z̢ə^{33} a^{55}mi^{33}=mts^{h}a^{33} z̢ʅ^{24}=wu^{33} tʂ^{h}e^{55} tə^{33}-tɕ^{h}o^{33}.

兄弟 小的=NMLZ 爷爷=COM 山=LOC 打猎 DIR-去

087 **今天、明天和后天都有雨，爷爷和奶奶都不能出门了。**

a^{55}nə^{53} s^{h}o^{33}nə^{53} dʑa^{55}s^{h}o^{55} mo^{55}gu^{33} a^{55}-htɛ^{55}-tʂə^{33}-z̢ɛ^{33}-dɛ^{33}dz̢ɛ^{33}

今天 明天 后天 下雨 DIR-下-IMPV-GNO-HS

a^{55}pə^{33} = nə^{33} a^{55}mi^{33}-nɛ^{33} nge^{33}be^{33} a^{55}-ʑi^{53}-a^{33}gi^{53}.

奶奶 = CONJ 爷爷 -DU 门口 DIR- 去 -NEG

088 买苹果或香蕉都可以。

p^{h}ĩ^{33}gɔ^{55} = nə^{33} ɕaŋ^{55}tɕɔ^{55}-nɛ^{33} ke^{55}zə̧^{33} kə^{55}-fɕi^{55}-zɛ̧^{33}-ga^{33}.

苹果 = CONJ 香蕉 -DU 哪个 DIR- 买 -GNO-MOD

089 哎呀！好疼！

a^{55}jo^{24}! ʐu^{33}ʐu^{55} tɪ^{33} n̥i^{33}-zɛ̧^{53}.

INTER 严重 一:CL 疼 -GNO

090 昨天丢失的钱找到了吗？

je^{33}nə^{55} ta^{55}ja^{33} a^{55}-ptɕi^{55} = mbə^{33}zə̧^{33} dui^{24} = ze^{33} zo̧^{55} = me^{33}?

昨天 钱 DIR- 掉 = NMLZ 找 = NMLZ 得到 .PFV = QUES

091 他们早已经走了吧？

kə^{33}zȩ^{55} ɕa^{24}-n̥i^{33} ɣə^{55}pɛ^{55} du^{33}-wu^{53} ?

他们 走 -CVB 一点 到达 -PFV

092 我走了以后，他们又说了些什么？

ŋa^{55} ɕa^{24}-wu^{55} = nə^{33} tʊ^{33}zȩ^{55} tɕ^{h}ə^{55}te^{33} dzɛ^{33}-zɛ̧^{33}?

1sg 走 -PFV = LNK 3pl 什么 说 -GNO

093 叔叔昨天在山上砍柴的时候，看见一只大大的野猪。

a^{55}k^{h}u^{55} s^{h}a^{55}ts^{h}ə^{33} tə^{55}-ʑi^{33} = ʂkɪ^{33} p^{h}a^{33}gʊ^{55} tɛ^{55}-tɕy^{55} ptʂ̧ə^{55}-a^{53}.

叔叔 砍柴 DIR- 去 = LNK 野猪 一 -CL 看见 -N.EGO

094 藏族住在上游，纳西族住在下游。

pui^{55}pu^{33} ngu^{33}wu^{55} tɕye^{33}-zɛ̧^{33} mdʑa^{55}zȩ^{53} mɛ^{33}pɪ^{55} tɕye^{33}-zɛ̧^{33}.

藏族 上面 在 -GNO 纳西族 边上 在 -GNO

095 他不单会说，而且也很会做。

tʊ^{33}zə̧^{55} dzɛ^{55} ma^{33}ts^{h}ɛ^{55}-zɛ̧^{33} tsɪ^{55} mue^{55}-ndu^{55}-zɛ̧^{33}.

3sg 说 不止 -GNO 还 做 -AUX-GNO

096 是扎西留下，还是拉姆留下？

tʂ̧a^{55}ɕi^{55} mue^{55}-tʂ̧ə^{55} = me^{55}, ɬa^{55}mu^{55} mue^{33} = tʂ̧a^{33}?

扎西 做 -IMPV = QUES 拉姆 做 = QUES

097 虽然我也不想去，但又不便当面说。

ŋa^{55} ɕa^{24}-ɕ^{h}o^{33} kə^{55}-ma^{33}-ntɕ^{h}e^{33} = zo̧^{33}nə^{33} tʊ^{33}zȩ^{55} nɛ^{55}ngi^{53} dzɛ^{55}

1sg 走 -INF DIR-NEG- 想要 = LNK 3pl 前面 说

ma^{33}-ndʐa^{55}-zɛ^{33}.

NEG-好-GNO

098 **因为我实在太累了，所以一点都不想去。**

ŋa^{55} ʂto^{33}ʂto^{55} tɪ^{33} ʂka^{55}-zɛ^{53} ɕa^{24}-ɕ^{h}o^{33} kə^{55}-ma^{55}-ntɕ^{h}e^{33}-zɛ^{33}.

1sg 非常 一:CL 累-GNO 离开-INF DIR-NEG-想要-GNO

099 **如果天气好的话，我们就收玉米去。**

mo^{55}gu^{33} ə^{55}-pts^{h}ɛ^{33}-a^{33}-zɛ^{33} ji^{55}mi^{55} tʂ^{h}ɪ^{53} ʑi^{33}.

雨 DIR-停-N.EGO-GNO 玉米 割掉 去

100 **我们现在多积肥，是为了明年多打粮食。**

ts^{h}ɛ^{55}nɛ^{33} lɪ^{53} pɛ^{55}pɛ^{33} a^{55}-dui^{33}=mbə^{33}zə^{33} s^{h}o^{55}nɛ^{53} ʑe^{33}to^{55} lɪ^{55}=mbə^{33}zə^{33}

今年 肥料 多的 DIR-积肥=NMLZ 明年 粮食 好的=NMLZ

tɕ^{h}a^{33}ʑi^{33}-zɛ^{33}.

计划-GNO

第二节

话语材料

调查框架中自选条目分为“谚语、谜语、歇后语、俏皮话、丧葬和祭祀用语、歌谣”等。但扎坝语中丧葬和祭祀用语、歌谣等口语材料都统一被康巴藏语替代，因此已无法调查出扎坝语的这几类话语材料。目前只有一些谚语、谜语、歇后语、俏皮话等还能使用扎坝语表达。本节主要记录具有扎坝特色的谜语和歇后语，它们都以简略的语言表达深邃的道理，反映了扎坝人对某些社会现象的认识和看法。

一　谜语和俗语

1. 谜语一

tɕʰe^{33}ntʃʰə^{53}	ta^{33}-pu^{33}=dʑə^{33}pe^{33}	gue^{33}ji^{53}	na^{55}-ji^{33}	kə^{55}-mi^{55}-ʂtia^{33},	tɕi^{55}=mɛ^{33}?
刺树	一-CL=LOC	牛	两-CL	DIR-睡觉-PFV:N.EGO	COP=QUES

两棵带刺的树下有两头牛。猜猜是什么？（谜底：眼睛）

2. 谜语二

zɪ^{33}tə^{55}tə^{33}=hkia^{53}	tʂʰə^{24}	də^{55}-tɕy^{55}	kə^{55}-tsʰo^{33}	ndʐui^{55}-ndu^{55}=mbə^{33}zə^{33},
年幼=LNK	脚	四-CL	DIR-着地	走-AUX=NMLZ

tɕə^{33}-kə^{55}te^{33}	ə^{55}-tɕe^{33}-wu^{55}=no^{33},	tʂʰə^{24}	nɛ^{33}-tɕy^{55}	kə^{55}-tsʰo^{33}
有-AUX	DIR-长大-PFV=LNK	脚	两-CL	DIR-着地

ndʐui^{55}-ndu^{55}=mbə^{33}zə^{33},	ə^{55}lo^{33}=hkia^{53}	tʂʰə^{24}	sʰe^{55}-tɕy^{55}	kə^{55}-tsʰo^{33}
走-AUX=NMLZ	老=LNK	脚	三-CL	DIR-着地

ndẓui^{55}-ndu^{55}-mbə^{33}ẓə^{33}, tʊ^{33}ẓə^{55} tɕʰə^{55}tə^{33}=ẓa^{33}?

走-AUX=NMLZ 那 什么=QUES

年幼时候靠四只脚走路，长大后用两只脚走路，老的时候用三只脚走路。那是什么呢？（谜底：人）

3. 俗语一

nɛ^{55}mɛ^{55} ṣtu^{55}mpa^{55}-ẓə^{33} sʰa^{33}tɕi^{55} tə^{55}-tu^{55}-mə^{55}-ndu^{33}-tṣə^{33}-ẓɛ^{33},

嘴巴 空-ATTR 神仙 DIR-变-NEG-AUX-IMPV-GNO

ja^{55} ṣtu^{33}mpa^{33}-ẓə^{33} te^{55}nta^{33} ndẓu^{33}-mə^{55}-ndu^{33}-tṣə^{33}-ẓɛ^{33}.

手 空-ATTR 事情 办成-NEG-AUX-IMPV-GNO

空口不成佛，空手不办事。（喻：脚踏实地做事情）

4. 俗语二

a^{55}kʰu^{33}-ndẓa^{33}pɪ^{33} ʃe^{55}tʰə^{55}=tʰa^{33}, tə^{55}-ka^{33}tɕa^{33} ṇə^{55}tʰə^{33}-ntsɿ^{33} ə^{55}-ndẓui^{53}

PEJ-扎坝 半夜=LNK DIR-起床 半天-AUX DIR-走

ndẓu^{33}-mə^{55}-ndu^{33}-tṣə^{33}-ẓɛ^{33}.

办成功-NEG-AUX-IMPV-GNO

扎坝人很早就起床了，但大中午都还不出门。（喻：做事拖拉）

5. 俗语三

sʰue^{55} ṣtui^{55}ṣtui^{53} ze^{55}tu^{33}=mɛ^{55}hki^{55} tɪ^{33} ɕʰu^{55}-tṣə^{33}-ẓɛ^{33}, sʰue^{55} lo^{55}ẓɛ^{53}

人 直的 柱子=TOP 一:CL 需要-IMPV-GNO 人 重的

ṣkɛ^{55}de^{53}=mɛ^{55}hki^{55} tɪ^{33} ɕʰu^{55}-tṣə^{33}-ẓɛ^{33}.

柱墩=TOP 一:CL 需要-IMPV-GNO

诚实得像柱子一样，可靠得像柱墩一样。（喻：刚正不阿）

6. 俗语四

ka^{55}ṣka^{53} le^{55}hka^{33} a^{55}-mue^{55}-xa^{33}gi^{55} mɪ^{33}mɪ^{55} za^{33}ma^{55} mə^{55}-ẓa^{33}-tṣə^{33}-ẓɛ^{33}.

困难 干活 DIR-做-PROH 美味 饭 NEG-得到-IMPV-GNO

不辛苦的话就没甜头，做大事就要先苦后甜。（喻：苦尽甘来）

7. 俗语五

nu^{55} kʰə^{24} kə^{55}-ʂta^{53} dzɛ^{33}-gɪ^{33}, kʰə^{24} kə^{55}-ʂta^{53} dzɛ^{33}-gɪ^{33},

2sg 狗 DIR-抓 说-PFV.EGO 狗 DIR-抓 说-PFV.EGO

gue^{33}-zɿ^{55}＝ʐə^{33} kə^{55}-ʂta^{53}ti^{55} a^{33}-mue^{33}.

牛-DIM＝TOP DIR-抓 DIR-做

让你牵狗你去牵牛。（喻：对牛弹琴）

8. 俗语六

dzɛ^{55}＝ji^{55}＝mbə^{33}ʐə^{33} zɪ^{24}＝wu^{33} dzɛ^{53} kə^{55}-zo^{33}＝mbə^{33}ʐə^{33} ɳə^{55}zo^{33}＝wu^{33}

说＝NMLZ＝NMLZ 女＝DAT 说 DIR-提到＝NMLZ 老婆＝DAT

kə^{33}-zo^{33}-tʂə^{33}-ʐɛ^{24}.

DIR-说到-IMPV-GNO

骂的是女儿受伤的是老婆。（喻：指桑骂槐）

9. 俗语七

ʂo^{55}ŋo^{55} ʐʅ^{33}＝wu^{33} tə^{55}-ʑi^{33}-a^{33}gi^{53} ʂtui^{55}ŋo^{55} ʐʅ^{33}＝wu^{33} mə^{55}-ʃə^{33}-tʂə^{33}-ʐɛ^{24}.

阴处 山＝LOC DIR-去-NEG 阳处 山＝LOC NEG-知道-IMPV-GNO

不到阴山不知道阳山。（喻：踏实行事）

10. 俗语八

ndʐa^{55}pɪ^{33} jɛ^{33}pə^{53} ŋʊ^{55}-ptsa^{55}-ma^{55}-ndu^{33} ndʐa^{55}pɪ^{33} sʰue^{53} tʂʰə^{55}vli^{33}-ma^{55}-ndu^{33}.

扎坝 石头 DIR-裂开-NEG-AUX 扎坝 人 撒谎-NEG-AUX

扎坝的石头不会裂开，扎坝人不会撒谎。（喻：实事求是）

（张四清讲述，2017年）

二　扎坝《玛尼锅庄》歌词

《玛尼锅庄》是扎坝人的非物质文化遗产艺术瑰宝。扎坝人一般在重要节日、新年、相关祭祀时吟唱《玛尼锅庄》，并根据吟唱内容翩翩起舞。以往《玛尼锅庄》都只能口耳相传，很难发现有系统整理歌词内容的研究成果。本节根据雅江县木绒乡昂往尼扎老先生的回忆，进一步将其整理成文，便于学界今后的进一步研究所用。扎坝《玛尼锅庄》吟唱内容有上百年历史，大多是记音形式，因此很难一对一翻译。歌词中除了藏语外，还附带一些梵语内容。由于能力有限，目前还无法对歌词具体内容进行分析，此处仅提供国际音标记录内容①。

om ma nə pat me hoŋ.
唵 嘛 呢 叭 咪 吽

om ma nə pat me hoŋ... om ma nə pat me hoŋ.
唵 嘛 呢 叭 咪 吽…… 唵 嘛 呢 叭 咪 吽

pat me hoŋ om ma a ni... om mə jo ma nə pat me ja hoŋ.
叭 咪 吽 唵 嘛 呀 泥…… 唵 民 唷 嘛 呢 叭 咪 呀 吽

pat me ja hoŋ ʂə jo wa nə... pat me hoŋ ʂə jak om ma nə.
叭 咪 呀 吽 称 呀 挖 呢…… 叭 咪 吽 称 呀 唵 嘛 呢

om mə jo ma nə pat me. pat me hoŋ... om ma nə lok jə pat me hoŋ.
唵 民 唷 嘛 呢 叭 咪 呢 叭 吽…… 唵 嘛 呢 罗 一 叭 咪 吽

pat me hoŋ ʂə ma nə pat me hoŋ… pat me hoŋ ʂə.
叭 咪 吽 称 嘛 呢 叭 咪 吽…… 叭 咪 吽 称

om ma nə pat me ja hoŋ ʂə. om ma nə pat me hoŋ.
唵 嘛 呢 叭 咪 呀 吽 称 唵 嘛 呢 叭 咪 吽

om ma nə lo jo. pat me la hoŋ kʰz̧e.
唵 嘛 呢 罗 唷 叭 咪 啦 吽 称

om ma nə pat me ja hoŋ ʂə… om ma nə pat me hoŋ.
唵 嘛 呢 叭 咪 呀 吽 称……唵 嘛 呢 叭 咪 吽

om ɬa sa ma nə la pat me la hoŋ kʰz̧e,
唵 拉 撒 嘛 呢 啦 叭 咪 啦 吽 称
om ma nə lok je pat me lak hoŋ kʰz̧et.
唵 嘛 呢 罗 唷 叭 咪 啦 吽 称

① 视频摄录文件由雅江县文化局扎坝语母语者尼玛吉提供。视频内容为雅江县瓦多乡扎坝人在过节时所跳《玛尼锅庄》。

om mə jak χsez̨ ma nə lok. om ma nə lo pat me hoŋ kʰz̨e.
唵 民 呀 色 嘛 呢 罗 唵 嘛 呢 罗 叭 咪 吽 称

om ma nə la ja χsez̨ ma nə jot. ma nə lo jə pat me hoŋ kʰz̨e.
唵 嘛 呢 啦 呀 色 嘛 呢 罗 唷 嘛 呢 罗 叭 咪 吽 称

om mə la tʃʰen ŋkʰoz̨… jə la saz̨ la,
唵 民 啦 切 阔 ……一 啦 撒 啦

ma nə lo jə pat me la hoŋ kʰz̨e.
嘛 呢 罗 一 叭 咪 啦 吽 称

pat me mə hoŋ ʂə… om ma nə. pat me mə...
叭 咪 咪 吽 称…… 唵 嘛 呢 叭 咪 咪……

hoŋ ʂə...om ma nə… pat me mə hoŋ ʂə.
唵 嘛 呢…… 嘛 呢……叭 咪 民 吽 称

om la sa ma nə la pat me la hoŋ ʂə kʰz̨et…
唵 啦 撒 嘛 呢 啦 叭 咪 啦 吽 称 称……

me tok tʃʰu la z̨an ʒu sa.
咪 多 圈 啦 热 靴 撒

om ma nə pat me hoŋ ʂə… ma nə pat me hoŋ ʂə…
唵 嘛 呢 叭 咪 吽 称…… 嘛 呢 叭 咪 吽 称……

om ma nə pat me hoŋ ʂə.
唵 嘛 呢 叭 咪 吽 称

tʰok z̨dʒe tʃʰen po… tʃʰen z̨e zəz̨,
突 基 切 玻……切 让 热

ʃeŋ cʰeŋ z̨aŋ ja zez̨ ʃe tʃʰen z̨a ja kʰz̨en om ma nə.
谢 切 让 呀 称 斜 切 染 呀 仁 唵 嘛 呢

pan ɟə pan ɳə pa la so om ma nə pat me hoŋ… om ma nə.
杯 基 杯 泥 八 啦 索 唵 嘛 呢 叭 咪 吽…… 唵 嘛 呢

hoŋ ŋal kʰz̨an oŋ… om hoŋ ma nə… ma nə jən pat me hoŋ.
吽 肮 称 喔…… 唵 吽 嘛 呢…… 嘛 呢 一 叭 咪 吽

ndɾo ndɾo χsaʐ kaʐ pot ʐtan pi tʃʰaʐ ja la mdɾon,
宗 宗 撒 嘎 玻 登 比 恰 呀 啦 弄

ma nə pat me hoŋ ʂə la ja ma nə,
嘛 呢 叭 咪 吽 称 啦 呀 嘛 呢

om mə la cʰe ŋkʰoʐ li la kʰʐet la sa kʰʐet jo zaŋ…
唵 民 啦 切 抠 哩 啦 惹 啦 撒 惹 唷 嚷……

ma nə kə lo jo pat me la hoŋ pat me la hoŋ kʰʐet,
嘛 呢 规 咯 唷 叭 咪 吽 称 叭 咪 啦 吽 惹

tʃʰen ŋkʰoʐ la sa jot lak li. ma nə lo pat me kʰʐet.
切 抠 啦 洒 唷 啦 兰 嘛 呢 咯 叭 咪 惹

om nan jo ʐə ma nə naʐ po tsam,
唵 男 唷 日 嘛 呢 那 玻 匝

paʐ laŋ tʃʰen ŋkʰoʐ la sa la kʰʐet.
叭 狼 切 抠 啦 洒 啦 惹

cʰet ŋkʰoʐ la sa la kʰʐan jo ma nə lo,
切 抠 啦 洒 啦 嘫 唷 嘛 呢 咯

jən pat me hoŋ ŋaŋ la sa kʰʐet.
一 叭 咪 吽 昂 啦 洒 称

ma la nə naʐ po tsaŋ lan smon naʐ po tsaŋ pan la,
嘛 啦 呢 那 玻 匝 兰 摸 那 玻 匝 班 啦

som spjan ʐe ɣzəŋ la dzan sa.
摸 谢 嚷 热 啦 怎 洒

om mə ma nə pat me hoŋ... ʂə om mə ma nə pat me... hoŋ ma nə,
唵 民 嘛 呢 叭 咪 吽…… 称 唵 民 嘛 呢 叭 咪…… 吽 嘛 呢

χʃon χʃon χtʃək zɟal ja mo χʃok χʃok,
靴 靴 基 加 呀 摸 宣 宣

χʃon χʃon ɣɳə zɟal ja mo χʃok χʃok,
靴 靴 呢 加 呀 摸 宣 宣

zga βla smo χsəm zɟal ja mo χʃok.
嘎 八 摸 索 加 呀 摸 宣

om ma nə pat me la hoŋ ʂə om ma nə pat me hoŋ.
唵 嘛 呢 叭 咪 啦 吽 称 唵 嘛 呢 叭 咪 吽

ptɾa ʃi βde lek p^{h}ən səm ts^{h}ok.
扎 西 德 勒 彭 松 措

pat me hoŋ om ma ja ni... om mə jo ma nə pat me ja hoŋ,
叭 咪 吽 唵 嘛 呀 泥 唵 民 唷 嘛 呢 叭 咪 呀 吽

pat me ja hoŋ ʂə jo wa nə... pat me hoŋ ʂə ja o mm nə,
叭 咪 呀 吽 称 呀 挖 呢…… 叭 咪 吽 称 呀 唵 嘛 呢

om mə jo ma nə pat me. pat me hoŋ... om ma nə lok jə pat me hoŋ.
唵 民 唷 嘛 呢 叭 咪 叭 咪 吽…… 唵 嘛 呢 罗 一 叭 咪 吽

pat me hoŋ ʂə ma nə pat me hoŋ... pat me hoŋ ʂə.
叭 咪 吽 称 嘛 呢 叭 咪 吽…… 呢 咪 吽 称

om ma nə pat me ja hoŋ ʂə. om ma nə pat me hoŋ.
唵 嘛 呢 叭 咪 呀 吽 称 唵 嘛 呢 叭 咪 吽

om ma nə lo jo. pat me lak hoŋ k^{h}ʐe.
唵 嘛 呢 罗 唷 叭 咪 啦 吽 称

om ma nə pat me ja hoŋ ʂə... om ma nə pat me hoŋ.
唵 嘛 呢 叭 咪 呀 吽 称……唵 嘛 呢 叭 咪 吽

om ɬa sa ma nə la pat me la hoŋ k^{h}ʐe,
唵 啦 洒 嘛 呢 啦 叭 咪 啦 吽 称

om ma nə lok je pat me la hoŋ k^{h}ʐe.
唵 嘛 呢 罗 唷 叭 咪 啦 吽 称

om mə jak χseʐ ma nə lok. om ma nə lo pat me hoŋ k^{h}ʐe.
唵 民 呀 色 嘛 呢 罗 唵 嘛 呢 罗 叭 咪 吽 称

om ma nə la ja χseʐ ma nə jot,
唵 嘛 呢 啦 呀 色 嘛 呢 吆

ma nə lo jə pat me hoŋ k^{h}ʐ.
嘛 呢 罗 一 叭 咪 啦 称

om mə la tʃʰen ŋkʰoz̧…jə la saz̧ la,
唵 民 啦 切 阔…… 一 啦 撒 啦
ma nə lo jə pat me la hoŋ kʰz̧e.
嘛 呢 罗 一 叭 咪 啦 吽 称

pat me mə hoŋ ʂə… om ma nə. pat me mə hoŋ ʂə...
叭 咪 民 吽 称……唵 嘛 呢 叭 咪 民 吽 称……
om ma nə… pat me mə hoŋ ʂə.
唵 嘛 呢…… 叭 咪 民 吽 称

om la sa ma nə la pat me la hoŋ ʂə kʰz̧et…
唵 啦 撒 嘛 呢 拉 叭 咪 拉 吽 称 称……
me tok tʃʰu la z̧an ʒu sa.
眉 多 圈 拉 热 靴 撒

om ma nə pat me hoŋ ʂə… ma nə pat me hoŋ ʂə…
唵 嘛 呢 叭 咪 呀 称…… 嘛 呢 叭 咪 吽 称……
om ma nə pat me hoŋ ʂə.
唵 嘛 呢 叭 咪 吽 称

tʰok z̧dʒe tʃʰen po… tʃʰen z̧e zəz̧,
突 基 切 玻…… 切 让 热
ʃeŋ cʰeŋ z̧aŋ ja zez̧ ʃe tʃʰen z̧a ja kʰz̧en om ma nə.
谢 切 让 呀 称 唵 嘛 呢 呀 称 唵 嘛 呢

pan ɟə pan ɳə pa lak so om ma nə pat me hoŋ… om ma nə.
杯 基 杯 泥 八 拉 索 唵 嘛 呢 叭 咪 吽…… 唵 嘛 呢

hoŋ ŋal kʰz̧an oŋ… om hoŋ ma nə… ma nə jən pat me hoŋ.
吽 肮 称 喔…… 唵 吽 嘛 呢…… 嘛 呢 一 叭 咪 吽

ndɾo ndɾo χsaz̧ kaz̧ pot z̧tan pi tʃʰaz̧ ja la mdɾon,
宗 宗 撒 嘎 玻 登 比 恰 呀 啦 弄
ma nə pat me hoŋ ʂə la ja ma nə.
嘛 呢 叭 咪 吽 称 啦 呀 嘛 呢

om mə la cʰe ŋkʰoʐ li la kʰʐet la sa kʰʐet jo zaŋ…
唵 咪 啦 切 抠 兰 啦 称 啦 洒 称 唷 嚷……
ma nə kə lo jo pat me la hoŋ pat me la hoŋ kʰʐet.
嘛 呢 规 咯 唷 叭 咪 啦 吽 叭 咪 啦 吽 称

tʃʰen ŋkʰoʐ la sa jot lak li. ma nə lo pat me kʰʐet.
切 抠 啦 沙 唷 啦 兰 嘛 呢 咯 叭 咪 称

om nan jo ʐə ma nə naʐ po,
唵 男 唷 日 嘛 呢 那 玻
tsam paʐ laŋ tʃʰen ŋkʰoʐ la sa la kʰʐet.
匝 叭 狼 切 抠 啦 洒 啦 称

cʰet ŋkʰoʐ la sa la kʰʐan jo,
切 抠 啦 洒 啦 称 唷
ma nə lo jən pat me hoŋ ŋaŋ la sa kʰʐet.
嘛 呢 咯 一 叭 咪 吽 昂 啦 洒 称

ma la nə naʐ po tsaŋ lan smon,
嘛 啦 呢 那 玻 匝 兰 摸
naʐ po tsaŋ pan la som spjan ʐe ɣzəŋ la dzan sa.
那 玻 匝 班 啦 松 边 嚷 热 啦 怎 洒

om mə ma nə pat me hoŋ... ʂə om mə ma nə pat me hoŋ… ma nə.
唵 民 嘛 呢 叭 咪 吽…… 称 唵 民 呢 叭 咪 咪 吽…… 嘛 呢

χʃon χʃon χtʃək zɟal ja mo χʃok χʃok,
靴 靴 基 加 呀 摸 宣 宣
χʃon χʃon ɣȵə zɟal ja mo χʃok χʃok,
靴 靴 呢 加 呀 摸 宣 宣
zga βla smo χsəm zɟal ja mo χʃok.
嘎 八 摸 索 加 呀 摸 宣

om ma nə pat me la hoŋ ʂə om ma nə pat me hoŋ.
唵 嘛 呢 叭 咪 啦 吽 称 唵 嘛 呢 叭 咪 吽

ptra ʃi βde lek pʰən səm tsʰok,

扎 西 德 勒 彭 松 措

om mə jak χsez̨ ma nə lok om ma nə lo pat me hoŋ kʰz̨e.

唵 民 呀 色 嘛 呢 罗 唵 嘛 呢 罗 叭 咪 吽 称

om ma nə la ja χsez̨ ma nə jot. ma nə lo jə pat me hoŋ kʰz̨e.

唵 嘛 呢 啦 呀 色 嘛 呢 罗 唷 嘛 呢 罗 一 咪 吽 称

om mə la tʃʰen ŋkʰoz̨ jə la saz̨ la,

唵 民 啦 切 阔 一 啦 撒 啦

ma nə lo jə pat me la hoŋ kʰz̨e.

嘛 呢 罗 一 叭 咪 吽 吽 称

pat me mə hoŋ ʂə… om ma nə. pat me mə hoŋ ʂə...

叭 咪 灭 吽 称…… 唵 嘛 呢 叭 咪 灭 吽 称……

om ma nə… pat me mə hoŋ ʂə.

唵 嘛 呢……唵 叭 咪 叭 称

om la sa ma nə la pat me la hoŋ ʂə kʰz̨et…

唵 啦 洒 嘛 呢 啦 叭 咪 啦 吽 称 称……

me tok tʃʰu la z̨an ʒu sa.

咪 多 圈 啦 热 靴 撒

om ma nə pat me hoŋ ʂə… ma nə pat me hoŋ ʂə…

唵 嘛 呢 叭 咪 吽 称…… 嘛 呢 叭 咪 吽 称……

om ma nə pat me hoŋ ʂə,

唵 嘛 呢 叭 咪 吽 称

om ma nə pat me la hoŋ ʂə om ma nə pat me hoŋ.

唵 嘛 呢 叭 咪 啦 吽 称 唵 嘛 呢 叭 咪 吽

ptra ʃi βde lek pʰən səm tsʰok,

扎 西 德 勒 彭 松 措

om mə jak χsez̨ ma nə lok. om ma nə lo pat me hoŋ kʰz̨e.

唵 民 呀 色 嘛 呢 罗 唵 嘛 呢 罗 叭 咪 吽 称

om ma nə la ja χseʐ ma nə jot,

唵 嘛 呢 啦 呀 色 嘛 呢 唷

ma nə lo jə pat me hoŋ k^{h}ʐe...

嘛 呢 罗 一 叭 咪 吽 称……

歌词大意：

唵嘛呢叭咪吽……唵嘛呢叭咪吽……唵嘛呢叭咪吽……唵嘛呢叭咪吽（六字真言，反复吟唱）。来自仙境的上仙，来源地为仙境的嘛呢叭咪吽，吉祥福星保佑一生平安，祈愿生在好地方，祝福吉祥，愿太平盛世好时代。唵嘛呢叭咪吽……唵嘛呢叭咪吽……唵嘛呢叭咪吽……唵嘛呢叭咪吽（六字真言，反复吟唱）……来自仙境的上仙，来源地为仙境的嘛呢叭咪吽，吉祥福星保佑一生平安，祈愿生在好地方，祝福吉祥，愿太平盛世好时代……

三　故事

1. 无所不能的国王"泽瑟"

we^{55}te^{33} dʑe^{55}pu^{53} mui^{33}mui^{55} gʊ^{33}gʊ^{55} tɪ^{33} tə^{55}-tɕye^{55}-a^{33}-ʐɛ^{33}-dɛ^{33}dʐɛ^{33}.

从前 国王 非常 聪明 一:CL DIR-有-N.EGO-GNO-HS

tʊ^{33}ʐə^{55} dʑe^{55}pu^{53} tɕ^{h}ə^{55}ʐə^{33}tə^{55}nə^{53} dʐe^{55}-ndu^{33}, tɕ^{h}ə^{55}ʐə^{33}tə^{55}nə^{53} ʃə^{24}

那个 国王 各种各样 想-AUX 各种各样 通晓

tɪ^{33} tə^{55}-htɕi^{33}-a^{33}-ʐɛ^{33}.

一:CL DIR.ASSERT-COP-N.EGO-GNO

听故事里讲从前有个非常聪明的国王，他能通晓天下大事。

tə^{33}mts^{h}o^{55} tʊ^{33}ʐə^{55} me^{24} pe^{33}ma^{33} tʂe^{33}sɛ^{53} dɛ^{33}mbə^{33}ʐə^{33} dzɛ^{53}

SEQ 那个 名字 DM 泽瑟 DM 说

tʂe^{53}dɛ^{33}tʂe^{33}? tə^{33}mts^{h}o^{55} tɛ^{55}ȵə^{55} tə^{33}ta^{53} zɪ^{33}mɪ^{55}mɪ^{55}zɿ^{33} tɛ^{55}-ji^{55}=wu^{55}

为什么 SEQ 一天 那样 孩子 一-CL=DAT

jo^{24} tə^{33}ta^{53} pə^{33}dʑə^{55} tɛ^{33}-ji^{33} ŋə^{55}-ʂtɕi^{53}-a^{33}-ʐɛ^{55}-dɛ^{33}dʐɛ^{33}. tə^{33}mts^{h}o^{55}

SEQ 那样 孩子 一-CL DIR-出生-N.EGO-GNO-HS SEQ

tʊ^{33}ʐə^{55} jo^{24} mɪ^{24}=mbə^{33}ʐə^{33} tə^{33}ʐə^{55} me^{55} tɛ^{33}-ji^{33} kə^{55}-t^{h}ɛ^{33}-ʂtia^{33}

3sg SEQ 母亲=NMLZ 3sg 名字 一-CL DIR-取-PFV:N.EGO

tʊ^{33}ʐə^{55} tʂe^{33}sɛ^{53} bdze^{33}-a^{55}-ʐɛ^{33}.

3sg 泽瑟 说-N.EGO-GNO

国王的名字叫泽瑟。有一天，一位母亲生了个孩子，母亲给孩子取了个名字也叫泽瑟。

tə^{33}mts^{h}o^{55} tʊ^{33}z̧ə^{55} dʑe^{55}pu^{53} dzɛ^{55}-ɳi^{33} a^{24}… kə^{33}z̧ə^{55} tʂu^{55}mpa^{33}=t^{h}a^{33} jo^{24}
SEQ 那个 国王 说-CVB INTER 这个 村子=LOC SEQ
t^{h}ui^{55}=z̧ə^{55} me^{24}=nə^{33} ndz̧a^{33}ndz̧a^{55}tɛ^{55}-ji^{53} tɕye^{55}-z̧ɛ^{55}bdze^{33}-a^{33}-z̧ɛ^{33}-dɛ^{33}dz̧ɛ^{33}
3sg.REFL=POSS 名字=COM 相同 一-CL 有-GNO 说-N.EGO-GNO-HS
tə^{33}mts^{h}o^{55} tʊ^{33}z̧ə^{55} jo^{55}hpu^{53}-z̧e^{33}=wu^{33} dzɛ^{55}-ɳi^{33} tʊ^{33}z̧ə^{55} tʂe^{33}sɛ^{55}
SEQ 那个 佣人-PL=DAT 说-CVB 那个 泽瑟
dɛ^{33}mbə^{33}z̧ə^{33} t^{h}ui^{55}=z̧ə^{55} me^{24}=nə^{33} ndz̧a^{33}ndz̧a^{55} tɪ^{33} tʂe^{33}sɛ^{55}
DM 3sg.REFL=POSS 名字=COM 相同 一:CL 泽瑟
tɪ^{33} dzɛ^{55}-z̧ɛ^{55} tɪ^{33} tɕye^{55}-z̧ɛ^{55}-dɛ^{33}.
一:CL 说-GNO 一:CL 有-GNO-HS

国王对佣人说："听说这个村子里有人跟我同名同姓，也叫泽瑟。"佣人回答道："是的，那个叫泽瑟的人的确跟你的名字是一样的。"

tə^{33}mts^{h}o^{55} tʊ^{33}z̧ə^{55}=z̧ə^{33} ndui^{55} tə^{55}-z̧i^{33} bdze^{55}-a^{55}-z̧ɛ^{33}. jo^{55}hpu^{55}-z̧e^{33}
SEQ 他=TOP 找 DIR-去 说.PFV-N.EGO-GNO 佣人-PL
tʊ^{33}z̧ə^{55} ndui^{55} tə^{55}-tɕ^{h}ʊ^{33}-a^{33}-z̧ɛ^{55}, tʊ^{33}z̧ə^{55} dʑe^{55}pu^{55}=tɕʊ^{33}
他 找 DIR-去:N.EGO-N.EGO-GNO 那个 国王=LOC
vʒe^{53}-a^{33}-z̧ɛ^{33}-dɛ^{33}dz̧ɛ^{33}. dʑe^{55}pu^{55}=tɕʊ^{33} vʒe^{24}-a^{33}-z̧ɛ^{33} s^{h}ə^{33}pe^{33} tə^{33}mts^{h}o^{55}
带去-N.EGO-GNO-HS 国王=LOC 带去-N.EGO-GNO 之后 SEQ
tʊ^{33}z̧ə^{55} pə^{33}dʑə^{33} pe^{33}ma^{33}la^{33} ts^{h}ɛ^{55}ŋue^{53}wo^{33} tu^{33}-wu^{53}-a^{33}-dɛ^{33}dz̧ɛ^{33} tə^{33}t^{h}a^{53}.
那个 孩子 DM 十五岁 经过-PFV-N.EGO-HS 那时

于是国王让佣人们去寻找那个跟他同名同姓的人。等佣人们把泽瑟带到国王面前后，国王发现那个叫泽瑟的人竟然是一个十五岁的孩子。

tə^{33}mts^{h}o^{55} pə^{33}dʑə^{55}=wu^{33} kə^{33}-mə^{33}ge^{33}-ɳi^{33} "ŋa^{24} dʑe^{33}pu^{53} z̧ɛ^{33}, te^{24}
SEQ 孩子=DAT DIR-问-CVB 1sg 国王 COP SEQ
nu^{53}=wu^{33} z̧ə^{33} tʂe^{33}sɛ^{53}"-dɛ^{33} bdze^{33} a^{33}-mue^{33} te^{24} nu^{53} tɕ^{h}ə^{55}z̧ə^{33}tə^{55}nə^{33}
2sg=DAT 也 泽瑟-QUOT 叫.PFV DIR-做 SEQ 2sg 各种各样
ə^{55}-ndz̧e^{55} tə^{55}-ndu^{33} a^{55}-mue^{53}, nu^{55} dz̧e^{24} nk^{h}ɛ^{33}z̧i^{55}=mɛ^{33}?"-dɛ^{33}
DIR-想 DIR-应该 DIR-做 2sg 想 能够=QUES-QUOT
bdze^{55}-a^{33}-z̧ɛ^{33}-dɛ^{33}dz̧ɛ^{33}.
说.PFV-N.EGO-GNO-HS

国王随后就问孩子："我是国王，我叫泽瑟。听说你也叫泽瑟，你难道也跟我一样无所不知吗？"

tə^{33}mtsʰo^{55} pə^{33}dẓə^{55} dzɛ^{55}-ṇi^{33} “ŋa^{55} ta^{55}kʰʊ^{55} tɕʰə^{55} dẓe^{24} kʰɛ^{33}ji^{55}-ma^{55}-ndu^{33}

SEQ 孩子 说-CVB 1sg INDEF 什么 想 能够-NEG-AUX

ta^{55}kʰʊ^{55}ma^{55}-ndu^{33} bdze^{33}-a^{55}-ẓɛ^{33}-dɛ^{33}dẓɛ^{33}.” tə^{55}mtsʰo^{55} ŋa^{55}=mtsʰa^{55} ndẓa^{33}ndẓa^{55}

INDEF NEG-AUX 说.PFV-N.EGO-GNO-HS SEQ 1sg=COM 相同

me^{24} tʰɛ^{55} ɕʰu^{55}=mə^{33}ẓə^{33} kɛ^{53}tṣe^{33} bdze^{33}?

名字 取名 需要=NMLZ 为什么 说.PFV

孩子回答说：“我什么都不懂，并不是无所不知的人。”国王问孩子：“那我为何听人说你取了跟我相同的名字呢？”

nu^{53} me^{24} sʰə^{55} kə^{55}-tʰɛ^{33}-ṣtia^{33}-ẓɛ^{33} bdze^{33}-a^{33}-ẓɛ^{33}-dɛ^{33}dẓɛ^{33}. tʊ^{33}ẓə^{55}

2sg 名字 谁 DIR-取-PFV:N.EGO-GNO 说.PFV-N.EGO-GNO-HS 那个

pə^{33}dẓə^{55} dzɛ^{55}-ṇi^{33} ta^{55}kʰʊ^{53} lɛ^{33}mɛ^{55} tʰɛ^{55}=ji^{53} tə^{55}-mə^{55}-nə^{33}. o^{24}… xɔ^{33}…

孩子 说-CVB INDEF 喇嘛 取=NMLZ DIR-NEG-有 INTER INTER

pʊ^{55}mpu^{55} tʰɛ^{55}=ji^{53} tə^{55}-mə^{55}-nə^{33} ja^{33}-ẓe^{33}=ẓə^{33} mɪ^{24}

有钱人 取名=NMLZ DIR-NEG-有 3pl.REFL-PL=POSS 母亲

kə^{55}-tʰɛ^{33}-ṣtia^{33}-ẓɛ^{33} bdze^{33}-a^{33}-ẓɛ^{33}.

DIR-取-PFV:N.EGO-GNO 说.PFV-N.EGO-GNO

国王接着说：“我其实就想听听谁给你取的名字。”孩子回答说：“我的名字呢，既不是喇嘛取的，也不是啥有钱人取的，是我自己的母亲取的。”

ja^{24}… te^{24}… tə^{33}ta^{53} tə^{55}-htɕi^{33}-ẓɛ^{33} te^{24} nu^{55} sʰue^{55} mui^{33}mui^{55} kə^{55}la^{55}

SEQ SEQ 那样 DIR-有-GNO SEQ 2sg 人 非常 好的

tə^{55}-htɕi^{33}-a^{33}-mu^{33} sʰue^{55} mui^{33}mui^{55} tə^{55}-htɕi^{33}-a^{33}-mu^{33}.

DIR.ASSERT-COP-N.EGO-MOD 人 非常 DIR.ASSERT-COP-N.EGO-MOD

te^{24}, ne^{55}=ẓə^{33} mɪ^{24} mui^{33}mui^{55} tə^{33}ta^{53}.

SEQ 2pl=POSS 母亲 非常 那样

o^{33}… to^{33}hto^{53} tʊ^{33}ẓə^{53}=mə^{33}ẓə^{33} tɛ^{55}-ji^{53} tə^{55}-htɕi^{33}-a^{33}-mu^{33}.

INTER 了不起 那=NMLZ 一-CL DIR.ASSERT-COP-N.EGO-MOD

国王说：“要是那样的话，想必你是个能干的人。就算你不能干，你母亲也应该是个了不起的人。”

te^{24}, tə^{33}mtsho^{55} tə^{33}ta^{55} tə^{55}-htɕi^{33}-a^{33}-ẓɛ^{33}. te^{24}, nu^{55}=wu^{33}

SEQ SEQ 那样 DIR.ASSERT-COP-N.EGO-GNO SEQ 2sg=DAT

pe^{33}ma^{33}la^{33} kə^{33}ẓə^{55} sʰa^{55}tɕʰa^{55}=tʰa^{33} mue^{24} tɕʰo^{55}-tṣə^{33} ma^{33}-ji^{55}-ẓɛ^{33},

DM 这 地方=LOC 住 准许-IMPV NEG-COP-GNO

nu^{53} kə^{55}-s^{h}ε^{33}-tṣə^{33} bdze^{33}-a^{33}-zɛ̣^{33}-dε^{33}dzɛ̣^{33}.

2sg DIR-杀-IMPV 说.PFV-N.EGO-GNO-HS

哦，（母亲）的确了不起。然后国王又说："既然你也叫这个名字，我就不允许你住在这个地方了，我要把你杀了。"

tə^{33}mts^{h}o^{55} tʊ^{33}zə̣^{55} mɪ^{24}=mbə^{33}zə̣^{33} dzε^{33}-ṇi^{33} pe^{33}ma^{33}la^{33} t^{h}ui^{55}=zə̣^{33} pə^{33}dʑə^{55}

SEQ 那 母亲=NMLZ 说-CVB DM 3sg.REFL=POSS 孩子

kə^{55}-s^{h}ε^{33}-zɛ̣^{33} nə^{55}-tṣə^{33} ma^{33}-ji^{55}-zɛ̣^{33}. ta^{55}k^{h}ʊ^{55} mui^{33}mui^{55} ta^{55}k^{h}ʊ^{55}

DIR-杀-GNO 有-IMPV NEG-COP-GNO INDEF 非常 INDEF

ma^{33}-ji^{55} mɪ^{24}-jʊ^{24} tə^{33}ta^{53} tε^{55}-ji^{53} ə^{55}-dzẹ^{55}-ṣtia^{33}, jʊ^{24}

NEG-COP 母亲-REFL 那样 一-CL DIR-想到-PFV:N.EGO 1sg.REFL

kə^{55}-t^{h}ε^{55}-gɪ^{33} ta^{55}k^{h}ʊ^{55} mui^{33}mui^{55} ma^{33}-ji^{55}.

DIR-去-PFV.EGO INDEF 非常 NEG-COP

母亲听到这个消息后立刻说她的孩子不能杀。母亲解释说自己并非什么了不起的人，当初取名的时候她也是随便想了想，然后就取了泽瑟这个名字，这并不是啥大事情。

"tə^{55} ndʑa^{55}-zɛ̣^{33} tə^{55} ndʑa^{55}-zɛ̣^{53} nu^{55} s^{h}ε^{53}-ma^{33}-tṣə^{53}." t^{h}ui^{55}=wu^{33}

SEQ 好-GNO SEQ 好-GNO 2sg 杀-NEG-IMPV 3sg.REFL=LOC

nde^{55}wu^{55} mui^{33}mui^{55} tə^{33}ta^{53} nə^{55}bu^{33} kə^{55}la^{55} tε^{33}-ji^{33} ɕi^{55}

脖子 非常 那样 宝贝 好的 一-CL 有

bdze^{33}-a^{33}-zɛ̣^{55}-dε^{33}dzɛ̣^{33}.

说-N.EGO-GNO-HS

国王听了后回答道："那好，不杀你。"其实很早以前村里人都听说国王脖子上有一个价值连城的宝贝。

tə^{33}mts^{h}o^{55} tʊ^{33}zə̣^{55} ne^{55}dʑa^{55} pe^{33}ma^{33}la^{33} ʑa^{55}dui^{33} a^{55}-mue^{55}-ṣtia^{33}-dε^{33}dzɛ̣^{33}.

SEQ 他 七夜 DM 约定 DIR-做-PFV:N.EGO-HS

ne^{55}dʑa^{55} ʑa^{55}dui^{33} a^{55}-mue^{55} ts^{h}ə^{33}pe^{33}, ne^{55}dʑa^{55}=t^{h}a^{33} kə^{55}-mə^{55}-nə^{33}-a^{33}-zɛ̣^{33},

七夜 约定 DIR-做 之后 七夜=LOC DIR-NEG-有-N.EGO-GNO

nu^{53}=wu^{33} s^{h}ε^{55}-tṣə^{55} bdze^{33}-a^{33}-zɛ̣^{55}-dε^{33}dzɛ̣^{33}.

2sg=DAT 杀-IMPV 说-N.EGO-GNO-HS

国王紧接着说："那好，我们就约定七日为限。若七天之后你偷不到我脖子上这宝贝的话，我就把你杀了。"

tə^{33}mts^{h}o^{55} pə^{33}dʑə^{55} zə̣^{33} ndʑa^{55}-zɛ̣^{55} bdze^{33}-a^{33}-zɛ̣^{33} ndʑa^{55}-zɛ̣^{53}. tə^{33}mts^{h}o^{55}

SEQ 孩子 也 好-GNO 说-N.EGO-GNO 好-GNO SEQ

pə^{33}dʑə^{55}-jʊ^{33}＝ʐə^{55} jɪ^{55}＝k^{h}ə^{55} tə^{55}-ʑi^{33}, tə^{33}mts^{h}o^{55} dʑe^{55}pu^{55}＝mə^{33}ʐə^{33} mnɔ^{24}

孩子-REFL＝POSS 屋＝LOC DIR-去 SEQ 国王＝NMLZ 马

ne^{55}-tɕy^{55} kə^{55}-we^{55}-ʂtia^{33}-dɛ^{33}dʐɛ^{33}. mnɔ^{33}＝t^{h}a^{55} ʂte^{33}ge^{55} kə^{55}-tue^{53}-ɳi^{33}

七-CL DIR-拴-PFV:N.EGO-HS 马＝LOC 马鞍 DIR-装上去-CVB

tə^{55}ʂtʂa^{53} a^{55}-mue^{55} lʊ^{33}mue^{33}.

随时 DIR-做 穿戴

孩子听到后回答说："好的！好的！"随即他回到了自己家里。国王很快拴了七匹马，他还让人在马背上安放了马鞍，做好了骑马的准备。

tə^{33}mts^{h}o^{55} tʊ^{33}ʐə^{55} ts^{h}ə^{33}pe^{33} pe^{33}ma^{33}la^{33} ʂtʂo^{55} ne^{55}-ji^{53} ə^{55}-zi^{33}-ɳi^{33} tə^{33}ta^{53}

SEQ 那 之后 DM 马绳 七-CL DIR-拿-CVB 那样

ne^{55}za^{53} kə^{55}-hti^{53}-ʂtia^{33}-dɛ^{33}dʐɛ^{33}. tə^{33}mts^{h}o^{55} tʊ^{33}ʐə^{55} ts^{h}ə^{55}pe^{33} pe^{33}ma^{33}la^{33},

七人 DIR-放-PFV:N.EGO-HS SEQ 那 之后 DM

pue^{24}＝wu^{33} ɳə^{24} kə^{55}-nɛ^{55} mə^{55}lʊ^{33} a^{33}-mue^{55}-ɳi^{33}.

碉堡＝LOC 火 DIR-烧 随时 DIR-做-CVB

国王接下来将七根马绳套在自己身边。同时他还安排七个人在碉堡上做好点火的准备（若有人入侵就用火烧对方）。

ne^{55}za^{55} mue^{55}-ʂtia^{33}-zɛ^{55}-dɛ^{33}dʐɛ^{33}, tə^{33}mts^{h}o^{55} tʊ^{33}ʐə^{55} ja^{33}-ze^{55}

七人 坐（做）-PFV:N.EGO-GNO-HS SEQ 那 3pl.REFL-PL

nge^{55}＝k^{h}ə^{33} s^{h}e^{55}za^{55} kə^{55}-hti^{53}-ʂtia^{33}-zɛ^{55}-dɛ^{33}. tə^{33}mts^{h}o^{55} dʑe^{55}pu^{55}-jʊ^{24}

门＝LOC 三人 DIR-放-PFV:N.EGO-GNO-HS SEQ 国王-REFL

k^{h}ə^{55}pe^{55} mue^{33}-ʂtia^{24}-dɛ^{33}dʐɛ^{33}. tə^{33}mts^{h}o^{55} tʊ^{33}ʐə^{55} pə^{33}dʑə^{55}＝mbə^{33}ʐə^{33} a^{33}hte^{55}li^{33}

里面 住-PFV:N.EGO-HS SEQ 那个 孩子＝NMLZ 有时

və^{24} a^{33}hte^{55}li^{33} ɕa^{24}, a^{55}hte^{55}li^{33} və^{24}, tə^{33}ta^{55} a^{55}-mue^{55}-ʂtia^{33}-zɛ^{55}-dɛ^{33}dʐɛ^{33}, ne^{55}ɳə^{53}.

来 有时 走 有时 来 那样 DIR-做-PFV:N.EGO-GNO-HS 七天

那七个人一直坐在碉堡那儿。其中三个人坐在门口，国王自己就待在里面。在这七天时间里，那个孩子故意在碉堡门口走来走去。

ne^{55}ɳə^{53} mi^{55}ʐə^{55}k^{h}ə^{33} tə^{33}mts^{h}o^{55} ja^{33}＝ʐə^{55} nbe^{33}lɪ^{55} a^{55}-mi^{33}-a^{33},

七天 晚上 SEQ 3pl.REFL＝TOP 全部 DIR-睡着-N.EGO

a^{55}-mi^{33} ts^{h}ə^{33}pe^{33} mnɔ^{24}＝ʐə^{33} k^{h}ue^{55}tɕə^{53}＝wu^{33} ʂtɕa^{33}ntsə^{55} a^{55}-hta^{53}-ʂtia^{33}.

DIR-睡着 之后 马＝POSS 马蹄＝DAT 钉子 DIR-钉-PFV

o^{24}… ʂtʂo^{55}＝ʐə^{55} nbe^{33}lɪ^{55} tʂʅ^{33}tʂa^{55} a^{55}-t^{h}ə^{33}-ʂtia^{33}-dɛ^{33}.

INTER 活物＝TOP 全部 皮 DIR-剥开-PFV:N.EGO-HS

等到第七天晚上，国王和佣人们全都睡着了。看到他们呼呼大睡，孩子急忙在那七匹马的马蹄上钉上了钉子。哦，听说孩子钉钉子的时候都快把马的皮给剥开了。

tə^{33}mts^{h}o^{55} pue^{24} tʊ^{33}ẓə^{55} ṣ^{h}u^{24} zi^{55}＝ji^{33}＝mbə^{33}ẓə^{33} nbe^{33}lɪ^{55} gu^{33}ts^{h}e^{55}

SEQ 领头人 那个 松树 拿＝NMLZ＝NMLZ 全部 头发

tə^{55}-mtɕʊ^{33}-ṣtia^{33}-dɛ^{33}. tə^{33}mts^{h}o^{55} k^{h}ə^{55}pe^{53} tə^{24} nə^{33} ne^{55}-pe^{53} ə^{55}-tɕ^{h}u^{55}

DIR-捆绑-PFV:N.EGO-HS SEQ 里面 水 有 七-CL DIR-拿上去

tə^{55}-pts^{h}ɛ^{33}-ṣtia^{33}-zɛ̣^{33}-dɛ^{33}dẓɛ^{33}.

DIR-搁置-PFV:N.EGO-GNO-HS

不但如此，村里的头人还把佣人们的头发捆绑在了一起。头人同时还在碉堡里面搁了七桶水。

tə^{33}mts^{h}o^{55} ə^{55}-tɕ^{h}u^{55}-ȵi^{33} ə^{55}-ẓi^{55}-ȵi^{33} dẓe^{55}pu^{53}＝ẓə^{33} nde^{55}wu^{55} tʊ^{33}ẓə^{55}

SEQ DIR-拿上去-CVB DIR-走上去-CVB 国王＝POSS 脖子 那个

nə^{55}bu^{33}＝mbə^{33}ẓə^{33} tə^{55}-tṣ^{h}ʅ^{55}-ṣtia^{33}-zɛ̣^{33}-dɛ^{33}. tʊ^{33}ẓə^{55} dẓe^{55}pu^{55}＝ẓə^{33} ṣtṣo^{55}

宝贝＝NMLZ DIR-取下-PFV:N.EGO-GNO-HS 那个 国王＝POSS 生命

tɕə^{55}＝ji^{33} nə^{55}bu^{33}＝mbə^{33}ẓə^{33} tə^{55}-tṣ^{h}ʅ^{55}-ṣtia^{33}-zɛ̣^{33}-dɛ^{33}.

有＝NMLZ 宝贝＝NMLZ DIR-取下-PFV:N.EGO-GNO-HS

孩子见机行事迅速跑进屋里，把宝贝从国王的脖子上取了下来。那个宝贝可是国王的命根子呀。

tə^{33}mts^{h}o^{55} dẓe^{55}pu^{55}＝ẓə^{33} gu^{33}tɕi^{53} ge^{24} tɛ^{33}-ji^{33} a^{55}-tɕa^{33}-ṣtia^{33}-zɛ̣^{55}-dɛ^{33}dẓɛ^{33}.

SEQ 国王＝POSS 头顶 马鞍 一-CL DIR-戴上-PFV:N.EGO-GNO-HS

tə^{33}mts^{h}o^{55} pə^{55}dẓə^{55} wo^{55}ɕ^{h}e^{55} a^{55}-htɛ^{55}-ȵi^{33} mnɔ^{24}＝ẓə^{55} a^{55}-t^{h}ɛ^{55} t^{h}a^{33},

SEQ 孩子 下面 DIR-下来-CVB 马＝TOP DIR-赶出去 后面（过后）

“nu^{55}＝ẓə^{33} nə^{55}bu^{33} ŋa^{55} kə^{33}-mnʊ^{55} mue^{55}＝ze^{55} ẓo^{53}!”-dɛ^{33}

2sg＝POSS 宝贝 1sg DIR-偷走 做＝NMLZ 得到.PFV-QUOT

bdze^{33}-a^{55}-zɛ̣^{33}-dɛ^{33}dẓɛ^{33}. tə^{33}mts^{h}o^{55} no^{33}ndzi^{53}-ẓe^{33} ɕ^{h}ə^{55}lə^{55} mu^{33} a^{33}-te^{55}-ȵi^{33}

说.PFV-N.EGO-GNO-HS SEQ 随行之人-PL 快 一点 DIR-下来-CVB

mnɔ^{24} tə^{55}-ntɕə^{53} t^{h}a^{33} mnɔ^{24} ndẓui^{55} tə^{55}-mə^{55}-ndẓa^{33}-zɛ̣^{55}-dɛ^{33}dẓɛ^{33}.

马 DIR-骑 后面 马 跑 DIR-NEG-MOD-GNO-HS

孩子和村民们紧接着把一个马鞍放在国王头顶。孩子接下来去赶马，他同时大声嚷嚷道：“国王，我偷到你的宝贝啦！”此时，随行之人赶紧下来骑马，却发现马再也不能骑了，因为马蹄上已经被钉上了钉子。

tʊ^{33}ẓə^{55} ṣtṣo^{55} tə^{55}-tɕ^{h}o^{53} dɛ^{55}＝hkia^{53} tɕ^{h}o^{55}＝ze^{33} tə^{55}-mə^{55}-ɕi^{33}-a^{33}-zɛ̣^{55}-dɛ^{33}dẓɛ^{33}

他 生命 DIR-打 说＝LNK 打＝NMLZ DIR-NEG-有-N.EGO-GNO-HS

tə^{55}-mə^{55}-ndʑa^{33}-a^{33}-zɛ^{55}-dɛ^{33}dʑɛ^{33}. tə^{33}mts^{h}o^{55} ȵə^{24} tsu^{55}ku^{55}＝zə^{33} a^{55}-mue^{55}-ȵi^{33}

DIR-NEG-好的-N.EGO-GNO-HS SEQ 火 立刻＝TOP DIR-做-CVB

kə^{55}-mnɛ^{33}-ȵi^{33} ɕə^{55}lə^{55}mu^{33} tə^{55}-tɕ^{h}ə^{53} t^{h}a^{33} ȵə^{24} mnɛ^{55} tə^{33}mts^{h}o^{55} ȵə^{24}

DIR-烧-CVB 快点 DIR-撮 之后 火 烧 SEQ 火

tə^{55}-mə^{55}-ndʑa^{33}-a^{33}-zɛ^{55}-dɛ^{33}dʑɛ^{33}.

DIR-NEG-好的-N.EGO-GNO-HS

这时，佣人用马绳扬鞭打马匹，可他们发现马儿也没任何动静。国王让佣人快点把柴火烧起来，但由于柴火被水淋了，没办法生火。

ja^{33}-zɛ^{55} ɕ^{h}ɪ^{55}ɕ^{h}ɪ^{55} a^{55}-wui^{33}-ʂtia^{33}-zɛ^{55}-dɛ^{33}dʑɛ^{33}. k^{h}ə^{55}pe^{55} tʊ^{33}zə^{55}-nɛ^{33}

3pl.REFL-PL 总是 DIR-纠缠-PFV:N.EGO-GNO-HS 里面 3sg-DU

ɕ^{h}ə^{55}lə^{55}mu^{33} “tə^{55}-tɕ^{h}ə^{55}”-dɛ^{33} t^{h}a^{33} tə^{24} a^{33}-və^{33}-ȵi^{33} tʊ^{33}zə^{55}＝k^{h}ə^{33} p^{h}e^{55}

快点 DIR-挫-QUOT 之后 水 DIR-倒-CVB 那＝LOC 冰

tə^{55}-htu^{55}-ȵi^{33} tʊ^{33}zə^{55}-nɛ^{33} tə^{55}-ndʑɛ^{55}-ʂtia^{33}-dɛ^{33}dʑɛ^{33}.

DIR-变成-CVB 3sg-DU DIR-滑-PFV:N.EGO-HS

不仅如此，佣人们的头发还紧紧缠在了一起动弹不得。随后国王让俩佣人把旁边桶里的水都倒了。但因为天气冷，倒掉的水在地上结了冰。结果国王跟那俩佣人滑倒在了地上（此时国王头顶上方的马鞍也掉了下来）。

dʑe^{55}pu^{55}-jʊ^{24} ə^{55}-ʂtɕe^{53}-ȵi^{33} gu^{33}htɕi^{55} ta^{55}-vʑa^{55}vʑa^{33} a^{55}-tə^{33}＝t^{h}a^{33}

国王-REFL DIR-站起来-CVB 头顶 DIR-挠痒 DIR-打＝LNK

t^{h}ui^{55}＝zə^{33} gu^{24} tə^{55}-ptʂ^{h}ia^{33} bdze^{33}-a^{33}-zɛ^{55}-dɛ^{33}dʑɛ^{33}. “gu^{24} tə^{55}-ptʂ^{h}i^{53}

3sg.REFL＝POSS 头 DIR-砍掉 说-N.EGO-GNO-HS 头 DIR-砍掉

ma^{33}-ji^{53}, tə^{55}-ptʂ^{h}i^{53}-mə^{55}-gɪ^{33}-ɣɔ^{33}. nu^{55}＝zə^{33} gu^{33}htɕi^{53} gi^{24} tɛ^{55}-ji^{33}

NEG-COP DIR-砍掉-NEG-PFV.EGO-MOD 2sg＝POSS 头顶 鞍 一-CL

a^{55}-p^{h}e^{33}-gɪ^{33} tɪ^{33} tə^{33}ta^{53} a^{55}-kʊ^{33}-ʂtia^{33}-zɛ^{55}-dɛ^{33}dʑɛ^{33}.”

DIR-盖上-PFV.EGO 一:CL 那样 DIR-喊-PFV:N.EGO-GNO-HS

国王站起来挠一挠头顶说自己的头被砍了。村民们都哈哈大笑喊了起来：“你的头没被砍哦，只是头顶上方刚刚被人放了一个马鞍，马鞍掉了而已。”

“o^{24}… te^{24} tə^{33}ta^{53} tɪ^{33} tə^{55}-htɕi^{33}-a^{33}-zɛ^{33}. te^{24} nu^{55} s^{h}ue^{55}

INTER SEQ 那样 一:CL DIR.ASSERT-COP-N.EGO-GNO SEQ 2sg 人

mui^{33}mui^{55} tə^{55}-htɕi^{33}-a^{33}, ta^{24} t^{h}ui^{55}＝zə^{33} gu^{55}tɕi^{53}＝t^{h}a^{33} ge^{24}

非常 DIR.ASSERT-COP-N.EGO SEQ 3sg.REFL＝POSS 头顶＝LOC 马鞍

a^{55}-p^{h}e^{33}-ʂtia^{33}. xa^{24} nu^{55}＝wu^{33} s^{h}ɛ^{55}-tʂə^{55} bdzia^{33}.” “o^{24}… nu^{55}

DIR-盖上-PFV:N.EGO SEQ 2sg＝DAT 杀-IMPV 说.PFV:N.EGO INTER 2sg

sʰue⁵⁵ de⁵⁵fɕe⁵⁵-mə⁵⁵-nə³³ tɛ⁵⁵-ji⁵⁵ tə⁵⁵-tɕa³³.”

人 良心-NEG-有 一-CL DIR.ASSERT-COP

国王说:“哦……我的头的确没被砍，这样看来你的确是个了不起的人。不过你在我头上放了个马鞍，我要把你杀了。”泽瑟回答道:“国王啊，你可真是一个没有良心的人。”

“nu⁵⁵ ji³³tɕa⁵⁵ ŋə⁵⁵-nɛ⁵⁵ tɕʰi⁵⁵ta⁵³ a⁵⁵-fɕe⁵⁵-gɪ³³? nu⁵⁵ kə³³zə̥⁵⁵ kə³³-ki⁵⁵-mue⁵⁵=ze⁵⁵

2sg 上次 1dl-DU 怎么 DIR-说-PFV.EGO 2sg 这个 DIR-偷-LCV=NMLZ

vzi̥⁵⁵-a³³-zɛ̥³³. tʰui⁵⁵ sʰɛ²⁴-ma³³-tʂə⁵⁵ ma³³-ɕʰy³³.” “dzɛ⁵⁵-gɪ⁵⁵=nə³³

得到.PFV-N.EGO-GNO 3sg.REFL 杀-NEG-IMPV NEG-做 说-PFV.EGO=LNK

nu⁵⁵ ŋa⁵⁵=zə̥³³ gu⁵⁵tɕi⁵⁵ ge²⁴ a³³-tɕa³³-ʂtia³³. dʑe⁵⁵pu⁵⁵=zə̥³³

2sg 1sg=POSS 头顶 鞍 DIR-盖上-PFV:N.EGO 国王=POSS

gu³³=wu⁵³ ge²⁴pʰe⁵⁵=ji³³ tɪ³³ mə⁵⁵-nə³³-tʂə³³-zɛ̥³³ bdze³³-a⁵⁵-zɛ̥³³-dɛ³³dzɛ̥³³?”

头=LOC 马鞍盖=NMLZ 一:CL NEG-有-IMPV-GNO 说.PFV-N.EGO-GNO-HS

泽瑟说:“上次我们怎么说的？你说只要我能把这个宝贝偷了你就不杀我。”国王回答道:“不杀呀，的确说了不杀你，但你在我头上放了个马鞍。你总听说过在国王头上放马鞍的人都该被杀吧？”

“o²⁴… te²⁴ nu⁵⁵ ndʑa⁵⁵-zɛ̥³³, nu⁵⁵ zə̥³³ ŋa⁵⁵ kə⁵⁵-sʰɛ³³ zə̥³³ ŋa⁵⁵ zə̥³³

INTER SEQ 2sg 好的-GNO 2sg 也 1sg DIR-杀 也 1sg 也

nu⁵⁵=wu³³ tsu⁵⁵ku⁵⁵ ～ tsu⁵⁵ku⁵⁵ ʂʰa⁵⁵=ze³³ tɪ³³ mue³³-tʂə⁵⁵ bdze³³-a³³-zɛ̥³³.”

2sg=DAT 刚刚 死=NMLZ 一:CL 做-IMPV 说.PFV-N.EGO-GNO

tə³³mtsʰo⁵⁵ tʊ³³zə̥⁵⁵nə⁵⁵bu³³=mbə³³zə̥³³ tɛ²⁴=wu⁵⁵ tə⁵⁵-sʰa⁵³. tʊ³³ze̥⁵⁵-ja³³=zə̥³³

SEQ 3sg 宝贝=NMLZ 地=LOC DIR-砸 3pl-3pl.REFL=POSS

tʊ³³ze̥⁵⁵ ʂtʂo⁵⁵=mə³³zə̥³³ ʂtʂo⁵⁵ tɕə²⁴=mə³³zə̥³³ nə⁵⁵bu³³ te²⁴ tə⁵⁵-sʰa⁵⁵ tʰa³³

3sg 生命=NMLZ 生命 有=NMLZ 宝贝 SEQ IR-砸 之后

tʊ³³zə̥⁵⁵ dʑe⁵⁵pu⁵³ tə³³mtsʰo⁵⁵ tə⁵⁵-ʂʰə⁵⁵-a³³-zɛ̥⁵⁵-dɛ³³dzɛ̥³³. tə³³mtsʰo⁵⁵ jʊ²⁴

那个 国王 SEQ DIR-死-N.EGO-GNO-HS SEQ 3sg.REFL

dʑe⁵⁵pu⁵³ mue⁵⁵-ʂtia³³-dɛ³³dzɛ̥³³.

国王 做-PFV:N.EGO-HS

泽瑟回答说:“哦……你说怎样就怎样吧。你把我杀了，我也要杀掉你。”然后泽瑟把那个价值连城的宝贝摔在了地上。据说那个宝贝刚掉落在地上国王就死了。最后泽瑟自己当上了国王。

（张四清讲述，2017年）

2. 聪明的阿叩登巴

we^{55}te^{33} ta^{55}-za^{53} ɣe^{33}ȵe^{55}-nba^{33} tə^{55}-tɕʰo^{53}-a^{33}-zɛ̥^{33}. dʑɛ^{33}lɛ^{55}=kʰə^{33}

从前 一-CL 集市-MOD DIR-去:N.EGO-NONE-GNO 路=LOC

tɛ^{55}de^{55} tə^{55}-və^{24}=nə^{33} a^{55}kʰu^{55}tẽ^{55}pa^{33} kə^{55}-tu^{33}-a^{33}-zɛ̥^{33}. a^{55}kʰu^{55}tẽ^{55}pa^{33}=wu^{33}

一半 DIR-来=LNK 阿叩登巴 DIR-遇见-N.EGO-GNO 阿叩登巴=DAT

dzɛ^{55}-ȵi^{33} a^{55}kʰu^{55}tẽ^{55}pa^{33} tʂ̥ʰə^{24} tɛ^{33}-ji^{33} a^{55}-vli^{33} dzɛ^{55}-gɪ^{53} "a^{55}kʰu^{55}tẽ^{55}pa^{33}

说-CVB 阿叩登巴 谎言 一-CL DIR-撒谎 说-PFV.EGO 阿叩登巴

tɕʰə^{55}zə̥^{33} tʂ̥ʰə^{55}vli^{33}? o^{24}! tʂ̥ʰə^{55}vli^{33} kʰu^{33}ma^{33} jɪ^{55}=kʰə^{55} tə^{55}-m̥ua^{53}."

怎么 撒谎 INTER 撒谎 袋子 屋=LOC DIR-忘记:N.EGO

从前有个人去集市，他走到半路上遇到了阿叩登巴。那个人马上就对阿叩登巴说："阿叩登巴，给大家撒个谎吧。"阿叩登巴说："撒什么谎哦，装谎言的袋子忘在家里了。"

nɛ^{55}ŋə^{55}npu^{33} ȵə^{24} ptse^{53}-tʂə^{33}-zɛ̥^{33}. tʊ^{33}zə̥^{55} de^{55}la^{55} mə^{55}-bdʑui^{55} tɛ^{55}ntɕʰu^{55}

蓝天 火 燃烧-IMPV-GNO 3sg 极其 NEG-安心 看一下

kə^{55}-tə^{33} tʰa^{33} nɛ^{33}ȵi^{55}wa^{33} tə^{55}-ki^{33}-ȵi^{33} a^{55}ti^{55}a^{33} tə^{55}-ptʂ̥ʰe^{53}-a^{33}-zɛ̥^{33}.

DIR-打 之后 布袋 DIR-下来-CVB 鸟蛋 DIR-裂开-N.EGO-GNO

快看！天上的云烧起来了（阿叩登巴开始撒谎了）。趁大家往天上看的时候，（阿叩登巴）不放心，赶快去摸袋子。结果布袋不小心掉了下来，里面的鸟蛋都被摔烂了。

（张四清讲述，2017年）

3. 阿叩登巴巧对守树人

we^{55}te^{33} tʂu^{55}mpa^{33} tɛ^{33}-ji^{33}=kʰə^{24} sʰa^{33}pu^{53} ʂ̥tse^{55}nde^{55} sʰa^{33}pu^{33} ta^{33}-pu^{33}

从前 村子 一-CL=LOC 树 檀香 树 一-CL

tə^{55}-ɕi^{33}-a^{33}-zɛ̥^{55}-dɛ^{33}dzɛ̥^{33}. tʊ^{33}zə̥^{55} sʰa^{33}pu^{53} pe^{33}ma^{33}la^{33} mui^{33}mui^{55} lɪ^{55}lɪ^{55}

DIR-有-N.EGO-GNO-HS 那 树 DM 非常 好的

tɪ^{33} tə^{55}-htɕi^{33}-a^{33}-zɛ̥^{55}-dɛ^{33}dzɛ̥^{33}.

一:CL DIR-COP-N.EGO-GNO-HS

从前有个村子，村里有一棵檀香树，那棵树特别值钱。

tə^{33}mtsʰo^{55} tʊ^{33}zə̥^{55} ngu^{55}tʂ̥ʰʅ^{55}=mbə^{33}zə̥^{33} dzɛ^{33}-ȵi^{33} tʊ^{33}zə̥^{55} sʰa^{33}pu^{55}=wu^{33}

SEQ 那 领导=NMLZ 说-CVB 那 树=DAT

ju^{55}=ji^{55} tɛ^{33}tʰɪ^{33} kə^{55}-hti^{53}-ʂ̥tia^{33}-zɛ̥^{55}-dɛ^{33}dzɛ̥^{33}. tə^{33}mtsʰo^{55} ju^{55}=ji^{55}

看守=NMLZ 一些 DIR-放置-PFV:N.EGO-GNO-HS SEQ 看守=NMLZ

ə^{55}-hti^{55} tsʰə^{33}pe^{33} tə^{33}mtsʰo^{55} mə^{33}se^{53}-zə̥^{33} tʊ^{33}zə̥^{55} sʰa^{33}pu^{53} na^{53}ŋʊ^{53} lɛ^{55}

DIR-放置 之后 SEQ 老百姓-PL 那 树 两边 几乎

və^{24}-ndz̥a^{55} tə^{55}-mə^{55}-ndu^{33}-a^{33}-z̥ɛ^{55}-dɛ^{33}dz̥ɛ^{33}. tʊ^{33}z̥ɛ^{55}=wu^{33} ta^{55}je^{33} ɕʰɪ^{55}ɕʰɪ^{55}

来-MOD DIR-NEG-AUX-N.EGO-GNO-HS 3pl=DAT 钱 总是

kə^{55}-ṣu^{55}-tṣə^{33}-a^{33}-z̥ɛ^{55}-dɛ^{33}dz̥ɛ^{33}.

DIR-收-IMPV-N.EGO-GNO-HS

领导说需要安排一些人看守那棵树。等安排好守树人后，百姓们根本不能到树的两边去，因为守树人总是要收老百姓的过路钱。

tə^{33}mtsʰo^{55} tʊ^{33}z̥ə^{55} tɛ^{55}ȵə^{55} a^{55}kʰu^{53}tẽ^{33}pa^{33} və^{33}-a^{33}-z̥ɛ^{55}-dɛ^{33}dz̥ɛ^{33}. a^{55}kʰu^{53}tẽ^{33}pa^{33}

SEQ 那 一天 阿叩登巴 来-N.EGO-GNO-HS 阿叩登巴

və^{55} tsʰə^{33}pe^{33} tʊ^{33}z̥ə^{55} sʰa^{33}pu^{55}=wu^{33} mnɔ^{24}=z̥ə^{33} kə^{55}-mtɕʊ^{33}-ṣtia^{33}-z̥ɛ^{55}-dɛ^{33}dz̥ɛ^{33}.

来 之后 那 树=LOC 马=TOP DIR-拴-PFV:N.EGO-GNO-HS

有一天阿叩登巴来了。他刚过来就把马拴在那棵树上。

tə^{33}mtsʰo^{55} jʊ^{24} sʰa^{33}pu^{55}=wu^{33} tə^{33}ta^{53} a^{33}-pə^{55}ko^{33}-mue^{24}-ṣtia^{33}-z̥ɛ^{55}-dɛ^{33}dz̥ɛ^{33}.

SEQ 3sg.REFL 树=LOC 那样 DIR-靠着-LVB-PFV:N.EGO-GNO-HS

tə^{33}mtsʰo^{55} tʊ^{33}z̥e^{33} ju^{55}ji^{55}=mbə^{33}z̥ə^{33} dzɛ^{55}-ȵi^{33} “a^{55}kʰu^{55}tẽ^{33}pa^{33} nu^{55} tɕʰo^{55}

SEQ 那些 看守=NMLZ 说-CVB 阿叩登巴 2sg 什么

mue^{55}=tṣa^{33}? kə^{33}z̥ə^{55} sʰa^{33}pu^{53}=wu^{33} ṣta^{24} mə^{55}-tɕʰo^{33}-tṣə^{33}-z̥e^{33} bdze^{55}-z̥ɛ^{33}.”

做=QUES 这 树=DAT 摸 NEG-准许-N.EGO-GNO 说-GNO

“sʰa^{33}pu^{53}=wu^{33} tɕʰə^{55}z̥ə^{33} ṣta^{24} mə^{55}-tɕʰo^{33}-ɣɔ^{24}, kə^{33}z̥ə^{55} sʰa^{33}pu^{55}

树=LOC 什么 摸 NEG-准许-MOD 这 树

a^{55}-lɛ^{55}-tṣə^{33}-z̥ɛ^{33} bdze^{33}-z̥ɛ^{33}-dɛ^{33}dz̥ɛ^{33}.”

DIR-倒下-IMPV-GNO 说.PFV-GNO-HS

阿叩登巴一直靠着那棵树坐着。此时那个守树人问：“阿叩登巴你在干嘛？这棵树不能碰。”阿叩登巴回答说：“什么树不能碰哦！这棵树要倒了。”

tə^{33}mtsʰo^{55} tʊ^{33}z̥ə^{55} ju^{55}=ji^{55}=mbə^{33}z̥ə^{33} kʰu^{55}=wu^{55} tɛ^{55}ntɕʰe^{55} ə^{55}-tə^{33}=hkia^{33}

SEQ 那个 看守=NMLZ=NMLZ 天=LOC 一眼 DIR-打=LNK

sʰa^{33}pu^{53} te^{33}nbə^{33} a^{55}-z̥i^{55}=hkia^{33} sʰa^{33}pu^{53} a^{55}-lɛ^{53}-tṣə^{33} tə^{55}-bdia^{33}-z̥ɛ^{55}-dɛ^{33}dz̥ɛ^{33}.

树 云 DIR-走下去=LNK 树 DIR-倒下-IMPV DIR-认为-GNO-HS

那个守树人往天上看的时候，发现那棵树在飘动的云朵边，就像要倒下来的样子。

tə^{33}mtsʰo^{55} jʊ^{24} tʊ^{33}z̥ə^{55} kə^{55}-pə^{33}ko^{33}-mue^{24}-ṣtia^{33}-z̥ɛ^{55}-dɛ^{33}dz̥ɛ^{33}. tə^{33}mtsʰo^{55}

SEQ 3sg.REFL 那 DIR-抱住-LVB-PFV:N.EGO-GNO-HS SEQ

a^{55}kʰu^{55}tẽ^{33}pa^{33} dzɛ^{55}-ȵi^{33} “nu^{55} kə^{33}z̥ə^{55} sʰa^{55}pu^{53}=wu^{33} kə^{55}la^{55} kə^{33}-pə^{33}ko^{33}

阿叩登巴 说-CVB 2sg 这 树=LOC 好好地 DIR-抱住

ŋa^{55} dʑo^{33}-zɛ^{33} kʊ^{24}ʑi^{53} bdze^{33}-a^{33}-zɛ^{33}."
1sg 同伴-PL 去喊 说-N.EGO-GNO

此时守树人拼命抱着那棵树。阿叩登巴马上说："你抱紧这棵树，我去喊同伴。"

tə^{33}mtsʰo^{55} a^{55}kʰu^{55}tẽ^{33}pa^{33} pe^{33}ma^{33} dʑo^{33}=ve^{55} kʊ^{24} tə^{55}-tɕʰʊ^{53}-a^{33}-zɛ^{33}.
SEQ 阿叩登巴 DM 同伴=LOC 喊 DIR-去:N.EGO-N.EGO-GNO

mə^{33}se^{55}-zɛ^{33}=ve^{33} kʊ^{24} tə^{55}-tɕʰo^{55} tsʰə^{33}pe^{33} tə^{33}mtsʰo^{55} tʊ^{33}zə^{55} me^{33}se^{55}-zɛ^{33}
老百姓-PL=LOC 喊 DIR-去 之后 SEQ 那个 老百姓-PL

və^{24}=tʰa^{33} tʊ^{33}zə^{55} ju^{55}=ji^{33}=mbə^{33}zə^{33} sʰa^{33}pu^{55}=wu^{33} kə^{55}-pə^{33}ko^{33}-ʂtia^{33}
来=LNK 那个 看守=NMLZ=NMLZ 树=LOC DIR-抱住-PFV:N.EGO

tə^{55}-tɕye^{55}-a^{33}-zɛ^{33}. "tə^{33}mtsʰo^{55} nu^{55} tɕʰo^{55} mue^{55}=tʂa^{33}?" "kə^{33}zə^{55}
DIR-有-N.EGO-GNO SEQ 2sg 什么 做=Q 这

sʰa^{33}pu^{55} a^{55}-lɛ^{55}-tʂə^{33}-zɛ^{33} bdze^{33}-a^{33}-zɛ^{33}."
树 DIR-倒下-IMPV-GNO 说.PFV-IMPV-GNO

然后，阿叩登巴就跑去喊同伴了。他喊了许多老百姓过来，大家来了后发现那个守树人抱着那棵树，就问："你在做什么？" 守树人说："听说这树要倒下来啦，我就抱着树。"

"sʰa^{33}pu^{55} a^{55}-lɛ^{55}-tʂə^{33} ma^{33}-ji^{55}-zɛ^{33}-ɣə^{24} kʰu^{55}=wu^{55} te^{55}nbə^{33}
树 DIR-倒下-IMPV NEG-COP-GNO-MOD 天=LOC 云

kʰə^{55}ʑi^{55}ŋə^{55}ʑi^{33}-mue^{55}-tʂə^{33}-zɛ^{33}. sʰa^{33}pu^{55} a^{55}-lɛ^{55}-ndu^{33}-tʂə^{33} ma^{33}-ji^{55}-zɛ^{33}"
走来走去.REP-LVB-IMPV-GNO 树 DIR-倒下-AUX-IMPV NEG-COP-GNO

dzɛ^{33}-ɳi^{33}. tə^{33}mtsʰo^{55} ja^{33}-zɛ^{55} a^{55}-ndzə^{55}ndzə^{33}.
说-CVB SEQ 2pl.REFL-PL DIR-开玩笑

百姓们说："不是树要倒了哦，是天上的云在飘来飘去。树是不会倒的。" 随后，老百姓们哈哈大笑起来。

tsʰə^{55}pe^{53} tə^{33}mtsʰo^{55} tʊ^{33}zə^{55} pe^{33}ma^{33}la^{33} tsu^{33}ku^{55}=zə^{33}mə^{33}se^{53}-zɛ^{33} ta^{55}je^{33} kʰe^{24}
之后 SEQ 他 DM 刚刚=POSS 百姓-PL 钱 给

tə^{33}-mə^{55}-ɕʰa^{33}-a^{33}-zɛ^{33}. tə^{33}mtsʰo^{55} tʊ^{33}zə^{55} tsʰə^{33}pe^{33} ɣə^{55}pɛ^{55}
DIR-NEG-需要-N.EGO-GNO SEQ 那 之后 一点

tʂə^{33}kə^{55}tɪ^{33} ɣə^{55}pɛ^{55} mə^{33}se^{55}-zɛ^{33} tə^{55}-ndʐa^{33}-a^{33}-zɛ^{55}-dɛ^{33}dzɛ^{33}.
有一点 一点 百姓-PL DIR-好的-N.EGO-GNO-HS

照那样说的话，刚才过来的那些百姓就不再需要给过路钱了哦。从那以后，百姓们的日子也好过一些了。

（张四清讲述，2017年）

4. 寓言故事两则

tə^{33}mts^{h}o^{55} k^{h}e^{55}pi^{33} tɪ^{33} a^{55}-fɕe^{55}-z̢ɛ^{33}. tə^{33}mts^{h}o^{55} we^{55}te^{33} se^{33}pə^{55}ta^{33}
SEQ 寓言 一:CL DIR-讲-GNO SEQ 从前 兔子
tɛ^{33}-tɕy^{33} tə^{24}t^{h}ɪ^{33} a^{33}-tɕ^{h}ʊ^{33}-a^{33}-z̢ɛ^{33}-dɛ^{33}dz̢ɛ^{33}. tə^{33}mts^{h}o^{55} tə^{24}t^{h}ɪ^{33}=hkia^{33}
一-CL 水喝 DIR-去:N.EGO-N.EGO-GNO-HS SEQ 水喝=LNK
jʊ^{24} gu^{33}pə^{55}lə^{33} a^{55}-ŋʊ^{55}-ȵi^{33} tə^{24} ɕ^{h}ɪ^{55}ɕ^{h}ɪ^{55} kə^{55}-t^{h}ɪ^{33}-ştia^{33}-z̢ɛ^{55}-dɛ^{33}dz̢ɛ^{33}.
3sg.REFL 头 DIR-低下-CVB 水 总是 DIR-喝-PFV:N.EGO-GNO-HS
tə^{33}t^{h}ɪ^{55}=hkia^{33} xa^{55}ma^{33} s^{h}a^{33}pu^{55} tɪ^{33} a^{55}-lɛ^{33}-ȵi^{33} tə^{24}=k^{h}ə^{55}
水 喝=LNK 突然 树 一:CL DIR-倒下-CVB 水=LOC
tə^{24}=k^{h}ə^{55} kə^{55}-tə^{33}-ȵi^{33} "tɕ^{h}ye^{24}ɣɛ^{33}"-dɛ^{33} tə^{55}-tşa^{33}pə^{33}-ştia^{33}-z̢ɛ^{55}-dɛ^{33}dz̢ɛ^{33}.
水=LOC DIR-落下-CVB EXPR-QUOT DIR-发声-PFV:N.EGO-GNO-HS

那就讲一个寓言故事吧。从前有只兔子跑下山去喝水。它喝水的时候，自己总是把头埋着一直喝。有一次，当它喝水时突然有棵树倒下落到水里了。

"tɕ^{h}ye^{24}ɣɛ^{33}"-dɛ^{33} tə^{55}-tşa^{33}pə^{33}-ȵi^{33} jʊ^{24} gu^{33}pə^{55}lə^{33} ə^{55}-nts^{h}e^{55},
EXPR-QUOT DIR-发声-CVB 3sg.REFL 头 DIR-抬起
ə^{55}-nts^{h}e^{55}-lɛ^{55}-xa^{33}gi^{55}-ȵi^{33}. tə^{33}mts^{h}o^{55} jʊ^{24} a^{55}-p^{h}o^{33}-ştia^{33}-dɛ^{33}dz̢ɛ^{33}.
DIR-抬起-AUX-NEG-CVB SEQ 3sg.REFL DIR-往下跑-PFV:N.EGO-HS
a^{55}-p^{h}o^{33}-ştia^{33}-dɛ^{33}dz̢ɛ^{33}, a^{55}-p^{h}o^{33}-ştia^{33}-z̢ɛ^{33}. "tɕ^{h}ye^{24}ɣɛ^{33}", "tɕ^{h}ye^{25}ɣɛ^{33}",
DIR-往下跑-PFV:N.EGO-HS DIR-往下跑-PFV:N.EGO-HS EXPR EXPR
"tɕ^{h}ye^{24}ɣɛ^{33}"-dɛ^{33} hkɛ^{55}ŋi^{53}=lɛ^{33} ɕ^{h}ɪ^{55}ɕ^{h}ɪ^{55} a^{55}-p^{h}o^{33}-ştia^{33}-z̢ɛ^{55}-dɛ^{33}dz̢ɛ^{33}.
EXPR-QUOT 喊声=LNK 总是 DR-往下跑-PFV:N.EGO-GNO-HS

此时，水里发出了"咕咚"的声音，兔子自己连头都没有抬就往下跑走了。兔子拼命往下跑啊跑啊，边跑边喊："咕咚啊，咕咚啊，咕咚啊。"

a^{55}-p^{h}o^{55} ts^{h}ə^{55}pe^{55} tʊ^{33}z̢ə^{55} ts^{h}ə^{55}pe^{55} tsu^{55}ku^{55}=z̢ə^{33} p^{h}a^{33}gʊ^{53} tɛ^{55}-tɕy^{55} xɔ^{24}
DIR-往下跑 之后 那 之后 立刻=TOP 野猪 一-CL 再
tʊ^{33}z̢ə^{55} ts^{h}ə^{33}pe^{33} jo^{24} "tɕ^{h}ye^{24}ɣɛ^{55}" "tɕ^{h}ye^{24}ɣɛ^{55}"-dɛ^{33} ts^{h}ui^{55}wui^{55}-z̢ɛ^{33}
那 之后 SEQ EXPR EXPR-QUOT 发出声-GNO
a^{55}-p^{h}o^{33}-ştia^{33}-z̢ɛ^{55}-dɛ^{33}dz̢ɛ^{33}. p^{h}a^{33}gʊ^{53} ts^{h}ə^{55}pe^{55} jo^{24} tʊ^{33}z̢ə^{55} zə^{24}tue^{33}
DIR-往下跑-PFV:N.EGO-GNO-HS 野猪 之后 SEQ 3sg 猴子
tɛ^{33}-tɕy^{33} a^{55}-p^{h}o^{33}-ştia^{33}-dɛ^{33}dz̢ɛ^{33} "tɕ^{h}ye^{24}ɣɛ^{55}" tşa^{55}pə^{33}z̢ɛ^{33} dɛ^{33}-ȵi^{33}.
一-CL DIR-往下跑-PFV:N.EGO-HS EXPR 喊出声 说-CVB

这时候，兔子后面有一头野猪也跟着喊："咕咚啊、咕咚啊。"野猪后面又跟了一只猴子，猴子也发出“咕咚啊”的声音。

zə^{24}tue^{33} ts^{h}ə^{33}pe^{33} ŋue^{33}vzə̣^{55} tɛ^{33}-ji^{33} a^{55}-p^{h}o^{33}-ṣtia^{33}-zɛ̣^{55}-dɛ^{33}dzɛ̣^{33}. tə^{33}mts^{h}o^{55}

猴子 之后 熊 一-CL DIR-往下跑-PFV:N.EGO-GNO-HS SEQ

tʊ^{33}zə̣^{55} a^{55}-p^{h}o^{33} a^{55}-p^{h}o^{33} a^{55}-p^{h}o^{33} ts^{h}ə^{55}pe^{55} tə^{33}mts^{h}o^{55} tʊ^{33}zə̣^{55}

3sg DIR-往下跑 DIR-往下跑 DIR-往下跑 之后 SEQ 那个

si^{33}ngi^{53} tɪ^{33}＝mts^{h}a^{55} kə^{55}-du^{33}-a^{33}-zɛ̣^{55}-dɛ^{33}dzɛ̣^{33}. si^{55}ngi^{55} tɪ^{33} dzɛ^{55}-n̥i^{33}

狮子 一:CL＝COM DIR-遇见-N.EGO-GNO-HS 狮子 一:CL 说-CVB

jʊ^{24} tɪ^{55} mɛ^{55}mɛ^{33} a^{55}-tə^{33}＝hkia^{33} tə^{55}-p^{h}o^{33} ɕ^{h}u^{33}

3sg.REFL 一:CL 想 DIR-打＝LNK DIR-往下跑 需要

tə^{55}-bdi^{33}-a^{33}-zɛ̣^{55}-dɛ^{33}dzɛ̣^{33}. ə^{33}… jo^{24} tɪ^{55} mɛ^{55}mɛ^{33} a^{55}-tə^{55}＝hkia^{33}

DIR-思考-N.EGO-GNO-HS INTER SEQ 一:CL 想想 DIR-打＝LNK

jo^{24} kə^{55}-mə^{33}ge^{33}-a^{33}-zɛ̣^{33}.

SEQ DIR-问-N.EGO-GNO

谁知道猴子后面又跟了一只熊，熊也跟着跑啊跑啊，后来它们跑着跑着遇见了一头狮子。狮子说它自己想了想，打算跑。嗯……狮子又想了一下，就询问刚才大家大喊的“咕咚啊”到底是什么意思？

“tɕ^{h}ye^{24}ɣɛ^{55}” dɛ^{33}mbə^{33}zə̣^{33} tɕ^{h}ə^{55}zə̣^{33} dzɛ^{33}-tṣə^{33}. “tɕ^{h}ye^{24}ɣɛ^{55}” dɛ^{33}mbə^{33}zə̣^{33}

EXPR DM 什么 说-IMPV EXPR DM

tɕ^{h}ə^{55}zə̣^{33} dzɛ^{33}-tṣə^{33}. tʊ^{33}zẹ^{55} p^{h}a^{33}gʊ^{55} se^{33}pə^{55}ta^{33} dzɛ^{55}-zɛ̣^{33}-dɛ^{33} se^{33}pə^{55}ta^{33}

什么 说-IMPV 那些 野猪 兔子 说-GNO-HS 兔子

ŋue^{33}vzə̣^{55} dzɛ^{55}-zɛ̣^{55}-dɛ^{33} ŋue^{33}vzə̣^{55} tʊ^{33}zə̣^{55} zə^{55}tue^{33} dzɛ^{55}-zɛ̣^{55}-dɛ^{33}. tə^{33}ta^{53}

熊 说-GNO-HS 熊 那 猴子 说-GNO-HS 那样

k^{h}ə^{55}ʑi^{55}ŋə^{55}ʑi^{55} a^{55}-mue^{33}-n̥i^{33} k^{h}ə^{55}dʑo^{55}ŋə^{55}dʑo^{55} a^{55}-mue^{33}-n̥i^{33} tə^{33}ta^{53}

走来走去.REP DIR-LVB-CVB 走来走去.REP DIR-LVB-CVB 那样

ɕ^{h}ɪ^{55}ɕ^{h}ɪ^{55} bdze^{33}-a^{55}-zɛ̣^{33}-dɛ^{33}dzɛ̣^{33}.

总是 说.PFV-N.EGO-GNO-HS

要说这“咕咚啊”到底是什么意思呢，野猪说是听兔子说的，兔子说是听熊说的，熊说是听那只猴子说的。那样说来说去，绕来绕去，到头来还是听别人说的（根本不知道啥意思）。

tə^{33}mts^{h}o^{55} jʊ^{33}-zẹ^{55} tɕ^{h}i^{55} tə^{55}-tɕ^{h}ʊ^{33}-a^{33}-zɛ̣^{33}. tɕ^{h}i^{55} tə^{55}-ʑi^{33}＝hkia^{33}

SEQ 3sg.REFL-PL 看 DIR-去-N.EGO-GNO 看 DIR-去＝LNK

tɕ^{h}i^{55} tə^{55}-ʑi^{33}＝hkia^{33} tə^{33}mts^{h}o^{55} tə^{24}＝k^{h}ə^{55} kə^{55}-ntɕ^{h}i^{33}＝hkia^{33} tə^{33}mts^{h}o^{55}

看 DIR-去＝LNK SEQ 水＝LOC DIR-看＝LNK SEQ

a⁵⁵ʐu̥³³htɛ⁵³　pʰĩ³³gɔ⁵⁵　tɛ³³-ji⁵⁵　tə⁵⁵-tʂ̥ʅ³³　a⁵⁵-htɛ⁵⁵-ɳ̥i³³　tə³³＝kʰə⁵⁵

更上面　苹果　一-CL　DIR-掉下　DIR-下来-CVB　水＝LOC

kə⁵⁵-zo³³-a³³-ʐ̥ɛ³³.

DIR-打-N.EGO-GNO

然后，这些动物就自己去看到底发生了什么。当它们往水里看的时候，发现上面掉了一个苹果下来落到了水里。

tə³³mtsʰo⁵⁵　"tɕʰye²⁴ɣɛ⁵⁵"-dɛ³³　tə⁵⁵-tʂ̥a³³pə³³-ʂ̥tia³³-ʐ̥ɛ³³.　ə³³…　"tɕʰye²⁴ɣɛ⁵⁵"

SEQ　EXPR-QUOT　DIR-发声-PFV:N.EGO-GNO　INTER　EXPR

dɛ³³mbə³³ʐ̥ə³³　tʊ³³ʐ̥ə⁵⁵-ʐ̥e³³　bdze³³-a⁵⁵-ʐ̥ɛ³³.　tə³³mtsʰo⁵⁵　xo²⁴　tɛ⁵⁵ɳ̥ə⁵³

DM　那个-PL　说.PFV-N.EGO-GNO　SEQ　又　一天

tʊ³³ʐ̥ə⁵⁵　ntɕʰɛ²⁴　so⁵⁵＝ji³³　tɪ³³　tə⁵⁵-tɕye⁵⁵-a³³-ʐ̥ɛ³³-dɛ³³dʐ̥ɛ³³.　gu⁵⁵fsʰe⁵³

那　羊　看守＝NMLZ　一:CL　DIR-有-N.EGO-GNO-HS　公羊

so⁵⁵＝ji⁵⁵＝mbə³³ʐ̥ə³³　lo⁵⁵tə³³＝mbə³³ʐ̥ə³³.　o³³…　tə⁵⁵kʰʊ⁵⁵　tə³³ta⁵³…

看守＝NMLZ＝NMLZ　老头＝NMLZ　INTER　INDEF　那样

tə³³ta⁵³　le³³hka³³＝nə³³　mə⁵⁵-pʊ⁵⁵-tʂ̥ɛ³³.　tə³³mtsʰo⁵⁵　tʂ̥u⁵⁵mpa³³＝kʰə³³

那样　劳动＝LNK　NEG-有-IMPV.GNO　SEQ　村子＝LOC

a³³-wui⁵⁵　a⁵⁵-ntɕʰi⁵⁵-ɳ̥i³³　tʊ³³ʐ̥ə⁵⁵　və²⁴-tʂ̥ə³³-ʐ̥ə³³.

DIR-向下　DIR-看-CVB　3sg　来-IMPV-MOD

此时水里发出了"咕咚啊"的声音。哎呀，要说"咕咚"这声音呢也就是水里发出的声音罢了。（第二个故事说的是）一天有个放羊的老头。要说这老头呢，简直就是个好吃懒做的人，他成天总是欺骗下面村子的人，叫他们上来看猛兽。

"ʂ̥tɕo⁵⁵nku⁵⁵　və⁵⁵-tʂ̥ə⁵⁵-ʐ̥ə³³　ʂ̥tɕo⁵⁵nku⁵⁵　və⁵⁵-tʂ̥ə⁵⁵-ʐ̥ɛ³³"-dɛ³³"　ɕʰɪ⁵⁵ɕʰɪ⁵⁵

豺狼　来-IMPV-MOD　豺狼　来-IMPV-GNO-QUOT　总是

bdze³³-a³³-ʐ̥ɛ³³-dɛ³³dʐ̥ɛ³³.　ʂ̥tɕo⁵⁵nku⁵⁵　və⁵⁵-a³³＝tʰa³³　tə³³mtsʰo⁵⁵　tʊ³³ʐ̥ə⁵⁵

说.PFV-N.EGO-GNO-HS　豺狼　来-N.EGO＝LNK　SEQ　那个

mə³³se⁵⁵-ʐ̥e³³　dzɛ⁵⁵-ɳ̥i³³　tʊ³³ʐ̥ə⁵⁵　ptɕa⁵⁵kʰa⁵³-nba³³　nbe³³lɪ⁵⁵　ə⁵⁵-tɕʰu⁵⁵-ɳ̥i³³

百姓-PL　说-CVB　那个　东西-MOD　全部　DIR-拿上去-CVB

tʊ³³ʐ̥ə⁵⁵　tɕʰi⁵⁵　ə⁵⁵-tɕʰʊ³³-a³³-ʐ̥ɛ³³-dɛ³³dʐ̥ɛ³³.

3sg　看　DIR-去:N.EGO-N.EGO-GNO-HS

放羊老头常常喊："豺狼来了哦，豺狼来了哦。"有一次百姓们说他们要带着武器上去看看。

xo^{24}… k^{h}i^{55} tə^{55}k^{h}ʊ^{55} ʂtɕo^{55}nku^{55} ʂtɕo^{55}nku^{55} mə^{55}-və^{55}-a^{33}-ʐɛ^{55}-dɛ^{33}dʐɛ^{33}.

SEQ 首先 INDEF 豺狼 豺狼 NEG-来-N.EGO-GNO-HS

tə^{33}mts^{h}o^{55} tɛ^{55}lɪ^{55} jo^{24} tʊ^{33}ʐə^{55} lo^{55}tə^{33}=mbə^{33}ʐə^{33} dzɛ^{55}-ɳi^{33} o^{24}…

SEQ 一次 SEQ 那个 老头=NMLZ 说-CVB INTER

ʂtɕo^{55}nku^{55} ŋu^{33}mui^{55}ŋu^{55}ma^{33} tɛ^{55}lɪ^{53} və^{55}-a^{33}-ʐɛ^{55}-dɛ^{33}dʐɛ^{33}.

豺狼 真正地 一次 来-N.EGO-GNO-HS

可是大家发现根本没有豺狼。没多久，那个老头还是照样说豺狼来了。

və^{24} ts^{h}ə^{33}pe^{33} xo^{24} tʊ^{33}ʐə^{55} lo^{55}tə^{33}=mbə^{33}ʐə^{33} a^{55}-ko^{33}-ʂtia^{33}-ʐɛ^{55}-dɛ^{33}dʐɛ^{33}.

来 之后 SEQ 那个 老头=NMLZ DIR-喊-PFV:NEG-GNO-HS

"ʂtɕo^{55}nku^{55} və^{55}-ɣə^{33}!" "ʂtɕo^{55}nku^{55} və^{55}-ɳi^{33}!" "ʂtɕo^{55}nku^{55}"…… tə^{33}mts^{h}o^{55}

豺狼 来-MOD 豺狼 来-CVB 豺狼 SEQ

mə^{33}se^{55}-ʐe^{55} mə^{55}di^{33} tə^{33}mts^{h}o^{55} ə^{55}-mə^{33}-tɕ^{h}ʊ^{33}-a^{33}-ʐɛ^{33}-dɛ^{33}dʐɛ^{33}. "tʊ^{33}ʐə^{55}

百姓-PL 别人 SEQ DIR-NEG-去:N.EGO-N.EGO-GNO-HS 那个

lo^{55}tə^{33} tʂ^{h}ə^{55}vli^{33}-ʐɛ^{33}" dɛ^{33}-ɳi^{33}. ntɕ^{h}ɛ^{33}-ʐe^{55} nbe^{33}lɪ^{55} kə^{55}-s^{h}ɛ^{33}-ʂtia^{33}-ʐɛ^{55}-dɛ^{33}dʐɛ^{33}.

老头 说谎-GNO 说-CVB 羊-PL 全部 DIR-杀-PFV:N.EGO-GNO-HS

老头朝着下面村子喊："豺狼来了呀，豺狼来了呀，豺狼来了。"这一次其他老百姓根本就没上去看了，并且还说那个老头是在说谎。谁知道最后老头看守的那些羊就真的全部被豺狼吃掉了。

（张四清讲述，2017年）

5．游客搭救受苦老人

we^{55}te^{33} lo^{55}tə^{33} tɛ^{33}-ji^{33}=wu^{33} tə^{33}mts^{h}o^{55} pə^{33}dʐə^{55} zʅ^{33}pə^{55}dʐə^{33} tʂ^{h}ʊ^{55}vɛ^{55}ɳə^{33}

从前 老头 一-CL=LNK SEQ 孩子 男孩 六兄弟

tə^{55}-pʊ^{33}-a^{33}-ʐɛ^{33}-dɛ^{33}dʐɛ^{33}. tə^{33}mt^{h}o^{55} tʊ^{33}ʐə^{33} lo^{55}tə^{33}=mbə^{33}ʐə^{33} pe^{33}ma^{33} pə^{33}dʐə^{55}-ʐe^{33}

DIR-有-N.EGO-GNO-HS SEQ 那个 老头=NMLZ DM 孩子-PL

kə^{55}la^{55} mue^{55} tə^{55}-mə^{55}-ndu^{33}-ɳi^{33}. lo^{55}tə^{33} lɛ^{33}ŋi^{33}=wu^{33} tə^{33}mts^{h}o^{55} lo^{55}tə^{33}

好的 做 DIR-NEG-AUX-CVB 老头 可怜=LNK SEQ 老头

nu^{55} za^{33}ma^{53} tɛ^{55}-ji^{55}=le^{33} ŋa^{55} tɛ^{55}-ji^{55}=le^{33} nu^{55} tɛ^{55}-ji^{55}=le^{33} ŋa^{55}

2sg 饭 一-CL=DAT 1sg 一-CL=DAT 2sg 一-CL=DAT 1sg

tɛ^{55}-ji^{55}=le^{33} nu^{55} tɛ^{55}-ji^{55}=le^{33} ŋa^{55} tɛ^{55}-ji^{55}=le^{33} tə^{55}-ʂtsʅ^{55}-ʂtia^{33}-ʐɛ^{55}-dɛ^{33}dʐɛ^{33}.

一-CL=DAT 2sg 一-CL=DAT 1sg 一-CL=DAT DIR-给-PFV:N.EGO-GNO-HS

从前有个老头，他有六个儿子。儿子们对老头一点都不好，他们每次都告诉老头，他们每顿只给老头吃一点饭。

tə^{33}mts^{h}o^{55} tɛ^{55}ȵə^{55} lo^{55}tə^{33}=zə̧^{33} ngə^{33}=tsa^{53} a^{55}-t^{h}ɛ^{55}-ʂtia^{33}-zɛ̧^{55}-dɛ^{33}dzɛ̧^{33}. lo^{55}tə^{33}
SEQ 一天 老头=TOP 门=LOC DIR-驱赶-PFV:N.EGO-GNO-HS 老头
nge^{33}=tsa^{55} a^{55}-t^{h}ɛ^{55} ts^{h}ə^{55}pe^{55} tə^{33}mts^{h}o^{55} lo^{55}tə^{33} lɛ^{33}ŋi^{33}jʊ^{24} tə^{33}ta^{53}
门=LOC DIR-驱赶 之后 SEQ 老头 可怜 那样
vu^{24}-nba^{33}tɪ^{33} t^{h}a^{33}ptɕ^{h}a^{53} tɛ^{33}-ji^{53} ə^{55}-t^{h}u^{53}. tə^{33}mts^{h}o^{55} tə^{33}ta^{53} a^{55}-mue^{55}-ȵi^{33}
棚子-PEJ 将就 一-CL DIR-修 SEQ 那样 DIR-做-CVB
mui^{55}-ʂtia^{33}-zɛ̧^{55}-dɛ^{33}dzɛ̧^{33}.
居住-PFV:N.EGO-GNO-HS

有一天儿子们把老头赶了出去。可怜的老头只能自己将就搭了个棚子，就那样自己住在外面了。

tə^{33}mts^{h}o^{55} tɛ^{55}ȵə^{55} tə^{33}ta^{55} ndz̧ui^{55}ndz̧ui^{55}=ji^{33} tɛ^{33}-ji^{33} tə^{55}-tɕye^{55}-a^{33}-zɛ̧^{33}-dɛ^{33}dzɛ̧^{33}.
SEQ 一天 那样 行走=NMLZ 一-CL DIR-有-N.EGO-GNO-HS
ndz̧ui^{55}ndz̧ui^{55}=ji^{33} tə^{55}-tɕye^{55} ts^{h}ə^{33}pe^{33} tə^{33}mts^{h}o^{55} lo^{55}tə^{33} dzɛ^{55}-ȵi^{33} “ŋa^{55}=tɕʊ^{55}
行走=NMLZ DIR-有 之后 SEQ 老头 说-CVB 1sg=LOC
ə^{55}-ji^{55} za^{33}ma^{55} kə^{55}-tsu^{55}” bdze^{33}-a^{33}-zɛ̧^{55}-dɛ^{33}dzɛ̧^{33}.
DIR-上来 饭 DIR-吃.IMP 说.PFV-N.EGO-GNO-HS

有一天，有个游客来到村子里。游客到了村子后，老头对游客说：“你到我这儿来吃饭吧！”

tə^{33}mts^{h}o^{55} tʊ^{33}zə̧^{55}=tɕʊ^{55} tʊ^{33}zə̧^{55} ndz̧ui^{55}ndz̧ui^{55}=ji^{33}=mbə^{33}zə̧^{33} tʊ^{33}zə̧^{55}
SEQ 3sg=LOC 3sg 行走=NMLZ=NMLZ 那个
lo^{55}tə^{33}=tɕʊ^{33} ə^{55}-ʑi^{55}-ȵi^{33} za^{33}ma^{55} kə^{55}-htsɿ^{55} tə^{33}ta^{55} a^{55}-mue^{33}-ȵi^{33}
老头=LOC DIR-上去-CVB 饭 DIR-吃 那样 DIR-做-CVB
ta^{55}dʑa^{55} mue^{55}-ʂtia^{33}zɛ̧^{55}dɛ^{33}dzɛ̧^{33}.
一夜 住-PFV:N.EGO-GNO-HS

然后游客就到老头那儿去吃了饭，在老头家住了一夜。

tə^{33}mts^{h}o^{55} lo^{55}tə^{33} tə^{33}mts^{h}o^{55} lo^{55}tə^{33}=zə̧^{33} jʊ^{33}=zə̧^{55} lu^{33}dʑu^{55}=mɛ^{33}hki^{33} tʊ^{33}zə̧^{55}
SEQ 老头 SEQ 老头=TOP REFL=POSS 故事=TOP 那个
ndz̧ui^{55}ndz̧ui^{55}=ji^{33} ŋue^{33}pe^{33} a^{55}-fɕe^{55}-ʂtia^{33}-zɛ̧^{55}-dɛ^{33}dzɛ̧^{33}. a^{55}-fɕe^{55} ts^{h}ə^{55}pe^{33} tə^{33}mts^{h}o^{55}
行走=NMLZ 面前 DIR-讲-PFV:N.EGO-GNO-HS DIR-说 之后 SEQ
tʊ^{33}zə̧^{55} ndz̧ui^{55}ndz̧ui^{55}=ji^{33}=mbə^{33}zə̧^{33} dzɛ^{55}-ȵi^{33} “ta^{24} nu^{55} ma^{33}-ndʑə^{55}=zo̧^{33}
3sg 行走=NMLZ=NMLZ 说-CVB SEQ 2sg NEG-担心=LNK

sʰo^{33}nə^{55} ŋa^{55} lu^{55}ʂto^{55} mui^{33}mui^{55} kə^{55}la^{55} pʊ^{24}” bdze^{33}-a^{33}-ʐɛ^{55}-dɛ^{33}dʐɛ^{33}.

明天 1sg 办法 十分 好的 有 说.PFV-N.EGO-GNO-HS

老头那晚把自己的故事都讲给了游客听。游客听了后说：“现在你不会有事的，明天我有一个非常好的办法来帮助你。”

tə^{33}mtsʰo^{55} tʊ^{33}ʐə^{55} dzɛ^{55}-n̥i^{55} “tə^{33}mtsʰo^{55} nu^{55} ja^{33}pə^{55} tə^{33}ta^{53} mui^{33}mui^{55}

SEQ 3sg 说-CVB SEQ 2sg 石头 那样 非常

kə^{55}la^{55} tɪ^{33} tə^{55}-du^{53}” bdze^{33}-a^{33}-ʐɛ^{55}-dɛ^{33}dʐɛ^{33}. tə^{33}mtsʰo^{55} tʊ^{33}ʐə^{55} dzɛ^{55}

好的 一:CL DIR-找 说.PFV-N.EGO-GNO-HS SEQ 那个 说

tsʰə^{33}pe^{33} tə^{33}mtsʰo^{55} sʰo^{33}nə^{55} ə^{55}-psʰo^{55} = tʰa^{55} ndʐui^{55}ndʐui^{55} = ji^{33} = mbə^{33}ʐə^{33}

之后 SEQ 明天 DIR-天亮 = LNK 行走 = NMLZ = NMLZ

dzɛ^{55}-n̥i^{33} tʊ^{33}ʐə^{55} tʂu^{55}mpa^{33} = tʰa^{33} tʰui^{55} we^{55}te^{33} = ʐə^{33} ptɕa^{55}kʰa^{55}

说-CVB 3sg 村子 = LOC 2sg.REFL 从前 = POSS 东西

fɕi^{33}-tʂə^{33}-dɛ^{55}-n̥i^{33} hkɛ^{33}ŋe^{55} ɕʰɪ^{55}ɕʰɪ^{55} a^{55}-lɛ^{33}-ʂtia^{33}-ʐɛ^{33}-dɛ^{33}dʐɛ^{33}.

买-IMPV-HS-CVB 叫喊声 总是 DIR-放-PFV:N.EGO-GNO-HS

然后游客说：“你首先去找一个比较特别的石头。”第二天天亮时，游客在村子里散布消息称他要买以前的老古董，他一直在那样大吼着要买以前的老古董。

tə^{33}mtsʰo^{55} nu^{55} ʐo^{33} vʒɛ^{33} ŋa^{55} ʐo^{33} vʒɛ^{33} nu^{55} ʐo^{33} vʒɛ^{33}-dɛ^{33} = tʰa^{33}

SEQ 2sg 也 拿来 1sg 也 拿来 2sg 也 拿来-HS = LNK

tʂu^{55}mpa^{33} nbe^{33}lɪ^{55} vʒɛ^{55}-a^{33}-ʐɛ^{55}-dɛ^{33}dʐɛ^{33}. tʂu^{55}mpa^{33} nbe^{33}lɪ^{55} vʒɛ^{55} = tʰa^{55}

村子 全部 拿来-N.EGO-GNO-HS 村子 全部 拿来 = LNK

tə^{33}mtsʰo^{55} tse^{33}n̥ʊ^{53}ʂtɪ^{33} tʊ^{33}ʐə^{55} lo^{55}tə^{33} ja^{33}pə^{55} tɪ^{33} ə^{55}-pe^{33}

SEQ 大概等会 那个 老头 石头 一:CL DIR-抱

vʒɛ^{33}-a^{33}-ʐɛ^{55}-dɛ^{33}dʐɛ^{33}.

拿来-N.EGO-GNO-HS

村里其他人听到喊声后都陆续把古董拿了出来，村民把（家里古董）都拿了出来，老头也抱来一块石头。

tə^{33}mtsʰo^{55} tʊ^{33}ʐə^{55} ndʐui^{55} = ji^{55} = mbə^{33}ʐə^{33} kə^{55}-ntɕʰɪ^{33} = hkia^{33} “nu^{55} = ʐə^{33} kə^{33}ta^{53}

SEQ 3sg 行走 = NMLZ = NMLZ DIR-看 = 的时候 2sg = POSS 这样

kə^{33}ta^{53} lɪ^{55}lɪ^{55} tɪ^{33} pʊ^{55} tə^{33}tʂʰia^{33}, nu^{55} ki^{55}tɛ^{55} ʐo^{33} = a^{33}?

这样 好的 一:CL 有 原本 2sg 哪里 得到 = QUES

tə^{33}ta^{53} mui^{33}mui^{55} lɪ^{55}lɪ^{55} pʊ^{55} tə^{33}tʂʰia^{33}” bdze^{33}-a^{33}-ʐɛ^{33}-dɛ^{33}dʐɛ^{33}.

那样 十分 好的 有 原本 说.PFV-N.EGO-GNO-HS

就在大家嚷着拿东西出来的时候，其他村民走过去看了一眼说："原来你也有这么好的东西啊，你从哪儿弄来的？"

tə^{33}mtsʰo^{55} tə^{33}ta^{53} tʊ^{33}zə̢^{55} dzɛ^{55} tsʰə^{33}pe^{33} tə^{33}mtsʰo^{55} tʊ^{33}zə̢^{55}

SEQ 那样 3sg 说 之后 SEQ 3sg

ndʐ̩ui^{55}ndʐ̩ui^{55} = ji^{33} = mbə^{33}zə̢^{33} dzɛ^{55}-ȵ̩i^{33} "nu^{55} tʂə^{33}kə^{55}te^{33} kə^{55}la^{55} a^{55}-mue^{55}-ȵ̩i^{33},

行走 = NMLZ = NMLZ 说-CVB 2sg 一点点 好的 DIR-做-CVB

tʊ^{33}zə̢^{55} kɛ^{33}mə^{55} tɪ^{33} = kʰə^{33} tə^{55}-hkʊ^{33}li^{33}-ȵ̩i^{33}, tə^{55}-ptsʰɛ^{33} = zo̢^{33}." tʰui^{55}

3sg 衣服 一:CL = LOC DIR-抱起来-CVB DIR-放 = LNK 3sg.REFL

ta^{55}ja^{33} lɪ^{24} ʑ̩i^{24}-tʂə^{33}, tʰui^{55} = zə̢^{33} ta^{55}ja^{33} tʂə^{33}kə^{55}te^{33} ma^{55}-ndo^{33}-zɛ̢^{33}

钱 拿 去-IMPV 3sg.REFL = POSS 钱 一点点 NEG-够-GNO

bdze^{33}-a^{33}-zɛ̢^{55}-dɛ^{33}dzɛ̢^{33}.

说-N.EGO-GNO-HS

等其他村民问完后，游客看了看说："哎哟……你有这么好的东西啊！你就包在一件衣服里好好保存好。"游客说他这就去取钱。不过听游客自己说他现在的钱还有点不够。

tə^{33}mtsʰo^{55} tʊ^{33}zə̢^{55} ja^{33}-ze̢^{55} pə^{33}dʑə^{55}-ze̢^{33} ja^{33}-ze̢^{55} pə^{33}dʑə^{55}-ze̢^{33},

SEQ 那个 3pl.REFL-PL 孩子-PL 3pl.REFL-PL 孩子-PL

ə^{55}mɛ^{53}... tʊ^{33}zə̢^{55} mui^{33}mui^{55} lɪ^{55}lɪ^{55} tɪ^{33} pʊ^{55}-tʂə^{33} tɕi^{24}-a^{33}-zɛ̢^{33}

INTER 那 十分 好的 一:CL 有-IMPV COP-N.EGO-GNO

bdi^{33}. nu^{55} = tɕʊ^{55} = hkia^{33} nu^{55} = tɕʊ^{55} ə^{55}-ji^{53} ŋa^{55} = tɕʊ^{55} = hkia^{33} ŋa^{55} = tɕʊ^{55}

想/认为 2sg = LOC = LNK 2sg = LOC DIR-上来 1sg = LOC = LNK 1sg = LOC

ə^{55}-ji^{53} tə^{33}ta^{53} a^{55}-mue^{55}-ȵ̩i^{33}, tə^{33}mtsʰo^{55} lo^{55}tə^{33} = wu^{33} mui^{33}mui^{55} ɣə^{55}pɛ^{55}

DIR-上来 那样 DIR-做-CVB SEQ 老头 = LOC 非常 一点

lɪ^{55}lɪ^{55}-nba^{33}tɪ^{33} a^{55}-mue^{55}-ʂ̩tia^{33}-zɛ̢^{33}-dɛ^{33}dzɛ̢^{33}.

好的-HUM DIR-做-PFV:N.EGO-GNO-HS

此时老头的儿子们都认为老头抱的东西非常宝贵，儿子们一下子就对老头特别好了。大家都争先恐后地让老头到自己家去住。听说儿子们都"愿意"对老头好一些了。

tə^{33}mtsʰo^{55} lo^{55}tə^{33} tʊ^{33}zə̢^{55} tə^{55}-ʂ̩ʰə^{55}. tə^{55}-ʂ̩ʰə^{55} = tʰa^{33} tʊ^{33}zə̢^{55} kɛ^{33}mə^{55}

SEQ 老头 3sg DIR-死了 DIR-死了 = LNK 那 衣服

tʊ^{33}zə̢^{55} tə^{55}-hkʊ^{33}lɪ^{33} = mbə^{33}zə̢^{33} ŋə^{55}-ptʂʰa^{33} = tʰa^{33} ja^{33}pə^{55} tɪ^{33}

3sg DIR-包起来 = NMLZ DIR-解开 = LNK 石头 一:CL

tə^{55}-tɕə^{55}-a^{33}-zɛ̢^{33}-dɛ^{33}dzɛ̢^{33}. ja^{33}pə^{55} pe^{33}ma^{33} ŋə^{55}-ptʂʰa^{55} = hkia^{33} ja^{33}pə^{55} tɪ^{33}

DIR-有-N.EGO-GNO-HS 石头 DM DIR-解开 = LNK 石头 一:CL

tə^{55}-tɕə^{55}-a^{33}-z̩ɛ^{33}-dɛ^{33}dz̩ɛ^{33}.　tə^{33}mtsʰo^{55}　lo^{55}tə^{33}　ja^{33}pə^{55} = wu^{33}　kə^{55}-ntɕʰɪ^{33}

DIR-有-N.EGO-GNO-HS　SEQ　老头　石头 = LOC　DIR-看

pə^{33}dʑə^{55} = z̩ə^{33}　sa^{33}mba^{53}　ja^{33}pə^{55}　kʰʊ^{33}　a^{55}-mue^{33}-ʂtia^{33}-z̩ɛ^{55}-dɛ^{33}dz̩ɛ^{33}.

孩子 = POSS　心　石头　像一样　DIR-做-PFV:N.EGO-GNO-HS

不过没多久老头就死了。老头死了后，儿子们把那个包着的东西打开后发现里面竟然是一块像石头一样的东西。打开包后里面的确是一块石头。原来老头把儿子们的心看作像石头一样的冰冷无情啊！

（张四清讲述，2017年）

6. 狡猾的佣人

tə^{33}mtsʰo^{55}　we^{33}te^{33}　dʑə^{33}pə^{55}　tɛ^{33}-ji^{55}　tə^{33}mtsʰo^{55}　ta^{33}-za^{53},　tə^{55}ta^{53}

SEQ　从前　国王　一-CL　SEQ　一-CL　那样

jʊ^{33} = z̩ə^{55}　jo^{55}hpu^{55}　ta^{33}-za^{55} = wu^{33}　tʰɪ^{24}　a^{55}-tʰɛ^{33}tʰɛ^{33}-tʂʰu^{33}-ʂtia^{33}-z̩ɛ^{55}-dɛ^{33}dz̩ɛ^{33}.

REFL = GEN　佣人　一-CL = DAT　肉　DIR-切-CAUS-N.EGO-GNO-HS

tə^{33}mtsʰo^{55}　tʰɪ^{24}　a^{55}-tʰɛ^{33}tʰɛ^{33}　tsʰə^{33}pə^{33},　tʊ^{33}z̩ə^{55}　jo^{55}hpo^{55} = mbə^{33}rə^{33}　dzɛ^{55}-ɳ̥i^{33}

SEQ　肉　DIR-切　之后　那个　佣人 = NMLZ　说-CVB

dʑe^{55}pu^{55} = wu^{33}　"nu^{55}　a^{55}nə^{55}　tʰɪ^{24}　tsɿ^{55}-tʂə^{55} = me^{55}　tʊ^{33}z̩ə^{55}　tʰɪ^{55}z̩e^{33}

国王 = DAT　2sg　今天　肉　吃-IMPV = QUES　那个　肉汤

tʰɪ^{33}-tʂə^{33} = a^{33}?"　bdze^{33}-a^{33}-z̩ɛ^{55}.

喝-IMPV = QUES　说.PFV-N.EGO-GNO

从前有个国王，他让佣人给他切一些肉。佣人切了肉之后对国王说："国王啊，你今天是要吃肉还是喝肉汤呢？"

dʑə^{55}pu^{55}　dzɛ^{33}-ɳ̥i^{33}　"ŋa^{24}　a^{55}nə^{55}　tʰɪ^{55}　tsɿ^{55}-tʂə^{33}"　bdze^{33}-a^{55}-z̩ɛ^{33}.

国王　说-CVB　1sg　今天　肉　吃-DUR　说.PFV-N.EGO-GNO

"o^{24}..."　bdze^{33}-a^{33}-z̩ɛ^{33}.　tə^{33}mtsʰo^{55}　tʊ^{33}z̩ə^{55}　jo^{55}hpu^{55} = mbə^{33}z̩ə^{33}　dzɛ^{33}-ɳ̥i^{33}.

INTER　说.PFV-N.EGO-GNO　SEQ　那个　佣人 = NMLZ　说-CVB

tə^{33}mtsʰo^{55}　tʰɪ^{24}　ɕʰɪ^{55}ɕʰɪ^{55}　a^{55}-ʂtɕa^{55}-tʂʰu^{33},　a^{55}-ʂtɕa^{55}-tʂʰu^{33}-ɳ̥i^{55},　tə^{33}mtsʰo^{55}

SEQ　肉　总是　DIR-煮-CAUS　DIR-煮-CAUS-CVB　SEQ

ʃə^{55}rə^{55}　ə^{33}ntsʰɿ^{33}　ŋə^{55}-mə^{55}-ɬa^{33}-a^{33}-z̩ɛ^{33}.　ʃə^{55}z̩ə^{55}　ə^{33}ntsʰɿ^{33}　ŋə^{55}-mə^{55}-ɬa^{33}

骨头　除外　DIR-NEG-剩下-N.EGO-GNO　骨头　除外　DIR-NEG-剩

tsʰə^{33}pe^{33}　dʑe^{55}pu^{55} = tɕʊ^{33}　ə^{55}-tɕʰu^{55}-ʂtia^{33}-z̩ɛ^{33}-dɛ^{33}.

之后　国王 = LOC　DIR-拿-PFV:N.EGO-GNO-HS

国王回答说："我今天要吃肉。"佣人听到后说："哦……知道了。"佣人一直把肉放在锅里煮，由于煮得太久锅里就只剩下了骨头，佣人最后只能把一碗骨头端到国王面前。

tə^{33}mtsʰo^{55} tʰɪ^{24} a^{33}-ṣtɕa^{55}=mbə^{33}ẓə^{33} tʊ^{33}ẓə^{55} tʰɪ^{24} ɕʰɪ^{55}ɕʰɪ^{55} a^{33}-te^{55}=mbə^{33}ẓə^{33}
SEQ 肉 DIR-煮=NMLZ 那个 肉 总是 DIR-下来=NMLZ
ja^{33}-ẓe^{55} kə^{55}-tʰɪ^{33}-ṣtia^{33}-ẓɛ^{33}-dɛ^{33}. tə^{33}mtsʰo^{55} xɔ^{24} tɛ^{55}-ṇə^{55} tʊ^{33}ẓə^{55}
3pl.REFL-PL DIR-喝-PFV:N.EGO-GNO-HS SEQ 再 一-CL 那个
tʰɪ^{24} a^{55}-tʰɛ^{33}tʰɛ^{33}-tṣʰu^{33}-ṣtia^{33}-ẓɛ^{55}-dɛ^{33}dẓɛ^{33}. tʰɪ^{24} a^{55}-tʰɛ^{55}tʰɛ^{55}-tṣʰu^{55}-ṇi^{33},
肉 DIR-切-CAUS-PFV:N.EGO-GNO-HS 肉 DIR-切-CAUS-CVB
dẓe^{55}pu^{55} dzɛ^{55}-ṇi^{33} dẓe^{55}pu^{55}=wu^{33} kə^{55}-mə^{33}ge^{33}-ṇi^{33} "jo^{24} nu^{55} a^{55}nə^{55}
国王 说-CVB 国王=DAT DIR-问-CVB 又 2sg 今天
tʰɪ^{24} tsʅ^{33}-tṣə^{55}=me^{55} tʰɪ^{55}ẓe^{33} tʰɪ^{55}-tṣə^{55}=a^{33}?" bdze^{33}-a^{55}-ẓɛ^{33}. "a^{33}nə^{55}
肉 吃-IMPV=QUES 汤 喝-IMPV=QUES 说.PFV-N.EGO-GNO 今天
ŋa^{33} tʰɪ^{55}ẓe^{33} tʰɪ^{33}-tṣə^{33} tʰɪ^{55} tsʅ^{33}-ma^{33}-tṣə^{53}" bdze^{33}-a^{55}-ẓɛ^{33}.
1sg 肉汤 喝-IMPV 肉 吃-NEG-IMPV 说.PFV-N.EGO-GNO

佣人把煮好的肉汤偷偷摸摸藏了起来自己喝掉了。有一天国王又让佣人切肉，等佣人切好肉后国王说话了（此句为发音人口误），佣人又问国王："您今天是要吃肉还是喝汤呢？"国王回答道："今天我要喝汤，不吃肉了。"

"o^{33}... a^{33}nə^{55} tʰɪ^{55}ẓe^{33} tʰɪ^{33}-tṣə^{33}-ẓɛ^{33} ndẓa^{55} ẓɛ^{53}" bdze^{33}-a^{33}-ẓɛ^{33}.
INTER 今天 肉汤 喝-IMPV-GNO 好的 COP 说.PFV-N.EGO-GNO
tʊ^{33}ẓə^{55} ndẓa^{55} ẓɛ^{55}. dzɛ^{55} tsʰʅ^{33}pe^{53} xɔ^{24}, tʰɪ^{24}-ẓə^{33} a^{33}-ṣtɕa^{55}-tṣʰu^{33}-ṇi^{33},
3sg 好的 COP 说 之后 再 肉-FOC DIR-煮-CAUS-CVB
ta^{55}ṣtɕa^{55} a^{55}-tə^{33} tsʰə^{33}pe^{33}, tʰɪ^{24} ŋə^{55}-tʰɛ^{33}-ṣtia^{33}-ẓɛ^{33}. ŋə^{55}-tʰɛ^{55}
一开放 DIR-打 之后 肉 DIR-取-PFV:N.EGO-GNO DIR-取
tsʰə^{33}pe^{33} tʊ^{33}ẓə^{55} tʰɪ^{24}ẓe^{33} dẓə^{55}pu^{55}=tɕʊ^{33} ə^{33}-tɕʰʊ^{55}-ṇi^{33}. dẓə^{55}pu^{55}=tɕʊ^{33}
之后 那个 肉汤 国王=LOC DIR-拿上去-CVB 国王=LOC
kə^{55}-hti^{55}-ṣtia^{33}-ẓɛ^{33}.
DIR-放下-PFV:N.EGO-GNO

佣人回答说："哦……您今天喝肉汤的话对身体好一些。"于是佣人见肉刚煮好就赶紧把肉从锅里捞了出来。佣人随即把锅里的汤端到了国王面前。

"ɣɛ^{33}... tə^{33}ta^{53} mui^{33}mui^{53}, a^{55}nə^{55} kɛ^{55}tṣɛ^{33} tʊ^{33}ẓə^{55} ma^{55}tsa^{33}
INTER 那样 奇怪 今天 INTROG 那个 本来
tʰɪ^{55}ẓe^{33}=wu^{33} tʰɪ^{24} tɪ^{33} ma^{55}vzʊ^{33} ẓɛ^{33}?" bdze^{33}-a^{55}-ẓɛ^{33}. "tə^{24}
肉汤=LOC 汤 一:CL 无味的 COP 说.PFV-N.EGO-GNO 水

ɕʰɪ55ɕʰɪ55 ə33ntsʰɿ33 ma33vzʊ33 z̥ɛ33?” “tʰɪ55z̥e33 tʰɪ55-tʂə55” dɛ33-mu33.

总是 除外 无味的 COP 肉汤 喝-IMPV 说-MOD

tə33mtsʰo55 ŋa55 tʊ33z̥ə55 ə55-lɪ55-gɪ33” bdze33-a55-z̥ɛ33.

SEQ 1sg 那个 DIR-拿下-PFV.EGO 说.PFV-N.EGO-GNO

国王说：“哎……怎么这么奇怪呢，今天肉汤里为啥没有肉味呢？为什么只有水的味道啊？”佣人说：“是您说的要喝肉汤，我就按照您说的那样把肉汤端过来了啊。”

tə33mtsʰo55 tʊ33z̥ə55 tsʰə33pe33 xɔ24 dʑe55pu55 tɛ33-ji33 tə55-tɕye33-a33-z̥ɛ33.

SEQ 那个 之后 再 国王 一-CL DIR-有-N.EGO-GNO

tʊ33z̥ə55 dʑe55pu55＝mbə33z̥ə33 dzɛ55-ȵi33, dʑe55pu55＝mbə33z̥ə33 dzɛ55-ni33, “tʊ33z̥ə55

那个 国王＝NMLZ 说-CVB 国王＝NMLZ 说-CVB 那个

nə55bu33＝mbə33z̥ə33 a55-ɕʰo33ɕʰo24, kə55-tɕʰu55-ȵi33, kə55la33 tɛ33-ji33

宝贝＝NMLZ DIR-遥远处 DIR-拿过去-CVB 好的 一-CL

kə55-ʂti55-ȵi33 mue24. ȵə55me55 kə55tʂe55 tɛ33-ji33＝kʰə33 kə55la55 tɛ33-ji33 kə55-hti55-ȵi33

DIR-放下-CVB 做 太阳 暖和 一-CL＝LOC 好的 一-CL DIR-放-CVB

mue24.” bdze33-a55-z̥ɛ33. tə33mtsʰo55 tʊ33z̥ə55 mʊ33tɕʰʊ55kʰə55de55 dɛ33mbə33z̥ə33

做 说.PFV-N.EGO-GNO SEQ 那个 人名 DM

jo24 tʊ33z̥ə55＝z̥ə33 jo55hpu55 z̥ɛ33. jo55hpu55 mʊ33tɕʰʊ55kʰə55de55 dɛ33mbə33z̥ə33

又 3sg＝POSS 佣人 COP 佣人 人名 DM

tʊ33z̥ə55 ɕʰo33ɕi55 kə55-tɕʰʊ55-ȵi33 tə55-ptsʰɛ33-ʂtia33-z̥ɛ33-dɛ33dz̥ɛ33.

3sg 那边 DIR-拿过去-CVB DIR-放-PFV:N.EGO-GNO-HS

没过多久，国王又对佣人说：“把那个宝贝拿到楼上去好好放着，放在有太阳的地方晒一晒。”国王说完后，一个叫“么丘克登”的佣人就把宝贝放在有阳光照射的地方。

tə33mtsʰo55 tʊ33z̥ə55 nə33bu55＝wu33 jʊ24 da55və33 ə55-ʑi55-ȵi33, tʊ33z̥ə55

SEQ 那个 宝贝＝TOP REFL 楼上 DIR-上去-CVB 那个

nə33bu55＝wu33 ɕʰɪ55ɕʰɪ55 kə55-ntɕʰi33-mue24-ʂtia33-z̥ɛ33-dɛ33dz̥ɛ33. tə33mtsʰo55 tʊ33z̥ə55

宝贝＝TOP 总是 DIR-看-LVB-PFV:N.EGO-GNO-HS SEQ 那个

jo55hpu55＝mbə33z̥ə33 kə33-ʑi33-ȵi33 jʊ33＝z̥ə55 tʊ33z̥ə55 nə33bu55-z̥ə33 jʊ24

佣人＝NMLZ DIR-过去-CVB REFL＝POSS 那个 宝贝-FOC REFL

tɕʰʊ55 kə33-ʑi33-ȵi33 jʊ33＝z̥ə55 tʊ33z̥ə55 nə33bu55-z̥ə33 jʊ24 tɕʰʊ55.

偷 DIR-过去-CVB REFL＝POSS 那个 宝贝-FOC REFL 偷

tə33mtsʰo55 tʊ33z̥ə55 pʰɪ55 tʊ33z̥ə55＝kʰə33 tə55-ptsʰɛ33-ʂtia33-z̥ɛ55-dɛ33dz̥ɛ33.

SEQ 3sg 冰 那个＝LOC DIR-放-PFV:N.EGO-GNO-HS

听了国王的吩咐，么丘克登随即把宝贝拿到楼上去了。但他在半路上调了包，把一块冰放在楼上了。

pʰɪ55 tɛ33-ji33 tə55-ptsʰɛ33 tsʰə33pe33, pʰɪ55 = wu55 tʊ33zə̧55 n̥ə55me55 kə55-zo33 = hkia33,

冰 一-CL DIR-放 之后 冰 = LOC 那个 太阳 DIR-照射 = LNK

ŋə55-psʰɔ55-ndu33-tʂɛ33. tə33mtsʰo55 dʑ̧ə33pu55 ə55... tʊ33zə̧55 nə33bu55 mui33mui55

DIR-亮-AUX-IMPV:GNO SEQ 国王 哦 那个 宝贝 非常

lɪ55lɪ55 tɪ33 tɕi24-a33-zɛ̧33 bdi24-a33-zɛ̧33.

好的 一:CL COP-N.EGO-GNO 认为-N.EGO-GNO

由于阳光的照射，冰块闪闪发光。国王还以为自己的宝贝发光了，觉得这宝贝简直就是无价之宝。

tə33mtsʰo55 dzɛ55-n̥i33 tʊ33zə̧55 jo55hpu55 = mbə33zə̧33 = wu33 dzɛ55-n̥i33 "jɛ53... nu55

SEQ 说-CVB 3sg 佣人 = NMLZ = DAT 说-CVB 呀 2sg

tɛ55ntɕʰɪ55 kə55-tə33, tʊ33zə̧55 nə33bə55 = mbə33zə̧33 xa24 kə55-ji55-a33-mu33,

一看 DIR-打 那个 宝贝 = NMLZ 现在 DIR-变-N.EGO-MOD

ma55ʂtsa33 kə55-la55 tɪ33 ma55-tɕa33-zɛ̧33."

根本 DIR-打 一:CL NEG-在-GNO

没过多久，国王对么丘克登说："喂，你看看，我的宝贝怎么变小了呢？它变得跟之前完全不同了呢。"

tə33mtsʰo55 tʊ33zə̧55 jo55hpu55 = mbə33zə̧33 tɕʰɪ55 tə55-tɕʰʊ55-a33-zɛ̧33-dɛ33dzɛ̧33.

SEQ 那个 佣人 = NMLZ 看 DIR-去:N.EGO-GNO-HS

kə55-ntɕʰɪ33 tsʰə33pe33 tʊ33zə̧55 tə33mtsʰo55 ŋə55-te33-n̥i33 dʑ̧e55pu55 = wu33

DIR-看 之后 3sg SEQ DIR-过来-CVB 国王 = DAT

dzɛ33-n̥i33 "dʑ̧e33pu55 tə33ta55 mui33mui53, tʊ33zə̧55 nə33bu55 = mbə33zə̧33 ʒə24

说-CVB 国王 那样 奇怪 那个 宝贝 = NMLZ 尿

tɛ33-tɕy53 ŋə55-vli55-a33 xui55-a33-mu33." "tʊ33zə̧55 kɛ53tʂə33 zɛ̧33?"

一-CL DIR-撒尿-N.EGO 离开-N.EGO-MOD 3sg INTROG COP

tə33ta53 mui33mui55 tɕi24 tə55tʂʰe33-a33" bdze33-a55-zɛ̧33-dɛ33dzɛ̧33.

那样 奇怪 COP 原本属于-N.EGO 说.PFV-N.EGO-GNO-HS

佣人（么丘克登）走过去看了看，对国王说："国王，真的好奇怪啊，估计是那个宝贝撒了泡尿跑了吧。"国王回答道："怎么会呢？（宝贝又不是人，怎么会自己跑掉？）这也太奇怪了吧。"

（张四清讲述，2017年）

参考文献

阿　错 2004《倒话研究》，北京：民族出版社。

范俊军 2006 语言活力与语言濒危的评估——联合国教科文组织文件《语言活力与语言濒危》评述，《现代外语》第2期。

格　勒 1988《论藏族文化的起源、形成与周围民族的关系》，广州：中山大学出版社。

龚群虎 2007《扎巴语研究》，北京：民族出版社。

黄布凡 1990 扎坝语概况，《中央民族学院学报》第4期。

黄布凡 1991 扎坝语，载戴庆厦、黄布凡、傅爱兰、仁增旺姆、刘菊黄（主编）《藏缅语十五种》，北京：燕山出版社。

黄布凡 1992《藏缅语族语言词汇》，北京：中央民族学院出版社。

黄布凡 2007《拉坞戎语研究》，北京：民族出版社。

黄成龙 2007《蒲溪羌语研究》，北京：民族出版社。

黄雪贞 1986 西南官话的分区，《方言》第4期。

黄　阳 2020 扎坝语的名物化和关系化，《民族语文》第4期。

黄　阳、吴福祥 2018 扎坝语趋向前缀的语法化，《民族语文》第4期。

黄　阳、泽仁卓玛 2021 木雅语的致使结构，《中国民族语言学报》（第三辑），北京：商务印书馆。

焦虎三 2006 扎坝，走婚人家探秘记，《民族论坛》第9期。

孔江平、于洪志、李永宏等 2011《藏语方言调查表》，北京：商务印书馆。

李锦芳 2015 中国濒危语言认定及保护研究工作规范，《广西大学学报（哲学社会科学版）》第2期。

林俊华 2005“扎坝”族源初探,《藏学学刊》第二辑。

林俊华 2006 扎坝“走婚部落”的历史与文化,《康定民族师范高等专科学校学报》第4期。

刘丹青 2017《语法调查研究手册(第二版)》,上海:上海教育出版社。

陆绍尊 1985 扎坝语概况,《民族语文》第2期。

任乃强 1930 西康诡异录,《四川日报》5月号。

四川省道孚县志编纂委员会 1998《道孚县志》,成都:四川人民出版社。

四川省甘孜藏族自治州雅江县志编纂委员会 2009《雅江县志》,成都:四川美术出版社。

孙宏开 1983 六江流域的民族语言及其系属分类,《民族学报》第3期。

孙宏开 2013《八江流域的藏缅语》,北京:中国社会科学出版社。

孙宏开 2016《藏缅语族羌语支研究》,北京:中国社会科学出版社。

孙宏开、胡增益、黄行主编 2007《中国的语言》,北京:商务印书馆。

涂　薇、李天社 2003 扎坝:遗失在雅砻江深谷中的走婚部落,《中国西部》第6期。

汪　锋 2006 白语中送气擦音的来源,《民族语文》第2期。

杨时逢 1984《四川方言调查报告》,台北:中研院历史语言研究所。

袁晓文 2017《川西南藏族图录集》,北京:民族出版社。

赵留芳 1938 查坝调查记,《康定月刊》创刊号。

Aikhenvald, Alexandra Y. 2004 *Evidentiality*, Oxford: Oxford University Press.

Aikhenvald, Alexandra Y. 2015 *The Art of Grammar: A Practical Guide*, Oxford: Oxford University Press.

Bradley, David. 2007 East and Southeast Asia. In Christopher Moseley (ed.), *Encyclopedia of the World's Endangered Languages*, 349-424, London & New York: Routledge.

Bybee, Joan L. & Östen Dahl. 1989 The creation of tense and aspect systems in the languages of the world, *Studies in Language*. vol. 13.1: 51-103.

Crystal, David. 2008 *A Dictionary of Linguistics and Phonetics* (6th edition), London: Blackwell.

DeLancey, Scott. 2018 Evidentiality in Tibetic. In Alexandra Y. Aikhenvald (ed.), *The Oxford Handbook of Evidentiality*, 580-594, Oxford: Oxford University Press.

Dixon, R. M. W. 2010 *Basic Linguistic Theory: Methodology (Volume 1)*, Oxford: Oxford University Press.

Dixon, R. M. W. 2012 *Basic Linguistic Theory: Further Grammatical Topics (Volume 3)*, Oxford: Oxford University Press.

Huang, Yang. 2022 Classifiers in nDrapa: A Tibeto-Burman language in Western Sichuan, *Asian Languages and Linguistics*. vol. 3.2: 202-238.

LaPolla, Randy. 2004 On nominal relational morphology in Tibeto-Burman. In Ying-chin Lin, Fang-min Hsu, Chun-chih Lee, Jackson T.-S. Sun, Hsiu-fang Yang & Dah-an Ho (eds.), *Studies on Sino-Tibetan Languages: Papers in Hornor of Professor Hwang-cherng Gong on His Seventieth Birthday*, 43-73, Taipei: Academia Sinica.

Matisoff, James A. 2003 *Handbook of Proto-Tibeto-Burman*, Berkeley: University of California Press.

Oisel, Guillaume. 2017 On the origin of the Lhasa Tibetan evidentials song and byung. In Gawne, Lauren & Nathan W. Hill (eds.), *Evidentials Systems of Tibetan Languages*, 161-186, Berlin & Boston: Walter de Gruyter.

Payne, Thomas. 1997 *Describing Morphosyntax: A Guide for Field Linguistics*, Cambridge: Cambridge University Press.

Shirai, Satoko. 2007 Evidentials and evidential-like categories in nDrapa, *Linguistics of the Tibeto-Burman Area*. vol. 30: 125-151.

Shirai, Satoko. 2008 Effects of animacy on existential sentences in nDrapa, 言语研究 *(Gengo Kenkyu)*. vol. 134: 1-22.

Shirai, Satoko. 2009 Directional prefixes in nDrapa and neighboring languages: An areal feature of Western Sichuan, *Senri Ethnological Studies*. vol. 75: 7-20.

Shirai, Satoko. 2010 Perfect constructions with existential verbs in nDrapa, *Himalayan Linguistics*. vol. 9.1: 101-121.

Shirai, Satoko. 2012 The polysemic enclitic =ta in nDrapa, *NINJAL Research Papers*. vol. 3: 85-101.

Shirai, Satoko. 2018 nDrapa. In Tasaku Tsunoda (ed.), *Levels in Clause Linkage: A Crosslinguistic Survey*, 485-524, Berlin & Boston: Walter de Gruyter.

Sun, Jackson T.-S. 1997 The typology of tone in Tibetan. 中国境内语言暨语言学第四暨：语言类型 *Chinese Languages and Linguistics IV: Typological Studies of Languages in China*, 485-521, Taipei: Academia Sinica.

Tournadre, Nicolas & Sangda Dorje. 2003 *Manual of Standard Tibetan: Language and Civilization*, New York: Snow Lion Publications.

Yip, Moira. 2007 Tone. In Paul de Lacy (ed.), *The Cambridge Handbook of Phonology*, 229-252. Cambridge: Cambridge University Press.

Zemp, Marius. 2018 *A Grammar of Purik Tibetan*, Leiden & Boston: Brill.

调查手记

自20世纪80年代初孙宏开先生提出“藏缅语族羌语支语言支属问题”以来，James Matisoff、孙宏开、黄布凡、孙天心、Randy LaPolla、Jonathan Evans、黄成龙等学者一直致力于羌语支语言的语音结构、词汇类型、形态句法特征的调查和研究。羌语支语言是藏缅语中重要的一支，它对汉藏语内部比较和早期汉藏语构拟的重要性是不言而喻的。本研究主要对四川甘孜州雅江县木绒乡的扎坝语南部方言进行系统调查。对于扎坝语的语言特征和具体使用情况，黄布凡、龚群虎、白井聪子（Satoko Shirai）等学者前期都有过简略介绍，但我们发现目前还很难找到运用现代化的摄录手段对扎坝语的语料进行摄录、入库，借助当代一般形态句法学的理论框架对扎坝语的整体面貌进行描写，采用莱比锡标注法对扎坝语的长篇语料和自然话语语料进行标注的研究。借助近些年国家大力开展“中国语言资源保护”的契机，本研究团队在前人的基础上再一次深入扎坝方言区，对当地使用的扎坝语进行系统、全面的调查和描写；深入研究扎坝语的语言特征，从多角度挖掘扎坝人独具特色的历史文化资源。

扎坝语目前已经属于一种濒危民族语言，使用人口接近一万。扎坝是我国为数不多保留母系社会文化习俗的群体。位于道孚和雅江境内的扎坝人当前还较好地保留了“走婚习俗”“女性当家”等母系氏族的文化特征。旧时传统的扎坝家庭内一夫一妻制情况并不普遍，家庭成员以母系一方为主线，几世同堂的大家庭成员少则几人，多则几十人，母亲是家庭的核心。男女恋爱所生子女完全由母亲抚养，父亲没有养育儿女的责任。男子在自己的母系家庭中扮演舅舅的角色，主要是帮助自己的姐妹抚养孩子。走进扎坝家庭，扑面而来的是浓郁的古代木雅文化气息。随着藏区教育事业的发展，年轻一代扎坝人很多已不太能记住某些固有表达。虽则扎坝人在日常生活中比较倾向于使用自己的母语，但扎坝语未来的发展跟川西很多民族语言一样都不容乐观。“集体认同”“家庭认同”“个人认同”等因素时刻影响着扎坝语的未来。居住环境的改变、人口流动，种种的社会因素加快了扎坝语内部的变化。当前扎坝语使用的现状警示我们：对川西扎坝语的抢救、深入普查、系统研究迫在眉睫。而本次调查就是在这样的大环境下开展的。

一　田野调查方法

本次调查主要按照“中国语言资源调查手册”的指导方法，在音视频文件采集和EP入库时，严格按照相关要求进行摄录和编辑。后期材料整理和简志撰写阶段严格按照相关部门规定的撰写格式和文体，力求统一、规范，有实用价值。

在调查中，主要按照“语保工程”所提供的3 000词调查表、100句调查表、话语抽样表进行系统调查。某些在上述调查模板中未涉及的部分，主要参照以下框架：①超出3 000词调查表范围同时又属于民族词部分的词汇，每类中选取特征词进行记录；②语法部分扩充较大，100句调查表很难为后期简志撰写提供针对性的语法理据，因此就每类语法现象做更详细的扩充，力图从形态句法、语义语用层面深入调查相关语言现象；③标注和分析方面主要采用类型学和一般形态句法学的标注术语对相关语料进行标注和分析，力图精细；④在调查时合理参考某些亲属语言的描写和分析，以亲属语言现象为模板设计调查框架，从而更加深入、全面地挖掘某些特有的语言现象，且在必要时进行语言比较工作。

在调查和描写研究过程中参考了《藏缅语族语言词汇》（黄布凡）、*Describing Morphosyntax: A Guide for Field Linguistics*（Thomas Payne）、*Basic Linguistic Theory*（R.M.W. Dixon）、《蒲溪羌语研究》（黄成龙）、*The Art of Grammar: A Practical Guide*（Alexandra Y. Aikhenvald）、*A Grammar of Purik Tibetan*（Marius Zemp）等学者的研究框架。例句主要由笔者自己设计。话语材料的筛选主要以“话题—独白”讲述的方式进行。由于调查时间有限，本次调查并未采用多人对话形式收集话语材料，因此在话语分析上肯定存在一定的局限性，期待在今后的深入调查中采用多人对话跟个人独白相结合的方式收集更自然的语料。

二　田野调查过程

本调查历时三年。2016年盛夏受语保中心委托，调查团队第一次前往甘孜州康定县和雅汇县对下扎坝方言的基本词汇和音系结构进行摸底，同时对常用词汇进行摄录。作为学术后生，项目组团队成员时常出现恐慌情绪，对于不熟悉的语言现象总有一些畏惧感。同时由于缺乏对现代化EP技术以及相关语言调查软件的熟练掌握，第一次调查中摄录的大多词汇都未达到要求，以至于每晚都拖着母语老师重新补录音频和视频材料。这对母语老师而言是一种前所未有的“摧残”和“考验”。第二次调查在2016年年底进行，那时候项目团队住进了母语老师雅江的家中，熟悉的环境为田野调查营造了更加轻松的氛围，而大家跟母语老师之间的默契在一次一次的磨合中越来越强。在前期调查中母语老师都会表现出各种不适应，从而影响最终摄录质量，后期母语老师也似乎懂得我们到底需要什么，每当我们一头雾水的时候，他都会以最为简单的方式给我们做系统的解释。

第三次调查于2017年在雅江县木绒乡、瓦多乡进行。当时项目负责人独自一人扛着一堆调查设备先后住进了瓦多乡乡政府职工宿舍及木绒乡藏族老乡家中。第四阶段于2018年初到2019年初在西南民族大学进行。只要没有授课任务，项目负责人就跟来自木绒乡的扎坝学生尼玛吉一起核对各种语料，力求细致、精确地标注长篇语料以及对某些审音、音变、形态句法特征进行分析。第五阶段于2019年年底进行，恰逢日本东京大学白井聪子副教授获得日本国家社科基金项目基盘C项目《扎坝语方言研究》。在过去的十多年中白井主要专注于扎坝语北部方言的研究，而近些年来项目负责人主要专注于南部方言的研究。这样大家才有更多机会合作，力图对整个扎坝区的方言点做逐一普查，对方言分区进行更加深入的思考（除北部、南部扎坝方言区外，是否存在中部方言区）。

三　田野调查之感

通过本次调查，我们发现雅江境内的扎坝语南部方言主要通行于木绒乡和瓦多乡以及下属的一些村落。各下属行政区（各村）内所讲扎坝语差别不大，但某些核心词在读音上存在显著差别（见语音部分）。处于雅江境内的南部方言跟其周边的却域语、白孜话（可能为却域语的一种方言）、木雅语差别较大。扎坝语的复辅音数量明显多于却域语（或白孜话）、木雅语，它跟周边这些羌语支语言一样都保留了某些原始藏缅语的同源词。南部方言中的藏语借词并不是太丰富，某些新进概念更倾向于借自汉语四川方言或倒话。从语法角度看，南部方言的某些语法结构跟雅江倒话十分相似，因此在扎坝语的语法结构中也能看到藏语的影子。扎坝语的某些结构跟一山之隔的沙德木雅语有些类似（否定词的多种语序、助词使用的具体语法环境等），而这是需要今后进一步调查、对比的重要问题。

通过为期三年的调查，我们还发现扎坝语不管是从同源词类型还是形态句法特征上看都跟周边很多羌语支语言高度一致，但扎坝语受雅江当地藏语的影响也较明显。我们推测扎坝语中某些从其他语言混入的表达方式应该源于跟周边语言的深度接触。以往在考察中国境内语言接触时大多是将目光锁定在上层语言（superstratum）跟下层语言（substratum）接触问题上，而很少关注平层语言（adstratum）之间的相互接触问题或下层语言跟混合语言深入接触后所造成的“克里奥尔化”（creolization）问题。而雅江当地某些羌语支语言跟倒话等语言的接触问题势必会成为本团队今后研究的重点。

在这几年的调查过程中，我们经历了藏区的塌方、折多山的厚厚积雪、极寒天气下高反的折磨。但跟前辈学者研究中所付出的艰辛相比，这一切困难只算得上九牛一毛。田野

对主要发音人张四清所讲扎坝语进行记录　雅江县城 /2016.7.20/ 呷让拉姆 摄

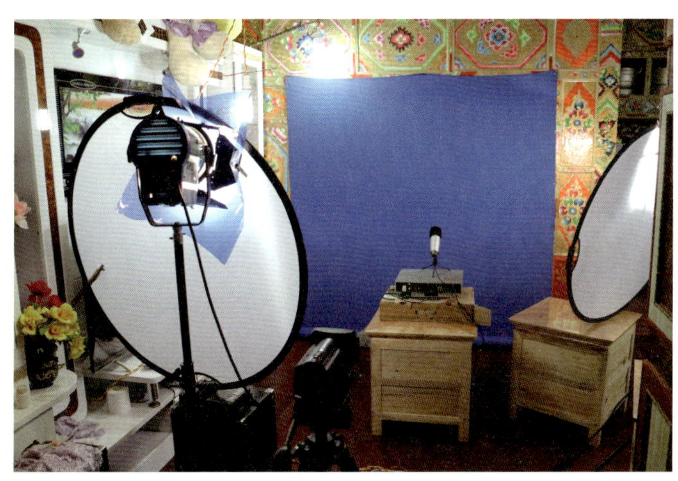

发音人张四清家的摄录现场　雅江县 /2017.7.21/ 黄阳 摄

跟发音人张四清及其家人一起核对语料　雅江县 /2017.7.21/ 黄阳 摄

调查是一项艰难而又有意义的工作。每当在田野调查中发现某些有趣的语言现象，那种惊喜的感觉是无以言表的。雅江境内的扎坝语南部方言跟周边倒话接触较为密切，跟道孚境内的北部方言相比，存在较大差别，两者有时甚而出现交流不畅的尴尬局面。这也需要我们对讲扎坝语的每个村落进行普查，从而对其有一个全面把握。以往以“上扎坝—下扎坝”的内部方言分区是否绝对？是否存在“中扎坝”方言的分布？通过今后的扎坝方言普查是否能够构拟原始扎坝语（Proto-nDrapaic）的可能面貌？随着2020年雅砻江水电站的施工，南部方言区瓦多乡原址大多被洪水淹没，大量古代建筑已长眠河底，而移民浪潮是否会对扎坝语构成威胁或造成一定程度的影响？这一切问题都需要笔者在今后的研究中继续跟踪、深入调查。

扎根田野，在田野中体会语言的本真状态，这是语言研究者的必备技能。川西藏、羌、彝民族走廊历来是民族融合和语言多样性的宝库。由于地势的阻隔，这里的民族文化和语言瑰宝最终得以较好的保留。这也为汉藏语研究提供了不可多得的语言活化石佐证。文明在开放中发展、民族在融合中共存。近些年来，随着川藏铁路工程的发展，以往沟壑天堑的艰难蜀道如今已经汇入到新时代交通建设的潮流之中。这一方面为沿途少数民族的经济发展提供了契机，但另一方面也不可避免地会对本土民族文化和民族语言发展的生态环境构成一些挑战。这就需要我们一代又一代的语言工作者尽早抢救这些濒危语言，为语言保护贡献微薄力量。这应当是当代年轻学者的责任、使命和担当。

后　记

本书是教育部、国家语委项目“中国语言资源保护工程·濒危语言调查”子项目“民族语言调查·四川雅江扎坝语”的最终成果。课题研究能够顺利进行离不开教育部、国家语委、西南交通大学、雅江县瓦多乡乡政府等相关部门的大力支持。

在为期三年的调查中，我必须感谢主要发音人张四清，以及协助发音人让布、尼玛吉的帮助。没有他们的细心指导，本书难以收稿，对某些问题的分析也无法展开。同时也要感谢瓦多乡乡长洪建林（藏族）以及瓦多乡政府各位扎坝兄弟们的热情。他们总是不厌其烦地告知我扎坝的历史，臭猪肉的由来，自己年轻时爬房子的走婚习俗，以及扎坝人的各种生活点滴。调查空闲时候他们会驱车带我到雅江扎坝区内某些历史古迹去实地调研，采集一手摄录资料。由于我的到来，他们甚至从老乡家选购了一块刚宰杀的牦牛的大腿肉，掏出藏刀切好，递给我，让我跟着一起大口大口吃肉、喝酒。那种豪放、热情，足以体现扎坝人的好客风俗。

孙宏开先生一直都关心语言志的撰写工作。不管是在项目设计初期还是后期撰写阶段，孙先生始终都扮演了指路人的角色。正是孙先生广阔的学术视野以及孜孜不倦的严谨治学风格才让我们这些学术后生能够沿着前人的道路继续前进。也正是由于孙先生的带领，我第一次接触了扎坝语，并且能够坚持在今后的研究过程中对川西扎坝语的不同方言区进行全面普查和系统研究。同时，不管在田野调查初期、项目结项阶段，还是濒危志撰写阶段，本丛书总主编曹志耘老师、主编李大勤老师都始终关心此项目的研究进展，逐字逐句阅读了本书初稿，对项目以及语言志撰写过程中存在的诸多问题提出了建设性的修改意见，给予我很大的帮助。黄成龙、邱富元、林幼菁、白井聪子、刘宾、胡洪雁、沈瑞清、丁鸿棣、管璇、Agnes Conrad等诸位师友对语言志的撰写或相关学术问题的分析研究提供了意见。吴福祥、Bernd Heine老师对某些历史演变的情况提供了指导。书中部分内容曾在某些国际会议上宣读或在国际刊物发表，其间与孙天心、David Bradley、Alexandra Aikhenvald老师有过讨论，商务印书馆陈玉庆、冯爱珍、魏晓明编辑为本书的出版付出了辛勤劳动，在此一并致谢！

由于作者调查能力和研究能力的局限，书中某些地方难免出现错误。路漫漫其修远兮，吾将上下而求索。我们诚惶诚恐，虚心接受读者和学界同仁的批评、指正和指导（作者信箱：elvishuang@swjtu.edu.cn）。也希望川西某些还未被系统研究的民族语言能进一步受到更多学者的关注。希望这些藏缅语，特别是羌语支语言今后能够为汉藏语内部比较做出更多的贡献。

黄阳

2021年8月20日于成都华润二十四城